受上海市高水平地方高校（学科）建设项目资助

华东政法大学 70周年校庆丛书

# 祥刑经解·遗范

（清）汪泩（清）毛逵——著
龚汝富 李雪涛——点校

法律出版社 LAW PRESS · CHINA
北京

**图书在版编目(CIP)数据**

祥刑经解·遗范／(清)汪泩,(清)毛逵著;龚汝富,李雪涛点校.--北京:法律出版社,2022
ISBN 978-7-5197-5832-5

Ⅰ.①祥… Ⅱ.①汪… ②毛… ③龚… ④李… Ⅲ.①刑法-法制史-中国-清代 Ⅳ.①D924.02

中国版本图书馆CIP数据核字(2021)第156448号

**祥刑经解·遗范**
**XIANGXING JINGJIE · YIFAN**

(清)汪 泩 著
(清)毛 逵 著
龚汝富 点校
李雪涛 点校

策划编辑 沈小英
责任编辑 毛镜澄
装帧设计 汪奇峰

**出版发行** 法律出版社
**编辑统筹** 法治与经济出版分社
**责任校对** 王 丰 李景美
**责任印制** 吕亚莉
**经　　销** 新华书店
**开本** 710毫米×1000毫米 1/16
**印张** 22 **字数** 348千
**版本** 2022年1月第1版
**印次** 2022年1月第1次印刷
**印刷** 北京虎彩文化传播有限公司

地址:北京市丰台区莲花池西里7号(100073)
网址:www.lawpress.com.cn
投稿邮箱:info@lawpress.com.cn
举报盗版邮箱:jbwq@lawpress.com.cn
销售电话:010-83938349
客服电话:010-83938350
咨询电话:010-63939796


**书号**:ISBN 978-7-5197-5832-5　**定价**:136.00元

# 点 校 者 简 介

## 龚汝富

江西宜丰人。华东政法大学教授、博士研究生导师，法学博士，享受国务院特殊津贴专家。兼任中国法律史学会常务理事、儒家与法文化研究会会长。

主要从事中国法律史教学研究工作，热衷于民间法律文献收藏与整理工作。撰写学术文章近百篇；著有《清代江西财经讼案研究》《明清讼学研究》，整理出版《明清讼师秘本八种汇刊》等；主持完成国家社科基金课题两项。

## 李雪涛

河南商丘人。华东政法大学博士研究生。研究方向为中国法律史，已发表《〈祥刑遗范〉研究》等论文。

# 点校说明

将毛逵《祥刑遗范》和汪淮《祥刑经解》这两部清代珍稀法律文献点校结集出版，主要是考虑到两位作者都是清代江西籍官员，而且两部著作均以『祥刑』冠名。毛逵《祥刑遗范》重在祥刑实践例证，汪淮《祥刑经解》重在祥刑理念阐发，两部著作结集出版，完美体现祥刑理论与祥刑实践相结合，可谓相得益彰，也是填补空白的一项文献整理成果。

收集整理这两部清代珍稀法律典籍，尤其获取《祥刑遗范》的过程富有戏剧性。早在二〇〇五年前后，我已得到毛逵《祥刑遗范》藏于山西省祁县图书馆的信息，当时便有了复印这部著作并将其整理出来的想法。因为毛逵是我奶奶的先祖，也是我们乡里有名的先贤，作为一名中国法律史的研究者，如果能将乡贤名宦的法律文献孤本挖掘出来并呈献给学术界，无疑是一项富有使命感的光荣任务。所以，从那时起我便开始联系山西省祁县图书馆，希望将这部著作复印下来，但多次努力均告失败。二〇一七年上半年，祁县图书馆杨文龙馆长被我的真诚恳求所感动，表示欢迎我到祁县图书馆去查阅该书，并承诺可以考虑复印部分章节。二〇一七年九月八至十日，中国法律史学会年会在山西大学召开，我和立信会计学院王旭教授相约提前两天赴会，先去祁县『淘宝』。在祁县图书馆看到这部著作时，我心潮澎湃，忍不住再向杨文龙馆长提出了扫描全书的恳求。杨文龙馆长感念我是毛逵家乡人，觉得由毛逵家乡人来整理研究是一件特别有意义的事情，欣然答应下来。随后我从江西邮寄了一台扫描仪过去，拜托图书馆管理员武荣瑞老师帮忙扫描全书，结果扫描仪坏了不能用。我转请当时任教于山西师范大学法学院的张亚飞博士帮忙，他第二天一早便带上扫描仪直奔祁县图书馆，当天晚上扫描件便传到了我手中，心中顿时有先贤『魂兮归来』之感。翌年初，我建议研究生李雪涛以毛逵及其《祥刑遗范》为题，撰写硕士学位论文，并开始着手点校该书。

李雪涛完成《祥刑遗范》的点校初稿后，也顺利完成学位论文，并取得了优秀成绩。其后，我又建议他将汪泩的《祥刑经解》一并点校出来。他愉快地答应下来，并很快完成了点校工作。两部文献点校初稿出来后，我便考虑将两位江西先贤的著作结集出版，尤其是毛逵的《祥刑遗范》属于文献孤本，学术界几乎从未有人引用过。汪泩的《祥刑经解》虽经影印收入杨一凡老师所编《中国律学文献》第三辑，但受整部丛书购买收藏条件限制，阅读利用者不广。如今将这两部著作结集出版，让更多的读者分享前贤的祥刑智慧，于公益颇可嘉惠学林，于私谊则有弘扬乡贤名宦教化之遗意，公私两便，善莫大焉。

毛逵（一六二〇至一六七四年），字天翼，号锦来，清代江西瑞州府新昌县新安乡二十二都曲水（今江西省宜春市宜丰县澄塘镇毛家村）人。毛逵出身于书香世家，其九世祖毛伦为明永乐十九年（一四二一年）辛丑科进士，初授南京太常博士，历官二十余载，官至南京兵部侍郎，政声斐然，卒后崇祀乡贤祠。毛逵自幼聪颖好学，博览群书，才气非凡，文名远播，事亲以孝，友爱诸弟。因其自幼接受了良好的家庭教育，二十岁考中秀才。顺治八年（一六五一年）辛卯科乡试考中举人，顺治十五年（一六五八年）戊戌科会试考取第六名，殿试列为第二甲第三十七名，赐进士出身。是年观政于兵部职方清吏司，次年即顺治十六年（一六五九年）授山西平阳府推官。毛逵深知人命大于天，自己身为刑官，责任綦重，断案稍有不慎，即可能制造冤假错案。在平阳推官任内五载，他苦心理讼，平心断狱，常以士师皋陶为哀矜折狱为楷模，在司法实践中努力追求『祥刑』境界、践行『祥刑』思想，用刑『以宽为本』，折狱多平反，一时政清狱简，几致刑措，因而深受平阳地方民众爱戴，平阳风俗也为之一变。毛逵理讼才干非凡，深受上司赏识，每逢其他州县有疑狱重案难以决断，也多批交毛逵审理。因其政绩卓著，考列上等。

康熙二年（一六六三年），毛逵调任京官。离任之际，刊刻《祥刑遗范》十卷以行世，欲将自己办案经验体会提供给后人参考借鉴，以期司法官员审理案件时能『知所敬，知所法』，并能在慎刑、恤刑的基础上追求『祥刑』的境界。

毛逵入京后，先是担任行人司行人，后转户部主事，又调任吏部验封司主事。康熙十一年（一六七二年）以吏部验封司主事身份担任广西乡试副主考官，进而升任吏部稽勋司员外郎，后又升任吏部文选司郎中。因其长期忧劳于国事，于康熙十三年六月二十四日（一六七四年七月二十七日）卒于任上，享年五十五岁，入祀乡贤祠。毛逵诗、词、赋、古文等造诣亦甚高，除《祥刑遗范》外，尚有《海内珍重》《燕台暇墨》《李平暇墨》《西粤吟》《金门暇墨》《病言》《限字诗》《友声集》《晓园文稿》等著作，流行于世。

《祥刑遗范》原书一函六册，前有序文、凡例，后为分卷正文。全书共计二十余万字，收录四百三十四件文书（内含十则条议），[1]分为十卷，依次为《人命》《强盗》《户婚》《田土》《杂事》《盐法》《学政》《参拿》《粮里》《条议》。对于各卷排列的先后顺序，毛逵亦有所解释，其在《祥刑遗范·凡例》中写道：『以上十卷，但以检阅发梓之先后为次第，非以卷次之先后为始末也。』

《祥刑遗范》所收录的四百余则判牍，只是毛逵任平阳推官五年内所经手案件的很小一部分。毛逵将需要保密或令人忌讳的案件，以及事件与文采都没有特色的案件全部放弃收录，只精心选录了十之一二有价值、有意义的案件载于书中。可见，《祥刑遗范》所收录的四百余篇判牍是毛逵所审理案件中的得意之作、精选之作。

《祥刑遗范》所收录判牍，在内容上具有叙事精确、说理透彻、释疑清楚、文辞优美、语言流畅等特点。这些判

① 全书有标题者共四百三十四件，内容齐全者则存四百三十一件。

牍既体现出作者具有较高的文学水平和扎实的文字功底，更体现出其高超的法律素养和制判能力。通阅全书可以发现，无论是标题命名、内容书写，还是语言运用、法理阐述，《祥刑遗范》都独具巧思匠心，其内容充实、说理详尽、表达精准的鲜明特色，实为清初判牍类著作中的经典之作。

虽然《祥刑遗范》整体上是批驳呈转及裁断的判牍萃编，但包含的社会信息非常丰富，所承载的文化价值也十分珍贵。从《祥刑遗范》所载民、刑案件及批呈公牍中，不仅能了解清初山西地方司法审判所展现的社会经济、风土人情、官场生态等鲜活的历史画面，还能深切感受到明清审转体制下推官判案辗转反侧、悲天悯人、哀矜仁恕的『祥刑』思想，并且还能从推官判决结案时所作看语批呈中体味古代判牍的文学魅力。

《祥刑遗范》作为探究清初地方司法体制及诉讼程序运行的原始文献，其中收载的大量刑案，对于研究清初的司法原则、刑事证据、法理推演等具有直接的样本价值。由于《祥刑遗范》问世四年后府推官一职即被裁撤，使《祥刑遗范》成为展示府推官司法实践的最后硕果，也使其成为考察清初府级推官的司法职能及其价值定位的珍贵史料。《祥刑遗范》作为清初法律文献孤本，其价值不言而喻。清末民初著名学者胡思敬曾评价其『精密无比，讲法律者多推重之』。[①]可见，《祥刑遗范》问世后曾受到『讲法律者』的高度重视，并赢得了很高的评价。总之，《祥刑遗范》所录判牍均为毛逵在平阳推官任内处理案件的真实记录，较详尽地反映了作者秉承先贤哀敬折狱的『祥刑』理念与实践，因而不仅对于研究清初地方司法制度中的审转体制，尤其府级推官的角色功能具有重要的参考价值，而且对于观照『祥刑』思想的践行实况有了深切理解。

本次整理点校，以山西省祁县图书馆所藏《祥刑遗范》（清康熙二年刻本）为底本，并参考《资治新书》（二集）

---

① 沈云龙主编：《近代中国史料丛刊》第448册《退庐全集·盐乘》，台北，文海出版社1970年版，第3835页。

所录《祥刑遗范》中的五十二篇文书，将这部『养在深闺人未识』的法律文献孤本客观呈现出来。

『祥刑』作为古代法律思想体系中的一种独特理念，有着特定的含义与价值，对历代司法官员在听讼断狱和覆核详审中起到重要的指导作用。由于儒家经典对后世影响极深，导致古人对『祥刑』理念的追求很是热衷，因而在古代的法家类著作中以『祥刑』两字冠名的书籍流传很多。明清时期就涌现出大量以『祥刑』两字冠名的著作，诸如，明人吴讷的《祥刑要览》、卢雍的《祥刑集览》、王廷相的《祥刑集》（又名《浚川驳稿集》）、谢肇元的《祥刑录》、宁静子所辑《详（祥）刑公案》等；又如，清代类书《古今图书集成》经济汇编中的《祥刑典》，以及傅感丁的《祥刑辑要》、于琨的《祥刑要览》、宋邦傯的《祥刑古鉴》、汪泩的《祥刑经解》等。其中，汪泩所撰《祥刑经解》作为清代中期系统阐述『祥刑』理念的集大成之作，是今人研究『祥刑』不可或缺的宝贵资料。

汪泩（一七三九至一八一二年），字欲括，号容川，清代江西饶州府浮梁县桃墅（今江西省景德镇市浮梁县西湖乡桃墅村）人。汪泩少有异禀，读书一过成诵，稍长为文，洒洒千言，汪洋恣肆。乾隆三十年（一七六五年）拔为贡生，官江西定南训导，以身教士，文行兼修。乾隆三十六年（一七七一年）中辛卯科举人，乾隆四十三年（一七七八年）中戊戌科进士，改庶吉士，散馆归原班。乾隆五十二年（一七八七年），选授广东合浦（治今广西壮族自治区合浦县）知县，到任后致力于修废坠、清狼田、斥奸宄，治理综密条贯，深得上官器重。历署广东博罗、石城（治今廉江市）、新会等县，所至有声，遂膺卓荐，调补顺德县。在顺德任内因政声卓异，被擢授湖南宝庆府（治今邵阳市）理徭同知。在同知任内能恩威并施，因俗而治，『萌植治本，科指不烦，顺情更俗，延袤千里，鸡犬不惊』。又先后任官岳州、郴州、澧州、靖州等处，『皆以经术缘饰吏治，非俗吏斤斤刀笔筐箧而不知大体者比也』。汪泩博览群书，融会贯通，而尤邃于经义，著有《获经堂初稿》三十六卷、《祥刑经解》五卷、《周易衷翼集解》二十卷、《春秋比义集解》二十四卷。在广东时曾为甲寅（乾隆五十九年，一七九四年）、乙卯（乾隆六十年，一七九五年）、戊午（嘉庆三年，一七九八年）

同考试官，在湖南时曾为辛酉（嘉庆六年，一八〇一年）、庚午（嘉庆十五年，一八一〇年）同考试官，甲子（嘉庆九年，一八〇四年）、丁卯（嘉庆十二年，一八〇七年）、戊辰（嘉庆十三年，一八〇八年）任内廉监试官，得士甚盛。嘉庆十七年（一八一二年）卒于官廨，终年七十有四。①

《祥刑经解》共分五卷，清嘉庆三年刻本。该书卷首有序两则，主体部分依次为《原刑象天地》（《易经》六条）、《立刑豫禁戒》（《周礼》十一条）、《致刑慎听断》（《书经》十三条、《周礼》五条、《礼记》三条）、《丽刑戒滥私》（《书经》六条、《诗经》三条、《春秋左传》二条）、《明刑弼教化》（《书经》九条），共计二万余字。该书每卷先集录五经中的相关条文，然后逐条解释经义内涵，再在每卷结尾综述作者对该卷内容的总体认识与看法。本次整理点校，以《中国律学文献》第三辑第四册所收录《祥刑经解》（清嘉庆三年刻本）②为底本。

汪泩于广东任官十余载，长期参与司法审判活动，审理过大量案件，深感人命关天，刑官之责重于山。亲历纷繁复杂的司法实务，使他对儒家经训中所蕴含的『祥刑』理念有了更深刻的体会。于是，『间复紬绎经训』，汇录儒家经语，『节解而句释之』，既『采摭先儒旧说』，又阐述自己对『祥刑』的见解，从而辑成此书。该书以『刑期无刑，义归于祥』为理想目标和撰述宗旨，寄望后世司法官员能够不断体会『祥刑』的理念与追求，置身于狱情杂错的司法实践中，时刻自警，『悉其聪明，权衡轻重，不致以惨刻干和，亦不致以姑息养奸』。③

本次将《祥刑遗范》与《祥刑经解》合辑出版，既可体会理念上的『祥刑』，又可感受实务中的『祥刑』，进而全面、系统、深入地认知中国古代的祥刑观，借鉴其人文关怀的合理内核，实有裨于当代法治文明建设。总之，回顾中国传统

---

① 道光《浮梁县志》卷十三《人物・贤良》。

② 杨一凡编：《中国律学文献》（第三辑第四册），黑龙江人民出版社2006年版，第263~370页。

③ 《祥刑经解・序》。

法制文明，反思传统法律文化，研究传统法律思想，毛逵的《祥刑遗范》与汪洼的《祥刑经解》无疑是非常值得深入挖掘探索的珍稀法律文献。期待本书的出版，能迎来学术界更多的关注和研究，使其内在价值得到充分的认识和肯定。

现谨将两书的整理点校情况略作说明：

一是原文均为繁体竖排，今均改为简体竖排；二是原文中的异体字及不规范字，均按规范化要求作了统一更改；三是原文中的明显错字，均直接更正，并加脚注，以供读者参考。

最后需要说明的是，两书的整理点校工作主要是由我的博士研究生李雪涛完成的，尽管从交涉书稿扫描、安排整理点校，到负责审读把关、联系结集出版都是我做的工作，但呈献给读者的这部整理点校书稿，应该主要归功于雪涛的辛勤付出。另外，特别感谢山西省祁县图书馆杨文龙馆长和山西财经大学法学院张亚飞教授，没有他们的支持与帮助，《祥刑遗范》也许至今仍然潜藏在图书馆而不为世人所知。在整理点校此书的过程中，曾得到祁县图书馆馆员武荣瑞老师、中国社会科学院法学所孙家红教授、华东政法大学王沛教授及硕士研究生朱学仕同学的热情帮助。在联系出版中，得到了法律出版社沈小英编审、毛镜澄编辑，以及华东政法大学何勤华教授、于明教授、孙晓鸣博士的大力支持，在此一并致以最诚挚的谢意。

限于点校者的学识水平，点校本中出现疏漏、错讹等问题在所难免，不妥之处，敬请读者批评指正。

龚汝富

二〇二一年十一月十五日于华政园

# 目录

# 祥刑遗范

（清）毛逵　著

# 祥刑经解

（清）汪泩　著
龚汝富　李雪涛　点校

# 序

圣王治世，仁义礼乐之穷而刑起焉。刑之为用，以生人非以杀人，故谓之『祥刑』。天以好生为德，其生人也，有心性而知畏惧，有肌肤而知痛楚，天固授治世者以刑之权以为非是，则天下古今之人胥戕胥虐人类或几乎息也，故六经多言用刑。刑也者，固圣王所藉以生万世之具欤！上古淳①朴，沕沕穆穆，画衣冠，画地为牢，而民不犯。蚩尤始制刑，陶唐始立士师，沿及有周，《吕刑》一篇，遂开法律之祖，然而非佞折狱，有德惟刑，蔼然仁人之言，固非竹刑、仆区之所及矣。至申韩出而变本加厉，秦用商鞅，专任刑法，狭隘酷烈之风，民不堪命，此二死三死昔人所为痛也。洎乎汉祖入关，约法三章，隋统天下，定制五等，后世因之，刑律渐繁，文网日密，猾吏得以掺纵其间，奸胥因而上下其手，侮文弄法，职此之由善乎？王仲淹之言曰：『九家兴而易义微，三传作而《春秋》散』，然则名法诸书不揣其本而习之，未有不流于惨刻而可以为祥者也。豫章汪容川先生以名进士入词馆，出宰粤东擢府佐，粤俗顽悍，徇利轻生，且濒海多盗，岁虑囚率倍蓰他省，因地制宜，敬用重典，有不得不然者，先生睹而心恻，思所以迪化之，反覆于案牍，尽悉人情之幻，求诸六经，皆所已言，以为正本澄源之道在是矣。于是，辑其要略，汇为五篇，取经语大书为纲，以己意分注为目，原之以形象天地，要之于刑弼教化，大旨归于恤刑、慎刑，名之曰《祥刑经解》。夫不教而杀，

① 原文为『醇』，今亦作『淳』。

是谓虐刑；诛及无辜，是谓滥刑；酷烈无度，是谓非刑。若此者，均与祥相反者也。前代惟董江都深得此意，《春秋繁露》及《贤良对策》推本任德不任刑，而征之于天道，皆有契乎祥刑之旨。先生是编足相表里，有司牧之责者，置一编于案头，精思而切究之，于以措之斯民，庶几刑日清而讼日寡，以期至于无刑也不远矣，是则先生之所厚望也夫。

嘉庆三年，岁在戊午秋九月，赐进士出身、翰林院庶吉士馆后学茗上蔡之定顿首拜序。

天以阳生万物，以阴成万物，阳为德而阴为刑。圣人在上，以仁育万物，以义正万民，仁主生而义有杀，非成即无以为生，非正亦无以为育，故刑不可废也。嗟乎，刑书立而民有病之者矣！自非忠厚温良，当体生物育物以为心，而无一毫有我之私者，欲其致于祥也，得乎？少读经书，虽亦章句求解，而事未亲切。自作吏粤东，历十余年，讼狱繁多，丽于刑者十六七，而幻伪百出，惴惴焉，惟不得其当是惧！深念刑一及身，则毕生莫赎，况死者不可复生，敢不敬欤？间复䌷绎经训，欢唐虞三代钦恤之指，先后同揆，益恻然有触于中，爰汇录经语，节解而句释之，采摭先儒①旧说，间出己意，大抵以刑期无刑，义归于祥而止，藉以自镜，警醒良多。虽然，经之所训，所谓仁心耳！若使置身于狱情杂错之中，悉其聪明，权衡轻重，不致以惨刻干和，亦不致以姑息养奸，俾之成而孚，输而孚，则尚有从事之实在，固非空持此心，而可以为祥也已。

嘉庆三年春三月，赐进士出身、翰林院庶吉士、广东广州府顺德县知县署新会县事、候补同知浮梁汪泩自识。

---

① 原文为『儒先』，疑为『先儒』。

# 卷一　原刑象天地

## 《易经》六条

浮梁汪洼容川集解

**《易·象传》：雷电，噬嗑。先王以明罚敕法。**

阴阳相噬而有声为雷，有光为电，二者相须并见之物，有嗑象焉。雷震物而有威，电照物而有明，其威其明，皆天地自然之气机，鼓之而出，非有作而致也。而道之当以威、明并济者，惟刑罚最切，故先王则之以立刑罚之法，用离之明示震之威，罚必当而法必肃也。

雷电震照则万物无敢怀邪，刑法严明则万民无敢干令。

言罚而不言刑，刑重而罚轻。罚只亏财，在刑已适轻矣。罚且必明，而况刑之亏体者乎？立法之意，用法之心，皆愿从其轻，惟权衡事端，至于适重，乃先王有所大不忍者，故言罚而刑亦在其中。

明罚使愚民知避，敕法使奸民知畏，立之于先而饬之于继，欲其措而不用也。

**雷电皆至，丰。君子以折狱致刑。**

雷电皆至，威照并行，刑罚威狱有类于天之震曜，故君子观象以折狱致刑也。离明也，照察之象；震动也，威断之象。惟明克允，惟断乃成。刑狱之要，亦惟在明断而已。

以情听狱，昏昧罢软者无论矣。若武健严酷，情不愿输，不可以云折。折者，谓所听之狱情伪皆由我折之，而讼端即可断绝也。以狱附刑，颠倒错谬者无论矣。若牵合锻炼，狱不尽协，不可以云致。致者，谓所附之刑重轻皆其自致者，而谳案非有加损也。

噬嗑以明在上而丽于威，明罚敕法，威恃明以立也。丰以威在上而丽于明，折狱致刑，明藉威以行也。

**山下有火，贲。君子以明庶政，无敢折狱。**

山下有火，则在山之物火能照之，明庶政，离火之明，象也。火在山下，则所照之方山能限之，无敢折狱，艮山之止，象也。政者，治之具，要在详明，故可以文饰狱者，民之命专在情实，故不敢以文饰也。小察偶及，而轻于自用，必未能尽其情，况敢心一动，成见在先，保无有拂情过当之举乎？无敢折狱，非有狱终不折也，慎之又慎，虽有其明常存，照不及远之心，惟恐明有不至，则情有隐者，狱必有冤，而至用文饰以没其情，君子有所必不敢矣。

敢即是私，心不但盛气之发也，折狱平允，惬乎人心，据情丽法，何为而不敢有？众人之所不敢而彼独敢者，必其情法未协，彼独善为缘饰者也。缘饰之用近于故，敢则必蹈于故，亦势使然，故圣人戒之。刻核者曰深文，锻炼者曰文致法密，曰文网弄法，曰舞文，狱成于文，凡此皆由敢心而起。敢者，肆之至也；无敢者，敬之至也。

**山上有火，旅。君子以明慎用刑而不留狱。**

火炀则宅于灶，冶则宅于炉。火在山上，逐草而行，则为野烧之暂，犹旅寓耳。火光能照，故象之以明慎用刑；火行不处，故象之以不留狱。盖狱者不得已而设，亦人之所旅也。若淹滞久羁，非旅之义矣。故必先之以明，知人之无遁情，加之以慎，信我之无滥用，明慎并至，而断决随之，能无留而狱乃无冤，惟无留而狱必悉中也。

惟明克允，狱必本于明。但自恃其明，或致不慎，而明亦非明矣。慎者，明之实也。自谓能慎，或致留狱，而慎亦非慎矣。不留狱，乃明慎之实也。留狱之害，不可殚举，彼似明而不能断，似慎而不能决，固不可谓之明慎，而明慎既至者，又当以不留狱为急，此圣人观象垂戒之深意也。

贲象离明在下，艮止在上，故明庶政而无敢折狱，明而必有所止者，刑之所以无滥也。旅象离明在上，艮止在下，故明慎用刑而不留狱，明而即可以止者，刑之所以惟恤也。

**雷雨作，解。君子以赦过宥罪。**

阳郁而不伸，阴凝而不散，得雷雨交作而天地之解成焉，此自百物受解而知之也。然天地先有解机而后成雷雨，若苏苏索索，密云不雨，不足以为解，故曰天地解而雷雨作。雷者，天之威；雨者，天之泽。威与泽并行，犹用刑狱而亦有赦宥。无威不能以震物，无泽不能以生物，君子观雷雨作解之象，知威中有泽，故体之于刑狱以施恩仁而行宽释，顺天之道也。

误失之谓过，实犯之谓罪，过则直赦免之，未丽于法，而亦已惮于威矣；罪则但宽宥之，不愆于义，而固已浃于泽矣。均之为解散之事，而区别重轻，仁义并用，君子之权衡不爽又有如此者。

天地解万物而雷雨作，圣人解万民而刑罚清。隆冬闭塞，当春雷雨解之最著者也。或亢阳久旱，雷雨时行，亦解之象也。恩纶广加，冀与维新，赦宥之可见者也。即随时清理庶狱无滞，亦赦宥之义也。

**泽上有风，中孚。君子以议狱缓死。**

风泽相合，全体似离，中虚之象也。中必虚而后能入，人亦中必虚而后可与之相入，以上之虚，接下之虚，故成为中孚之象。凡天下情隐之相感，未有不虚而能孚者。观夫风有感而泽受，则知诚有感而物动，而动之最难，莫如狱入于死。盖罪人隐其情以深自锢蔽，犹积水严冻非可以力解而化也，有时风入之而涣然冰释焉，此即至诚无所不动之象也。君子体此以议狱缓死，议之尽其忠，而成狱必孚于断中，缓之尽其仁，而至死亦孚于无怨，则其至诚亦直无所不动矣。

议者，求其入中之出，不必竟能出之也。苟有可出，断不失于入而反覆详审，皆出之之意，则中孚已尽于议狱矣。缓者，求其死中之生，不必果能生之也。苟有可生，断不致之死而少缓时日，亦生之之心，则中孚又尽于缓死矣。迨至狱成而死，杀之不怨，所谓求其生而不得，则死者与我俱无憾也，此孚之至也。

盖观于《易》而欢善用刑者，皆天之道也。用刑以明为本，义取诸离，明而丽于动，则取诸震，威照并济，义当动也。自有不容已于刑者，然而噬嗑互体坎艮，已著沛泽止辟之理，故明罚敕法所以峻其防也。丰之互体兑巽，已具风水感孚之机，故折狱致刑因以殚其用也。明而丽于止，则取诸艮，明不可恃，威亦不可逞，义当止也。直有不必事乎刑者，故贲之互体动而险，明庶政，无敢折狱，谨之于先也。旅之互体说以入，明慎用刑而不留狱，恤之于后也。其动其止，皆以明行之，是妙乎震、艮之用者，皆离明之运，初非有胶执之私意也。若解之为动，而丽以雨泽，互体坎离，明在其中而泽为盛，故竟为赦宥之解散，并威之所行者，悉为恩泽矣。至于中孚之象，取诸风泽而系之以议狱缓死，则全体离明，互体艮震，忠信明决与哀矜恻怛之意并见乎其中，而天之示人以用刑之道者，可谓至矣。圣人非不知刑狱之用即有伤残，而不能不用者，暴不除则良不安，欲其辟以止辟，故象天之威震以立刑，而用之以明，节之以止，化之欲其入，感之欲其说，而膏泽之随时随在，而浃者欲其处之无不当，其用心之忠厚缠绵，即一刑狱之事而观象系辞，盖已备乎震、艮、离、坎、兑、巽六子之义，而天地好生之大用显焉。是故明设科条使知畏避，彼不率而犯者，又为之虚公审辨，与众讯之，必输而孚，而罪在矜疑者必宥，夫然后重轻、上下之服皆协于人心，而用刑与受刑者均可以无憾矣。人心即天心也，人心无违而天道岂有悖哉？

右《原刑象天地》

男楙枏、楙檑校字

# 卷二　立刑豫禁戒

## 《周礼》十一条

浮梁汪泩容川集解

**《周礼》：大司寇之职，掌建邦之三典，以佐王刑邦国，诘四方：一曰刑新国用轻典，二曰刑平国用中典，三曰刑乱国用重典。**

三典之异，用于三等之国者，权也。刑必协于中，则中典为不易之常法，曰轻曰重，盖视中为轻重，非以意为轻重也，而亦有一定之制，故均名曰典，则权也。而仍为经，俾邦国之民，各喻其意，庶可免于刑诛，其由新而故，既乱而平，或先平而后乱者，必随时斟酌轻重以求其中，而凡因地制宜之道视此矣。

三典皆用之邦国，而又云诘四方，盖四方之寇盗奸宄，不能无窃发之处，而其事势自必各有不同，亦以此三典之意分别诘之而已。

三典虽异，要之一中而已。平国用中典，新国则以轻为中，乱国则以重为中，不如是不足以治之也。

**以五刑纠万民：一曰野刑，上功纠力；二曰军刑，上命纠守；三曰乡刑，上德纠孝；四曰官刑，上能纠职；五曰国刑，上愿纠暴。**

此五刑者，以所在之事言之，用刑虽各有所纠，必明示以事之所尚，乃可定其趋而不至于背。知野事惟农功，是上则必勤力乃可成功；知军事惟将命，是上则必守伍乃为用命，上德、上能、上愿，亦由是也。六行以孝为首，举孝而其他可该，否则乡有不孝、不悌①、不睦、不姻、不任、不恤之刑矣。职事理，故曰能上能，则在官者不敢废职矣。暴者愿之反，力、守、孝、职皆以顺致者纠之，暴独反言者，互文以见义也。所尚既明而所纠复切，则万民知所从事而陷于刑者鲜矣！

**以圜土聚教罢民。凡害人者，置之圜土而施职事焉，以明刑耻之。其能改者，反于中国，不齿三年。其不能改而出圜土者，杀。**

凡民罢于职业，必为邪恶而害人，置诸圜土，施之职事，以劳其身，耻之明刑，以愧其心，总冀其能改而全之耳。改者返于中国，不改将必屏之远方，若终不能改而又逃亡者，则杀之。盖聚而教之者，仁之施也；出而杀之者，

① 原文为『不弟』，今更为『不悌』。

义之用也。

**以两造禁民讼，入束矢于朝，然后听之。以两剂禁民狱，入钧金，三日乃致于朝，然后听之。**

两造至而质辩可明，两剂陈而真伪可判，入矢取其直也，入金取其坚也。束矢、钧金无情者，必先自惜而不敢遽入，则讼狱可止。曰入束矢于朝，然后听，入钧金，三日乃致于朝，然后听，示以自服又缓其期，则非速民讼狱而实以禁民讼狱也。故听则必有终讼之事，禁则先有自讼之心。

**以嘉石平罢民。凡万民之有罪过而未丽于法，而害于州里者，桎梏而坐诸嘉石，役诸司空。重罪，旬有三日坐，期役；其次九日坐，九月役；其次七日坐，七月役；其次五日坐，五月役；其下罪三日坐，三月役。使州里任之，则宥而舍之。**

民有罪过，虽未丽于法，而已足以害州里，苟无以教而平之，终必与法丽，而州里之受害亦必甚矣。桎梏而坐以耻之，给力役以劳之，即所谓耻以明刑，施之职事也。使州里任则舍之，无任则不舍，盖州里任之必其能改，而不复为州里之害者也。既以安州里，而又藉以平罢民，俾免刑戮，仁之大用也。

**以肺石达穷民。凡远、近、惸、独、老、幼之欲有复于上，而其长弗达者，立于肺石三日，士听其辞，以告于上，而罪其长。**

肺石以达穷民，为司牧及职听者儆也。惸、独则无助，老则无力，幼则无知，此皆天民之穷而无告也。为之长者，平时既不能拊循有故，又不为伸理，甚或多方枉挠之，非达以肺石，而穷民将终无所赴诉矣。然惟惸、独、老、幼于穷民为称，而又必立之三日以验其诚，知非他无情者可逞而托焉。故士听其辞，告于上而竟罪其长，以益开欲复之路，而为之长者忍致穷民之有复于上受厥罪而不悔乎？

**正月之吉，始和布刑于邦国都鄙，乃县刑象之法于象魏，使万民观刑象，挟日，而敛之。**

布之邦国都鄙而并悬之象魏，则万民靡不周知而遵守不越，庶止恶于未成而犯法当刑者少也。

**《小司寇》：正岁，帅其属而观刑象，令以木铎曰：『不用法者，国有常刑。』令群士，乃宣布于四方，宪刑禁**（宪同县）。

刑象之法，大司寇既县之象魏，而小司寇又亲莅令之，大司寇既布之邦国都鄙，而小司寇又令群士于四方宣之，盖惟恐民之犹有未知未喻而因有犯者，所以为刑期无刑之至意也。

**《士师》：掌国之五禁之法，以左右刑罚：一曰宫禁，二曰官禁，三曰国禁，四曰野禁，五曰军禁。皆以木铎徇之于朝，书而县于门闾。**

禁者，明示于无事之时，使其知所避也。禁之法，士师掌之，而用法以施禁者，群有司任之。五者由内及外，而施禁之地无遗矣；自庶政暨军旅，而施禁之事无缺矣。徇以木铎，则众共闻，县于门闾，则人共见，知禁之在，是其孰不谨避而甘心蹈之？故曰左右刑罚。言刑罚所以禁民为非而豫禁于先，则人可以不犯是禁而入于刑罚，是则为刑罚之助也。

**以五戒先后刑罚，毋使罪丽于民：一曰誓，用之于军旅；二曰诰，用之于会同；三曰禁，用诸田役；四曰纠，用诸国中；五曰宪，用诸都鄙。**

戒者，申儆于作事之时，使其知所震也。五戒用之各有处，而皆举其大且要者言之，其实可以通用者多也。平时虽有豫禁，而当夫兴作之际，身与事交，或不及检察，则丽于罪者众矣。为之训饬提撕，即事随时而申戒之，则执此既专，知此已审，而所戒之丁宁反复，自无不与之相入，至民尚有犯而丽于罪者，则必顽梗之自致，而原用戒者之心，总惟毋使罪丽于民之心也。

古人禁戒之书不尽传，盖因时起事，或即事制宜，非可拘泥一定之法也。得其意而出之，皆可以左右、先后刑罚之用矣。

**掌士之八成：一曰邦汋**（聚敛掊克，浚民之生，以亏邦本者），**二曰邦贼**（为逆乱者），**三曰邦谍**（为异国反间），**四曰犯邦令**（干冒王教令者），**五曰挢邦令**（称诈以有为者），**六曰为邦盗**（窃国之宝藏，或窃邑外畔，杀国之大臣、懿亲及凡窃财货者），**七曰为邦朋**（朋党相阿，使政不平者），**八曰为邦诬**（诬罔君臣，使事失实）。

八者，或致乱之本，或作乱之事，观其迹虽似有差等，而核其情则皆不轨之徒，必诛而无赦者也。故先王制治保邦，即旧有之事以定为八成，而使士师掌之，则所以去奸民而防其芽，檗者随在而加严，而彼不轨之徒，或惩于成法之必诛，亦将自闭其邪，心有所惮而不敢为矣。

刑法者，绳于已然之后而立于未然之前者也。已然者不容逭，而未然者尚可弭，故先王随在斟酌而豫为禁戒之。于讼狱可疑之中而启其悟。至有地治之长，或罢软则因循，或严威则武断，而惸独之情尤易枉桡，故又为肺石以达之，而穷民有赴诉之处，则长吏不敢任己意而掉以轻心，况敢以锻炼文致出之乎？是以刑法之成，既已县之布之，而又复令之宣之，诸所为五禁、五戒、八成之用，皆明立科条，俾知意之所在，比户咸遵，而凛然其不敢犯，故盛世刑罚省而讼狱息也。或者谓『先王议事以制，不为刑辟』无取乎？书契之藏并疑，秋官之府太多，此其说非也。狱者，天下之大命，死者不可复生，绝者不可复属，若重轻、上下之服无成式可稽，无定典可守，则治狱者得以意为出入，而民将无所措手足矣。惟其法制一定，而猾吏不敢以售奸，愚氓自可以寡过，是明刑即所以弼教也。禁暴除奸而移风易俗，使天下回心而向道，无讼之化正在其中，而犹恐刑狱之或有冒滥，岂其然哉？

右《立刑豫禁戒》

男楙栩、楙櫺校字

# 卷三 致刑慎听断

## 《书经》十三条、《周礼》五条、《礼记》三条

浮梁汪淽容川集解

**《书·舜典》：象以典刑，流宥五刑，鞭作官刑，扑作教刑，金作赎刑。眚灾肆赦，怙终贼刑。钦哉，钦哉，惟刑之恤哉！**

自典刑而外，流宥鞭扑，以次从轻，赎则又加轻矣。至眚灾肆赦，则赎且无事，直赦之耳。惟怙终不悛者，大戾刑期无刑之意，乃法之贼也，则刑之而不贷。此其由重入轻，由轻从重，辨析精微，而不使有毫厘之差者，大端必以敬为主，若稍以怠慢之念出之，将有不得其平而伤于惨刻者矣。故本之以钦而重之以恤，哀敬之心早尽于折狱之时，而致审于成狱之后，盖甚重其一成而不可变也，夫岂一于轻宥而已哉？

**帝曰：『皋陶，蛮夷猾夏，寇贼奸宄。汝作士，五刑有服，五服三就。五流有宅，五宅三居。惟明克允。』**

蛮夷滑夏，患生于外也，寇贼奸宄，患生于内也，二者皆以命皋陶知唐虞之世，详于化而略于刑，故兵刑皆士领之。五刑有服，刑之不得不用者也。五服而有三就，则轻重判其间矣。五流有宅，刑之尚有可宥者也。五宅而有三居，则远近异其所矣。不明不足以尽情之实，极事之变，则轻重、远近之渐悬将混淆而自不能允矣。盖三就之意，以罪不至死者，不忍使之因刑而死，三居之意，以流宥之中视情之重轻为地之远近，远近别而善恶分，生死亦恒系之，故必明以求其允者于义正之中，而仁育之意无往不寓也。为理官者，可不以明为要乎？

**《康诰》：王曰：『呜呼！封，敬明乃罚。人有小罪，非眚，乃惟终，自作不典，式尔，有厥罪小，乃不可不杀。乃有大罪，非终，乃惟眚灾，适尔，既道极厥辜，时乃不可杀。』**

明生于敬，敬亦致于明。疏慢之气先伏于内，则临事必多苟且，而轻重、上下之施安能洞烛而悉当其宜？不敬因以不明也。暗昧之端交蒙于外，则用心无所适从，而隐微、疑难之交安能剖析而尽竭其诚？不明因以不敬也。小罪非眚，惟终，自作不典，而竟若有式之可用，虽小不可不杀。《舜典》所谓『怙终贼刑』，刑故无小者也。大罪非终，惟眚灾，而又为适然之一误，虽大不可杀。《舜典》所谓『眚灾肆赦』，宥过无大者也。五刑有等，随事而施权，不必尽用杀，而极之以不可不杀，盖就作不典，而充类至义之尽言之，举此一二端以见例也。

**『要囚，服念五六日，至于旬时，丕蔽要囚。』**

要囚，谓缕叙其所犯之情要，而定之以附于刑也。情之变幻无穷，而法之所附有定，其果相附欤？抑尚有可议欤？服念者，服膺而念之言长在心胸之间，犹己之事也。服念五六日，久至于旬，又久至于时，盖致审于所附之法，而尤反复于所犯之情也。要囚，理官审拟之事；丕蔽要囚，则辗转覆奏之事。

**王曰：『汝陈时臬事，罚蔽殷彝，用其义刑义杀，勿庸以次汝封。乃汝尽逊曰时叙，惟曰未有逊事。』**

罚蔽殷彝，师古者善矣，曰用其义刑义杀，则又戒其泥古也。义刑义杀，宜时者用矣，曰勿庸以次汝封，则又戒其徇己也。刑书相因，或书无正条而有故事可参证者，古固不可不师，但须断以义而不可泥，且勿以趋时而徇己之私耳。虽尽逊而惟曰未逊，则其熟酌于古今时宜之用者，皆廓然大公之心，恻然钦恤之念，而常不敢以自是也。盖戒其泥古徇己，则慎之于未用之先，戒其喜功，则慎之于既成之后，而谓刑杀之犹有不中者，吾知其鲜矣！

**《吕刑》：『典狱非讫于威，惟讫于富。敬忌，罔有择言在身。惟克天德，自作元命，配享在下。』**

外之足以腥吾刑者，威与富两端酿之；内之可以祥吾刑者，敬与忌两念基之。非讫于威，惟讫于富，言非为威胁，则惟为富动，威、富之间于以讫狱，岂尚有得其公平者哉？威不必专指权势之家也，在上之意指，同官之瞻徇，皆怵威之私也。富不必尽属贿赂之事也，好异以贪功，逆情以干誉，皆欲富之僻也。敬者慎之至，既慎于求情之先，更慎于得情之后，盖精察而必欲致其诚也。忌者畏之切，畏具瞻而尤畏日鉴，畏显诛而亦畏冥责，盖危悚而如将蹈其咎也。彼徇于威、富之路，而全无敬忌之心，则必有择言在身之隐托之以为言，否则将不可对人言矣。罔有择言，则行之在身者皆可言，不杂于威、富之见，而满腔之敬忌，念念有天在焉，斯之谓天德。夫狱者，万民之大命也。人之命天制之，狱之命典狱者制之，自作元命，配享在下，命制于典狱之自作，苟有一毫不当于天心，天其可昧乎？知典狱者之事，动可作命，故敬忌之念自无时而可已，况敢以威、富一切人欲之私入而间之，则亦不自克之甚矣，配享云乎哉！

**王曰：『呜呼！念之哉！伯父、伯兄、仲叔、季弟、幼子、童孙，皆听朕言，庶有格命。今尔罔不由慰曰勤，尔罔或戒不勤。天齐于民，俾我一日，非终惟终，在人。尔尚敬逆天命，以奉我一人。虽畏勿畏，虽休勿休。惟敬五刑，以成三德。一人有庆，兆民赖之，其宁惟永。』**

此训同姓诸侯，皆当勤敬于刑，以格天命也。罔不慰曰勤，罔或戒不勤，『慰』『戒』二字，鞭辟最切。慰者，非谓得其情而喜也。刑狱之用，参错变幻，不可胜穷，一毫未殚其力，而情罪不协，能自慰乎？曰勤则不弛其职，而可自慰也。惰而不戒，不可言矣。顾刑罚何事，而可以屡戒乎？不勤而轻重失中，虽戒亦何及矣。罔或有戒，则刑必当也。为慰为戒，在乎用刑者之心毋自欺，而求自慊，非他人所得与耳！盖刑者天之命一人以齐民，而诸侯皆有一日掌刑之责者也。非终惟终，均在乎人，重轻皆其自取，我何容心焉？知上天之心惟在齐民，则必敬逆以迓天和，而非事于残杀也。知一人之心亦惟齐民，则必奉承以培国脉，而非以为忍刻也。虽畏而以为未足畏，虽休而以为未必休。惟敬五刑，以成三德，此即不自满假之心所以为敬奉之实也。夫德之及人一也，用重典则为刚德，用轻典则为柔德，用中典则为正直之德，三德之成，皆本诸五刑之敬，故勤其发也，敬其存也，未有敬而不勤者，未有能敬勤而刑罚不中者，典狱如是，则君受其福，民蒙其惠，而天下永宁矣！

**王曰：『吁！来，有邦有土，告尔祥刑。在今尔安百姓，何择，非人？何敬，非刑？何度，非及？』**

刑者，残忍之事，而先王谓之祥者，盖用之以安百姓也，百姓安则祥莫大焉！原其本择人为先，当其用敬刑为要，推其弊度及为急。罪非己造而为人所累曰及，秦汉之间所云逮者是也。狱必有所及，党恶固所应拘，而证佐亦不可阙，非此则滥矣。乃狱吏以不遗支党为忠，以多逮广系为利，及者众而其害有不可胜言者，故必于辞所连引者而加审度焉。勿任妄指度之以事之情，勿听空诬度之以情之的，夫然后所及者皆不可得已之人，而良善鲜株连之累，则民无不安而有刑尽为祥矣。

**『两造具备，师听五辞。五辞简孚，正于五刑。五刑不简，正于五罚。五罚不服，正于五过。』**

听讼必以两造，两造之词证不备，则不能尽得其情，两造具备，然后就两造之辞而师听之。盖两造各抒其隐，则既非偏辞，师听杂以群言亦不徇一说，师听之辞虽众，丽于刑者不过五，约之以五辞必简核而诚孚者，乃正于五刑，不简不孚，则不可入于刑矣。刑不简正于罚，罚不服正于过，情法相当者刑之，情法不相当，则只以罚正之。若罚犹不服，则直察其为过而宥之耳。观于此而知古人之听狱必原情以丽法，断无有移情以合法之事也。

**『五刑之疑有赦，五罚之疑有赦，其审克之。简孚有众，惟貌有稽。无简不听，具严天威。』**

刑疑则正于五罚，罚疑则正于五过，而皆云赦者，盖以金自赎，不至于残其支体，则视五刑之加已为赦矣。审克云者，必于所疑再三详审之而终无可据，非漫不加察，遽从宽宥，使应刑者妄得罚，应罚者妄得免也。简孚有众，惟貌有稽，即所以为审克之道也。简孚之用在辞，而其真在貌，辞可伪而貌不可掩，声、气、耳、目皆随之而变焉，惟于此有稽，而人无遁情矣。若无可简核则其明而不必疑者，竟不听焉可也。夫其所为求详而致严者，盖以刑为天之威，人心各有一，天不能尽泯，故众之所简孚，即为天威之所在。治狱者果知天威之甚严，而敢有毫发不尽心之处以致畸轻畸重乎？

《周礼》『五听』以声该气、色、耳、目，此云貌稽，而声、气、耳、目亦均必从之。由乎中而见乎外，不出声与貌两端。声之发也，疾而显，貌之征也，留而著，皆天之所动，不可假也，以此求而稽之无或爽者，而亦大非易易矣。

**『五刑之属三千。上下比罪，无僭乱辞，勿用不行。惟察惟法，其审克之。』**

三千之属已定于刑书者，可以所犯之罪断之。若罪无正律，则为权于上下刑之中以相比附，而情之重者比上刑，情之轻者比下刑，情之变至无穷也，刑书不得而尽之，故必用比罪，必当其情，而情必视其辞，猾吏因缘为奸，即正刑犹文饰其辞，致不免于僭乱，而况比附之事乎？廷评无一成之议，将恐惑于邪言，爰书无一定之条，或致泥于古法，非细察于心，谨合于法，则用之必未得其平矣，此审克之所以为要而不容稍忽者也。

**『上刑适轻，下服；下刑适重，上服。轻重诸罚有权。刑罚世轻世重，惟齐非齐，有伦有要。』**

上刑而从下服，以其情适轻也；下刑而从上服，以其情适重也。轻重之宜有权以定之而铢两悉称，非可以毫厘之私意与其间也。刑如是，罚即如是。刑权轻重以为上下，罚权轻重以为多少，盖皆就一人权之。若世轻世重者，则通就一世权之也。惟齐非齐，则情虽万变，罔不齐焉，而秩然就理，岂不有伦乎？确然至当，岂不有要乎？盖齐之以刑而必有不齐之情，轻重所由区异者，经之必需乎权也；正之于权而具有伦要可守，轻重于以各得者，权之即可为经也。何以为之权？曰天而已矣。天者，理而已矣。

**『罚惩非死，人极于病。非佞折狱，惟良折狱，罔非在中。察辞于差，非从惟从。哀敬折狱，明启刑书胥占，咸庶中正。其刑其罚，其审克之。狱成而孚，输而孚。其刑上备，有并两刑。』**

言罚且极足病民，益以知刑之不可不慎也。折狱以辞似，惟口给是尚，乃舍佞而独归于良，盖以能服其口者不必服其心，惟温良长者平易正直而恳至，足以深入乎人所折之狱，人自无有不服也。夫狱辞纷繁，而良者之心只有一中，其听也亦以中。若辞有背乎中者，即其有差者也。不从其伪辞以致差，而从其真情以取中，故察之于先又敬之于继，敬而系之哀者，忠厚悱恻之诚实可共信，亦感而自吐其情，非得诸箠楚、桁杨之下也。能哀敬以折狱，斯可云良矣。既得其情，乃详明法律而与众占度之，必皆中正而无过差，然后丽于刑罚。曰其刑其罚，将已一成而不可变，故又加审克之也。至于狱辞之成，既得其真情，读之而信，输之于上，必尽其本辞，察之而实，夫是之谓孚。其刑上备，有并两刑，听之上而不敢专，皆由察乎下而无所隐也。问鞫以察为主，而不忘哀敬之心，拟议以明为主，而不失中正之则，归结以孚为主，而辞靡不备，则反复研索，而情法之允合亦可见矣。此言自折狱以迄结狱，无一时而不尽其心如此。

**《周礼·小司寇》：以五刑听万民之狱讼，附于刑，用情讯之，至于旬乃弊之，读书则用法。**

五刑乃一定，而狱讼之变态无穷，刑之重轻视所犯之罪而施之，罪必与刑合而后可言附，稍有牵强则不附矣。既附于刑而又用情讯之者，罪有同而所以致罪之故不同，以讯者之心入乎罪人之心，而委曲难言之隐无不洞达，使罪人自问亦知无可解免，夫是之谓『用情』，《记》所称『致其忠爱』是也。既已用情研讯，知所附之刑当矣，而犹恐有未尽，或尚可以从末减者，必于旬日间反覆推求，终无遗憾，然后断之。至于读入刑之书，囚无不服，则法乃可用。夫君子岂忍遽用吾法哉？

**以五声听狱讼，求民情：一曰辞听**（观其出言，不直则烦），**二曰色听**（观其颜色，不直则赧然），**三曰气听**（观其气息，不直则喘），**四曰耳听**（观其听聆，不直则惑），**五曰目听**（观其眸子视，不直则眊然）。

心者形之内运，声者心之外发，民之情民之心也，情不直而声已异，则辞必遁，色必变，气必喘，耳必惑，目必眊，故有讯鞫而必应以声。声者，心之先发者也。声发于辞而辞不足以尽声，盖辞可伪而声不可伪也。声不自禁，而辞、色、气、耳、目皆因而从之，是之谓五声由发以验其伏，兼听而得其实，于此以求民情，虽不易言，终莫得而掩之矣。

**以三刺断庶民狱讼之中：一曰讯群臣，二曰讯群吏，三曰讯万民。听民之所刺宥，以施上服、下服之刑。**

刺一而言三，以讯之群臣、群吏、万民而三也。既曰三讯，而又云听民之所刺宥，盖讯及万民取于众论之同，而其情必实，以万民为归，参以群臣、群吏之议以断其中，则上服、下服之刑自无枉纵之施，而庶民之狱讼皆得其中矣。

刺，郑《注》训『杀』，易氏以为刺取人情当否，窃意义可兼之。臣曰群臣，吏曰群吏，民曰万民，可谓泛与众共之矣。变刺言讯者，外则泛讯之以尽其情，而内各刺取之以察其情之实也。俗情多伪，盖有众论而仍不实者，故不得不用刺。盈廷唯诺，众口附和，辨之以其人，稽之以其声色，必审之于刺，而乃益信司刺职云。以此三法者求民情、断民中，而施上服、下服之刑，然后刑杀，则必刺之得其实而后杀亦可见矣。

**《乡士》：各掌其乡之民数而纠戒之，听其狱讼，察其辞，辨其狱讼，异其死刑之罪而要之，旬而职听于朝。司寇听之，断其狱，弊其讼于朝。群士、司刑皆在，各丽其法，以议狱讼。狱讼成，士师受中，协日刑杀。**

《周礼》刑官自大、小司寇外，士师专主其事，然而上诏司寇，下致邦令，惟官中之政令，皆待以定之。其下乡士、遂士、县士、方士、讶士，乃实各有所司之狱讼，而分任其职者也。乡士掌乡之民数而纠戒之，即布宪所宣布于四方，而乡、遂各士皆重申之以为纠戒也。听其狱讼，察其辞，辞具而罪之轻重著焉。或入于死，或入于刑，必辨异之以为要书，盖听而察之以得情为难，辨而异之，则附法为慎也。职听于朝，至以旬日，不惟容其自反覆，亦且服念之不置矣。至于司寇断狱弊讼，群士、司刑皆在，各丽其法以议之，或从初议，或有他议，务使罪与法相应，而轻重悉协于中。及其狱讼之成也，士师受之，不曰受成，而曰受中者，言其无毫发之有偏也。故小司寇岁终计弊，直云登中于天府耳。观乡士一职，反覆推详，上下交尽而不执一见，则遂士以下不过因其地之远近而稍区之，其用意之敬慎，固有同然者矣。

**司刺掌三刺、三宥、三赦之法，以赞司寇听狱讼：壹刺曰讯群臣，再刺曰讯群吏，三刺曰讯万民；壹宥曰不识（若仇当报甲，见乙，诚以为甲而杀之者），再宥曰过失（若举刃欲砍伐，而轶中人者），三宥曰遗忘（若间帷薄，忘有在焉，而以兵矢投射之）；壹赦曰幼弱，再赦曰老旄，三赦曰蠢愚。以此三法者求民情、断民中，而施上服、下服之罪，然后刑杀。**

司刺之职主于刺，而三宥、三赦之法亦并掌之者，所以为求情断中之用。三法即一法也，三宥、三赦皆于三刺中定之。盖讯之群臣、群吏、万民而断以情理之中，已不在可宥可赦之列者，则刑之杀之；若讯而得其有合于不识、过失、遗忘者，则随其犯之大小，宜皆以三宥议之；讯而为幼弱、老旄、蠢愚，则直以三赦议之耳。要之于刺者，所以为法中之义；而通之于宥赦者，所以为法外之仁也。

**《记·王制》：凡制五刑，必即天论，邮罚丽于事。**

天之所以及物者，好生而已矣。其有时以杀者杀之，而后可以生之，杀者寡而生者众也。断制五刑，必与天意合，则刑书皆天论矣。邮与尤同责也，凡有罪责而当罚者，必各附于其事以定重轻，则犯者无辞。若假他端而离其本事，则无以示用刑公正之准，终亦不足以惩奸矣。罚且丽事，而刑之必丽于事以为合天之本者，又可知矣。

**凡听五刑之讼，必原父子之亲，立君臣之义以权之；意论轻重之序，慎测浅深之量以别之；悉其聪明，致其忠爱以尽之。疑狱，泛与众共之；众疑，赦之。必察小大之比以成之。**

父子、君臣，人之大伦也。父子主亲亲，以渐而杀，而亲可序者不可遗；君臣主义义，因事而宜，而义在公者均所先。原父子之亲，立君臣之义，或以从轻，或以加重，即所谓权也。以此权刑，心安理得，自无不得其平矣。用意议论罪之轻重次序，而慎为测度，其所犯浅深之量以分别之，浅者轻而深者重，浅深有量，则轻重有序不相乱，而各得其分矣。此皆以得情之后言之也。然情不易得，必悉殚己之聪明，穷本以暨末，兼听而并观，致其忠诚而无一毫之虚假，故辨诘之详皆忠也，致其仁爱而无一念之忍刻，虽箠楚之用皆爱也，如是以尽所犯之情，则刑者无有屈抑矣。其或狱涉于疑，则一己之聪明自不如众人之集思为更悉，泛与众共之，《吕刑》所谓『胥占』也。若众人皆疑，则当赦之，《吕刑》所谓『五刑之疑有赦，五罚之疑有赦』也。然而必察小大之比以成之者，谓疑而当赦者，必有已行之故事可以比例，究非徒任一时之论议遂尔直率，《吕刑》所谓『其审克之』者也。

**刑者，侀也。侀者，成也，一成而不可变，故君子尽心焉。**

象人而侀，其体容貌毕就曰侀。一体不备，不可以为成人，刑之为侀，犹是也。一辞不具，则刑不成，而辞非侀体之毕肖，亦不可以为成刑，盖其真犹未出也。故曰：『刑者，侀也；侀者，成也。』已成之后，不可变矣，非尽心固无以成，而一成遂终不可变，君子又恶敢不尽心乎？

听狱讼难矣，断狱讼尤不易也。听之取数多端曰勤，勤则早定而狱不留狱，或生他变，不勤故也。《吕刑》云：『尔罔不由慰曰勤，尔罔或戒不勤。』曰度能揆度，不多逮人则民安矣。《吕刑》云：『何度，非及？』曰察辞非情实，终必差缪，不可不细察。《吕刑》云：『察辞于差。』曰貌稽心在，辞情必在，貌不可掩也。《吕刑》云：『惟貌有稽。』曰声求伪于情者，必自变于声，耳、目、气、色皆如告也。《小司寇》云：『以五声听狱讼，求民情。』其大用曰明易言刑，卦噬嗑、丰、贲、旅，皆取诸离明象也。《虞书》云：『惟明克允。』其大体曰良口辩者不服其心，惟中心温良视民如伤者情每愿输也。《吕刑》云：『非佞折狱，惟良折狱。』而要惟常存小司寇用情讯之之心，则听者详断之取数亦多端。曰法五刑之法丽万民之罪，各有当也。《吕刑》云：『惟察惟法。』曰比法无正律以旧例为比，而上下、小大由之而定。《吕刑》云：『上下比罪。』《王制》云：『必察小大之比以成之。』曰权，权者称轻重之宜而平其施，所谓法外意也。《吕刑》云：『轻重诸罚有权。』《王制》云：『凡听五刑之讼，必原父子之亲，立君臣之义以权之。』曰刺狱涉于疑，多方讯鞫，刺取情之当否，然后刑杀之。《小司寇》云：『以三刺断庶民狱讼之中。』曰众师听厥辞，启书胥占，有疑者无执偏见也。《吕刑》云：『简孚有众。』《王制》云：『泛与众共之。』而总惟常服王制，即天丽事，周官断中受中之训，则断者当至于谨凛戒慎之忱，忠厚悱恻之诚，流贯乎一狱之始终，而无时或释者，则《虞书》之曰钦、曰恤，《周书》之曰敬、曰忌、曰哀、曰惧、曰服念、曰审克，《王制》之曰忠爱、曰尽心，皆所以为克天德而作元命之实，不可不深体而切味也。夫以听狱讼之详者，其副之难也，既如此断狱讼之当者，其几之不易也。又如此而有典狱之责者，方且蒿目于诪张为幻之余，则积怒思逞，藉手于箠楚既得之下，则重荷顿释，此而不喜，殆非人情。及读六经垂戒，总惟此钦恤、哀敬之意行乎其中，虽其轻重毫厘之间，辨之既明，有时不得不用者，乃阳舒阴惨天讨不易之定理，而圣人好生之德天地同流。即其不幸而丽于法者，亦且悯其无知失教，致撄抵冒怙终之罪，而不能不辟以止辟焉。使苟可以稍从原宥，终亦未尝不欲爱惜而矜全之也，哀之不暇而喜于何来？夫然而听断之宜慎，岂顾问哉？子曰：『听讼，吾犹人也。』此自圣人言之则易耳，典狱者其可以听断为易事欤？

右《致刑慎听断》

男楙梠、楙槱校字

# 卷四　丽刑戒滥私

## 《书经》六条、《诗经》三条、《春秋左传》二条

浮梁汪泩容川集解

**《书·康诰》：『非汝封刑人杀人，无或刑人杀人。非汝封又曰劓刵人，无或劓刵人。』**

天讨有罪，五刑五用，圣人不得已而用刑者，亦奉行天讨耳，何容心焉？一有己意间之，则必不中，虽足以制人之身，而不足以服人之心矣。故曰：『非汝封刑人杀人，无或刑人杀人。非汝封劓刵人，无或劓刵人。』刑大如是，小亦如是，言之重辞之复，丁宁反覆而深戒之，以康叔之德而武王戒之犹如是。凡有明刑之责者，其可不自克而轻用之乎？

『又曰』在『无或刑人杀人』之下接去自顺，但『非汝封』一读少停，乃接说『劓刵人』，故纪言者加『又曰』二字，正写得当日告诫丁宁慎重之神。出与《论语》『知人』原同，『举直错诸枉』一时说下，亦以中间少停记者，因插入『樊迟未达子曰』六字相似。

**《君陈》：王曰：『君陈，无依势作威，无倚法以削，宽而有制，从容以和。殷民在辟，予曰辟，尔惟勿辟。予曰宥，尔惟勿宥，惟厥中。有弗若于汝政，弗化于汝训，辟以止辟，乃辟。狃于奸宄，败常乱俗，三细不宥。』**

此戒偏徇而用其中也。依势、倚法去此二病最难，势我所有也，法我所用也，日夕有而用之，喜怒予夺苟毫发有己意与乎其间，则遂为依势作威、倚法以削矣。盖非其自然而出之谓之作，于其当然而过之谓之削，有此二者，皆属一己之私意矣。欲其无作、无削，则内省于几微眇忽之间者不可不严，虽以君陈之贤，而成王不能不戒之也。宽而有制，从容以和，不必尽为用刑发，而用刑之意亦不离此。予辟尔勿辟，予宥尔勿宥，则不但戒其徇己，而并戒其徇君也。君且勿徇，而他尚有可徇者乎？盖中者君之所命，夫有所受之也。惟厥中，所以从君而敬其法也。故辟之惟厥中，其弗若汝政，弗化汝训者，辟之可也。辟以止辟，乃辟，则不足以止辟者，其可遽辟乎？宥之惟厥中，其奸宄败常乱俗者，细亦不宥，大固不待言也。苟非此类，则捐弃细过而偕之大道，多可以从宥矣。

**《吕刑》：『苗民弗用灵，制以刑，惟作五虐之刑曰法。杀戮无辜，爰始淫为劓、刵、椓、黥。越兹丽刑并制，罔差有辞。民兴胥渐，泯泯棼棼，罔中于信，以覆诅盟。虐威庶戮，方告无辜于上。上帝监民，罔有馨香德，刑发闻惟腥。皇帝哀矜庶戮之不辜，报虐以威，遏绝苗民，无世在下。』**

五刑之用已足断支体、伤肌肤，而更加以酷虐，则非常刑所有者，故直曰五虐之刑。五虐非法也，而亦名之曰法，以虐为法尚可言乎？劓、刵、椓、黥，即五虐之所用也，而云始淫，则其用必更有甚惨者，有罪者不堪犹曰罪耳，并制无罪而不复差别其辞，此何法乎？是乱而已矣。彼民无所适从，亦惟群起渐染于昏乱，无复有中心出于诚信者，则相与反覆诅盟，以人无可诉，诉于鬼神，而鬼神制世矣。乃虐政作威被戮者众，方告无罪于天，而天亦监其上下之同恶绝，无有馨香之德，而但发腥闻之刑耳。然而其不辜者，究可哀矜，是以大舜奉行天威以报有苗之虐，遏绝其种，无使传国于后，而复有重黎之命，绝地天通以继之，所以淫刑止而妖诞息也。

**王曰：『嗟！四方司政典狱，非尔惟作天牧？今尔何监？非时伯夷播刑之迪？其今尔何惩？惟时苗民匪察于狱之丽。罔择吉人，观于五刑之中；惟时庶威夺货，断制五刑，以乱无辜。上帝不蠲，降咎于苗，苗民无辞于罚，乃绝厥世。』**

刑狱者，万民之命所寄，非细事也，以为刀笔俗吏易而忽之，紊乱无当，民气愁惨而不安矣。正其为天牧，则知本为牧民而设。凡刑之用，惟知奉天而出，不敢参以人为之私，是齐民之刑，即所以为养民之政也。监在伯夷当法者，惟其迪民；惩在有苗当戒者，亦惟其乱民。狱辞必有所丽，故吉人听之，以断其中；而苗民不然，惟以庶威夺货，肆恣断制，以虐无辜。自来刑之淫滥，莫不以庶威、夺货二端启之，贵者以威于典而怵于威以徇之，富者以货夺法而惑于货以庇之，一切断制，私欲锢结，逆天而悖理，宜上帝之不贷，而必加殄灭之也。夫司政典狱，君之臣也，而以为天之牧，遏绝苗民，帝之威也，而以为上帝不蠲，是知天之日鉴甚严，而主刑狱者之不可不知畏也。

**『五过之疵：惟官，惟反，惟内，惟货，惟来。其罪惟均，其审克之。』**

舍五刑、五罚而专言五过者，举轻以见重也。过且不可疵，而况于刑罚乎？官，威势也；反，报德怨也；内，女谒也；货，贿赂也；来，干请也。或当以为过而入之于刑罚，或不当为过而出之于刑罚，是则为五过之疵。疵必起于有私，五者于世俗徇私之弊大端尽之，有分而投者，有并而来者，有相因而成者，纷乘叠至，潜滋暗长，百端以炫其明，多方以摇其守，非三德具备之人而又加之以定力，鲜不陷于其中而不自觉矣。然五者之病急当断除，而据情以丽法者，又非徒以清心寡欲遂能悉当，故必反覆推详，察之尽其心，治之尽其力，审克之用，为尤要也。

**王曰：『呜呼！敬之哉！官伯、族姓，朕言多惧。朕敬于刑，有德惟刑。今天相民，作配在下，明清于单辞。民之乱，罔不中听狱之两辞，无或私家于狱之两辞。狱货非宝，惟府辜功，报以庶尤。永畏惟罚①，非天不中，惟人在命。天罚不极，庶民罔有令政在于天下。』**

此训有忠厚之德者乃可以用刑，而行私取货者之必有天罚也。官伯、族姓，皆有任刑之责者，故呼而告之，以身示之，朕且惧于言，诸臣其可敢于用乎？朕必敬于刑，诸臣其可肆于刑乎？夫刑杀机也，而原于生全之心；刑忍事也，而临以哀矜之念，是之谓有德。天以刑相治下民，有德者能体天相民之心以敬刑，即称之『作配在下』可也。狱之初造必单辞，两造备而后有两辞，明清于单辞，勿以一面之辞先入为主也。民之乱，罔不中听狱之两辞者，谓治民之道必兼听其两辞，而得刑之中，非可以偏听也。若以私意鬻狱而图利其家，则非听狱之两辞，乃直私家于狱之两辞耳。以狱积货，货日积而罪日深，岂惟非宝，庶尤来报，盖恶积而必降之百殃也。故既戒私家，而复以府辜，报尤怵之，使知天罚之可畏也。非天不中，人自私家而不中也，惟人在命，天未尝必欲殃祸之命也。然私家狱货之

① 原文为『罪』字，今据《吕刑》更正为『罚』字。

人天不极罚之，庶民将不得蒙善政于天下也。此又反覆明天之必罚，以深戒其自取也。

**《诗·小宛》：哀我填寡，宜岸宜狱。**

填与瘨，同病也。岸，《韩诗》作『犴』，亦狱也。瘨寡穷民无告者，以瘨寡而置岸狱，不自知其致罪之由也。然不自知而直认曰宜，则哀痛为尤甚矣。淫刑之惨有至于此极者，可不鉴乎？

**《瞻卬》：罪罟不收，靡有夷瘳。**

《书》言刑腥，以其气愁惨言之也。此曰罪罟，以其势罗织言之也。罟不收而鱼病，罪罟不收而民病。

**此宜无罪，女反收之。彼宜有罪，女覆说（音脱）之。**

罪之有无，皆缘情而定。宜无宜有，则权衡于情辞之中，得其简孚与否，而一一协之于义，故曰宜也。无罪而反收之何如，而后可免于收也，岂禁其为善欤？有罪而覆说之何为，而乃致不可说也，岂乐其为恶欤？此必中之以私欲而行之以威虐者，淫刑逞而善类残，大憝免而奸邪肆，惟颠倒于心，遂至滥于出入而刺谬如此，所谓『刑罚不中，则民无所措手足』者，此类是也。

**《春秋左传》：楚侵郑，至于城麇①（邑名）。郑皇颉戌之，出，与楚师战，败。穿封戌囚皇颉，公子围与之争之，正于伯州犁。伯州犁曰：『请问于囚。』乃立囚。伯州犁曰：『所争，君子也，其何不知？』上其手，曰：『夫子为王子围，寡君之贵介弟也。』下其手，曰：『此子为穿封戌，方城外之县尹也。谁获子？』囚曰：『颉遇王子，弱（败也）焉。』**

正者，正其事情之实以定曲直也。舍事情不察而决之于囚，其可尽信乎？不过欲藉以行其簸弄之私耳！夫折狱先平其心，而手由心运，伯州犁上下其手，厥心先已不平矣。顾上其手，曰：『夫子为王子围』，且曰：『寡君之贵介弟』；下其手，曰：『此子为穿封戌』，又曰：『方城外之县尹』，则不但其手可见，而两人之地位尊卑已较然明白，是不惟不愿求其情，而更思导囚以故变其情也。既获之囚，彼此何择有不顺问官之颐指，而侥幸于万一者乎？路温舒所谓『吏治者，指导以明之，囚人饰辞以示之』是也。乃其始则曰：『所争，君子也』，卒又曰：『谁获子』，一若出于至公初无偏倚之论，而豫设成心必欲终售其左袒之用者，已众著而不可掩矣。传会之事多有类，此听讼者所宜深戒也。

**晋邢侯与雍子争鄐田，久而无成。士景伯如楚，叔鱼摄理（代景为理），韩宣子命断旧狱，罪在雍子。雍子纳其女于叔鱼，叔鱼蔽罪邢侯。邢侯怒，杀叔鱼与雍子于朝。宣子问其罪于叔向。叔向曰：『三人同罪，施生戮死可也。雍子自知其罪而赂以买直，鲋也鬻狱，邢侯专杀，其罪一也。』乃施邢侯而尸雍子与叔鱼于市。**

鄐本雍子之田，邢侯争之，曲矣。以久而无成之狱，一旦摄理，遽罪雍子，叔鱼原为索赂计耳。既纳女而遂蔽罪邢侯，断则是以受赂，而后断则非也。宜邢侯得以有辞，而雍子亦为买直矣，故叔向不隐其亲而直数之曰『鲋也

① 原文为『麋』字，今据《春秋左传》更正为『麇』字。

鬻狱』。所断者直矣，而以赂成犹曰鬻也，至不能保其身，况以不直鬻之者能无患乎？若雍子之掠美、邢侯之专杀，虽曰同罪，要皆自叔鱼之贪墨牵连而及者矣。

刑狱之事，滥不可任也。持论本平，及其用之尚不能无差，何况于滥私不可营也；矢念原公，至于附之仍未必尽当，何况乎私？或各恣以煽凶，或兼行以济恶，均之不可不戒也。《吕刑》数苗民五虐，杀戮始淫，并制罔差，发闻惟腥，其滥甚矣。而《诗》称瘨寡宜狱，无罪反收，至目之为罪罟，非其滥之不堪者乎？《康诰》言非汝刑杀，《君陈》论倚法、依势，其私著矣。若《吕刑》之谓庶威夺货，家狱府辜，必极之于天罚，非其私之益横者乎？滥无私不任，私非滥不行，二者交讯而私，其受病之本也。私之数不可胜穷，而惟官、惟反、惟内、惟货、惟来五者足以蔽之，五者之中，惟反、惟内、惟来私之乘或犹有不应，而惟官、惟货最能锢之。伯州犁之上下其手，惟官也；叔鱼之蔽罪鬻狱，惟货也，皆以私中之而不自克者也。是故守之于私而滥可忍，成之于滥而私益炽，肆意妄为，株累流毒，举将侧足而无以自安，彼民实何辜乃罹，虐威庶戮之惨至此极耶！且夫天之相民，牧之而已，非以害之也，而滥私以逞者几至，等之于奇货，疾之如仇雠，不思播刑之迪，不畏庶尤之报，苟图积货以利其家，而不知货之非宝也。至于府辜日深，上帝不蠲，乃始怨天之不中，而不知惟人之自命也。天罚必极狱货者，何乐而为，是夫亦戒之不早耳，岂复有幸耶？然则戒之如何，言多惧，敬于刑，其审克之，体上天与一人有德惟刑之意，以尽牧民之责已矣。

右《丽刑戒滥私》

男楙栯、楙櫄校字

# 卷五　明刑弼教化

## 《书经》九条

浮梁汪泩容川集解

**《书·大禹谟》：帝曰：『皋陶，惟兹臣庶，罔或干予正。汝作士，明于五刑，以弼五教，期于予治。刑期于无刑，民协于中。时乃功，懋哉！』**

圣人之治天下，本欲以五品之教化民而已，不得已而制刑者，凡以辅教之所不及也。其所命者虽有明刑之事，而其所期者总此无刑之心，惟皋陶能体此意，故其作士明刑。而凡兹臣庶，罔或干正。若争趋于契与伯夷之教，而不知有皋陶之刑者，斯则弼之为力大矣。期于予治，则刑可不用，虽或行刑，而辟以止辟，则亦终于无刑。盖舜以德威临于上，而日有孜孜，惟期于此，皋陶则推行其意不知若何，忠恕哀敬，而乃有以副其所期者也。夫刑之所用，亦裁抑其不中以归于中耳。民协于中，则刑乃无所复用，而功不仅在于明刑矣。程子曰：『禹之功，脱民于昏垫，以全其生。皋陶之功，使民复其所受之中，以全其所以生也。』

**皋陶曰：『帝德罔愆，临下以简，御众以宽。罚弗及嗣，赏延于世。宥过无大，刑故无小。罪疑惟轻，功疑惟重。与其杀不辜，宁失不经。好生之德，洽于民心，兹用不犯于有司。』**

**帝曰：『俾予从欲以治，四方风动，惟乃之休。』**

好生之德，天地之量也。天地之为天地，不过曰罔愆耳，而帝德同之简宽，以下忠厚仁爱之施，皆其好生之德之洋溢也。简者，执至一以运万几，不但省其科条也；宽者，扩泰宇以冒群生，不但缓其督责也。罚止及其身，赏则延于世，恶恶短而善善长也。宥过无大，刑故无小，详于过故，则略于大小也。罪疑惟轻，功疑惟重，分于功罪，则异于重轻也。有罪而重之，不当其罪曰不辜；有罪而轻之，得以自全曰不经。然在可以杀可以无杀之间，则与杀不辜，宁失不经。凡此皆宁过于厚，屈法以申恩，而断不使用法之或过，真所谓好生之德也。上好民之生，渐渍既久，而民亦知自好其生，兹用不犯于有司，帝之德使然也。有司能使民不冤，不能使民之不犯，皋陶所以归美于舜者，非苟谀也。然而舜之德，皋陶知之，舜之欲，亦惟皋陶知之，故职掌刑狱而意专德教，使教化四达，天下之民皆鼓舞于德教中，从风而靡，而不见有用刑之迹，此真皋陶之休，而舜之所以重美于皋陶者，亦非虚褒也。君臣同德，而太和之气充塞流衍，刑措而不用，此其所以为中天之景象欤！

**《康诰》：王曰：『呜呼！封，有叙时，乃大明服，惟民其敕懋和。若有疾，惟民其毕弃咎。若保赤子，惟民其康乂。』**

有叙，谓刑罚轻重不紊，而由重适轻、由轻适重，据情附法，皆秩然有次序也。如《周礼》罢民，役诸司空，重罪期，其次九月、七月、五月，其下三月，皆叙也。有叙而刑以大明，民亦以大服矣。其敕懋和，则不待上之督责，而交相戒敕以勉为和顺，其于改过迁善为更挚也。盖民之所以从上者，亦从其心而已。上视民之不善，如疾之在己身，则攻治针砭如去己疾而非有所害也，以此心待民，民自知不善之不可为群，自湔而毕弃咎矣。上视民之无知，如赤子之匍匐入井，则怵惕恻隐如护己子而非以为恩也，以此心治民，民亦知父母之不可违争，自淑而归康乂矣。夫上之去恶保赤，与民之弃咎、康乂相期也，而不能相强，惟有叙明服之后，而明之至者，诚必自生，诚之孚者，明始无憾，相应以神，殆非徒法者之所能喻矣。

**『凡民自得罪，寇攘奸宄，杀越人于货，暋不畏死，罔弗憝。』**

罪由自得，非由人陷害而致也。寇攘奸宄，即所为元恶大憝者，寇攘显而奸宄隐，情状虽殊而凶狠险诈均之，杀越人以取货，愍不畏死者也。如此等人，众所同恶，日惴惴焉，畏之而不敢近者，得而诛之，岂不大快人心而卟天下之公恶乎？恶卟于公，则正所谓『义刑义杀，勿庸以次汝封』者，民之所恶恶之，亦相率畏威远罪而不自知矣。

**王曰：『封！元恶大憝，矧惟不孝不友。子弗祗服厥父事，大伤厥考心；于父不能字厥子，乃疾厥子。于弟弗念天显，乃弗克恭厥兄；兄亦不念鞠子哀，大不友于弟。惟吊兹，不于我政人得罪，天惟与我民彝大泯乱。曰：乃其速由文王作罚，刑兹无赦。不率大戛，矧惟外庶子、训人。惟厥正人越小臣诸节，乃别播敷，造民大誉，弗念弗庸，瘝厥君。**

**时乃引恶，惟朕憝。已！汝乃其速由兹义率杀。』**

天之与我以为民彝，子孝父慈，弟恭兄友。其尤大者，子不敬事，以大伤父心；父亦不爱字，以疾恶其子，是父子相夷也。弟不念天定尊卑之序，而弗恭厥兄；兄亦不念父母鞠育之劳，而不友于弟，是兄弟相贼也。天下未有不慈之父，至父亦不慈，而子之不孝甚矣。兄之于弟，虽不如父之于子，然使弟实尽恭，兄亦当终化于友，故首揭不孝者著子之罪，并揭不友而不恭可知也。此而不于政人得罪，则民彝大泯乱矣。速由文王作罚，孙氏所谓『大司徒不孝不悌之刑，自文王所创立者，以殷罚治殷俗，因人情之所安，以文王罚治不孝不友，维纲常以拨殷乱也。』夫民彝固宜速明，而官常更当加谨，民之不率以法绳之，况外庶子、正人、小臣皆用法之人，知法之所恶者不孝不友也，乃不以此训人，而别立条教以要誉，愚俗使民不知不孝不友之为恶，岂非不体上心、不用上令以病其君者乎？是乃导民以恶，引而入于不孝不友之地，尤可深恶者也。此不忠之臣，法之所不能已者也。速由兹义而率杀之，由文王作罚，刑兹无赦之义也。如此而后，民彝昭，官常肃，此弼教之大者也。

**王曰：『呜呼！封，敬哉！无作怨，勿用非谋非彝，蔽时忱。丕则敏德，用康乃心，顾乃德，远乃猷，裕乃以民宁，不汝瑕殄。』**

上言慎罚之要，由民及臣，及康叔反之王身，可谓恳切而详明矣。而此复申之以『无作怨，勿用非谋非彝』者，何也？惟民不静，未戾厥心，迪之虽屡，而风俗不能以尽同，故时有违教梗化之民丽于法者，虽圣王之世不能去刑，而又恐康叔以为常刑不足以威民，致惑于非谋非彝之举，故戒其勿用，而惟断以至诚也。本之以诚，进之以敏，恐其欲速而心或浮也，故又欲其康；恐其耽安而德不据也，故又欲其顾；常目在是，而犹恐其跼于所见也，故又欲其远乃猷。夫然后庶几于德裕乃身之训，民自安而不汝瑕弃矣。盖明刑为弼教之事，而此经所称则又为明刑之本也。

**《吕刑》：『皇帝清问下民，鳏寡有辞于苗。德威惟畏，德明惟明。』**

清问，清晰而问，明目达聪，无一毫之壅蔽也。惟清问，而鳏寡冤抑之情皆得以上达，则亦无不可上达之隐矣。有辞于苗者，诉其虐威庶戮之惨也。夫用威以胁之，威亵而民转玩，有威所不能制者而威穷矣。用明以察之，明习而民益诈，有明所不能至者而明亦穷矣。盖人心虽有不同，要自有同，得之于天而断然不可泯者，故德最易入。惟舜盛德之至，德以为威，而蒙其德者自不敢犯，且共畏其有威；德以为明，而感其德者自不敢欺，且共明其常明，此所以不威而畏、不察而明，而天下莫不服焉者也。非虞舜其孰能如是乎？

**『士制百姓于刑之中，以教祗德。穆穆在上，明明在下，灼于四方，罔不惟德之勤，故乃明于刑之中，率乂于民棐彝。』**

民心惟无所检，故不知敬其德而多越于法制之外，宜有以教之；民心惟无所效，故不能勤其德而至丧其秉受之常，宜有以化之，乃士制百姓。惟曰『刑之中』，未及于教也，而遏其邪妄之萌，即以启其敬慎之发，故申其用曰『以教祗德』，言刑本为教设也。恭己于上者和顺之充周，亮工于下者精白之昭著，未及于刑也，而君臣合撰精神足以深入乎民，兆庶革心观感自能交致于上，故著其应曰『罔不惟德之勤』，言德本在刑先也。始曰『制百姓于刑之中』，继曰『故乃明于刑之中，率乂于民棐彝』，可知刑虽非教，而刑之所加，惟去其不善而驱之于善，则有以辅教之所不逮，是即所以为教也。

**王曰：『呜呼！嗣孙，今往何监？非德于民之中？尚明听之哉！哲人惟刑，无疆之辞，属于五极，咸中有庆。受王嘉师，监于兹祥刑。』**

前云『刑之中』，犹于刑见中也。刑以教德而百姓向善，则直为民之中耳。民受天地之中以生，其陷于罪恶，非其性之本然，故训其所当监者，必至有德于民之中以为归也。夫刑之所加，非人之所乐受，而哲人用之，情辞虽纷，属之于五刑，而悉可为标准，故曰极。盖咸得其中，刑奸宄即以植善良，不惟无毒且皆有庆也。师曰嘉师，故刑曰祥刑。彼动以民之无良相诟厉者，固为不善，受而或以刑为名法之家，轻而易之，则亦未知其为祥，而有所取监也已。

圣人好生之德行于教，而所以畅其好生之德者寄于刑。天生烝民，有物有则，民受天地之中以生，率性而行，此生理也。惟气禀或异，则有过与不及之差，加以人欲蔽塞，渐漓其真，必继之以教，乃可全其中而复其性，此发育万物之心，所谓好生之德也。教既行矣，犹有不率而干正者，则不得不为之刑以齐之，虽或用刑，其所期者总欲至于无刑之治，而后好生之德始畅满而无复遗憾。盖出教则入刑，出刑则入教，刑与教分而教亦徒劳，刑与教合而刑可不事，故皋陶明刑必推本于舜之好生，舜期无刑终致美于皋陶之从欲，君臣同德，上下一心，敻哉尚矣！夫教之化民也，要于同其好恶，而刑之弼教，则专于恶之得其当而已。杀越人于货，闵弗憝，此众所共恶，不待教而诛者也。速由文王作罚，兹义率杀，则教之不改亦不能不恶者也。此而欲以刑正之，必其有叙，乃大明服，而非先有去民疾如去己疾之心，则无以征弃咎之实；非先有蔽时忱，丕则敏德之修，则无以为慎罚之本。德威惟畏，故民毕弃咎；德明惟明，故裕以民宁。所以然者何也？明刑以教祗德也。德勤而民率乂，是明于刑之中者，即所以为德于民之中也。师曰嘉师，则无莠民；刑曰祥刑，则非凶器。于此见唐虞三代之圣人所历之事，不必其相侔所施之时，不必其一致，而丁宁反覆监诫之深衷，则异世而同神，无非欲全民之生，以充好生之德之量耳。董子曰：『天道之大者在阴阳，阳为德，阴为刑，阳常居大夏而以生育长养为事，阴常居大冬而积于空虚不用之处』，以此见天之任德不任刑也。夫任德者，天之教；不任刑者，天之心。寒凉肃杀，收敛归藏，而生育长养之功乃益，充然洋溢而不御，此亦天之祥刑也，岂真不用哉？是故圣人承天立事，以教为之主，以刑为之辅，刑必至于祥而刑乃可用，而刑乃亦真可措矣！

右《明刑弼教化》

男楙栴、楙檑校字

# 祥刑遗范

（清）毛逵　著
龚汝富　李雪涛　杨文龙　武荣瑞　点校

# 第一册

## 祥刑遗范序

万华皆落，阴骘不朽，旨哉言乎！余于锦来先生有征焉，先生江右名流也。戊戌岁，先生新登魁甲时也，观政职方，余为司马郎时也。其声气文学，贯人耳目者久矣。至接其眉宇，开爽豁达，朗朗如玉山照人；继谈其词华，博①雅宏深，滚滚如渊泉不竭。令人服其量，兼服其才，遂与之把臂论交，且嘿嘱曰：『安得若人而长为左铭右箴乎？』既而迁铨，时授平水司李，余甚叹其遐不我值也。孰意交道不苟，良朋不孤，己亥冬，余秩满，出守平水，私衷自慰，欣跃欲狂，非欣其地，非欣其地之善与不善，欣其与先生同事一方，朝夕砥砺，左铭在于斯，右箴在于斯，忆昔职方中之作合，庶几相得益彰矣。然余司钱谷，先生所司者刑名，职各攸分，而统实相成。盖刑得其平，则民不冤，不冤则讼简，讼简则省费，省费则赋足，其造就宁有既哉？犹未也，大厦之下，不庇一夫；良木之上，宁栖

① 原文为『慱』，疑为『博』。

只乌？先生平恕明允，诸上台咸器重之，不惟河东一路，民有如尧如神之颂，晋宁八郡，疑狱大案，不知凡几，无不取决焉。而先生恬若无事，随手剖断，案头全无壅滞，囹圄尽成茂草，其出重入轻者，难以枚数，即万死中赖以存活者，不止千余人，而今而后，先生之门，当为之高大也已。如汉史有云：『张释之为廷尉，则民不冤；于定国为廷尉，民自以无冤。』其先生之谓欤！其先生之谓欤！由是而周瓮徐庖不设于庭，乳虎苍鹰不淫于世，其量十世，其德百世，其福泽绵远，奚啻千万世，岂非阴骘之不朽、积善之多庆，而不仅仅与万华争久暂也耶！今先生当三载考绩之时，简其素所积者，平允参看诸案，付之剞劂，公诸天下，示余命序，余陋何能序，但勉为数言，使后之莅斯任者，知所敬，知所法，并知余两人之相得，不专在声气词华间区区论耳！先生行将荣膺帝简，入而掌握丝纶，平章军国，即以治平水之道治天下，则天下无不治矣。爰为之赋曰：高山崔嵬兮，勤仰止而永服。绿水澄湛兮，嘘春风于幽谷。刑期无刑兮，博济如饥年之谷。辟以止辟兮，箕裘衍未艾之福。据长河，擘太华，不屑伦类以碌碌；撼乾枢，斡坤轴，自履銮坡而穆穆！

时康熙元年壬寅余月。

年家寅弟关中吴用光题于河东公署。

## 祥刑遗范自叙

祥者，慈祥也，吉祥善事也；刑者，秋令也，肃杀之气也。肃杀之中，安所得吉祥善事乎？曰：无伤也！其道有五：太上曰措；其次曰宥；其次曰中；其次曰省；其次曰恤。野无嚣讼，庭无桁杨，措也；有网可解，不必三面也，尽解之，宥也；刖人之足而不仇，刑人于市而不怨，中也；钧[1]金者，仅束其矢，灭足者，仅及其趾，无旁迨，无深求，重之数少，而轻之数多，死之数少，而生之数多，省也；至于宥之不能，刑之不忍，望圜扉而涕零，对累囚而掩泣，恤也。持此五者以行，安往而不得吉祥善事乎？余以庸柔之才，为肃杀之官，奉命适在平阳。平阳乃古士师里也，遗范在兹，余凛之，且自幸焉，凛弗可及也，幸其可学而至也。学士师者无他，唯宽而已。五者之道，古今祥刑之法，尽于此矣，然无一而不以宽为本。又喜平之民情尚质格，有唐虞遗风，无甚嚚讼者，间有之，亦不甚坚攻而易破，用是得以行余之宽。又喜一时临平之上司，皆有道之名贤，无不欲以刑措之心，跻圣朝之治于唐虞三代以上，余往往以五者之道进，无弗予者，用是又得以行余之宽。在平五载，下而雀鼠小事，上而兵刑大狱，凡一经手，即先问心，五载之中，平之三十四城，无刺手之案，无伤心之事，用是颇以自慊，然此余之所遭逢之幸也，余何德焉，虽不敢曰措也、宥也、中也，盖或亦几幸于省与恤之间而已矣。今蒙恩考绩，将去平矣，回观往事，不胜惕然，谨将五载以内所折衷者，汇为一帙，余理平之罪状，举在是矣。题之曰《祥刑遗范》者，非敢自名范也，谓士师之所遗在前，而予范之也。或曰：是帙也，何重之数少，而轻之数多也？何死之数少，而生之数多也？是夫也，是用宽而不知为政者也。曰：是余之罪也，学皋陶者不得皋陶，犹愈于张汤也。

顺治戊戌科赐进士出身文林郎平阳府推官江西新昌毛逵顿首，自述于河东之祥刑清署。

时康熙二年岁次癸卯中秋吉旦。

---

① 原文为「钩」，疑为「钧」。

# 祥刑遗范

## 凡例

古人以六官分政，而刑其一也。近来理刑之官，事无大小，有疑难关系者悉由之，于是一官而几备六政矣。余无备六政之才，故不敢分六政以名书。然使其错杂而不例也，又恐遇之者茫然而无次第，故是帙也，以六政之事，分而为十，是为十卷。

首人命，次盗情，盖二者之罪，多在生死危微之间，为平反者所首重也。余凡遇此等大案，不敢拘定判语常格，往往多者，辄至数千言，简者亦不下数百字，非敢好辩也，盖必使一事之始末缘由，隐情疑窦，如抽丝剥笋，千头万绪，层见叠出，悉在纸上，然后出入划然而不可移耳。此二卷所录，视他卷较多者，盖以关人生死之说，即情事无奇，文理肤浅者，而一字一句之间，肯綮在焉，即录之。

次户婚，饮食男女，鼠牙雀角，狱之所自兴也，故为一例。奸律者，治婚姻之变也，故附之。

次田土，专系产业争构之事，案甚繁，不备载，盖事与文俱无足述者，悉去之。

次杂事，统六曹之事而错见杂出者也。亦难殚述，唯事异而文平者，不以文平而阙事也，或文异而事平者，亦不以事平而废文也。

次盐法，次学政，刑官无盐法之责，今所谓盐法者，盖问拟私贩之判断也。祥刑固弼教之事，兹所谓学政者，盖奉行督学之号件也。二卷之实，不称其名，然而文与情，则又似不可泯，故并约略而存之。

次参拿，参拿者，奉行督、抚、按之所参拿者也。此察吏安民之本也，皆属钦件，应为一卷。近日始有登闻问拟之事，亦钦案也，故附之。

次粮里，多系奸胥、蠹役侵蚀更移之事，亦不可胜书也，存一二于千百耳。

次条议，承上司之咨询，而陈所见以对者也。其琐屑不足道者置之，然即所存者，当不当，未敢知也，行不行，亦未敢知也。

以上十卷，但以检阅发梓之先后为次第，非以卷次之先后为始末也。

看内人犯除显恶应诛者，则从其原日姓名，所谓与众弃之也。其余或存姓而易其名，或存名而易其姓，或并姓名而两易之，非曰隐扬在是，盖不敢不以忠厚存心耳。

五载所经，其载于帙中者，不过十之一二。盖事之秘密者逸之，忌讳者逸之，事与文泛泛无足短长者，俱逸之。

毛逵载识

# 卷一　人命

## 祥刑遗范

平阳府推官戊戌科二甲进士豫章新昌毛逵撰稿

### 一件谋死亲夫事

看得赵国贤，乃谋死亲夫、奉旨正法蔡氏之母舅也。蔡氏已就碎戮，事不殚述。独是赵国贤初在案中，为照提到官，始而拟斩，继而拟杖，继而拟徒。拟杖者，则曰国贤不能以义训孙甥，且为谑言以阶祸故也。拟徒者，则曰国贤虽不知情，但口出谑语，家藏毒药故也。拟斩者，则曰河津县审，据蔡氏口供，毒夫改嫁，实系国贤教之之语故也。详部二次，勘驳多番。或因部驳稍重，遂从徒而加斩；或因部驳稍轻，又递斩而减徒。数年之中，屡出屡入，竟成筑舍。揆厥所由，盖以人命为重情，而正犯凌迟，则是案乃人命中之重而又重者也。国贤虽非正犯，然一经挂名案中，又安得脱然网外？遂不得不游移于斩与徒与杖之间耳。职按国贤今日之情之罪，不争罪之轻重，惟争情之有无耳。使蔡氏之谋杀，国贤委系知情，则骈斩何辞？苟非知情，则一杖且枉，又何有于徒与斩也？然所以辩国贤之知情与否，则有说焉。向曰因蔡氏之口供，而坐以同谋，以为狱据初情，此说似是。然何以蔡氏始初到官，审鞫之时，并无一言及舅，而斯语乃出于河津三询蔡狱将成之后，而又尚得以此语为此狱之初情耶？不过蔡氏重刑之下，知身之将死，无计可脱，见其舅未到官，以为牵连在内，必须审质，方能成案，倘国贤一日不出，蔡氏一日可以缓死，此恶妇之狡计痴心显然而易见者也。即使蔡氏今日而生，与国贤面质，此亦为案后生情，乃支离之语，尚不足以定国贤之罪，而况蔡氏已死，引一无据之言，而遂以为国贤应斩之铁案，断断无是理也。且今日可与国贤对质者，更无他人，唯已被蔡氏毒死之人张管子之父张通，与已经凌迟犯妇蔡氏之父蔡胜玉而已。使蔡氏当日毒死其夫，国贤愈果与谋，则管子之死与蔡氏之刑，祸皆由于国贤，而张通、蔡胜玉宁不儿女情切，其视国贤，虽食其肉而寝其皮，尚有余恨，何至事久论定，曾无一语相及？追严刑细鞫，俱云与国贤素无仇隙，不欲妄指，而蔡氏与胜玉，父女之情，自当实告，而何以胜玉曾私自问他，他总未说，则是国贤之未必与谋，又似不待辩而了然者也。既无从拟国贤之斩，又云『口出谑语』『家藏毒药』，故减等拟徒。职鞫国贤，据口供云，当初因蔡氏哭诉丈夫丑陋，彼答之云：『依你这等说，终不然要谋死了他，再寻好的不成？』然以情理而推，实似顺口责备蔡氏之语，理亦宜然。夫人命何事，斩罪何法，一二字之间，安可不细绎口气，而遽以是为谑语也？至若『家藏毒药』一语，若使国贤之药，原欲为谋死管子之故而藏之，则是同谋无异，骈斩何疑？若曰原藏以毒田鼠之物，而被蔡氏以毒虱诓去，遂云不合家藏毒药，则是凡晋民蓄药毒鼠之家，人人当先坐一徒罪矣。不然，何以必其不为人诓去也？以此拟徒，何苛求之甚也。藏毒既为大冤，戏言未为非枉。详按律法谋死条例，有云：『毋得据一言为造谋』。今日国贤之狱，正与此例吻合，虽欲去徒拟杖，亦无从而拟之矣。刑狱之官，止知按律，非但云罪疑惟轻，以朝廷之恩典，开犯罪者幸脱之门也。国贤年逾六十，气息奄奄，张通、蔡胜玉皆近耄耋，倘再拖累不已，不但国贤必为狱中之冤鬼，通与胜玉将是道路之枉魂。即国贤不足惜，而张通既死其子，又累其父，胜玉女已正刑，身亦不免，不几令蔡氏一人死后犹坐毙数命乎？蒙批细行严鞫，国贤情罪，实在矜疑，无可悬坐。但未早出辩明，以致游移九载，遂成疑案，致烦部驳，无可质对，合照前招，仍拟杖罪，以结钦案，伏候宪夺。

## 一件谋杀父命事

看得柴承业与其父柴登甲，均非善类也。素日交结匪人，戕害乡曲，为一方眼中之钉久矣。柴登甲居住前郊里，柴承业居住白石庄，父子相去四十余里。且登甲所居，在众山之中，四无人烟。夫以六十余岁之鳏夫，情愿抛离子媳，而甘心独处于深山穷谷之中，即此踪迹诡秘，亦概可想见其为人矣。承业于四月初四日，入山看父，而登甲已横尸野外，业见父死不明，因思父素与邻人史公太有仇，遂疑杀登甲者必公太也。始控于县，而县审无据，复控宪台，蒙批到职，随拘严审，而公太行凶之事，尽属影响。即据承业所指史公太杀父情状，亦谓想当然耳，口语先自模糊。职窃疑之，意谓登甲或系病死，而承业藉以为复仇之具也。行县检审，回称虽有致命伤痕，而承业所供时日参差，地方游移。公太之罪案，既无从悬坐，而承业之诬告，律有明条，招解到厅，源委详悉。职以人命重情，未敢草率结案，复遍拘远近邻佑、地方保甲王冲轩、崔加贵等，逐一反复严鞫，众口不二，终无实据。夫承业以一垂老之父，不能朝夕相承，忍其孤居远离，以致身死不明，尚不自反，而以莫须有之事，妄忆他人，不孝之尤，县招坐诬，拟配非枉。但以登甲之死，既有致命真伤，则虽非公太杀之，亦必有杀登甲者，为父抱冤，实非无故图赖者比。其父既惨死，而真凶未获，子又远配，而祀嗣顿湮，情诚可伤，似宜宽典。合无着令地保同史公太等公助掩埋，仍将柴承业保放葬父，勒令访实真凶，另行出告，使父仇得雪之后，方从而问其不孝之罪，此亦盛世泣罪解网，法外之仁也。

## 一件天救冤狱事

看得岳文全以疯病自殒之死兄，居为奇货。诬告者，倏潘，倏杨，倏耿，图赖何疑？勘驳者，由院，由司，由道，判断无异。情罪允协，乌容置喙。独是文全与潘、耿讦告之时，原被词中，尚未干及其子振乾，而县招初定之时，亦止云文全为泓芝驿兵房，亦并未尝云其子振乾为兵房也。查振乾之入罪，盖自杨强告首之后，首文全，次振乾，次振鲁、振雷，而一父三子，殆无遗类矣。据招内所列文全父子之恶，擢发莫罄，死有余辜。然何以杨强之首，不自彼先，不自彼后，而当自全与潘、耿构结之时，适相凑集，并成一招，遂为一家之铁案也？且细阅招中始云岳文全为泓芝驿兵房，继又云其次子振雷为驿书，因振雷不识字，而驿务尽属振乾，乃即以振乾为驿书，然乎？否乎？且区区驿递衙门，即一驿官，尚属么麽小吏，无足短长，而安用是一父三子，如许之穷凶极恶，而寝食纵横于其中也？然乎？否乎？且即使文全之反坐固宜，振乾之流徙亦协，而振鲁未见济恶实据，但云不能几谏其父，遂照新例拟杖，充类而推，振鲁且杖，又将何以恕有名在官之振雷也？不几为杨强角纸片词，而一网打尽耶？然乎？否乎？再细阅招款，每款止载各被害相证之词，而振乾未置一辩，窃已疑之。及详询口词，而振乾乃云：『曾雇车辆，应付满洲①，有闻喜车户十六里可证。』以情理揆之，派车折银之事，固所必有，而雇车应付之事，亦未尽子虚，又安得全坐赃银八十余两，但计其所入，遂不计其所出耶？不拘闻喜受雇车户一一详询，宜坐者坐，宜销者销，则亦何以使文全父子死心钳口，而不哓哓不休也？准牒过厅，一一详审，平心而论，文全反坐，屹不可移，而吓诈之罪，亦应以文全为首，而振乾次之。至于几谏父兄之事，责之贤者，尚或未能，何况以振鲁之愚，习其父兄之恶者也。以此律杖，更为未协。父辟子徙，罪及举家，未可草率，为此牒复，伏候裁夺。

## 一件毒死三命事

看得范嘉胜与被毒而死之范东阳、范己娃、范加宾，乃同族兄弟也。向因户役繁重，屡被范东阳等追逼不堪，

① 原文为『州』，今更为『洲』。

携妻负子，逃居于岳阳山中，一十余年。东阳等每年以差役为辞，成群挈党，数登其门，讨取帮贴，势众威烈，以故加胜一见族人，畏之如虎，怨之如仇也。于今月某日，东阳等三人，复来加胜之家，席甫未暖，叫嚣呵喝，需索饮食，加胜乘机，即于麦饭之中，密布毒药，立毙三命，狠心辣手，上干天和，虽一斩正法，尚不足以雪三魂之冤于地下也。细究造饭之时，胜妻李氏，适值临盆，抱病在床，胜令强起，李氏不能应，触胜怒打，而胜复自出门外推面，则其毒药已即布于推面之时矣。面成而始命李氏造饭，及三人中毒之后，李氏洗磨，而始见毒药，犹在磨间，则此为加胜一人之谋无疑矣。且所谓谋者，或旷日持久，筹画素定，然后举行。今三人猝至，死不旋踵，此胜畜怨积怒发于一时，想其凶愚之见，忿不顾身，即一人心手之间，未及筹画，尚暇与妻子较量耶？遽谓李氏知情，得无冤乎？所恨者，元凶已获，而何物解役闫福相，因贪酒食，误宿伊亲李尚兴之家，疏纵脱逃，致令巨恶漏网，而三冤至今夜号也。福相、尚兴坐以正律，夫复何辞？但查福相押送加胜，便道而宿于尚兴之家，是时范氏尸亲五人，同行护送，不能制一加胜，此中情弊，亦有可疑，又何怪福相、尚兴不肯俯首伏辜，而哓哓不已也？今据尸亲范时发等为二人宽限，愿领同缉加胜，谓期必获正犯而甘心，似宜允从。胜妾乔氏，断令族长领卖，以为收殓三尸之资，待加胜获日，另检抵偿，庶免暴露之苦。胜子范跛子，着本户收养，日后顶充加胜名下户役。胜妻李氏，随子领回，俟胜获，候审结案。余系无辜株连，相应释放宁家。其原词内僧人明远等，事与人命无涉，合另审详报。

## 一件扛尸杀命事

看得张自修，乃小民中之纵肆者也。素在浮山县开张纸马铺，稍有蓄积，遂尔矜张。于某月某日，往邻境收取赊账，故作豪侈之态，跨马挟从，路由某地经过。某地原系三家村耳，忽见飞骑从山而下，误认匪类，鸟窜兽奔。及自修既至，村中有相认者，始知非贼，惊魂甫定。中有教官，亦本村之薄宦也，其子某曾欠钱粮，本县票差衙役张景来村追纳。因景先与自修一路同行，连途受自修干糇之惠，及景到某之家，某以鸡黍款景，景遂邀自修同餐，盖欲借他人之一饭以酬王孙耳。此时教官范某犹窜未回，其子范某不待景、修饭毕，渡河寻父，落水身死，固非自修杀之。然正所谓彼虽不杀伯仁，伯仁实由彼而死也。断修烧埋，以服死者之心，仍应重杖，以警横肆之罪。张景身为衙役，藉承票为由，无故而挟他人饔飧于良民之家，并照新例决杖，余系无辜免拟。

## 前件

覆看得张自修跨马惊众，致范起凤寻父渡河，落水而死，威逼之罪，律有明条。张景与修偶尔同行，怀干糇之小惠，掠美市恩，呼朋引类，无故而饔飧人家，情实可恨，迹亦涉疑，诚有如宪驳之所云也。但么麽胥隶，为奉公追捕而来，尚非词讼勾摄者比，吓诈或亦无由。况教官虽微，然在三家村中，俨然缙绅之列，既非县差之所敢得而睥睨者。兼之寒毡冷腐，吝啬性成，偶以鸡黍款人，已属奢侈逾度，倘有勒索重费，则伤心之词，必不待叩而鸣矣。景虽百手而掩其喙，安能使其嘿嘿耶？今拘范星鼎反复细询，始终无异，则吓诈之科，似难悬坐矣。张景仍照前招拟罪，非枉非纵。

## 一件呈报人命事

看得梁三俊与吴应龙，中表至亲，素无深仇积怨。一旦以呼酒不应，而即碎应龙之首于刀下，此亦情理中所不经见之事也。芮城前后两招，三俊既已服辜，而杨模儿、王武证见凿凿，果如是，则三俊之抵斩宜矣。随经平陆一审，临晋两驳，临汾、太平以及府招，不惟本犯反复，而二证口供俱已翻然改变。问其所由，乃云前者受刑不禁，妄招是实。然即以芮城初招，细阅原词，当神会既散之时，杨模儿、王武与梁三俊皆已同出应龙之门，且彼此南北分途矣。而俊复回应龙窑内，索酒不得，然后赶至展成绪东门，将龙杀死，则此往回周折之间，已不暇数十刻矣。而模儿之与王武，以黑夜归家之人，投门惟恐不速，岂遂知三俊杀人，而相待旁观于二三十步之外乎？今欲谓二人目击知情，必强令作杀人之证，似亦无是理也。且细揣三俊情形，假使当一醉之后，如狂如梦，向应龙索酒，一言不合，盛怒相加，随时得刀，转手毙命，则亦可信。今阅初供，则曰：『三俊转至应龙窑内，尚知应龙在灶前吃烟，求酒不得，又知其詈骂不堪，然后待其出门，尾其所往，杀之于展成绪东门。』如许委曲周详，大如深怨积怒、蓄谋图报者之所为，岂似一醉汉莽伧之行径也？且此时三俊醉而应龙醒也，果使三俊被其诟骂，忿怒而去，凶横之状，既已逼露，以一醒者，对一醉汉，岂无觉察，复敢黑夜出门，而欲自授其首乎？事属影响，种种疑案，无怪本犯之反复，而二证之游移，六审七驳，迄无定案也。夫人命抵填，必得实据，一在凶器，一在证见，一在尸亲。当日三俊以屠刀杀人，必究刀得何所，后藏何处，然后可以塞其口而服其心。今但曰丢之河内，无可捞寻，是已无凶器矣。杨模儿、王武又无确见，则是无干证矣。更可异者，尸亲吴三英自谓三俊与应龙至亲，素无仇怨，杀之之事，彼实不知。则是三者无一可凭，虽欲悬坐，其可得乎？但向之所以疑三俊者，惟是初行出首之后，遂往归德，似有欲盖弥彰①之嫌。然三俊身系渡子，失船寻船，踪迹明白，岂可以一行可疑，遂以莫须有三字定人之死罪耶？杀应龙者，非三俊无疑，证三俊者，为刑招是实。合依府详，将三俊开释，断令与同饮之人，供葬死者，另行躧缉真凶，定案可也。

## 一件打死人命事

看得任崇真与崇立，同堂兄弟也。于戏场之中，两醉偶角，崇立发恶拳于先，崇真遂抵石以应，一搏之后，真

① 原文为『张』，今更为『彰』。

已避其锋矣。假使立能知止，胡致殒命？乃必穷追至门，想此两凶相对之时，非真杀立，立亦杀真，胡然而适有铁锹在旁，真遂先据行凶之具矣。虽似冤债凑合，立固有取死之道，然真之狠毒凶悖，实人类中梼杌也。三检伤真，众证供确，而本犯又俯首愿抵，合照前招，拟斩不枉。

## 一件人命事

看得张文通与席应召，比邻而居，素无仇怨。一旦文通之子张蛇蛇被人打死，弃尸于应召之地内，文通因疑应召杀之，遂捏蛇蛇先盗应召枣果，而应召之子席福庄曾有欲杀蛇蛇之言，两造告县。方行检审，而忽有文通之族弟张登阁者，于候审间无故投井，乡邻、地方不解其由。及至端详始末，盖缘蛇蛇死处系席应召之地，与张登阁之地阡陌相连，登阁素与蛇蛇早晚作息同处，一旦蛇蛇被杀，而登阁无故旋行自尽，此未必非天道昭然，欲以雪应召父子之冤也。且二人前后之死，其情亦甚显而易见。据蛇蛇之母孙氏口供，蛇蛇每日与登阁相随打草，则其不相离可知矣。使蛇蛇死于他人之手，彼断无不知情之理，方当急为鸣冤，而何以登阁未投井之先乃嘿无一言也？且据地方、邻佑口供，当日张文通唤同踏验蛇蛇所死之处，但见登阁地上人迹纵横，有似相搏蹂躏之状，则蛇蛇死于登阁之手，登阁移尸于应召之地以脱己祸，纵迹显然，复何疑乎？复细讯登阁之弟张一海与其子张上斗，俱云登阁素日在家，实无冤抑不平之事，适值本县审检蛇蛇人命，不知何故忽然投井。夫人非有万不得已之情，断无轻生之理。登阁心亏畏罪，情状昭然，今虽不得起九原而质之，然已先自画出一纸供状矣。且严鞫地方、邻佑，俱云蛇蛇未死之先，并无盗应召枣果之事，而应召父子亦并无同往张门叫骂之情，则是文通见其子死于席氏地上，而遂捏此虚词，亦为莫须有之一证耳。张文通固属妄告，然子死情迫。席应召既无杀人之事，俱应免拟。蛇蛇、登阁，宿债前冤，暗相抵偿。然蛇蛇苦死可悯，地方、邻佑素少觉察谨慎，断令与席应召等敛银烧埋，以安死者。张登阁杀人自殒，应置不论。

## 一件打死人命事

看得张加声、刘天禄与已死之杜彦魁，皆襄陵兵书也。于今十月初一日，满洲经过卒至，三役各有分管事务，而彦魁才弱不支，失误答应，畏惧满洲鞭箠，即行投缳自尽。其子霍霍痛父无辜，且恨同事者坐视其死而不救，遂有人命之控。亦人子迫切之常情也。然不知答应满洲，役不堪命，近日无才之辈，事急计穷，捐生弃命，在在有之，天下之可痛心疾首者，又何止于彦魁一人？张加声、刘天禄其自免为梁上之鬼亦幸矣，岂暇为他人分忧耶？蒙批到职，初鞫各犯，口供甚明，投缳是实。犹恐人命重情，必须详慎，发县检验，自缢无异。而霍霍又不忍暴扬父尸，哀切告拦，似应怜情准从。合无转详，仍照县招，断给孝布外，张加声、刘天禄俱依新例，重杖的决，以为同事而不急病让夷者之戒。

## 一件贼真赃明事

看得丁养顺乃欲界之饿鬼，灯前之淫蛾，有取死之道者也。欺根带幼年，涎李氏令色，夜半入室，强执求奸，真可谓色胆天大矣。夫逾墙之人，较之穿窬之盗，情更可恨，死何足惜？但九甫既已生擒于私室，自当活致之公庭，以正厥辜，则无辞矣。夫何私行打伤，虽曰忿实难忍，兼以沿途滚跌，或想情亦有之，然终难解于应死擅杀之条也。具招允协，合应照拟。

## 前件

覆看得岳文全一案，已经十有余谳，而本犯犹刺刺不休，屡控两台，至今未有定狱者，盖亦有由来矣。初因文全之兄文通素有疯疾，于顺治十三年六月十九日，疯至潘士秋之门口，称欲卖众家火巷，扭打士秋，士秋之子潘加友适种地推车归来，见其父被文通揪捽地上，遂以车辫击通，盖事急救父，此即秦医以药囊抵荆轲之意也。讵意辫头铁钩误中文通囟门，此时有邻人之子杨尧进者适亦在旁，见文通僵卧在地，又从以枣条击之，盖皆视疯汉为儿戏耳。及将文通抬回抵家，竟致殒命。而岳文全以积年健讼之老滑，一旦得死兄之奇货，人命入手，诈骗有具，遂舍其冤头债主而牵告局外多人，使谳狱者无从究诘，止断烧埋十两，以图结人命之案。孰知文全之溪壑难餍，终讼不已，遍控院、道，株连无辜，闾里之人，被其缠绕叵耐，遂有杨强者，搜其累年恶迹，将文全父子四人举家罗织，虽曰出首恶人，然正在人命未结之时，亦不可谓无因而至前也。至是而人命之案，翻然而中变为衙蠹之案矣。夫衙蠹之案，未为不真，然止究衙蠹，而遂将人命一概抹杀，欲使文全父子俯首无词，此岂持法之平也哉？无怪乎其刺刺不休也。前奉按台驳府，府牒到厅，而守宪亦驳厅审。方在研鞫，而文全又以人命上控部院，行批到职，职以人命重情，前招屡谳，并多疑窦，而文全复逞其刁辩，至死不僵，于中恐有冤抑。且本犯坚执求检，职随行闻喜县就近吊尸检审，盖以塞刁讼者坚辩之口，而清累年不了之积案也。随据该县回称伤痕历历，虽云岳文通以疯疾之人遍处挨擦，然而致命处所与铁钩、枣条相符有据。今潘加友虽逃，而其父潘士秋自吐真情，杨尧进亦俯首伏辜。虽文通疯狂，自速其死，二人亦无杀文通之心，然而误伤之罪，律有明条，安可宣也？潘加友、杨尧进应准过失杀人之律，照诏款免死，决杖一百，追银二十两，潘加友给主，杨尧进入官，以瞑死者之目，而钳文全之口。至于杨强所揭单款，安、闻二县，会审前情，坐销甚明，无容再喙。岳文全所告人命既真，无从反坐，唯代子岳振雷充当驿书，诈赃有据，合照新例流徙，以除积猾。岳振乾未充驿书，而代父奔走，难免助恶，杖惩不枉。岳振鲁、岳振雷未与父兄同事，不得以衙蠹波及。耿耀坤、潘士秋并无喝凶主使，不得以人命干连，均应免拟。则人命、衙蠹两案俱清，而葛藤可断矣。潘加友照提另结可也。

## 一件打死人命事

看得许应鹏乃马夫中酗酒之凶徒，与芮城兵书已死之葛荣贵，皆好饮而无赖者也。偶以庆贺相聚，牛饮于刘兴之家，沉酪之后，生死罔顾。荣贵初发恶言而相加，应鹏遂出老拳以相酬，两醉角触，跌扑之间，荣贵不敌，竟致毙命。虽云荣贵之死，实自贾祸，然未出辜限，谓非应鹏杀之不可也。查诏款有云：『素无深仇，偶因一时忿激致死』虽有宽典，然未敢遽引以为凶酗者恕也，应鹏应照县招拟绞。杨黑驴、傅洪成见殴不救，各杖非枉。但马夫穷役，合照新例的决。驿官惠承先，单款数鞫，尽属子虚，明系尸亲葛景亮以荣贵死于马夫之手，事与驿官相连，故捏为罗织济骗之局耳。诬告既实，律应反坐，姑念苦主，责惩免拟。至若案后复告王宏绪气死一词，审宏绪病死，在于顺治十四年，伊男口供甚明，且律无气死之条，应置不论。

## 前件

覆会看得许应鹏与葛荣贵之相殴也，两醉交搏，弱者先负，荣贵颠仆不支，竟至受伤，究命尽之时，虽在相殴半月之后，原无凶器可证，而三检虽有伤痕，其为扑跌挨擦之所致无疑也。今据县审招，称谓与斗殴误伤之条，实有相合，然未敢遽引以为凶酗者恕耳，仍照前拟。驿官惠承先单款，屡鞫屡虚，每番驳审，无干良民，尽随拖累，实可矜怜，应与省释。

## 前件

覆看得许应鹏与葛荣贵，醉饮相殴，致毙荣贵，此出于一时忿激，非有深仇极怨明矣。职奉批屡谳，已得真情。若按律法，则当抵填。若遵诏款，则当开豁。两议并存，未敢偏废。故职初招有云：『查诏款内：「素无仇怨，偶因一时忿激致死」，虽有宽典，未可遽引以为凶酗者恕。』今蒙宪批：『应鹏拟绞，已有成案，骤以恩诏免死，未便率转。』则职初招适与宪批相符，正所谓谨按律法之意也。但厥后屡行驳审，查各次招内，谓荣贵之伤，则系跌扑挨擦所致，谓荣贵之死，则又系在半月之内，则是两者皆可矜疑。兹又蒙抚院白批云：『应鹏殴毙荣贵，原因同饮共醉，荣贵先行辱詈，应鹏醉后行凶，允非用谋故杀可比；况荣贵殒命于半月之内，与当场殴毙者不同；乘醉相殴，与夙有仇嫌者不同，恩诏新颁，此案似在应减之例。』细绎院批，则又与职初谳『虽有宽典』之说相符，正所谓遵奉诏款之意也。查诏款此例，非载本年新诏之内，乃顺治十三年七月内：『奉恩赦免死，杖一百，仍追银二十两，给与被杀之家。』查前院伊京详案内，曾经开豁绞犯陕满斗、王三奇、王小稳等，自此之后，遵行已久。又查律例内：『一、应该偿命罪囚，遇蒙赦宥，俱追银二十两，给与被杀之家。如果十分贫难，量追一半。』则抚院前批『恩诏新颁，似在应减之例』，正所谓此诏此例是也。职复查应鹏所犯，实与院批吻合，似应舍律而援例，减等拟流，应否准从，恩典自出宪裁，非职所敢擅专矣。

## 一件蠹殴人命事

看得李振星一案，事经八谳，而迄无定狱者，盖缘本县初审，而振星便自一口招承，又有『伊妻疯妇，见夫追赶』之数语，遂成疑局，后虽反复展辩，而终不可解也。夫人命何情，绞抵何罪，固可任其游移而遂定爰书乎？蒙批覆勘，严询犯证口供，细参诸县看语，而李振星之罪案颠末甚明也。夫尔璋欠粮，振星禀之于官，亦小嫌也。既经会饮算账①，且复尽醉而别，欢然一堂，其毫无仇怨可知矣。至于酒后追骂，彼此斗哄，此两人醉态，即使当日振星跌璋坠崖是实，此亦当在误伤之例，而不可谓之故杀也。且谳人命者，唯凭凶器伤痕相符，干证口供为断耳。今据稷山县检审，则曰『伤痕宽大，与凶器不对。』据临晋、猗氏、临汾诸县累审，而乡约李国仕系两造至亲，原无偏护，乃为之矢天誓日，始终一词，干证李虫虫，屡鞫无知，即尸男李继祥，倏云传闻，倏云未见，尚自茫然，数者无一可凭，将执何者以服振星之辜而钳其口也？然反复推敲，实有不能为振星谢责者，直一言而决耳。大凡狱据初供，当荣河县审之时，李振星『推了一跌』之言，虽云刑鞫，实亦自吐。而猗氏县五审之后，振星复供『尔璋赶来叫骂，小的推了他一跌，便扬长去了』。以此前后两言，若出一辙，则谓尔璋不死于振星之手不可得也。振星依斗殴杀人，素无仇怨，合引诏款，断给杖惩，非枉非纵，可以结聚讼之积案矣。振星在外，饮酒构祸，其父在家，原不知情，何得波累，合从免拟。李继祥父死是实，迫切求仇，人子常情，原非图赖者比，应置不论。

## 一件人命事

看得吴安娃，横暴恶少，酗酒行凶。因堂兄吴体良索帮官钱，诛求太过，以致安娃忿激，两相揪搏，旋拾店内小刀，刺中体良左胁，杀兄重辟，安得以一醉而藉口展辩也？万泉初检，器证明确，拟斩不枉。复蒙宪驳，盖慎重人命之意。职仰遵转行河津县覆检，招详到职，职严询与前无异，合照原招转详。

① 原文为『帐』，今亦作『账』。

## 前件

覆看得吴安娃，横暴无比，因堂兄吴体良索帮官钱，旋刺中胁，立毙其命，屡检器证明确，拟斩不枉。复蒙宪驳，盖慎重人命之意。职仰遵转行县检，覆提面勘，详查安娃原欠体良粮银五钱，已经完讫，仍外帮棉花一斤，体良复欲额外苛求，遂同饮算，醉角之后，体良倚挟兄势，先行赶打安娃，旋拾店内小刀，顺手转刺。以此观之，事固起于仓卒，亦非深仇积怨，前招所谓『蓄忿怀恨』等语，盖亦即谓此一时之忿恨，顿起凶心是也。其所谓五钱者，盖安娃应帮之银，已经完过者是也。其所谓三钱者，盖体良额外求索之数，安娃不从，因而起衅者是也。前后口供，原非迥异，在体良虽曰妄索招尤，赶打在先，然安娃实以弟杀兄，灭伦重辟，亦何所容其以一醉藉口而妄生展辩乎？查三检伤痕与初、二检较多者，盖缘初检血尸未变，止据左胁刀痕报伤，三检则肉尽骨存，跌仆微伤，尽行毕现。至于左胁致命刀伤，仍与前检相符，是原未常迥异也。职详审一一条悉明白，人命之真，莫真于此，按律斩抵，实无疑窦。本应解审，因据尸妇张氏伶仃孤苦，哀哭泣诉，求免拖累，应准免解。

## 一件杀死人命事

看得吴三养，乃凶悍愚人也。原为介休县吴其夏雇牧羊厮，有灵石李汝黄租夏羊百只造粪，三养随来牧羊。因前有张国心者，于顺治十五年间，亦曾与其夏租羊，亦系三养随牧，旧借国心食盐升半未还，今七月初十日，国心寻三养索取盐钱，始而相嚷，继而相搏，三养力不能胜，遂拔腰间裤刀，将国心刺喉立毙，李汝黄疾趋欲救，已不及矣。夫以升半之盐，刺人一命，凶愚痴悍，未有如三养之甚者。当时搜获凶器，随经该县检明，伤真证确，三养亦自愿请抵，律拟何疑？羊主吴其夏，于介休发羊付三养，随来灵石，相去百里，似非知情者比，且屡行关提，该县回称其夏于三月间，携家往京，无从拘解。但查三养于灵石刺死国心，事起仓卒，原与其夏无干，今正犯已偿，余应免议可也。

## 前件

覆看得吴三养，真凶愚牧竖也。负人升半盐价，穷不能偿，以致张国心登门索取。始而逼骂，继而交搏。国心身躯雄健，三养力不能支，随取腰下䄂刀，刺中国心，即刻殒命。杀人者死，夫复何辞？但据干证李汝黄口供，国心曾与三养相搏，强弱不敌，遂用刀刺。盖大敌当前，刀适在手，自不觉其所出之甚便而刺之甚速也。凶愚无知，穷急志短，虽有抵偿之法，彼亦不暇反顾矣。细鞫情形，事起仓卒，诚非谋杀、故杀者比。适逢大赦，又蒙宪驳，不可谓非小人遭逢之幸也。职转行该县，今据详称，与例相符，而尸亲又复告诉，不愿随招。合与照例，宽减拟流，以普皇仁，应否准从，此恩典出宪裁，又非职之所擅专也。

## 一件打死人命事 驳语

细阅薛稳儿之殴死薛自熙也，因酒后争匠起衅，次日自熙出外拾粪，稳儿父子疑为告己，即持棍往追，遂殒自熙之命。夫争匠，小忿也，似非深仇积怨者比。会饮于初二之薄暮，相殴于初三之诘朝，是信宿转旭也，又似非旷日持久者比。夫所谓谋、故杀者，或因深仇积怨，或因有所图谋，素日蓄谋熟计，筹之已定，然后杀之，是谓谋、故。今谓稳儿疑自熙告己，即往追殴，此恶少凶悍之状，不出旋踵反顾之间，其与谋杀、故杀之例，果否相吻合耶？且细阅蒲州初招，谓『一命止偿一命』，且稳儿以少击老，下手独先，永让以衰击壮，故无致命重伤，则是稳儿应抵无辞，而永让从余人律足矣。今临晋以永让拟戍，是又果否与助殴之例相吻合耶？又据薛僧保、薛永总供称，稳儿与自熙分疏服绝，而查照于薛鳌初词，亦并无『服叔』字样，则又似在常人相杀论矣。今云服尽，而尊卑之分犹存，改绞拟斩，是又果否与侄杀服叔之例相吻合耶？种种疑窦，尚未妥确，子斩父戍，关系匪轻，人命重情，不厌详慎，仰该县会同蒲州执法，虚公细鞫，务期协情合律，无枉无纵，三日内妥招速报，缴。

## 一件打死人命事

看得薛稳儿少年凶暴，所谓一朝之忿，忘其身以及其亲者也。因父薛永让与薛自熙神会聚饮，酒后争匠角口，次早见自熙出村拾粪，疑为赴诉于州，遂尔手忙脚乱，持棍追击。自熙既已仆地，而稳儿父子犹在旁叫骂，刺刺不休，愚蠢凶横，无可比似。当有薛僧保、薛永总目击，将自熙抬回，半日身殒。屡检多伤，拟抵无辞。但查斗殴律法，当究下手致命之人。今稳儿年少力强，持棍狠打，检尸尽多棍伤，则下手击自熙者，为稳儿无疑也。其父永让年迈古稀，虽曰同行助殴，心即狠而力已衰，必不能致自熙之命。据稳儿初招，曾有『永让夺锨助击之』一语。及今反复刑鞫，则谓初审极刑，言词慌乱，今良心清明，自愿抵偿，展转哀号，乞宽父命。而其父薛永让又复请死，乞留其子。愚民无知，一时忿不顾身，遂尔行凶，及知法网难逃，则又父子争死。事固可恨，情亦可矜。又严鞫薛永总、薛僧保等，俱称永让夺锨一事并无的证。即尸男薛鳌，亦自谓永让衰惫之身，杀其父者，非让也。而检验尸单，虽有锨伤，亦无致命，则抵以子而舍其父，不独全此天性，实允为持法之平也。永让父子以争匠细故，与自熙角口，事在信宿晨兴，而疑其出告，遽行赶杀，此忿恨起于仓卒，原非深仇积怨者比，委难坐以故杀之条。再鞫族证薛永总等，咸称稳儿、自熙分疏服绝，即查薛鳌原词，并无『服叔』字样。薛稳儿合照凡人斗殴之律，拟绞非纵。薛永让应照余人满杖，允蔽厥辜。

### 前件

覆看得薛稳儿之殴死薛自熙也，虽为父子同往，实系稳儿致命。屡鞫已无遁情，绞稳儿而杖永让，似非枉纵。伏蒙院驳，谓『伤痕多少之间，斗殴故谋之际，尚有疑窦，是诚不可不早为辩明，以服生者之心，而瞑死者之目也。』职仰遵转发万泉检审，详解到职，覆加细勘，其伤痕鳞砌者，盖缘稳儿倔强恶少，行殴之时，一往而前，年富力强，棍快手滑，又何暇记其所击之多少耶？所供『打了几下』者，盖亦罪人约略言之，半招半讳之词也。律以致命为重，即有一伤，已足坐抵，何况其鳞砌乎？是又不必论其所打之多少也。其伤痕斜长者，为持棍横击所致，围圆者，为棍头搠撞所致，此理甚确，允无疑窦。其拟以斗殴，必不可谓之故谋者，盖缘稳儿疑自熙告己，其抱忿而往，无非凶愚慌张之气，变生仓卒，本无深谋。且当日自熙往外拾粪，亦曾携锹在手，见人殴己，宁不反斗，岂遂安坐而受死者耶？无奈年力衰惫，势不能敌，故终毙于毒手耳。其绞稳儿而杖永让者，追殴之情，强者先至，弱者后来，稳儿棍伤致命，而永让锹伤甚少，此先后强弱之明征也。子填父杖，允足蔽辜。至于亲疏之说，屡审证佐，服绝是实，熙子薛鳌，欲快不戴之仇，亦无怪乎其案后多事耳，诚不足凭，仍照原拟。

## 一件人命事

看得景来来，乃见利忘身、逞忿行凶之愚民也。因堂兄景一柏借来来麦子二斗，止还本粒，未行加利，向柏索取，一言不顺，而狠手相交，以耄年衰惫之鸡肋，安能当方刚之老拳，一柏此时，想已受重伤矣。当有来来之胞兄景徐儿者，与族兄景王王竭力拖散，随护一柏归家，付其儿媳为之将养。讵老年之人，伤痛不禁，而气复难忍，遂复逸出投井，惊哄邻佑，而景王王、何夫盛等又复与来来兄弟三人随往捞救援，柏出井，尚存一息，送归来来之家，未及半晌，遂尔殒命。夫以斗麦之细故，即使全负，所值几何，致毙一命，贪嗔凶悍，若来来者，死不足惜者也。但人命填抵，必须伤真证确，方成定谳，再三刑鞫，据来来坚称斗殴是实，砖击则虚，然以夏县初供，曾已招吐在案，而相验尸单，复有致命伤痕，来来复称一柏所投枯井，深至七丈，而井旁俱系乱砖巉石，从上坠下，挨磕更多，前在县审，极刑之下，妄报是实。又据干证景王王供称，当日在旁之时，但见拳击，未见砖打，而拖散之后，同景徐儿护柏归家，交付伊媳，则是一柏归家之后，复行投井，确有证据，而背尸丢井之事，可不辨而明矣。井深七丈，四围岩崖，投入其中，岂无挨擦？景王王当日以局外之人，旁观最真，而坚称未见砖打，今遽以头破伤痕，定指为来来之手迹，亦何所见而云然耶？又据干证何夫盛供称，为景来来兄弟三人，及景王王等同往井上救出一柏之时，柏实未死，抬回来来之家，半晌方殒，与王王所供相符，则是一柏非当场死于来来之手，而实死于自行投井之后，又不辨而明矣。种种可疑，实难定抵填之铁案。职方行发检，以成信狱，而尸男景应积哭泣哀号，有不忍复扬父骨之诉，情更可矜。总之，一柏之死，即非来来当场之毙，而实由于取麦起衅，拳打致伤，所谓此无致死之心，彼有轻生之念，合依『因事用强，殴打威逼致死，果有致命重伤、自尽实迹者，给葬发遣。』夫复何辞？景徐儿与景王王，同力劝拖，送柏回家，虽非坐视不救者比，然不能始终防护，致柏终殒，亦可谓为善不卒者矣，杖惩蔽辜。景瘦子因喝打之故，理屈先逃，或亦有之，严缉另结可也。

## 前件

覆看得景来来因索麦细故，凶殴堂兄景一柏，以致投井殒命，屡谳明确，实无遁情，拟以『威逼致死，果有致命重伤、自尽实迹者，给葬发遣。』于例允协。伏蒙宪驳，谓『顶心骨破一伤，如委出凶手，非抵不足以瞑死者之目；如委系挨跌，即成亦难以服生者之口。』诚为慎重人命，持法平允之至意也。职仰遵转行万泉县严加讯鞫，随据该县招解到职，逐一细勘，与前无异。盖谳人命重情，唯凭伤痕证佐，今来来之殴一柏，当日劝归交付伊媳者，则有同族之景王王也。及一柏逸出投井，从井救出者，亦景王王同何夫盛与来来之兄弟也。屡询王王口供，斗殴之时，止见来来拳打脚踢，并无砖击等情。且劝散扶归之时，一柏头上无血，捞救出井之后，头面皆破，则顶门骨破一伤，其为井中挨磕所致，而非出于来来之手，不待问而明矣。其腹中无水者，缘井枯也；指无泥沙者，缘非死于水也。明确易见，允无疑窦。在一柏虽有顶门骨破重伤，实由投井自致，而非出于来来之手，则给葬发遣，诚足以瞑死者之目，而一柏不得为碧血之怨鬼。在来来虽无砖击致命之情，乃因负麦细故，而将衰髦之堂兄拳脚交加，归家之后，既已怨恨难凭，而又前负未结，余威尚在，故尔求死，始于殴而终于自尽，正如法内所谓用其强威逼之以不得不尽也，则给葬发遣，诚足以服生者之口，而来来更不得为强辩之累囚矣。仍照前招，无枉无纵。

## 一件图财杀命事

看得卫加凉之缢死，原为蔡宗圣之威逼无疑矣。但加凉身受工雇，理宜恪职，乃以嫖饮旷役，致来诃责，又复不能顺受，辄行自缢，愚忿轻生，自取之也。救缢者，则有加凉之亲叔卫国奠，收埋者，则有加凉之亲祖①卫东兰，尸亲森列，既非孤独无依者比。使当时果有冤抑，岂宗圣二十两之埋葬，遂足以餍其祖与叔之溪壑，而掩卫氏之众口，数年之中寂然无声，以待今日杜监之控乎？然宗圣所以蓄杜监今日之祸者，亦即此二十两之疑团莫解耳。细鞫当日所以行财之故，盖缘宗圣本有诃责之事，一见加凉自缢，虽非手毙，先已胆怯，故不觉其出银之速，以求悦东兰之心。东兰见孙系自缢，既无别故，得此二十两之埋葬，实出望外，亦心悦诚服，而无复怨宗圣之意，此始终情节，前勘甚明，一望而了然者也。蒙宪驳审，诚慎重人命之至意。职仰遵覆勘，奈日久事湮，无可搜求，及提当初该县相验埋葬之原卷，一一细勘，据尸亲之口供，再加体察，其救醒而咽喉复肿者，缘当日之缢急而伤重也。缢急而不当毙者，缘解救者速也。救苏而五日复终毙者，以咽喉为饮食呼吸之门，伤重则肿，肿则不得食、不得呼吸，延至五日而食绝气断，不终毙不已也。据此口供，指画如见，似无别弊。总之，宗圣虽无杀加凉之事，然诃责过当，加凉实由之以死，律以威逼，夫复何辞？与付银之王仲乾，俱事在赦前，应免拟。卫东兰老病残喘，不能举动，于赴审之后，

① 原文为『叔』，根据下文疑为『祖』。

即毙寓中，当发临汾县验明，取有结状在案，情实可矜，其私和银两，无从追还。然当日二十金之数，系宗圣情愿，并非东兰图赖强索之赃，与平常人命行财者不同，即查威逼之条，例应断给，况东兰已死，相应免究可也。

## 一件横杀人命事

看得胡养粟之杀死胡兴宅，所谓淫始而凶终者也。兴宅之与养粟、养年兄弟，查系小功服侄，分未疏也。夫何灭伦无耻，举家麀聚于一娼之身，人道绝矣，保无祸终，有是理乎？未几而果以厚薄起衅，嫉妒成仇，兴宅竟毙于养粟之手。天道恶淫，兴宅之死尚不足惜，而养粟之罪又何所容矜疑哉？狱经屡谳，伤真证确，无事再议。独是绞斩之间，似未允协，致烦部驳，实慎重人命之至意也。职细阅全招，覆提详勘，于中情重律轻，诚有如部驳之所云矣。据供当日养粟之欲杀兴宅也，邀其二兄与俱，且诳之曰『往李文升家取债』。夫既曰取债，则安有黑夜挟械而往之理？养年虽愚，未必信此。且查养年在先亦曾与吴遂儿有苟，遂儿独钟情于兴宅，养年岂独能相安于漠然？拈酸吃醋，情亦有之。及养粟一呼首难，而养年遂百诺相从。故当夜之往，谓养年全不知为报兴宅之怨，无是理也。但细查吴遂儿与兴宅往来二载有余，与胡养粟往来方近一载，而养年之于遂儿不过倏一至焉。故遂儿之所钟情者，唯兴宅为独厚；因遂儿而怨兴宅者，唯养粟为最深。若养年之于兴宅亦不痒不痛之人也，故是夜之往，在养年亦不过谓殴辱骂詈，如寻常捉奸报怨之故事已耳，宁遂逆料其弟之必欲杀之而后止也。观当日养粟暗藏面刀于身，未令年知，则年之无必杀兴宅之心不较然可睹乎？及细鞫老鸨王二儿、干证李永强，咸云眼见养粟先入兴宅卧内，移时而养年继往。则是杀兴宅者，为养粟一人无疑矣。再鞫囟门棍伤，据年供称，养粟刀刺之后夺棍复击。其夺棍与否，难信狡辩。然当养粟把火挥刀，排闼直入之时，兴宅微喘，早已尽于养粟刀下矣，何待养年一棒而后毕命乎？论伤必分致死，下手须究先后。诚如前招院驳所云『兴宅早死于养粟之利刀，似非死于养年之棍下』，真可谓情形目睹，如山不易之铁判也。养年不知有杀宅之意，率然助殴，应从初招，拟流非纵。至于养粟之杀兴宅，本为妒奸而往，非为劫财而往。杀人之后随带被褥者，盖不过欲借盗贼之名以混杀人之迹，所谓掩耳偷铃，小人之计狡而实愚者也。杀人为本，得财为附，止当坐以杀人之律，不当坐以得财之律。诚如部驳所云『服制未经说明，遽拟斩绞，似未允协』者也。今查兴宅系养粟小功服侄，服制未绝。查尊长杀卑幼至死者，合依故杀律绞。其脱逃之胡养族，严缉另结可也。

## 一件执枪扎死人命事

看得杨荣之杀死阎福全也，事在白昼。缘荣欠福全皮价五钱，嗔其索取过急，辄持枪刺杀福全中心，刃几透背，连至五伤，而立毙其命，凶实罕觏，绞抵尚有余恨。兹蒙部驳『有无仇隙』，职仰遵细鞫，只因皮价起衅，本无他仇。然如此穷凶极恶，似又或不在有无仇隙中论也，仍照原招拟绞。

## 一件打死人命事

看得俞国栋因戈眼娃领受柴银二两，逾期不完，一朝索取，寻遇眼娃，恫喝不已，鞭石交加，绑锁店中，横暴极矣。小人凶愚，忿起一朝，无非欲逼偿柴价，原无深仇。讵眼娃以抱病之躯，既受箠楚，复加凌逼，遂不移时而殒命也。伤械真确，绞抵何辞？兹蒙部驳，职仰遵细鞫，尸亲、干证俱云并无夙仇，则似非真正谋杀、故杀者比。当此皇赦普颁之日，应否减等，出自宪恩，职不敢擅专，仍拟国栋前罪。

## 一件举首人命事

看得畅希永之殴死僧清尧也，半系狂药为之祟耳。希永佃清尧名下宗地一亩五分，拖欠租粮不纳，致清尧鸣之于县，希永乃与霸宗房之恶少张增福，一同赴县听审。适县官偶病，未及问理，永等归家，中途剧饮，狂药大发，遂率增福等踉跄至寺，寻殴清尧，图快心于一时。及清尧奔避，而复搜至王天保之家，棍石交加，翌日殒命。屡谳伤证俱确，增福已经遣戍，希永绞抵何辞？今蒙部驳，详查希永、清尧素日有无仇隙，职仰遵细勘，据尸亲常秋及干证王天保等供称，二人并无深怨积仇。止因欠租结讼，醉后狂骋，致毙人命，小人凶愚无知，兼以狂药为祟，岔起一时，似非真正谋杀、故杀者比。同凶增福既已遣戍，希永年垂七十，奄奄待毙，幸值大赦普颁之日，此衰惫残囚，或可几幸邀恩，以广皇仁。

## 一件谋杀人命事

看得李春光借老妪之债，不念周急之仁，反肆凶残之毒，嗔阴氏索换潮银，遂诱入暗室，持镰连砍，断喉立毙，并夺其环帕，藏埋后园，负尸撇野，意谓灭迹。幸樊积英往地看麦，根寻血迹至堡，当唤乡约、地邻验明擒报。环帕起获伊家，铁镰追出贮库，证真械确，拟以故杀律斩，百喙奚辞？

## 一件殴死人命事

看得翟文英凶淫无赖，以鳏居之旷夫，比鲜耻之顽童，醉宿酒店，方嗔龙阳高五娃不为温存，故责以贴被铺床。又逢浪子张连升亦来逐臭，遂相与闹芷争花，以携云握雨之心，变作捕蜂扑蝶之手，顿起凶状，狠加老拳。五娃之琵琶未过别船，连升之鸡肋立毙当夜。三检伤真证确，绞抵亦复奚辞？张付寿既为文英寓主，又系连升族叔，情难袖手，谊合撄冠，先打其侄，以销他人之忿，所谓助骂乃以止骂，情亦有之；及毙其命，且陷自己之身，所谓让尤反以招尤，计何拙焉。细审尸父张所真，亲供死男连升素与付寿并无仇隙，迹类助殴，意实解纷，照依县拟，诚不为纵。高五娃以牛鬼蛇神之恶状，粧狐淫雉孽之奇妖，致毙两命，杖惩余辜。陈法娃方见剧争，而奔控其父，原非不救者比，应免拟。

## 一件殴死人命事

看得姜国才，寄居隔属，藏匿逋民，已为不法。及赵天才等承票缉拿，无处摸索，故诱其邻人王重标之子王然，以为赚门之向导，国才、逋户俱已兔脱，遂执其子姜乔娃以归为质，此亦奉公缉逋之常情耳，于然乎何尤？国才不悔匿逋之非，反恨领缉之人，诱然同追其子，迨追不及，顿起凶心，反棍向然，竟毙其命。屡检伤真证确，拟抵又复何辞？然而绞斩之间，似不可无辩，诚有如宪驳者也。国才凶愚小人，见子被擒，挟然同追，意在得子，非欲杀然。譬如恶兽，见人攫其犊，怒而触人，苟还其犊，斯亦已矣，求犊不得，乃至伤人，国才之迁怒于然，正如斯耳。其为一时忿恨，反戈相向，意不旋顾，正所谓事起仓卒，实非如造意蓄谋者比也。法有曰：『虽系有故而杀，如非即刻毙命，隔日身死者，仍依斗殴之例。』今然归家，尚尔能言，越三日而死，国才杀人，拟绞非纵。至于伤痕，俱以致命为重。兹据县检囟门、胸膛、肾囊、脑后，皆与拳棍凶器历历相符，有一于此，足定抵案，正不在多寡中论也。王重标以子为利，和而后告，追赃决杖，法不容恕。胡彪、赵天才通情纳贿，并应决杖。

## 一件乞天饶免以恤贫民事

看得讼员郑而愚，以七年结案之人命，妄行扰告，希图打诈，前招实无枉纵，若依新例，反坐何辞？职仰体宪台哀矜之意，薄拟一杖，尚属宽典，今复渎诉，侥幸免罪，刁顽健讼，益可知矣。果使而愚畏法，何不慎始绝讼，诬告本欲杀人，而脱罪又思漏网，即在无知愚民，尚无可原之情，矧曰青青子衿，礼义之所由出乎？三宥固宪台之仁，而按律乃士师之法，况关人命，倍异常情，稍涉姑息，长此安穷？伏乞注销原词，庶健讼知警，而懦民不致滋诬告之累，则宪台息讼安民之德，且在泣罪解网之上矣。

## 一件乞究人命事

看得王立相、张太、杨宣，俱大交镇之懦民，而宋华、贺廷建与已死之段①来虎，实隰州营之悍兵也。本营百总任希胜带领段来虎等分驻汛地，与大交镇相去二十余里，各兵桀骜逍遥，翱翔于翼、绛之间，骚扰小民，需索饮食，非一日矣。宋华、贺廷建、段来虎突于八月二十四日，牛饮于王立相店内，自朝过午，烂醉如泥，初骗菜佣之酒价，继夺童子之黍肉，葛伯虽暴，不过是矣。立相护子情急，两相斗闹，来虎柴击在先，立相夺搏在后，以致合镇哄然。宋华、廷建本日回汛，来虎醉不能行，复为众人劝解，转宿于立相店中。次日天明，本管任希胜闻知，差役锁拿，当有乡约张道明等相与送归，复具果酒，为之请饶，求免日后之患，此小民畏兵之情，亦可以见其一班矣。迨至道明别后，希胜绳以军法，来虎带醉负伤，至廿七日，夜间身故，是去立相争闹之日，已越四昼夜矣。果使当负重伤，次日安能步履归汛，而本管又安能复加之以法乎？夫何来虎一死，而官兵、苦主纷纷出告，视死兵为奇货可居，而懦民为弱肉可啖也。自是而敛资约息，奸弊丛生矣。蒙宪批行到职，随发绛县就近检审，而该县屡申营兵不服拘，提尸不到县，稽迟时日，职虽屡行申饬，勒限速结，然而悍兵抗拒之情，心亦窃已疑之矣。及至十二月中旬，始行招解到职，而伤单模糊，引拟恍惚，滋疑益甚。旋驳赵、临二县公同检鞫，今据该县详称，拳伤两处，擦伤一处，砖伤一处，总无致命，倘非根究到底，则王立相之绞抵，不几为将来不了之冤案，而悍兵之虐焰，日后且可以择人

① 原文为『叚』，统观全书疑为『段』，故统一校改。

而食矣。王立相受来虎之横暴，相与角斗，情亦有之，既无致命真伤，何由滥引抵填？与不行劝解之张太、杨宣合照县拟，均杖非纵。至如悍兵宋华，与来虎同行扰民，酿祸致死，而华复以人命出告，希图打诈，实为罪首，薄拟决杖，尚有余辜。且贺廷建与华同罪，屡拘不出，查该县招内，未入口供，悬坐罪名，与例不合。本拟驳拘妥招详宪，但奉宪差守提，急如星火，再行驳发，恐稽上件，获日另结，伏候宪裁。至王道明、王心正等，据详无辜株连，照议免究。事关人命，本应解审，因奉守、巡两道批行本府，现在提勘。又查宪批，曾有『仍候两道详行』之语，除一面连人牒府覆勘外，理合具详。

## 一件抢杀大变事

看得已故犯人李启忠，恃富逞强，乃地方之恶豪也。张惟孝曾借启忠赀银二十两，叠算累利，还至四十余金，亦可已矣。讵忠溪壑难餍，复勒地租，嗔孝促为清算，私吊拷打，折伤右股，几毙其命，当有血衣淋漓，经县验审可据。且邻人王俊龙并伊族叔侄李思玉、李春英等当场劝解，目击而心伤者也。惟孝控府，准牒过厅，行县提审，该县于正月二十六日，批差卢怀景、王凤林押解在途，取道于启忠之家，启忠自知伤人肢体，罪无所逃，理屈情虚，自行投井而死，此固差役疏纵之过，然亦未必非天厌其恶也。今启忠已死，无可再问。但查惟孝被拷之时，曾有李七孩、孙七等同殴助虐，合与解犯疏防之衙役卢怀景、王凤林分别杖惩。忠妻杨氏，不思夫为惧罪而死，已经该县委令捕官验明，肚腹有水，十指沙泥，取有结状在案，既系自尽，于人何尤？乃敢听人唆使，欲藉人命，妄指多人，复行图赖，法所当诛。姑念妇人愚悍无知，为开一面可也。

## 一件异常横诈事

看得崔天绪乃刚狠而健讼，王国秦则奸狡而善唆者也。上年四月三十日，崔天绪与同族崔金木清算炭税，绪疑金木有私，恃其强横，肆行凌虐。讵金木以积病之躯，不禁忍辱，气加疾作，越二日而死，其妻李氏告于本县，县拟威逼之条，断埋给主，可谓协矣。该县因怜李氏夫死子幼，谕令天绪复出孝布数匹，以示存恤之意，此亦法外之仁，未为过也。夫何崔天绪，悍复异常，私藐县官之断案，吝孝布而不给，李氏妇人无知，复听狡亲之指点，欲求索于烧埋之外，怨望不遂，申言复告，天绪乃先发制人，故预为『异常横索』之控也。职以事关人命，未敢草率，行县详查原卷，威逼有因，断给非枉，前案既结，两可无辞。天绪吝孝布而一丝不与，反行捏告，国秦唆尸妇而诛求无餍，乃致再讼，俱属不应，各杖允宜。其人命烧埋，查前案已经追给，无容再议。所断孝布，虽云矜恤，原非律例，应行免追，以致启小人之贪心，而反滋葛藤可也。

## 一件殴死妻命事

看得卫王胜，愚无偶、凶无伦矣。晨兴而往刈于田，曾无宿饱；归家而求食于妇，难忍朝饥。忽见尘埋甑中，未免烟填腹内，遽雷轰而电击，似釜破而舟沉。夫方迁怒于盆盎，妻且爱护其罂罍。投鼠者宁遑忌器，抱薪者反欲救燃。讵意博浪沙之一椎，适误中于脑后；致令金谷园之六斛，乃顿碎于楼前。陇上镬锹，翻作吴起之剑；锅中妾骨，何救张巡之饥。藜蒸不熟，虽有应出之条；妻不为炊，却无可杀之理。卫王胜以饭迟而击死王氏，论其凶状，缳抵何词？复蒙宪批，哀矜折狱，当揆情理，诚所谓泣罪解网之鸿仁也。职仰遵细按族长卫王聘之口供，并讯尸舅王玉琦之来历，俱云半生夫妇，一室和好，育女六龄，养子半岁，虽无举案之欢，素鲜脱輹之嫌，则前招所谓『王胜原无杀妻之心』，诚非无据而云然也。止因索饭，遂至误伤，馋口流涎，饿眼生花，愚暴之状，情景可想。今妻为饭死，夫以妻填，两命毕尽之后，坐使呱呱儿女怙恃双亡，言念及此，令人心恻。查本朝律例，凡斗殴人命，审系素无仇隙者，即在凡人，俱准免抵，何况素无怼怨之夫妇乎？若王胜凶暴之状，固有可死之理，而挥钁误伤之情，实无应抵之条。所谓情实可恨，而法不当诛者也。太平县为引过失杀人之律，诚未为纵。况今恩诏新颁，王胜事在赦前，仰体宪恩，推广皇仁，合从县引，实为允协。

## 一件乞究人命事

看得姚可耀以卫父之故，一时忿激，凶殴姚自勉，讵勉以积病之躯，兼伤带疾，遂致殒命。前招累审，因系素无仇隙，为引诏款，决杖给葬。伏蒙宪驳，职仰遵随行该州严勘，招详到职，今职覆行细阅全招，查自勉素有痰疾，则不唯族人姚守福、姚登务之初供甚明，即尸父姚可永之告息，原词在案，亦凿凿可据也。可永以奄奄待毙之残喘，五娃以蚩蚩无知之幼童，不愿再扬自勉之骨，父子天性，理固宜然，似出至情，非关贿嘱也。且可耀骨立穷囚，向以四分之役银，尚不能偿，致酿人命，今复行贿，此亦情理所必无之事矣。再查可耀、自勉，虽属同宗，实已服绝。至于素无仇隙者，免抵给葬，查系十四年诏款，奉行在案。然可耀之殴自勉，既系一时忿激，原非谋杀、故杀者比，即不必远引诏款，而现奉恩纶新颁，亦尽在应赦之列矣。免拟断给，诚不为纵，伏候宪裁。

## 一件谋杀二命事

看得刘永第凶恶无伦，其父刘忠曾买甲首刘大林土窑一孔，因大林浪食他乡多年不归，林弟刘大才思欲涎取兄业，永第不从。才乃双瞽之人也，恃其贱废，撒泼逞刁，屡肆毒詈。一日刘永第与其弟刘永廷、四圪塔偶耕于柳沟坡上，适瞽才与其邻人刘明端经过其地，语言互角，挑衅生嗔，永第忿怒不禁，始以拳搏瞽才仆地，见其骂詈不已，挥镬雨下，立刻殒命。三检拳、镬伤痕相符，累审俱系一人下手，永第独抵，夫复何辞？但细阅前招，虽云忿怒生于一时，然而实因争窑起衅，改从故杀之律，似为不枉。刘明端方欲死救，而刘永廷、四圪塔共相追逐，使不得前，虽非助殴，亦是帮恶，审无下手加攻，重杖蔽辜，应从赦免。刘永恺同男兰桂，既不在场，原无干涉，俱应释放可也。

## 一件教官闻言抹项等事

看得夏县教官某某，乃老悖愚戆之腐儒也。因本学生员张元买邻棍裴光禧地基一片，光禧强霸，不令张元管业，元控于县，县以元系子衿，批行学审，志将禧责二十板，具由详县。光禧倔强棍徒，耻为教官所责，谤谓志受元贿，飞布流言，欲行遍控。适按宪巡临安邑，我志来县预考，风闻斯语，密谕学书化永禧、门斗卫胜蓦为探听，遇光禧族人裴若凤，言实其事，我志追求益急，光禧藏遁益深，而杯弓蛇影之疑，愈结而不可解矣。迂腐竖儒，意性褊窄，既不甘非分之谤，又恐有将来之累，兀坐沉思，忿恨交迸，闭门引佩，旋被救脱。及至其气稍平，又恐官方不稳，嘱令左右为之隐瞒。迨考察事竣，则已数日无恙矣。盖以其抹痕甚轻也，恐人觉察，不加爱护。讵知项下乃致命之地，一中风寒，无可救药，故归署之后，而前伤且迸裂矣，头面浮肿，日夜呻吟，自知躯命难保，亦且官声有玷，唯欲速求自尽耳，遂以簪股，复加引刺。该县闻其事，过而视之，终无一语，及询之愈急，则又以官评不好为词，盖此时伤痕狼狈，神思鹘突，已不复有清明之气矣，隔宿而竟陨命焉。计自引佩之，日至命尽之时，已越九昼夜矣，此我志抹项及死，始末初终之缘由也。蒙宪批查，职随行闻喜县相验伤痕，取具结册在案，仍传本官嫡孙陈大来及学书、门斗、医生，并原词犯人张元与逃犯裴光禧、族人裴若凤，调取夏县知县、安邑教官，公同逐一详询。据供光禧告状之说，乃始祸抹项之由，而官评不好之说，盖临危恍惚之语也。该职照得自缢，乃圣贤所鄙，轻生实国法所禁，即在小民，犹为不可，矧曰为人师表，俨然黉序者哉？裴光禧虽有流言，未见实据。某某乃以疑神疑鬼之思，遽为匹夫匹妇之行，虽云愚戆，实是狂悖，诚士林之羞，而死不足痛者也。

一件异常吓诈事

看得王政，乃无赖之泼皮也。曾买张进禄名下报部宗地二分，该纳官价二两，上年八月内，该县于进禄名下追价，进禄将政告县，因邻人孔天禄之婿王六娃租种前地，并拿到官质审，六娃证政承买是实，该县将政责惩，勒完地价，理宜然也。讵政不思骗价招尤，反恨六娃证己，逞刁撒泼，肆行咒诅，仍鼓悍妻贺氏服毒图赖，亦可谓不经之甚矣。天禄之妻张氏，护婿情急，服毒相抵。彼此互构，当经邻佑胡云从、李春德等救散。不意毒有轻重，贺氏旋生，而张氏旋死，当即鸣县，县将王政责治，仍断烧埋，斯亦情理两协矣。何物刁民，仍复刺刺不休耶？骗官债而不偿，率悍妻而图赖，经断之后，又复逞词如王政者，诚终凶不悛者也。仍应决杖，以警刁风。

一件鳄蠹杀孀事

看得吴国兴乃健讼之棍徒，而刘改亦倔强之恶少也。兴女吴氏，嫁与刘改为妇，改无钤束，纵妻违母，致其自缢，然自缢亦于人无与也。国兴告赴本县，县断殡埋，亦可已矣，又复居奇再控本府？刘改既无过失，何妨挺身出审，未常不气壮理直也。负固规避，致县差提，反行拒捕，旋造强吓侄女虚词，并捏党蠹打诈，掇母孙氏，牵连耸告，刁悍甚矣。国兴不能教训其女，反藉人命，纷纷遍控。刘改不能钤束其妻，致酿祸端，诬告官役。均应决杖，以惩刁顽。

一件灭法违断等事

看得李万才与张某之相构也，缘万才之子李三娃曾佃朱六长名下宗产，县追宗价，六长匿于张某之家，累及三娃，遂至自缢。万才控某于县，县断孝布未领，旋又控宪，蒙批到职，职断给葬，招详批允在案。讵知万才村野愚民，不知法律原无一事两断之例，妄谓宪案之外，尚有县断孝布未领，复向张某索讨，致其情急，故又有是『灭法违断』之控也。万才贪悍不餍，本应惩处，姑念乡愚无知，子死赤贫，责逐示警，县案合行注销。

## 一件打死人命事

看得高某，乃无耻之滥员也。有伊母族瓜葛乔登科，贫老无依，抬舆度活，于上年腊月内，自募于刘小安家，搬取新妇，路经北营村，阻雪歇轿，窃取道旁积薪，种火祛寒，庄民苏时凤以惜薪之故，出相诟谇，一哄而去，此亦村民鄙琐之常态耳。讵知雨雪载途，坚冰在道，行三里而登科老朽不支，失跌殒命，是寒死之也，于人乎何尤？高某觇知登科寡独，必无搜寻之人，而时凤愚懦可餐，复多咀嚼之意，乃一指母党疏宗，冒认至亲阿舅，插身顶告，俨然居奇，遂将角口之村民，及嫁娶之男女，苏氏一门，弯刘两姓，一网罗罩，牵连词内，不知其意欲何为耶？今查乔登科与吉攀祥，原系一父所生，本父姓赵，先年贫厄，故两鬻于人，登科属乔，攀祥属吉，名虽异姓，实则同胞。高某未考来历，止知死者可冒，而不知生者尚存，所以呈内无尸亲，故可哂矣。县审始溯源流，所以招内有『胞弟』，复何疑焉？且查登科殒命之时，攀祥同为舆夫，共事目击，倘有冤抑，岂攀祥嘿嘿而待高某呶呶也？某之插身打诈，是又不待其词之毕矣。该县检审，既无殴打伤痕，则时凤全全，委系无辜，不当苛拟。高某诬告，难辞反坐。内查时凤累毙县狱，情可惨怜，余应释放宁家，以免拖累。高某无故诬人，致毙民命，法应不恕，念系子衿，事在赦前，姑从宽恕，行学决杖四十板，仍应注册纪过，以警败类可也。

## 一件苦死人命事

看得孟如松，真可谓狼心狗行之人也。有女孟氏，嫁与朱金玉为妻，养子已六岁矣。懒妇好动，屡欲归宁。金玉以农事匆忙，阻令勿出。松妻复来婿家，故作依恋之态。孟氏送母出门，益兴企望之悲，瞻眺弗及，泣涕如雨，嗔夫绝袂，遂尔反目。旋以采蔬为名，因而投缳自尽，愚妇轻生，殊为可恨，于金玉无尤也。如松始控本县，断孝布二十两，已非情法之所安矣。其奈金玉乃赤贫穷汉，典衾卖襦，止给银十五两，尚欠五两，无处出办。何物讼棍孟如林者，唆松勒讨，立待取盈，并欲令金玉以氏生六岁之儿鬻之完局。嗟乎，甥犹子也，兽不食子，如松且欲自餐其肉矣！天理良心，不几沦胥以尽乎？前求未餍，再控襄陵，三控宪台，总为此鬻儿之故耳。金玉以既丧其妻，旋鬻其子，人非木石，奚能堪此酸痛耶？舍其虎岳孟如松，而攻讼棍孟如林，诚亦情不得已，而计固无可奈何也。孟如松既不能教女相夫，致令轻生以基祸，而且欲吞甥骗婿，叠行诬告而不休，狼心狗行，殆不如焉。所当与主唆之如林，一并均杖，犹有余辜。至于妻死非义，不同殴逼，令其夫瘗之足矣，何断给之有焉？先经乡宁县所追十五两之孝布，速令如松吐出，以为醮埋孟氏之资，后欠五两，注销不给，以斩葛藤可也。

## 一件打死人命事

看得王应位，狡棍也。位之族弟王有德，于上年八月间，与段福二人同受募于高朝虎，押解流犯高惟信前往福建安置，曾议工钱盘费银七十两，当付三十两以为路费，尚存四十两，约定回批到日交付，二人均分。不意行至瓯宁县地方，有德染病而亡，段福当即禀明彼处县官，同地方相验，取有无故印结，买棺埋葬，告批执照回籍，报知其家，并约有德之母，分领先存找数，此段福同行相顾之情，可谓有始而有卒矣。何物恶棍王应位，希冀前银，并图打诈，挟令德母不出，反架谋命控宪。揣其狡谋，不但谓有德名下之物，可以一口鲸吞，即段福应分之数，亦将随手而得，更且满地风波，纷纭重叠，并无干之朝虎、朝卿，尽殴而嘱人虎吻矣。殊不知流犯到否，自有本管批回，有德病亡，又有县官印结，应位虽殁，亦安得而藉口耶？刁诬情真，本应反坐，姑念亦诈未遂，薄杖余辜。其所存找银四十两，着段福平分其半，亲交有德之母，贮赡余年，行令该县取领状报，庶不致应位侵吞也。

## 一件打死人命事

看得张慎言，父子同凶，兼之族人张义槐助焰帮虐，因朱玉铉首价小嫌，从殴两次，越十日而毙命，伤真证确，分别首从，绞抵流戍，夫复何辞？唯是慎言前后口供互异，三检伤痕未符，致烦宪驳。职细阅全招，严讯证佐，朱玉铉乃明季鏖宗，在昔年猖獗惯志，原非循良善类，其目中盖实无子衿、百姓者也。今指张慎行隐漏宗价，禀官胎祸，视其智力，尚足制人，岂肯甘心鱼肉而坐受其死者耶？适与慎行、慎言父子兄弟并族张义槐等，卒然相遇于东关之外，此方疾呼而前，彼乃奋臂而应，此成万夏之目击口供，最真最确。虽曰厥后众寡不敌，王铉负伤而去，然而其蜂张虎视，不可谓之非斗殴也明矣。次日王铉赴州告理，当衔骂詈慎言之父母，刺刺不休，两相争激，然后光先，慎行并慎言，进高，名云等，蜂拥而前，从殴混伤，此又铉婿任进运之目击口供，最真最确者也。则是王铉次日赴州之时，胜气犹存，而余勇可鼓，铉虽不能敌人，而亦不可谓之非斗矣。以成万夏、任进运之两词，而合之张慎言之初供，所云『王铉原系废宗，打他不敢动』之说，实属真情，若相吻合矣。狱贵初招，当以始供为据，而赵城县二审口供，所云『怀恨多年』，据慎言谓三木之下，神思恍惚，语言参差，似亦情理之可信者也。且查王铉之所首隐漏宗价者，乃慎行，非慎言也。纵使怀恨在于慎行，当或有之，若慎言者，不过见王铉告其兄弟，骂其父母，遂误认反戈之意，错解戴天之义，暴虎凭河，奋勇当先，正所谓一朝之忿，忘其身以及其亲者耳。原拟斗例，于法允协，若坐谋、故，未免过情。至于三检伤痕异同，盖缘初检皮肉未烂，伤在皮肤，易于毁变，故分寸不真。二检皮肉虽已销烂，骨节尚未脱落，血癃伤痕，色尚模糊，然愈检而愈多矣。迨至三检，皮肉销尽，骨节脱落，蒸洗之后，种种毕现，是当以三检为确案也。况乎致命之伤，原不在多，即一伤致命，已足定抵，又何况鳞砌之如斯乎？至于光先、义槐，按律罪止流戍，遭沼又当幸免，应否准援，恩自上出。其脱逃之张慎行等，严缉另结。株连之刘囊等，还顶释放。俱照原招，统候宪夺。

## 一件打死人命事

覆看得高某，假冒母族瓜葛，希图吓诈乡民，直于衿中丧心无耻者也。前审情真，委无疑窦，复蒙宪驳，盖谓事关人命，特加详审。职仰遵再提严勘，乔登科跌死于途，实有胞弟吉攀祥为之同伴共事，石成成当场目击，情景真确，无过于此。盖登科以孤独贫朽之人，饔飧不给，不得已而舆抬活生，未免饥寒冻馁，一跌毙命，死复何疑？即使有冤，而苏时凤已经累毙狱底，亦已足相偿矣。至于春元，乃时凤嫡甥，见舅罹灾，为之解脱，揣高某不过求索之计，故行劝处，亦情之不得已也。事复不谐，遂上公车，既未终局，似难深究。若夫刁自来，虽是有名在词，查亦局外波连，从未到官，无可拘诘。总之，登科之死，检验无伤，时凤之犯，已经累命，似亦可以结此案矣。唯高某冒名挟诈，本应反坐，但事在赦前，应从宽典，仍拟决杖示惩，行学注册纪过。

## 一件打死人命事

看得王天缘，乃健讼刁棍也。其弟王天绮与汾民粱黑子，在双池镇合伙卖烟，有村民张光明、张余俊者，因与黑子买烟，争价角口，天绮乃市中恶少，恃强逞尖，插身作对，将光明、余俊詈骂辱殴，俊等不甘，出其胯下，次早赴县进词，天绮亦尾其后而随之，行至夏门村地方，无船可渡，遂恃一往之气，冒险而涉，方未半济，竟葬波心。

夫凭河者死，于人乎何尤耶？天缘居为奇货，初将张余俊及渺无干涉之吴凤台、张国卿等一十余人，诬控于县，该县起尸相验，审虚责逐，所诈未遂。复移换凶手，又妄行鸣宪。殊不知双池镇之相殴，强在天绮，而弱在余俊，此合镇市人张希文等，已为之抱不平矣。及至次日往告，余俊在前，而天绮在后，且绮系一人独行，并未与余俊同路，在半涂而见之者，则有任国槐之缘供可据。及其凭河溺水，而呼人捞救者，则又有船匠梁君见与地方许恒之目睹甚真，则天绮之死，同之水滨可耳。且经该县相验，取有无故结状在案，天缘一诬不行，又复再诬，择人而告，易词而出，贪愚刁悍，狡健极矣。坐诬城旦，于法不枉。

## 一件谋杀人命事

看得赵堆才与刘承道谋杀翟四澳，得财害命，真赃已获，尸伤有据，骈斩以抵，毫无疑窦，即二犯亦俯首不置半晌矣。伏蒙宪台，慎重大狱，详究源委，谓招内一供在省同谋，一供祁县商议，是口供游移也。凶器原系火柱，检验则有刀伤，是伤痕参差也。赵文礼与子分赃，而谓不知情，刘应奇代人唤父，而今又漏网，种种未明，逐一驳查。职仰遵转行襄、太二县检审细鞫，招解到职，职细阅全招，覆加详勘，其所供在省下南关商议者，盖刘承道到省之后，堆才方知四澳同归，见财起恶，此两人造谋之始事也。其所供祁县商议者，盖三人同行，至于祁县，踌躇逡巡，未能遽发，及赵堆才偷得火柱，交与承道，然后决意行事，此又两人商量下手之时之事也。此情甚明，而两供俱实，原非有游移矣。其检有刀伤者，据二犯自供，火簪系四方棱角之铁棱锋所中，皮开肉绽，则如刀伤，平铁所中，皮肉不破，则为簪伤，此亦理之所易明而似非有隐情矣。且二凶之谋杀四澳，情罪之真，莫重于起获真赃，赃既到官，则抵偿之山案，可不再言而决。况乎刀伤、簪伤，不一而足，颈有绳痕，口有土塞，种种惨毒，无一非致命之实据，似又可不必区区致辩于刀与簪之间也。至若才父赵文礼，其知情与否，亦有显然易见者矣。方文礼之雇倩承道而遣之往省也，原虑其子买卖未遂，不能速归，使之往探，冀其多寡稍带，先回给家，宁遂逆料翟四澳之挚金而归，必与其子同行，而预为之画此策耶？且堆才之见财，起恶立谋，在于省下南关，则是心变于仓卒矣。偷柱在于祁县店内，则是机凑于途路矣。与家中之父，相去五百余里，谁复耳提而面命之，而谓其同谋知情，似亦无是理焉。且使文礼果有预谋杀澳之心，则当募承道往省之初，何难为之谋一杀人之具，挟之而往，而待其子行至祁县，始偷火箸为凶器耶？且既有预谋，则一路之程限行期，必须打听觇伺，沿途而计，倚庐而待，等候行事，不知几许慌张，一闻到手，不知如何欢喜，其忙乱踊跃之态，自是刻不能暇。今其子杀人于离家数里之外，彼且高卧西窗，寂然不动，虽纶巾羽扇之士，恐亦未必如此之安闲也。且堆才于初七日杀人，即抱金往刘承道之家，至初九日，方使刘应奇往呼其父，而文礼始前，则是文礼在其子未呼之先，必不知其杀人，此又不待辩而自明者也。但其子呼之而至，乃不以为诧异，而恬然安之，既不缚子，又不首官，贪愚迷惑，遂不知其子之恶耳。临汾县初招，谓其『既未加功，又未与谋，但见事之后，不能大义灭亲，无非舐犊所致』，诚至当不易之论也。拟杖蔽辜，于法允协。若太平县看谓『造谋杀人引强盗窝主之例』，则实似乎过情矣。至于刘应奇，既为堆才唤父之人，亦曾撞入局中，安得脱然网外？但知情与否，未容悬议，屡缉无踪，遽难骤获，若欲俟此结案，必致大狱久稽，合应严行该县，勒捕另结可也。

## 一件打死人命事

看得畅所蕴，老惫龙钟，倚势子衿，凌烁宗党，族弟畅所畏，素以小嫌，屡被呈告，非一日矣。偶因元旦谒祖，行列失次，所蕴执僭长为名，大肆诟詈。夫庙中拜下之礼，燕毛序齿之义，此贤者之事也，安可以骤绳村野农夫耶？所蕴以元旦吉辰，而辱人于庙中，固曰迂腐所致，乃次日事后，而复诘治于公庭，不谓之欺压可乎？但畏妻李氏，始而登所蕴之门，骋刁撒泼，继而拚①老命为冤，投缳自尽。夫忿夫受辱，何至于义不顾身？盖匹妇轻生，意实为助夫图赖。审畏、蕴相谇庙中之时，李氏初不在场，鸣鼓公庭之后，曲直尚尔未分，且登蕴门而骂者李氏也，蕴亦未尝出御，夫何威逼之有？明属图赖，而复断给埋，小民刁风，渐不可长。畅所畏虽曰屈蕴之强，情不得已，然而掇妻作对，悍亦非常，念此风烛残喘，妻死颠连，姑免决责，此宪台哀茕矜独之仁政也。查畏子畅红印，曾亦在事，倘能慰母，何致捐躯？乃疾视其死而不顾，所当与老悖之畅所蕴，分别各杖，一以为恃衿凌族者惩，一以为轻生图赖者戒。再查原告李自芳，乃李氏之弟也，李氏有冤，自有其夫与子，在芳乃以隔属之人，插身出告，意欲何为？是盖视人命为奇货者，合警健讼，并杖不枉。

## 一件横杀人命事

看得杨二乃马前厮养耳，射飞逐走，是其故习，随主过蒲，方为前驱，行至青渠，忽尔落后，见兔放炮，误中村民师尚才，立毙其命。尚才之子师兴痛父情切，不暇询其来历，遂以『拉扯牵夫，抢夺铺陈』为词，盖欲坐杨二于必抵，此人子不共戴天之义，无足怪也。而该州为人父母，未免爱其子民，见杨二射杀部内百姓，心所必忿，故不暇究其真情，一闻师兴泣诉之言，即以成招，此亦情理之所必至也。迨至二审，事久益真，问官之意气稍平，招情之直道自见，然后有改绞拟流之说。人命重情，初终易议，应来宪台之驳，职仰遵初行临晋检审，再行猗、万会勘，据详胸系箭伤，额系跌伤，中箭而仆，必致伤额，各县辩晰甚明，则是可无一误再误之疑矣。至于『马踢』一语，系二支饰，无容置问。但流矢误伤，势如触舟飘瓦，原非有心，改绞拟流，诚足蔽辜。照招解审，仍候宪夺。

① 原文为『拚』，亦可改为『拼』。

## 一件刁恶肆横坑杀儒命事

看得刘改之妇吴氏，不受姑训，轻生自缢，其父吴国兴藉死居奇，吓刘改不遂，复又蔓延其词，以及于改之邻人刘国英、高春魁等。夫使吴氏之命，果是因奸致死，未有姑不爱媳之贞、夫不怜妻之节，方为之伸冤作对而不暇，岂待吴氏之父诈婿不遂，而复诬及他人耶？无情健讼，固不待其词之毕矣。前招委无遗情，伏蒙宪台严驳，职仰遵再行细鞫，国英之贾祸，匪由他故，盖缘吴氏初缢之后，国兴随登刘改之门，藉死撒泼，国英见其刁狠过分，曾以旁观不平。夫身为子衿，乡邻之斗，合应闭户，何为多口招尤？是或亦应警艾耳。至于人命奸情，则渺不相涉者也。除照原招之外，再杖国英，统候宪夺。

## 一件刀伤人命事

看得郭养气等，酗酒聚淫，包娼牛饮于乐户王从贵之家，赵进荣亦花丛孽物，惯走平康。是日先在贵家，与龟妇黑俏烂醉坊头，适闻户外蜂喧蝶嚷，遂从帘下蛇探鼠窥，见琵琶已在别船，便欲弃旧从新，羡笙歌又归隔院，不禁神扬志乱，闯入筵前，拈头撮趣。讵郭养志等，正在眼红耳热之际，高兴已可凌云，忽见妒雨疾风之来，目中岂能容屑，群哄而起，一拥而前，刀锥并出，砖石交加，不移时而赵进荣横尸柳巷矣。襄陵县初审，郭养气带刀是实，郭弘志执砖有据，分别抵戍，似乎不枉。唯是王廷秀初招执锥，已从戍拟，后审而始知锥系郭进美所用，改戍拟杖。本府以进美在逃，疑其脱卸，后驳刑鞫，而廷秀之称冤，与从贵之代证，彼此无异。迨至解宪亲审，而两人坚供如一，宪台慎重人命，疑有隐情，蒙批到职，职刑鞫各犯，不唯廷秀极口叫屈，而养气、弘志亦且以进美首凶为词，而哓哓展辩矣。想此更阑时候，又是众殴丛中，尸亲曾未目击，地邻无复见证，在场而旁观最真者，唯一王从贵耳。只得刑鞫从贵，坚称刀系养气，砖系弘志，而锥则的为进美之物，因进美在逃，而本县严拷，不得已而悬坐廷秀名下。

职详查襄陵初招，郭养气着娼妇银凤置酒，与郭进美赔礼，则是座上之人，皆奉进美为主，而进美之势焰强横，已见一班，方进荣之来，而众恶丛殴，谓进美独袖手旁观，而不踊跃争先者，断断无是理也。则是养气攻进美为首凶之说，或亦未必尽虚耳。且众皆就获，而美独先遁，情亏胆怯，罪状不了然乎？又查初招，进美名下独未叙及所执何械，或亦因其脱逃而置之不问，遂以一锥悬坐于现在之廷秀，以图易结此局。噫，未必不为过矣。幸王从贵良心不死，活口犹存，太平县始抉其疑，临汾县益畅其理，府鞫不爽，宪审无异，职覆勘改杖非纵。郭养气、郭弘志自谓『进美不到，死不瞑目』，然必欲俟其面质，大狱不可久稽，且有从贵为证，似亦可以定绞成之案矣。至于臬台所驳『起衅情由』，始终累鞫，只为争娼，并无别故，委实醉后仓卒，原非深仇夙怨，并应述①明，以破疑窦。解冰荐、张居恭虽未同殴，然亦共醉，从淫无度，均杖不枉。王从贵虽曰藏娼招祸，亦是龟儿本色，讵料杀人，夫复何辜？相应免拟。郭进美勒限严缉，无使元凶漏网可也。

## 一件挚词亲剖民命事

覆看得王天綵，穷神厉鬼，伎俩狡健，不独愚悍为然，实亦贪黠所致。因弟王天绮与乡民张余俊等角口小嫌，争趋控县，行至中途夏门镇地方，渡河溺死，天綵居为奇货，当即控县，该县相验审明，怜其乡愚，责逐示惩。讵所欲未遂，旋将人命牵连多人，声告臬司，蒙司批职，审系子虚，前招悉尽原情，方在具详，尚从宽典，而綵复赴司顶诉，随又叠控本院。以渡河溺水之人命，抵死诬人，喇喇不休，诚不知其意欲何为也。且更可骇者，查其县词，则告张国重、张余俊为首犯，而以吴凤台等十余人次之。查其司词，则又以张国重为首犯，而光明等次之，并无吴

① 原文为『逑』，疑为『述』。

凤台等名。迨至院司，则又无张余俊名姓，而又添出张国平等诸人矣。人命何事，凶手何律，一任其朝更暮改，到处指诈之如斯耶？择人而食，殊可痛恨，城旦反坐，犹有余辜。合抄原按全招，具详本院，仍遵司批，择其紧要犯人，解赴司审，其余无干，俱行释放，以免拖累。

## 一件人命事

覆看得赵堆才、刘承道谋杀翟四澳一案，屡谳已得真情，骈斩毫无疑窦。前招具悉，复蒙宪驳，内谓『刀伤一处，如的系火箸，必不阔止三分』，诚详慎之至意也。职仰遵随行赵城县复讯，各犯口供，前后如一，据详到职，职细勘二人之斩抵始终，不复有辩难矣。本犯自供火箸磨砺之后，棱锋尖锐，与刀无异，职犹恐支吾，复加刑鞫，二犯哀号哭诉，且曰赃既起获，伤已鳞砌，刀伤亦抵，箸伤亦抵，以必死不敢置喙之人，而苦用三木，必欲究竟于刀与箸之间，反以此诧职之多事，此言虽黠，固亦觉其甚爽然也。鸟死鸣哀，是之谓乎？赵文礼本未知情，理应宽典。刘应奇久逃未获，法宜缉究。俱照原招，伏候宪夺。

## 一件咬死子命事

看得杨氏，悍泼无知之村妪也。有子杜纪娃，偶过市中，为疯狗所逐，奔入刘三店内，不及避，竟为狗啮。刘三及市人段之章等共椎杀其狗，然皆不知狗之所自来也。纪娃归两月，毒发而死，杨氏遂诬刘三为狗主，以为纵之杀人，讼之于县。县审逐之，理也。杨氏贫而无赖，冀得烧埋，择肥而食，故又牵入段之章，复行控宪。夫狗杀人，于狗主无与也，矧非狗主者乎？且疯使之然，于狗并无与也，矧曰杀狗者乎？杀伤子之狗者，而复告之，是非能爱其子也，无乃为疯狗复仇也，可笑孰甚！愚妪无知，速逐不究。

## 一件人命事

看得裴峨，鳏而贫，老而悍，当垆村市，卖酒营生。与村民郭茂，素相识，而亦无稔交，素相狎，而更无微嫌。一日茂从酩酊之后，复来索饮垆头，峨且为之洗盏更酌，对饮嬉噱，呼热予热，呼凉予凉，可谓相得欢甚，此岂有仇怨者所能然乎？牛饮无度，恶谑生嗔，谑极而继之以骂，骂极而继之以打，两醉揪捽，弱者先仆，峨乃顺拾案头菜盂，向茂顶门一掼，茂负重伤以归，隔两宿而殒命焉。检有太阳破盆伤痕一处，本系致命，拟以绞抵，似亦非枉。但按情揆理，郭茂倚酒逞狂，实有贾祸之道；裴峨尚气撒泼，宁知忍辱之方？且细阅尸单，致命伤痕，遍身鳞砌，俱系磕跌，则是郭茂之命，先已大毙于磕跌之中，即微此破盆一击，亦将终不能全其生矣。诚有如院驳所云『检无多伤，且出醉后，遽拟大辟，实可矜疑』者也。查本朝律法，凡斗殴人命，实无深怨积仇者，亦准引例给葬。裴峨本无杀茂之心，醉后狂逞，祸起一时，即破盆一伤，实出忿怒使致，原非深怨积仇者比，合引过失杀人之例，似为不枉。常思荣不能力救，一杖允宜。

## 前事

覆看得裴峨殴死郭茂，原因酒后嘲谑起衅，继而认真索殴，揪扑磕跌，茂先负伤，峨又旋拾案头菜盂击茂顶门，以致三日殒命。细阅尸单，遍身皆系磕跌，而顶门实系瓷①盆，则峨之初供为足据，而后供乃展辩之词也。职以人命重狱，凡有两造口供，从不敢删抹一字，悉为载入，所谓真伪并存，然后谳断者始得从实而论定耳。今裴峨可以免死之道，盖以郭茂使酒撒泼，致峨忿激，两醉狂逞，祸起一时，原非素有仇隙者比，虽有瓷盆一击之伤，合引过

① 原文为『磁』，今更作『瓷』。

失杀人之例，应如前招，实为非纵。

## 前事

覆看得裴峨殴毙郭茂一案，屡谳供称持盆一击，三检皆载顶门一伤，余伤尽是滚磕所致，初拟斗殴绞抵，后引过失之条，盖缘郭茂无故而入人之家，逞酒撒泼，原有招尤之道。况始而交饮尽欢，继而两醉发狂，祸起仓卒，原非深仇剧怨者比。且茂固黑沉，峨亦软饱，两人之揪扑滚磕，亦俱在醉生梦死之中，既不暇择物而施，又宁计瓷盆之足以杀人耶？真有如抚台前批，所谓『老交既久，口过相激，检无多伤，出于醉后』，此诚上台之洞烛源委，即已定裴峨之罪案矣。今蒙宪驳，职仰遵覆加细勘，一击一伤，始终无异。至于伤痕分寸不符，实缘皮肉消化，骨节脱落，以致前后参差耳。总之，除囟门一伤之外，余俱磕跌，既非下手凶器之伤，是又可不必再论分寸者也。应以三检尸单为定，似无再容覆检，以苦朽骨。祸出醉后，原无深仇剧怨，故拟过失杀人，似为非纵。仍照原招，统候宪夺。

## 一件打死人命事

看得段永吉凶暴恶少也，与比屋之子常蹴娃，作息与俱，素无嫌忌。一日蹴娃挑篮往外，适与永吉遇于途，永吉戏踢其篮，蹴娃酬之以骂。夫吉年已出稚矣，与十岁之幼虫相谑，乃复认真，出辣手而掌之于墙，持铁剪而追之于路，凶横之状，不可一世。且又不受其父责，而愈迁怒于小儿，顺拾石狮，立碎其首，四检伤止二处，而右额骨碎脑出，已与凶器相符，按律绞抵，似不为枉。其父段应时，始则挞子于前，继又擒送于后，力已尽矣，凶顽之人，岂庭训之所能喻耶？今子杀人而并杖其父，未为情之平也，合从免拟。

## 一件杀子等事

看得景星乃老耄衰朽之竖儒，而景运弘则轻浮无知之恶少也。运弘新得游泮，辙尔狂放恣睢，与星比屋而居，欺其告顶废员，每行凌烁侮慢，致星隐恨，非一日矣。上年星指运弘隐漏宗产，首弘于县，意图雪忿，而运弘亦以霸业情词，互相讦控，两造健讼，缠绵不休，将近数月。星之长子景奇观者，夙疯而且盲，勿于七月初九日，寅夜离家，造城探父，渡河落水而死，景星遂以杀子虚词，又告弘于巡东道，而星侄景肇开等恢张声势，扬言报复，谓必欲杀弘而抵命，弘乃势孤胆落，情急毒生，遂架漫天谎状，奔掣院、道宪台。职谨遵上批，会同军厅，拘齐会审，问以谋逆之说，则运弘一词莫措，即讯以杀子之事，而星又错愕无凭，两造无情，不啻青天鬼见。及严鞫乡约李有柏、地方何应科，而始得星子盲疾渡河落水之由。职等以事涉人命，未敢草率，随发临汾县调尸检勘，而星乃理屈情忙，哀泣请拦。夫运弘舍诬陷之人命而不言，反以不经之虚词为得计，丧心病狂，固不待辩，然即此举动，亦可以知其胸次矣，姑念稚愚，反坐城旦。若景星者，因盲子之溺死，而藉手快私，迫弘至于此极，噫，殊忍矣，亦应反坐，姑念衰朽子殇，薄杖收赎。星侄景肇开，扬言助虐，并杖不枉。

## 一件谋杀人命事

看得梁定祚实三家奴也，产于侯，鬻于郑，又缘瓜葛之亲，入继梁甲弟为子。夫出身微贱之人，兼以付性薄恶，求其为孝悌之事，不可得矣。藉甲第之浊富，得滥厝于学宫。一日甲第有疾，定祚置之膜外，遂听伊亲王业厚误医而死。虽曰定祚非有毒父之心，然而为人继嗣，俨然子衿，尝药之义，毫无闻焉，乃以天伦之父，一任付之于庸医之手，无异秦人而视越事，又何责有是养子为耶？更可恨者，父死之后，遂欲携其家赀，复归本姓，以致梁建极等不平，屡讼府县。父死不顾，而利其所有，如定祚者，真所谓负义忘恩者也，尚可一日容于宫墙之内乎？再审词内樊从英人命一事，系顺治十六年，定祚倚恃衿势，与伊岳赵自旺酗饮酒肆，将英弟樊从跃醉后殴击，遂致殒命，旋行贿息。今赵自旺脱逃，屡提未获，无从究诘，恐稽宪件，合将业厚依庸医杀人之律，照例收赎入官。梁定祚依违犯令律，满杖褫革，先正不孝之罪，永当梁氏之差，以结此案。樊从跃人命，俟严缉赵自旺另质可也。

## 前事

覆看得梁定祚、梁永祚，俱梁甲第之养子也。甲第病故之后，定祚即欲携其妻室家财，潜图归宗，褪差废祀，其兄梁永祚，先控本府，旋控巡东道，道批职审，职断令定祚永从梁姓，承祀当差，毋得异志，仍拟定祚杖惩，已了此葛藤矣。夫何怙恶不悛，日与本家为仇，揣其私心，盖不归而不休耳。以致梁建极复有本院之控，蒙批职审，前招悉具源委，似无枉纵。伏蒙宪驳，谓建极原词内，无挟赀归宗之说，应否褫革，行职再勘，已仰见我上台爱惜名器之至意矣。旋有伊母李氏顶详在台，仍蒙批职，职伏查李氏者，乃梁甲第之妻也，定祚之于李氏，名为养子，实即外甥，故定祚、永祚均为甲第之继，而李氏以外甥之故，匿定而疏永，甲第死后，遂背夫言，几欲逐永离门，而尽以家赀私定。且又有李氏之胞兄李九鼎、至亲王业厚，与定祚之前父郑之相，皆系健讼积棍，为之扛帮撮掇于其间，利其多事，以便咀嚼。李氏原有匿爱之心，兼之惑于群小之言，妇人愚黯，不知大义，意谓以母随甥，在梁亦可，在郑亦可，虽使定祚朝归本姓，而梁氏之鬼，暮不血食，彼亦不之顾矣。所以永祚不甘，控府控道，而服侄梁建极，亦得仗义而执言也。职遵奉宪批，再将李氏情词，逐一细鞫，其所谓予梁建极四十亩之地，则系遵依甲第临终之遗言，而诸亲六戚为之立约分拨者也。夫以绝嗣之富伯，身死之后，遗期侄以些须之薄产，此亦天理人情之当然也，既系承伯之命，安得执以为词？而更可骇者，李氏以风烛之老妪，而诬建极为逼嫁，适足令人喷饭矣。总之，匿爱其外甥，而不知有期侄，依附其亲戚，而并忘其有夫家，妇人之丧心鲜耻，此古今之所共叹也。至于定祚之劣迹，其居乡党之间，则酗酒行凶，曾与伊岳赵自旺逼死樊从耀，县卷昭然，沉案未结，职已经提取到厅，附卷可考，是其素行之不问可知矣。乃其处天伦之父，病而不能尝药，死而即欲归宗，是其良心之不问可知也。至定祚归宗之说，此临审之时，两造备陈始末，职覆查道卷，而据以入招，非无所凭而云然也。梁定祚墨无半点，过有多端，胶庠乃育才兴行之地，亦乌容此败检伤伦之匪类也为哉。查律例内，『行止有亏，黜革不枉』，定祚所犯，适与此符合，与王业厚俱照前拟，诚不为枉。至于定祚应否从轻，此又宪台法外之仁，非刑名之官所敢得而知也。李九鼎帮讼吮腴，郑之相诱子不义，均应并仗，以警薄恶。

# 第二册

## 卷一　人命

### 一件人命事

看得赵重因病狂惑殴死张美道一案，屡谳情真，斩抵不枉。只缘尸伤初检与二、三检伤痕不对，复烦宪驳，职仰遵批行闽清县再加检审。今据县详称：初检伤痕显著，分寸甚明；二、三检皮骨脱卸，以致彼有此无。凡人命伤痕，载人尸格者，一字不敢隐遗。初检伤浮皮外，明白易见，日久腐败，伤在于骨，实烦辨验，故人命必以末检为定。今美道且四检矣，该县逐节叙明，可谓详慎，合应以四检为准。况抵填之律，有一致命，即可定案，况鳞砌之若斯乎？赵重似百喙无辞矣。至于仵作，虽有参差，实无情弊，相应免究，仍照原详。

## 一件人命事

看得从来抵填重辟，必须得确然可据之铁证，然后成一定不移之信狱，断未有证者一味渺茫，听者姑从摩揣，遂可以断累囚之首于街头，而瞑冤鬼之目于刀下者也。兹如张国柱杀郑氏一案，累审皆存疑贰，累驳俱见敲推，然而游移恍惚，各无定论，若非本院之照彻幽微，句栉而字沐之，其将何以破历勘不决之冤狱耶？蒙批到职，职凛遵，详阅全招之始末，尽拘从未到官之要犯，逐一隔别严讯，而后知从前所谓杀人之可疑者，固涣若冰释，即从前所谓杀人之可信者，亦皦若披雾矣。请胪列而具陈之。一曰小女子识认之口供可信也。查小女子在阳曲县初审，止有『闻声知人，见刀认帽』之语，与最初出门时对温四圣者无异，使此时苟能直穷到底，未始不得真情。迨交与典史一讯，遂伏疑案，渐渐引入国柱父子身上，支节一生，面目俱失。且当时案内扳出紧要犯证，如温仪伯、彭五、王三贵、闫云、闫雾等俱未到官，一任小女子朝三暮四，信口喷吐，遂而滋蔓延烧，无可究诘。职今鞫小女子，据称当日对阳曲县初招是实，而后则一为典史之刑挟，一为张豪、康自新、闫登乐等之吓唆，而原非本意。十岁稚虫，本无定见，缓之则真，刑之则诬，势所必然，是当以初供为确据，而后来支离之词，断断难定国柱之死罪。此不可信者一也。一曰风箱下取出菜刀，恰与国柱之自供相符可信也。杀人之证，凶器为主。夫劫财之盗，意在杀人，必操利器以往，断无有持带菜刀之理。若曰在被盗之家，迫于顷刻，顺拾菜刀以为凶器，则杀人之后，方囊财负橐之不暇，岂有仍携菜刀归来藏之室中，以为异日杀人之凶证乎？虽至愚不为也。且钢刀锋铓之物，一经杀人，必有血迹，屡试之下，锋必亏损。今以一不盈掌之菜刀，薄如纸，轻如茅，以之剖瓜断瓠，尚恐不利，今曰砍小女子发辫，而无异吹毛，杀郑氏伤痕十一处，俱骨溅脑出，而锋刀毫无亏损，锈[1]涩犹自如故者，断断无是理也。且菜刀为锅上

① 原文为『绣』，今更为『锈』。

之日需，风箱乃灶边之家具，一用之后，定置其处，如权随秤，原不相离，国柱家无杀人之刀，三木之下，唯思苟免，势不得不举其素所熟知者为对，又何怪其如取而如携耶？此显而易见者也。查小女子初供，贼系长刀，未曰菜刀，随验发辫疤痕阔狭，实非菜刀所砍。此不可信者一也。一曰岔岔帽上有血迹，而起赃之日，又两帽忽缝于一处可信也。血迹溅于衣帽者，小则成点，大则成团，初必鲜红，久必深黑，此一定不易之理也。今详验岔帽血迹，既如浮翳微晕，又如蝇翼蛛网，非点非团，且在帽边卷褶之内，乃湔溅所不及之处，其色浅黄，似旧时烟水挨擦者近之，固非当日血迹，亦非后来妆砌。太原府、厅会审，谓岔帽并无血痕者，盖见其原非血痕，故曰无也，非并此黄迹而无之也。至于两帽绽裂，缝于一处，此亦贫民常情，无足诧异。假使国柱父子，各戴岔帽，则为贼归来二帽，正宜仍居两处，今缝一处，正非各戴之明验也。查小女子初供，原无岔帽之说。此不可信者一也。一曰彭氏失事之前，国柱送还其子之盗金，知彭氏重藏之所在，为子讳盗，而不以相告，盖欲为日后专利之谋可信也。国柱知子全与来玉等盗金，为之切责而复还其处，其意原无不善，但小人舐犊之愚见，唯恐子有盗名，既已还金，遂不告人，谓其非达识则可耳，若欲以深文相揣摩以为利于独得，噫，亦刻矣。查典史招内张国来口供，谓还银之后，国柱复来挑已再窃，彼始惧而远举。嗟乎！夫既欲利于独得矣，而又复挑人同取，是舍钟而取铜也，其说矛盾，明属罗织。此不可信者一也。一曰是晚失事，而国柱于上午掀帘看锁可信也。审彭氏去后，令郑氏与小女子守宿房中，其门乃日锁夜开，假使国柱有心为盗，岂不知夜间入宿，必不锁门，看之何为，而固欲自卖破绽耶？是夜之贼，又非破锁而入，则其非日中看锁之人可知也。今讯小女子，又称为此乃刑鞫支吾之说。查招内系六审之后，始闻斯语。此无可信者又一也。一曰失事之夜，守犬不惊，定为家贼，而国柱之屋，又与彭氏房檐相连可信也。详审彭氏住房，墙后系五道神庙，庙外有空废楼房三间，亦系氏业，楼外又为族人张国雷之屋，而国柱所居，则与其兄橾、弟稳共在一巷，渺不相连。细鞫小女子出告温四圣之时，贼尚在房中，有剥喙声，而温四圣出喊地方之时，国柱父子与橾、稳兄弟，同时启户，一齐俱来，众目共见，此在呼吸俄顷之间，即谓柱有分身之法，亦不若是之神速也。此无可信者又一也。一曰失事之后，四圣曾诘小女子认盗情形，而国柱当下拦阻可信也。今据小女子供，系国稳阻之，非国柱也。讯之四圣，亦云国稳。讯之国稳，亦云原系杀人重情，恐稚子惊怖①之下，妄语招尤，将欲待其神魂稍定耳。此亦不过乡人谨慎畏事之意，原无深情。而典史招内，凿定为国柱之言，又不知当日果何所据而云然。此无可信者又一也。又云众人进彭室查搜，而国柱先见郑尸，众人不哭而柱独泣下可信也。审赶贼回来，众入彭氏之室，先入门者，目亦先到，后入门者，目亦后到，国柱为彭氏夫兄，入门既先，见尸故早，郑氏又系柱妻瓜葛，情固异于众人，哭之不为无因，举无足异。若曰先见尸者，即是杀人，哭亲戚者，即是为盗，情理舛谬。此无足信者又一也。一曰赶贼之后，国柱拉小女子归家，而唆扳张国来可信也。查招内阳曲县初审，小女子供称『声音想是国来』。又查阳曲县三审温四圣供云『小女子出房之时，即有想是国来』之语，彼此前后，不觉相符。夫小女子到官之时，疑国柱唆变是矣，然初出房门之时，惊魂未定，柱未见面，又何人指唆耶？听狱者，只因『想是』二字，终难坐国来死罪。遂抛开初情不问，而反致疑于后起之波澜，嗟乎，亦何轻重失序耶？今以讯之四圣，而四圣仍持初语，即以问之小女子，而小女子不变前说，狱贵初情，而后起者妄耳。此无足信者又一也。一曰国柱素穿白裤，而失盗之次日换蓝可信也。鞫温四圣云赶贼回来，柱系白裤，与众人同在炕前围火止寒，并未换裤，火光相向，一有破绽，谁无觉察，此时不换，后换何为？查斯言出于四审之后，更为荒唐无稽。此无可信者又一也。一曰国柱家起获有白孝布衫可以作赃，而彭氏为亲者讳，坚推不认可信也。柱虽为彭氏夫兄，使果杀其人，污其室，盗其财，破其家，早已恩断义绝矣，甘心且晚，又何讳亲之有？即国樑、国稳苟非身入不善，而谓其蔽盗兄而欺寡嫂，亦大非人情也。且失物累累，搜赃去失事未久，

① 原文为『佈』，今更为『怖』。

一获即宜俱获，何得未见一物，而独指失主不认之孝衫为词耶？此无可信者又一也。一曰柱妻宋氏挟令小女子改口，谓『闫登乐要锥子扎你』等语可信也。夫登乐怨国柱者也，小女子咬定国柱，登乐求之不得，方唯恐其改口，今乃曰『你不改口，闫登乐便欲扎你』，是说殊不近理，此等不经之语，不宜混入杀人重案，以滋疑窦。今以讯之小女子，而亦曰畏刑恍惚。此无可信者又一也。若夫小女子之前后口供，闪烁支离，如狂如呓；张国柱之杀人证据，梦幻泡影，若有若无。诸凡显然可疑者，各上台累驳甚明，而本院之拈照更悉，无容再述，以滋赘庞。但所谓疑者，不待辩而已知其疑，即所谓信者，终鞫之而无一可信，全凭揣摩，悬坐重辟，此法之所不敢出也。至若张国来，虽为小女子初报之人，然『闻声想是』四字，早属模糊，即得之老成之口，尚不可凭，况在此如鬼如蜮之稚婢乎？既经阳曲县极法严鞫，渺无一得，则其可疑正与国柱等耳。至于张豪，止因小女子有似认蓝僧帽之一语，彼既影响，温四圣因而揣摩村中曾有蓝帽之人，又加猜疑，是何异梦中寻梦也。且阳曲县两审刑追，而蓝帽竟无着落，今拘尸亲闫登乐之侄闫雾面质，是夜果与张豪同宿，此为铁证，无容株累。豪父张国节，老朽乡愚，见其子为人命牵连，不测祸患浅深，既已冤愤难申，又复家贫不度，投缳自尽，情所迫也，似非他意，无可深求。又审搜赃时，王三贵慌乱一说，据豪供，系典史素知三贵盗驴一事，以为乃村中匪类，问名波及，原非本题正意，今亦质明，无容敲推。又审张全所供『张玉德曾闻彭五窗下』之语，刑鞫彭五，则无是事，刑鞫玉德，则无是说。至于温仪伯擦洗血衣之言，仪伯今始到官，严讯来历，并无指证。以理揆之，使仪伯果有此言，一入张全之耳，彼时即宜扭禀到官，追求其人，以雪已冤，尚恐不早，宁待典史夹讯而始述以相对乎？此皆张全在三木之下，求脱不得，支吾诞妄，以缓须臾之死者也。又审张国来、张豪、闫登乐、康自新指唆小女子咬扳国柱，据小女子口供硬证，似亦有之。然来、豪身在网中，以为得一替身，即可脱祸，登乐藉死居奇，满眼疑人窃铁，康自新捕盗不获，恐累比较，数人之意，或为脱祸，或为居奇，或为免比，遂不顾国柱之枉与不枉也，均属不法，合应究拟。以上宪驳各款，逐节条晰明白，以前遗漏犯证，逐一拘取口供。总之，此一案也，酝酿于小女子之变幻，而支离于于典史之一鞫，无一字而非说醉说梦之语，无一犯而非疑鬼疑神之人，日久日伪，愈出愈奇，反复再三，毫无死法。至于各犯目前之罪，自有定律，合照太刑官某某前招所云：『张国柱以舐犊招尤，与张全、张国来、张玉德均应并杖。』张豪审有挑唆实据，并杖不枉。闫登乐姑念妻死情迫，免究。康自新身膺捕役，不能早获真凶，又复随风播弄，迹固可恶，但出自小女子之口，尚难全信，且审贿无确据，未便悬坐，勒限与捕官一同躧缉真贼，早结疑案，以慰幽魂，以赎前愆，务在必获，过期严比。其余随招应审各犯，已经磨累年余，骨绽髓穿，哀惨可悯，俱应暂释宁家，以昭宪慈可也。

## 一件明火劫杀事

看得宋国宰被贼杀死，乃十七年十一月内事也。查大宁升任知县吴某某当据典史于应龙禀报，即于本月二十日，具文通详道府，批缉在案。唯因凶贼张济美、孟洪道当时脱逃，从未缉到，致稽大狱。现拘济美幼子张文孩、洪道之妻王氏，比追挨缉。至十八年五月内，尸亲宋国臣、宋国祯见二凶日久不获，不忍兄尸旷暴，兽犬残食，在县禀领国宰尸棺掩埋，俟缉济美、洪道获日，另审成招。先向济美之叔张崇风索银五两、绵布六匹、梭布四匹，后又索银十五两、驴一头，以为掩埋宰尸之费，此皆经贺时亨、刘汝光二人交与国臣、国祯之手，而宋国志未得与焉，故今又独有是控也。若所诬典史于应龙通同皂捕、刑书受贿放贼之事，细鞫二凶，原日杀人即逃，并未与官捕见面，贿从何索？且现拘济美之幼子文孩、洪道之发妻王氏，至今禁比。职庭讯之下，文孩年不满十余岁，哀号痛哭，愿代父死，求免刑鞫，其情惨切，真出无奈。二凶弃家脱逃，幼子、发妻尚不顾惜，又安得念及亲族之波累耶？国志所告，虽曰为兄伸冤，然而牵累多人，盖亦居奇要挟之意耳。夫杀人者应死，无辜者应释，固不得概为波累，开小人觊觎之径窦也。合应严饬该县，督令捕役，勒限缉拿脱逃凶犯张济美、孟洪道，务期必获，早结大案。至于张志，虽系济美佃户，而赤贫椎鲁，张崇风虽系济美族叔，而年逾七旬，既非知情，应免拖累。该县官捕、书役，审无贿纵情弊，俱应免究。诚恐久稽院件，合先具由解夺。

## 一件人命事

覆看得赵重之殴死张美道也，尸已四检，伤证俱确，斩抵无辞。唯因二、三两检伤痕微有不符，致烦宪驳，诚慎重大狱之至意也。职仰遵即行洪洞县，调取仵作，亲行检验，所报伤痕，皆与初、四两检相符。严究二、三两检，系太、临二县仵作，鞫太平仵作姚顺子，供称『年迈目昏，看视欠明』；临汾县仵作马万程，供称『是日检尸，天气晦冥，且近薄暮，未免仓皇急遽，蒸洗或不如法，以致俱有参差。』然以理揆之，若使致命处所，改换隐匿，则是难辞情弊。今查二、三两检尸单所互异者，皆是别处微伤。至于致命处所，俱各符合，委无深意，情有可原，似应免究。且闻喜四检，则与初检吻合，今次五检，又与四检不殊，实可以定赵重之山案矣。仍照原拟，允为妥协。

## 一件打死人命事

看得朱得乾之父朱明顺，昔与生员赵振宋交好，明顺于十六年三月间，借宋父启俊之马，乘往绛州，不料马病毙途，虽曰非人之愿，然在三代以下，借人乘之，古道已云难再，弊之无憾，鄙士又复安能？在明顺久当量赔马价，以塞宋口可也。讵宋屡取不售，遂以嘤鸣之友，翻成雀角之端，宋乃呈顺于县署，县理问断给马价三两，已可断葛藤矣。讵顺乃明季废宗，一贫如洗，不唯不能措还马价，亦且满身积逋，正供临审之时，又值开比，当被里长王谏忠当堂交并，得乾以明宗故态，咆哮堂上，署官从钱粮起见，朴责实所难免，不意古稀鸡筋，归家淹忽而逝，此于振宋无尤也。今其子弟藉死居奇，一控于本府，旋控于两宪，俱蒙到职，职行县详解。据称得乾赴县质讯之时，随有生员史琬、王宾士同二犯亲友何朝盛，代为和息。职细鞫得乾悦顺，总因借马负价，怀怨成隙。殊不知明顺之死，既系负粮受比，亦实老病缠身，安得借生事端以嫁祸他人乎？本应反坐，姑念父死赤贫，悔祸和息，薄拟决杖，以警刁风。原断马价，免追结案可也。

## 一件苦死人命事

看得张学周与段氏之夫张学闵，乃同胞兄弟。学闵病故无子，学周以子承继段氏为嗣，段氏已孀居十六年矣。为因夫存买有宗产，奉文清查纳价，未免累于学周，段氏故将水磨卖与高宦作费，止存房屋五间、水地七亩有零，以为自赡。讵周顿忘手足之谊，夺种其地，段氏遂与其父段如晦共弟段丽等与周理讲，周复不出，拨妻申氏，撒泼抵搪，致段情急，剪发控县，申氏知夫理屈，妇人蠢见，服毒而死，此皆学周自招之祸也，于人何尤？周曾不思段氏今日所有之业，身后仍皆张门之产，何为耽耽乃尔乎？细审虽无逼嫁之情，而拨妻图赖，致死非命，前招所拟未协，反坐赎配，洵不为枉。房屋、使女俱断还段氏，收管终身。申氏尸棺，着令学周埋葬可也。

## 一件打死人命事

看得李起、高来管与已死之解存仁，皆一班恶少。于去年三月十八日，俱在霍山之麓，朝庙赛神春社，酒散，共醉扶归，一路谑浪，交相混戏，因谑而骂，因骂而殴，解存仁先与来管寻敌，而李起劝之，盖亦以酒殴酒、以醉劝醉，彼亦各不自知所骂何事、所殴何事、所劝所事也，大都俱如在醉生梦死之间耳。一场混闹，主客不分，存仁反抛所殴之人，而并殴劝者，李起亦并忘劝事之意，转而殴人，存仁先以砖石击破李起之头，李起亦以其石酬之，存仁乃伤归，越旬殒命。当告赵城县检审，该县以『祸因醉后，既鲜深仇，又无多伤，原非斗殴致死者比，照例追给烧埋，各拟杖惩。』亦可以结案矣。仁父解如旺，未免居奇，复控宪台。蒙批到职，随行赵城严勘。今据招解到职，职复审无异，委因众醉混殴，事起仓卒，而存仁之死，且在半月之后，检验既无多伤，断给于例允协，拟杖实为非纵。内查李学周，身系子衿，素乏庭训，致子强酗，并宜加杖。余照县招，统候宪裁。

## 一件人命事

看得刘永第怀赎窑之恨，殴毙瞽目刘大才，登时殒命，尸已四检，几经驳勘，斩抵无辞。唯因赵城县看内有『镢石交加』一语，致烦宪驳。职仰遵随行洪洞县，调取仵作，亲自再检，总无石伤，皆与累检无异。细阅全招，襄陵初审永第，不供铁镢而供石头，及至该县检尸，并未检出石伤，在永第私心，其讳镢而认石者，无乃凶愚蠢见，将谓去重就轻。殊不知抵填之法，只在致命与否，更何分石与铁耶？至于赵城县审时，永第又供『用镢头、石头打来』，该县因其以明杀瞽，痛恨其凶，故据其口供，遂不觉存『镢石交加』一语。及细查其检尸伤格，亦未注有『石伤』字样，则是其未用石头可知矣。职细加检审，与前相符，而质诸证佐，俱供永第用镢打死大才，并未见其用石。前招甚确，合照原拟。

## 一件乞究人命事

看得王泰之殴死柴承统，其罪可诛，而其情则亦甚可悯也。承统与王泰之父，本系至亲郎舅，乃以贫饶雀角，其父已死，而恨复不销，又迁怒于其子，亦可谓亲戚中之禽兽矣。经曰：『敬人者，人恒敬之。』故绸缪庆贺之礼，盖谓贤亲戚言耳。以统之残暴，素既不甥其甥；以泰之愚鲁，何怪不复舅其舅乎？且也，既不拜寿，一小怨耳，既已杯酒修好矣，唇醪未干，而即往芟其麦，何暴厉若是耶？昔周取郑禾，郑收周麦，春秋诛郑，亦复刺周，君臣且然，矧甥舅乎？若柴承统者，固自有取死之道者也。王泰当三杯软饱之后，酒既迷性，又值此一忿填胸之余，势不顾身，凶戾一激，棰棍交加，统乃风烛残躯，因而旦夕殒命，县检伤真证确，拟抵似乎无辞。但统以寇仇视甥，则泰之于统，情亦当以路人而论。且查泰系柴氏过继姑孙，非亲生血子，与承统名虽甥舅，实亦常人，本与至亲甥舅有间，县引卑幼殴外亲尊长之律，似觉太苛，合依常人，绞抵已足蔽辜。王昌见统老悖无礼，共抱不平，乡愚之见耳，但助殴有据，拟戍非枉。李银喜既曰负担疾趋，不料殴人致死，与见死不顾者异，相应免杖。

## 前事

覆看得王泰之殴死柴承统，累审赃证俱确，抵填似乎不枉。只因前后斩、绞各殊，致蒙宪驳，职仰遵随发赵城县覆行检勘。据详赃证无异，绞抵允协，招解到职，职覆核王泰之罪，若依亲甥杀舅之律，一斩又复何辞？然立斩重辟，以理法揆之，此必自至亲甥舅，分尊谊切者而论也。尤必其舅能自处以礼，甥无故敢为悖逆者而论也。今泰乃以异姓之子，入继王门，原非统姊柴氏所亲生，则其于统也，名虽甥舅，实犹路人，倘使统能待之以礼，而泰乃甘为悖逆，则泰之斩抵，亦当非怨鬼矣。乃承统素日之残忍暴悍，不一而足，不惟肆虐于王泰，更且无礼于其姊。今据承统亲弟柴承芳，尚能历历而指其兄之毒，则统与泰，久已恩断义绝矣，虽路人且不若也，又何甥舅之有耶？一旦凌逼不堪，遂至操挺相向，所以曰王泰之罪固可诛，而情则甚可悯也。伏查本朝之法，忿激杀人者，尚有断给之例，泰于承统，既非亲甥，又无恩义，原系忿激致死，初招拟斩，委属苛论，按法原情，拟以常人之律，实属非纵。至于王昌虽有助殴情弊，俱无致命实迹，戍亦蔽辜。余照县招，统候宪夺。

## 一件乞究人命事

看得杨氏之夫李东林拖欠练饷，致累里长李合魁受比无措，一日相遇于途，欲扭禀官，东林倚老撒泼，与魁哄闹。讵意风烛残喘，兼有夙疾，忿懑归家，五日而故。林妻李氏随控道府，批县检审，县以东林虽系病亡，然与合魁争攘，适相先后，照威逼例，断给埋葬，盖惜老之意也。林归土已数月矣，瞽妾杨氏因夫死之后，不愿与林妻同居，林妻李氏遂将夫手遗地十亩、驴一头，卖银一十九两，赠杨归赡于伊兄杨时泰之家，以终天年。时泰者，健讼黠棍也，正欲诈魁无由，得此瞽妹归来，自谓把柄入手，遂盗杨氏之名，将词耸宪。职以事涉人命，必须检审，而时泰旋即当堂代妹告拦，已情见乎词矣。及鞫词内所谓『贿息首金二十两』者，乃即林妻前所赠杨赡养之物也。且经伊证崔道吾之手，据道吾供称『止有一十九两』，开封兑验，铢黍不差。杨氏又自诉状系时泰所告，已不知情。更可恨者，时泰亦自称止为妹瞽无依，欲求赡养，非愿终讼。殊不知人命既属子虚，前给已属逾分，安可长据以为射利之门耶？窃名妄告，决杖余辜。杨氏双瞽残废，既不知情，应免议。

## 一件惨杀人命事

看得田某，本以浮薄庸衿，又好为人师长，广招门徒，毫无学规。吉如杰之子吉文光受业于某，常滥事而浪游，光亦燕朋而废学，如杰觇知，浼师责治。殊不知朴作教刑，既入其笠，归斯受之可耳，夫何某执滞不通，乃至挞之过甚。讵意顽童无知，外既受责于师傅，内复不容于父兄，私自逸出，投井而死。如杰小人，不知大义，见子之不才则怒，见子之已死则悔，反怨其师，归狱于某，控县控府，今且喇喇不休也。夫不才之徒，轻生自尽，虽曰于师何尤，然某既为人师表，素日已少尊严，临事又无防护，是何异受人之牛羊，抑亦立而视其死也，合拟赎杖，示好为人师者戒。吉如杰既无义方以训子，又复图赖于其师，且并牵告其师无干之兄弟，义不可长，亦杖以惩。以师责徒，原非威逼者比，县断烧埋，于例不合，应行免给。

## 一件遵法举首事

看得已死之王金锁与王福民等，比邻连屋，式好无尤。于元宵灯夜，同来庙中，赌桃寻耍，金锁独输而借桃于民，未偿而散。至廿二日，福民、金锁相遇于路，复理前说，盖亦藉取桃为谑语耳。小儿无知，因谑成哄，旋亦散去，未认真也。是日金锁归家，织席半件，忽自逸出，不知所向，盖缘金锁素有疯疾，其母乔氏心惊，遍求不得。迨至廿四日，始获其尸于玉泉寺破屋之内，妇人贪愚，子死无棺，遂思儿与福民赌桃角口，欲藉人命，希图埋葬。夫借桃戏事，织席穷民，既无厚资可图，又非伤心之怨，杀人谋命，理所不出。临汾县初检，伤皆磕擦，其为死于疯疾无疑矣。蒙宪驳批，仰遵再提覆检，而乔氏痛哭乞拦，自认其子疯病是实，本为求棺出告，非敢诬人填命。虽曰贪愚可恶，然亦哀切堪怜，人命非真，法难断给，姑念贫寡无依，谕令地方义捐埋殡可也。王福民等，毫无干涉，俱逐不问，中无疑窦，应准免解。

## 一件人命事

看得朱云焕地内椿树一株，邻生于族孙朱彬之界，彬倚衿而混争，焕恃老而撒泼，彼控此殴，均非善类。彬父朱默点，迂谨耄愚，请让息争，则焕亦可已矣。何物暴顽，喇喇不休，既复殴默，又且怯彬，自虑后祸难已，使其悍子朱日升投崖，中命于默点之家。初以为升必死矣，随而登门，毁棂坏器，以致老汉畏锋，拼朽作对，投缳自尽，虽非立毙于凶锋之下，而检有致命拳伤二处。法曰：『果有致命伤痕，又有自尽实迹者，给葬减死。』云焕之殴，默点之缢，伤证两确，正与例符，县拟允协。朱日升未能几谏不义，又复中命助虐，虽已折股，亦应加杖。若夫朱彬者，默点被殴之后，倘有孝子善为防护，何致自缢？彬既贪小利而呈族祖，贻父忧而又行先遁，不悌不孝，衣冠兽类，安得以父死而独宽其责乎？一杖似有余辜，其余无涉，应行免拟。

## 一件打死人命事

看得张利徵之殴死蔡承印也，累检伤真证确，绞抵毫无枉纵。只因利徵之子张朋儿与父同殴，似与同谋共殴之例相符，致蒙宪驳。职仰遵再勘，利徵以些小微忿，逞其悍泼，与人构斗，朋儿见父以老惫之年，而与少壮者角，唯恐其力不加，必致遭人毒手，此父子之情，势之所必至也。于是从而助之，是虽曰共殴之人，其实一助殴之人也。故致命真伤，举皆利徵砖打所致，而朋儿毫无下手实迹，是虽曰共殴，仍实一独殴也。小人愚卤无知，子乃从卫父起见，父亦不知子之助己，事出一时，原非蓄①意同谋者比，故止可谓之斗殴，而不得为之同谋共殴也。宪台之驳，诚依律例，职之谳，实据情理。伏查共殴之条，罪亦止于绞抵，则是利徵应得之条，缳首固无可加，而朋儿从未到官，同谋亦难悬坐。至若解役姚三枝，究无受贿，俱照原招，统候宪夺。

## 一件势杀人命事

看得张加禄以流寓悍徒，寄佃于宦裔董绍魁之家，未免倚势居停，横肆无忌。有董世淳之弟董世亨者，亦绍魁之族侄也，素惯酗酒。于本年正月初一日，醉过禄家，见禄邀客聚饮，又复涎流闯席，加禄恶之，恶语狠逐，亨不顺受，径被殴打。讵意小人无志，自谓新正元旦，扫兴不祥，径自投井而死，虽曰轻生，然实亦迫之使然也。亨之同母弟董文教随控本县，县以投井人命，遂置不究，故亨之异母兄董世淳，今又控宪也。蒙批到职，职以事关人命，随发该县检审，县因淳母苦拦，不愿开棺，遂执前见，拟淳反坐。招解到职，职细阅县招，谓加禄因亨闯席，止骂无耻一语，遂尔轻生自尽，窃思人即至愚，亦未有因一语之辱，而即视死若归之理。况亨既闯席而无耻矣，则是必

① 原文为『畜』，今更为『蓄』。

一无耻之人也，又何难忍辱之有，而反能为是激烈之事耶？及严鞫干证张起凤、董堡等，果吐禄实殴亨之情。亨以董门正身，既不甘为佃人所殴，又怯其居停主人之势，将终无报复之路，新正元旦，受此挫折，无面目复见江东父老矣，此投井之所自来也。该县未究及此，止因淳母告拦，遂定罪案。嗟乎，母爱子骨，情也。世亨即非殴毙，而致死有由，世淳复告，不为无因，弟死兄坐，非法之平矣。且查县招，谓初审已曾杖加禄，而断给尸母银五两矣。既无殴打情弊，又复断给何为？合改威逼之例，禄应加杖，烧埋全给，始为协律。董绍魁虽无主使情弊，然不能钤束佃夫，以致威逼人命，亦可谓势焰灼人矣，并杖以警。再审县招『董世淳卖屋生嫌』等语，俱属支词，淳告非诬，合免拟坐。

## 一件人命事

看得田计院之死，半由酒病，半由磕跌，则田祚弘之累毙，实足相偿，而田祚新之再抵，诚大可矜怜者也。计院因父田宁糊口他乡，卧病旅邸，适族弟田祚弘时亦佣工其处，见而怜之，服劳扶困，未愈而亡，旋为之收掩其骨，归报其子，亦可谓敦族谊者矣。讵院不知报德，反以生嫌，于二月十五夜，清明拜扫之余，饱餐烧酒，卒至弘家，假搬父尸，且求帮贴，盖酒毒方发之时，其来意固自不善矣。祚弘莫当其锋，经邻理讲，院复刺刺不休，故祚弘之兄田祚新旁观莫耐，方出劝解，而院遂寻之作对，扭衣撞头，撒泼种命，二人滚拨逾时。迨祚弘呼族人田民膏等到后，而计院已僵卧地上矣，共扶而归，越次日而死。灵石县初行检审，见有致命伤痕，因院之所扭者田祚新也，故疑院伤必系祚新所致，遂拟抵填。及职覆审祚新，乃极口称冤，谓计院伤痕，原系石上磕跌，而县审之时，刑鞫冤认。职疑其狡辩，及详讯尸亲邻佑各证，则并无一人目击殴打之事。再查该县初审招情，计院扭新衣领至于街衢，并无一人见其相打，及至众人到时，院卧粪堆，田养时等扶之而归，尚能行走如故，及至家中，上呕下泄，翌日而死。

以理揆之，若使祚新相搏之时，以石重殴，顶心囟门命门之伤匪同他处，必致立毙矣，又安得复能行走而至于其家，待且泄且呕而后毕命乎？盖院乃泼皮也，方倚酒而种命，头创地而呼天，遍地滚击，满身石痕，磕跌既重，酒毒旋发，欲保无危，不可得矣。若新之与院，原非冤家债主，以从旁解劝之人，无故而殴人致死，此亦情理之所必不出也。职以事关人命，不敢以揣摩定案，覆发赵城县检审，据鞫扭结之时，并无见证，毁打之人扶归之时，实有仍能行走之事，卧床之后，又有吐水泻血之症，则是院之死于酒病与磕跌也，已毕征矣。而祚新所称『刑鞫冤招』之语，又何怪其喇喇称枉耶？且新与弘，系同胞兄弟，弘为族人急病埋骼，本尚义而原无丑行，以美情而反得恶报，弟既累毙，兄复抵填，不几令天下人绝惜灾救本之路乎？赵城县看云『以一未确之人命而两抵之』，诚可谓伤心刺骨之论也。虽然，祚新见院之来意不善，不能委曲以避其锋，既欲解劝，又与构角，此则所谓惹火焚身，实难辞其咎耳。断埋重杖，已足蔽辜。余俱无故，均应释放。

## 一件势杀兄命事

看得张尧聘之服毒身死，与程正范之染病伤亡，虽曰两尽于非命，实乃暗相抵偿者也。初因张尧聘与李永昌酒后角口，李永昌者，乃纸铺幡匠也，时与程正范包造葬父幡楼、幡亭在铺，尧聘毁之，然亦不识其为正范之物也，盖怒李永昌耳。昌乃乘机嫁祸，鼓范为之作对。为范计者，苟知聘非为己起衅，则仍寻永昌重造可耳，何至倚势衿势，暮夜率领程四娃攻击聘门，声言禀官，以致尧聘畏势，仰药自尽，谓非威逼不可也。聘弟张光栋旋以人命先控道府，俱发该县检审。范以身列子衿，威逼杀人，前程有碍，忧怖成疾。及县登场相尸之际，又被张洪祯怀锥暗刺，负病归家，越月殒命，故正范之叔程兆麟又以人命控宪也。蒙批到职，随行该县检验，据详两造自知原非真正抵手人命，不愿暴骨，哀免开棺。而该县亦称当日地方报结之时，两尸俱已曾经相验，均无致命伤痕，取有结状在案，则似亦无容再检，徒苦枯骨为也。至若李永昌之嫁祸起衅，程四娃之助聘为虐，张洪祯之藐法擅斗，情罪显然，各杖非枉。两造俱死，无容断给。

## 一件刀伤人命事①

看得郭养气等殴死赵进荣，其起衅之由，累审已悉，无容再赘。唯是元凶郭进美当时脱逃，未经对质，以致群犯于狱成之后，虽已招认凶器，而先后下手之辩，犹复喇喇不休也。今据以定兹案者，只凭一目击之王从贵，再三刑讯，从贵亦云但见各执何项凶器，而实不能辨其下手先后。夫元凶既已先逃而漏抵，余犯又欲展辩而思脱，不几令进荣含冤于地下乎？夫下手之先后，虽不可知，然养气之刀、弘志之砖，则从贵之所目击者也。一绞一戍，似乎非枉。至于王廷秀之改戍为杖，骤阅似有脱卸，职仰遵院驳，随行太平县覆勘。据详刺荣之锥，原非从贵墙上缝鞋之物，已为郭进美携去，而现今到官之锥，委系王廷秀纸马铺中之物，从贵三面辨认最真，故县看乃曰『从未有带锥而登青楼者』，此语更足发覆。再查襄陵初招内，审至王廷秀名下，亦有『畏刑回供』四字，则是廷秀初供为刑鞫枉招之说，该县亦未常自讳，别后之改杖，正理枉耳，似非有脱卸也。职因覆审养气、弘志，哓哓不已，恐存异日辩窦，故太平解到之后，未敢遽转，仍严行襄陵县密勒访缉进美，早成信狱，屡行提比，竟难骤致。伏查新谕，凡有疑情之案例，从监候处决。养气之罪，正与例合，恐稽宪件，合具招详。

① 原文为『一件刀伤人事』，根据前文疑为『一件刀伤人命事』。

## 一件殴死人命事

看得杨汉与张宗汤，乃系隔县小贩，素不相识，偶遇于茅津渡口，俱以负盐过河，抢渡争先，汉乃恃其强悍，拔篙乱打，其意亦不过欲吓退众人，使已得早渡片时而已耳，此小人卤莽无知之恶习，实非有害人之意也。讵意眼慌手忙，思虑不及，篙虽误落于宗汤之头，缘其下手原轻，故其伤亦不重。渡河之后，旋经店主晋日升与之杯酒释兵，则此时受伤之情景，必不致命，概可见矣。假使宗汤能以身命为重，避风调护，断无死理。讵意小人趋利忘身，往返跋涉，径致伤风发肿，越旬而亡。篙击本为无心之伤，冒风实乃致命之由，县引过失杀人之条，诚为允协。合照原招，伏候宪裁。

## 一件人命事

覆看得朱云焕与朱彬以争树微嫌，而遂虐及其父，以致朱默点受伤自缢，累勘情真，引例拟戍，毫无疑窦。日升助虐，杖亦允宜。独是朱彬之罪，伏蒙宪驳，盖谓争树之鸣，原系两相控告，非彬一人之罪，解网之心，仰见宪慈。然职之所以按彬者，其与族叔相控之罪犹轻耳，何默点被殴之后，彬乃高举远引，疾视其死而不之顾，致父自缢，推原及此，恶不胜诛，一杖犹宽典也。至于云焕尪羸枯槁，毛发如雪，老耋之年，一见了然，当以闻喜县初招七十二岁为确，而朱彬指为五旬之说，此仇口不足凭也。再发临晋县复审无异，合照原招，统候宪夺。

## 一件人命事

看得许存林因负张明琏债银四两，嗔其索取，诱入深沟，砖殴立毙，复以刀断其喉，穷凶极恶，世所罕见，伤械俱确，一斩无疑。其父许进福，审据庞养德供称，是日曾央王自盛代已唤伊治病，其往来日期，凿凿可据，委不知情，相应免究。赵城县招允协，照转候裁。

## 一件人命事

看得刘宗学之死，乃先服毒药，后受拳殴，两伤交并，因而致命者也。盖宗学以别里之人，依亲居住于墙下村景奉生之家，买地置屋，与奉相连。止因争地生嫌，于上年七月内，奉生以媳命诬学于县，学急而服毒以应之，被救得醒，遂尽弃墙下村之业，而仍归其故土。讵奉生怨终未释也，屡以复控挑衅，宗学愚人，既怀失业之恨，又虑将来之隙，遂操故智，仍行饮毒，登门中命。奉生不知来意，辄撄其锋，亦出与角，毒攻于中，拳攻于外，内外交并，两伤并发，遂不可再救矣。夏县初招，止以致命拳伤为重，遂舍服毒而不之究。殊不知探钗青黄，非无毒之正色也；口流黄水，实毒发之明验也。法曰：『既有自尽实迹，又有致命伤痕』，煌煌律令，自有正条，安可竟置之不问乎？闻喜覆勘，诚为得情，改绞拟戍，更何疑窦？至若景奉义、景奉龙，初审即不在场，既无助殴，又非坐视，抑安容波及耶？相应免拟。

## 一件打死人命事

看得杜日凤于格斗场中，踏伤丁光春之腹，以致老朽毙命，累审实出无心，故改过失杀人之律。覆蒙宪驳，职仰遵随发襄陵县三检再勘，据县详称，肚腹踹伤，原未入骨，肉溃之后，已无伤痕可验，此外虽有伤痕四处，俱系磕跌所损，委非拳棒所致，伤痕既确，诚如道宪所批『必须三检可以定人命之案矣。』至如臬宪所谓『丁光春曾拿劈柴，将杜日凤打了一下，日凤将光春招了一跌，有似于互殴矣。』职详审此乃混殴场中，光春从旁窃击日凤耳，日凤未常打光春也。如仓卒之中打至而一招应之势也，招至而跌，非日凤所料也。止见其招，未见其打，似不得谓之互殴也。且日凤方与国泰寻敌，踊跃超距，手足所至，正如律之所谓『马驰车下，势不能止』，又岂暇择地而踏耶？法曰：『耳目所不及，思虑所不到，无害人之意，而偶致杀伤人者，谓之过失。』日凤所犯，丝毫吻合，前招允无疑窦，照转统候。

## 一件毒死人命事

看得景承命以无子之故，屡欲娶妾，其妻张氏，妒悍无礼，因而反目。于五月初七日，张与命哄，命殴之而往耕，张遂饮毒，至十五日而死。临汾县检有拳伤一处，引例拟戍。复蒙宪驳，职遵再勘，伏读律法：『妻有他罪不至死，而夫擅杀者，绞。若夫殴骂妻、妾，因而自尽者，勿论。』经曰：『不孝有三，无后为大。』命欲娶而张阻之，罪在张矣。且详查初相尸单，拳伤止有一处。及审尸父、干证，俱供殴于初七之辰，即于是日服毒，迨十五日而始死，去殴之日，已经近旬，殴发速，毒发迟，假使一拳致命，断不能延至旬日，张氏之死于毒，而非死于殴，是不待再检而决者也。正所谓因殴自尽，引戍不协。独是妻死之后，弃尸道旁，已为不仁，追尸父告发，而又嫁祸于无干之阴廷雨，是不能为命逭耳。除殴妻自尽依律不坐外，合照诬人之例招虚，城旦不枉。

## 一件打死人命事

看得李养志以赵姓之人，入继李族，与李从俭比屋而居，素鲜嫌隙。于上年十一月十一日，养志、从俭及李森然等，共饮于横水镇之酒肆，彼此欢甚。适有志甥梁月清者，遥寄杖头数文，为志称南山之觞，志恶其无礼而且微隙之，俭劝之受而不得，乃代为受之，以转交养志之妇，此亦小人滥竽之常态，原非有别意也。讵志顿生忌心，疑其与己妇有私，遂归而殴其妇，俭复不解其意，又从而劝之，劝者愈坚，而疑者愈疑，志遂与俭敌矣，两相斗搏，未甚伤也。殴散之后，志之疑终不能解，以为已妇被私，而身又受殴，无面目在人世矣，遂自投井，族人李浩然等救之出，一息尚存，井深伤重，终至殒命。闻、绛二县检有致命砖伤，引例拟戍，似亦非枉。准牒过厅，本厅细查两检尸格，致命伤痕，跌磕居其大半，而所载砖伤四处，据从俭极口称冤，以为俱系跌磕所致，而闻喜初审，实被刑鞫妄招。本厅细忆相殴之时，使养志顶心致命去处，果受重伤，则必致立毙，又安能归而投井，投井救出之后，更安能有一息尚存乎？且既以砖伤定罪，则须追出原砖以为凶器，始可以塞从俭之口。今查初招，砖弃无存，则又何怪其有刑鞫妄招之辩耶？以理揆之，砖石乃井中两旁必有之物，从上坠下，势必磕跌，此又显而易见者也。本厅详鞫之后，发令三检，始可定案，而尸母原氏，哀哭告息，不愿随招，与其存疑情而徒苦死骸，无宁准所请以安生者。且投井自尽是实，而砖殴致命无据，合照威逼之例，断给满杖，于法更协。李时茂放债之说，审系支节，盖尸亲居奇之意耳，人命有归，法难旁及，相应免究。李森然劝解不力，赵永凤案后生情，县拟不枉。

## 一件人命事

看得柏冲霄初娶仇文臣之妹为妾，缓急相通，情未惎也。后因冲霄借文臣之本银而不还，文臣亦掯冲霄之麦租而不与，朱陈遂变吴越矣。于上年六月初十日，冲霄父子往诉文臣于汾西县，文臣觇知，持棍而追，相及于僧念里地方，两相搏斗，冲霄立于高阜之上，文臣仰面而攻，势遂不胜，乃中霄毒手矣。三检石棍刀伤，种种致命俱确，霄亦自愿请抵缳首，允无疑矣。其子柏苍翠见舅追及其父，忙奔投县击鼓，累审委不在场，拟杖原属波累，免究可也。

## 一件人命事

看得郑侯封之弟郑侯锡杀死叔祖郑春龙也，缘封、锡父手有地一片卖与闫仕进，有屋一所卖与刘林，皆议还银赎业，非绝契也。叔祖郑春龙与子郑玫贪图薄值，遂将闫、刘二业，通赎归己，封、锡绝望，兄弟不甘，封控于县，龙控于州，俱断两业各找价二十两，给与出业原主，此非曰哀怜封、锡之贫，盖理应然也。讵意龙、玫父子，为富不仁，欺贫抗断。迨至腊月初四，侯锡登门求索，龙、玫分文不与。夫同堂期亲，一富一贫，当此岁除之际，虽使额外周恤，亦非过分，何反掯其应得之物，而坐视垂死之耄兄，八口嗷嗷，无以卒岁，若龙、玫父子，天理良心，沦澌以尽矣。如此残忍刻薄之父兄，即以贤子弟遇之，未免浩叹，又况凶愚不肖如侯锡兄弟者乎？以致人穷志短，情急忿生，锡乃元旦而登春龙之门，操刀而立毙其命。吉州初审，据尸子一偏之词，恶以孙杀祖之罪，将锡、封兄弟，俱拟骈斩，未几数日，锡乃自行绝食而死。该州初招报职之时，职检阅种种疑情方驳……①盗跖虽恶，不累其弟，桓魋虽凶，难及其兄。侯锡既服冥诛，大逆已死，侯封审无干涉，岂容同坐？法应径豁，以苏无辜。至若其祖郑崇甲，年逾八十，形同死灰，子孙不肖，非所知也，无可波及。若夫唆讼酿衅之闫仕进，原属多事，杖之可耳。

## 前件

覆看得郑侯封因其弟郑侯锡暴杀叔祖郑春龙，株连侯封，几成冤狱，累勘得情，始与昭雪。蒙批覆勘，职仰遵转行乡宁县。今据回称，郑侯封之冤，不但庭鞫，拘拿原差与地方、族长，活口众证，各供凿凿。而即密访之于合邑绅衿与郑氏宗族，暗地舆情，咸为嗟枉。该县新任地方，不唯洞察更真，亦且庭鞫有据。原详非纵，合应照转。

① 因原书缺『百一九』页，导致该则看语内容不全。

## 一件人命事

看得临汾县解役刘天福押解斩犯刘永第，与同役高孟富押解杖犯刘四圪塔，赴司亲审，身膺重差，理宜谨慎。乃敢私自宽其镣绊，行至平遥地方，歇宿店肆，至起更时候，误听二囚狡诳，旋行兔脱，两役喊追，俱被凶殴，当经地方救援，时已昏黑，无可追寻。初据二役呈报到职，职恐巧饰，行平遥县严令详查。据县回称，桥村镇店主霍大供称『是夜有借宿囚犯脱逃，解役喊追，被殴是实』等语。覆发临汾县详勘，既无贿纵情弊，分别徒、杖。县拟允协，其正犯另勒缉拿可也。

## 一件苦死人命事

看得张大成本姓朱，乃前明废宗也，家亡改姓，窜居于夏县，依尉重新兄弟为邻，两人各出微赀，与邻衿席大用等合伙贸易。成又以其子张云龙受业于重新弟尉维新，数年以来，邻里之情，宾主之谊，两无猜隙。近因云龙死，而大成早已有疏尉氏之心矣。夫何尉重新者，不识忌讳，往来成家，较前更密，成小人也，机警而多疑，以为向有子在，则妻可不孤，今子既死矣，而身多外出，他人入室，宁不生嫌？遂面辱重新于庭，重新既蒙不白之迹，遂亦日与大成为难，致成有是控也。成之舍中构不道，而以子命为词者，惜体面也。殊不知以人命而诬师傅，先自坐一不义矣。若夫尉重新调奸，虽无实据，然不能避瓜李之嫌，致招物议，并杖不枉。至于两家所合微赀，着令伙计席大[1]用从公清楚，各自收回，以绝往来，以断葛藤可也。

① 原文为『上』，根据上文疑为『大』。

## 一件逆天仇杀事

看得已故孝廉刘锐身死之由，原因不第归家，忧愤成疾，服摄不善，遂致身亡。其岳王世英乃致疑于锐弟刘铭父子，具控宪台，太原府审，具载始末，今因刘铭族人刘锡曾于前词插身作证，与铭结怨互讼，至今缠绵未了。蒙批到职，职已问明锡、铭互控之由，具招呈台，旋蒙宪驳，并及锐死未明之故，职仰遵覆勘。窃以人命重情，未敢悬揣，必须检明，始能定案，随发阳曲县开检去后，两造告拦。据详到职，职详审锐以三岁孩提，为伯母张氏抚鞠为儿，教读成才，已登一第，不幸身死，似无别故。且锐亦生子数龄，现今犹在张氏襁褓之中。今见该县欲将锐尸开检，寡母孤儿，拊棺恸哭，追切哀惨，即原告王世英亦为恻然心动，自愿招回前罪，认诬告息，则两造诚伪，似亦可概见矣。应念锐叨一命，免扬骸骨，以广宪仁。至于锡、铭构讼，本因插证起衅，杖亦非枉。王世英前案已结，自愿招回，无容再议。职谨体宪台息讼至意，实非敢投鼠而忌器也。俱照原招，解候宪夺。

## 一件打死人命事

看得梁定，倚恃营兵，恣行凶暴，因伊钦升，谑语相触，而鞭杆老拳，当刻交加，立毙其命。平陆、闻喜两县，检审伤械俱确，按律拟抵，实无疑窦。蒙宪批职三检，职仰遵提梁定等仍行严鞫，问其起衅之由，则曰委因一时谑语相触，而再无别情也。问其致命凶器，则曰拳打之外，又用鞭杆，鞭杆粗大盈握，故其伤亦粗大如棍，而此外再无别项凶器，亦无别项伤痕也。梁定服辜之言，历历如此，则县审前招，语语皆确，已足定绞抵之案，似可无事三检，再苦朽骨为也。李胜审不在场，则非知情坐视者比，应免其杖。

## 一件人命事

看得杨进才之死，实一大无头公案也。才乃异乡流寓，孤独营生，盖已有年。忽于顺治十八年三月二十五日，与其族兄杨一贵、匠伙魏进才剧饮神庙，烂醉散归，进才卧于独室，当夜被人谋死，众亦莫知其贼所自来。尸兄杨一贵叫冤无路，不得已而追寻其徒李六斤并及徒父李斗儿。问其何所见而云然，则曰进才孤居一室，从无他虞，今李六斤拜师，甫未三月，而遂有是变，一可疑也。又曰庙中剧饮之后，众人皆散，而扶之归者，独六斤父子，二可疑也。又曰次早六斤至进才院内，见其日高不起，户且倒钥，不应擅自卸门而入，三可疑也。该县方在缉贼无踪，又适据其一偏之辞，不得不向疑处根究。初审尚无着落，再用刑鞫，而斗儿父子唯唯招承。且曰有杀人之小刀矣，有椎头之铁镇矣，有起获三两五钱之盗金矣，有现在可据之银簪、耳环矣，果如是，则六斤父子之狱，又何疑乎？蒙道批勘，准牒过厅，本厅层层细鞫，而后知种种冤情，不唯尸亲揣摩之私意，毫无可据，而该县刑讯之妄招，亦不辨而自明也。请得而悉剖之。查县招一贵初供，有『我兄弟素日为人歪些』之说，今详讯所谓『歪些』者，盖谓其好酒而不自检点也。夫异乡老朽，营艺多年，囊中不无所有，既已孑身鳏处，又复好酒逾闲，则其为人之窥伺物色者，谅非一日，前此之得免者幸耳，今果被杀。六斤之从师也，乃适际此时，谓其遭逢不偶则可耳，若谓从师之意，即杀人之意，何不稽之甚也。审斗儿年逾七旬，六斤年甫出稚，斗儿旧为府学斋夫，家虽贫而从无过失，及今垂死之年，一旦使其子受业于人，即谋而杀之，顿为此极凶极恶之事，似亦情之所不出也。且受业之意，为学艺来乎？为杀人来乎？若曰为学艺而来，则艺成之后，养身养家，尚不止三两之利。若曰为杀人而来，非重赀不足动其心，何所获三两五钱之外，簪、环无几，而遽忍毒至此耶？况奄奄待毙之老朽，正恐杀人之事，即有其心，亦无其力耳。如谓六斤父子扶归进才而即疑之，夫以徒事师，师醉而扶之归，分所应然。父见子弱，不能支撑，而共相帮助，情所必至。父子至师之家，视其寝处，命之归，然后归，此正情谊殷笃，可谓待师三有礼矣。今乃曰扶师之意，即杀师之意，视寝之意，即谋财之意，则是天下之为人徒者，必见其师僵卧于路而终莫之顾，然后为贤弟子、贤主人也，有是理乎？若谓次早六斤擅自开门而即疑之，夫徒弟见师醉卧于家，晨起而过问焉，情固应尔。候久不出，启扉而视之，理当如是。安得以此遂指为杀人之据也？且审六斤晨至师门，见其户倒钥，疑师早出，遂遍寻于杨一贵、魏进才与其师素所往来之家，求之不得，然后归，又遇邻人杨进元，同在其处，与言其故，然后启户而视之，亦可谓渐次有理之甚矣。其情状何一可疑之有？且蚩蚩孺子，使果知其父杀人，心怀鬼胎，方将躲闪不暇，敢次早复抵其门，安闲暇豫之若斯耶？以上各情，皆杨一贵之致疑于斗儿父子者，静观之而皆无一可据者也。至若该县所谓杀人之可疑者，则又详勘而得之矣。杀人之证，全凭凶器，得财之据，必须赃物。今据县招起获小刀一口，查杨进才尸单，刀痕鳞砌，长至寸余，深阔三分，此必长阔锋刃所致，今验小刀，乃裤刀也，不盈三寸，势必不能致此重伤。据斗儿供系曾经当夫，答应过往满洲，于马粪中拾得，此废弃无用之物，验之，果复锈涩铅钝，不堪割鸡，一见而知为非杀人之器也。即查县招，亦果谓与伤痕不符，则无容再赘矣。至如铁镬血迹，是为杀人之物，然使在斗儿之家起获，然后可以证其杀人，今乃得之死者之旁，此乃杀人之贼于事后仍置其故处耳，虽有血迹，于斗儿何与也？此铁镬之无可疑又了然也。又如起获锭银三两五钱，据斗儿初供，原系卖子礼金，当询之而是时数日之前，果将其次子卖与段二，因段二不认此银，故该县遂疑为杀人所得耳。夫金银非经主认，本不可执以为赃。况银数无几，斗儿虽贫，父子终日营生，岂遂力不办此，况新经卖子之后乎？查段二初供，谓礼银碎而非整，此银整而非碎。嗟乎，银入斗儿之手，交易变通，倾泻转换，任其所为，碎者岂常碎乎？此说已为不经。及本厅详诘，段二始云此银实系己手所交之原物，前因见斗儿父子身罗法网，恐累己随招，故假推不认，以卸己祸。今虽吐出真情，亦可谓无良之甚矣。又若银簪、耳环，疑为银匠之物似矣。据斗儿泣称系先年聘女，接得财礼所制，以备其女妆奁，在杨进才未死之先，因将变动营生，早已当钱使换，此盖有质当之月日可考也。本厅随唤当铺主人张杨宋、田生冀等，并取质赎号簿，查其轻重件数，一一与现物无异。及考簿上月日，果系斗儿之质当在先，而进才之被杀在后，则其为斗儿之物，而非进才之物，又何必置喙乎？以上情节，件件勘明，杀人无一实据，疑团尽可豁然。所当速释，以苏无辜。严行该县，勒限另缉杀人真贼可也。

## 前件

覆看得杨进才之死也，明系仇杀，奈无证据。若李斗儿父子，刑鞫冤招，几成黑狱，府、厅详勘，尽得冤情，备载前招，毫无疑窦，宪台慎重人命，蒙批虚公再勘，职仰遵覆审。但杀人之证，必据凶械，谋财之证，唯凭赃物。今所起获小刀，实与伤痕不符，则确非杀人之凶器矣。而所起获银两，既……①之所谓『马驰车下，势不及止』，非操杀人之心而来者也，仍止可谓之过失也。前招允协，毫无疑窦，合应照转。

## 一件乞究人命事

看得杨应泰之弟杨应威，摆渡河干，狎水遭溺，与同伙之渡子何与乎？况应威在西岸，而群伙皆在东岸，尤风马牛不相及也。应泰以不救为词，而控赵东得、张光全五人于县，殊为多事。讵东得之妻宁氏、光全之妻张氏，一闻人命，张皇失措，相率投井而死，此匹妇轻生，意在抵管。详查应泰告状之后，并未登两家之门，若拟以威逼，则亦似未有确据也。但曰以无干之人命，而多事挑衅，致毙二妇，则罪诚不可逭耳。追葬分给，杖惩蔽辜。

① 因原书缺『百二九』页，导致该则看语内容不全。

## 一件人命事

覆看得张宗汤被杨汉篙击之后，冒风身死，累审情真，引例断给。伏蒙宪驳，谓『事关人命，必令死者瞑目』，仰见我宪台慎重之至意矣。但审过河争渡之时，汉乃拔篙乱击，原不过吓退众人，非真欲击人也。失手所至，汤适当之，此正如律之所谓『无杀人之心，而偶致杀伤者』是也。即使宗汤当日而毙，犹当在过失之条耳，况十日无恙，而死于冒风之故乎？则是宗汤之致命冒风为重，而受伤为轻，即引过失杀人之例以罪汉，正谓瞑死者之目耳。原招非纵，仍应照转。

## 一件人命事

覆看得张利徵父子三人殴毙蔡成印也，其当日殴打情形，止凭尸妇与张天顺言其大略耳，此外更无别证。所以下手先后，与致命轻重之际，虽据各招，指为利徵所犯，然而以①前守道之驳、职之看，未常不疑信并存也。然而不得不拟利徵之死者，盖恶其父子同凶，以三杀一，子既脱逃，父又漏网，不几使济恶者自以为得计乎？所以据利徵之立地承当，而即以定抵填之案耳。至于『拼老命而一肩挑尽』之说，未常不早已言及至，此与宪台所谓『舐犊之爱』，前后实一揆也。详查原详口供，一则曰登门挑衅者明系朋儿，再则曰足踩②倒成印者又系朋儿，即此二语，可知原日招情并未为朋儿讳，而无如利徵之一肩挑尽何也？本司亲审详悉，可谓洞烛秋毫。更怜尸亲孤苦，实乃哀此茕独，张利徵元谋助殴，实有应得本罪，仰体宪慈，合与改正。致于抵填重辟，仍当勒缉朋儿，以申国法。但职

---

① 原文为『已』，今更为『以』。
② 原文为『採』，今更作『踩』。

再勘之时，据利徵泣诉年逾古稀，养子不肖，身罹重辟。但查原招利徵年系五十八岁，似未可听其狡辩，以启恶人侥幸于收赎之例也。并应述明，伏候宪裁。

## 一件人命事

覆看得王泰之殴死柴承统也，以泰非承统亲甥，既断恩情，何关名分，应从常人之律，累勘委无疑窦。况乎承统以过分凌人，又有取死之道，泰昌以一时忿激，致罹两辟之惨，罪虽难恕，情实可矜，故引监候，实为非纵。至于尸痕分寸，微有参差，盖前系相验，后系蒸洗，愈检愈明，原无别弊。致命伤痕，当以三检为定。相应照转，仍候宪夺。

## 一件人命事

覆看得柏冲霄之殴死仇文臣，伤真械确，绞抵不枉。伏蒙宪驳，谓『前后刀伤互异』，职仰遵转行灵石县再检。据详覆核，查前招初、二两检尸格，载两肋左右俱刀伤一处俱者，统词也，分言之，则是左右各有一刀伤矣，则是共刀伤七处矣。后赵城县三检，少肚腹伤一处者，盖以三检之时，肚腹销毁无存故也。致命之伤，当以三检为定，今四检又与三检合矣，可无疑窦，合应照转。

## 一件疏纵罪犯脱逃事

看得刘天福、高孟富押解重犯刘永第、刘四圪塔中途脱逃，因审无贿纵情弊，故分别徒、杖，具招呈详。伏蒙院驳，谓『近奉新例，起解人犯，途路疏纵者，俱照越狱之例议处。』仰见宪台严警疏纵之至意也。但查刘永第等自临汾而解至平遥，相去五百里矣，解役一时疏纵，非起解者之所能逆料也。至于疏纵地方，既无交割授受之情，难任代人分过之责，故以理法揆之，似难引例，仍当按律。再查院批有云『永第辟案未成，难以斩绞定议。』宪台祥刑之心，无逾是矣。然窃照永第怀赎窑之恨，以明杀訾，尸经三检，罪拟故杀，虽未定议，然其辟断不出斩绞之外也。则天福之减等城旦，委似不为枉矣。除仰遵院批，一面严限该管勒缉逃犯，刘天福、高孟富合依原招，伏候宪夺。

## 一件人命事驳语

据详陈进广、陈进法打死龙应学，遂而故杀陈王理图赖抵窄，既已杀人，又忍杀子，虽禽兽不若，而天地间亦有此穷凶极恶之人乎？该州招云『怀恨报复』，则是似故杀，而罪引成抵，是否吻合？但①二尸致命伤痕，俱有数十余处，检验凶器各别，则非出于一人之手明矣。今止坐进广一人抵填，又未究明下手致命先后，则在场之众，果可以余人视之而一杖蔽辜乎？陈进法杀子情状，似亦尚无实据，其原状口供，俱极称为先被龙人所殴，该州亦未详鞫，而即坐抵窄，是或果有真知确见，抑出之意中揣摩乎？若是抵窄情真，则进法既已下手杀人，旋又毒毙其子，良心天性，沦灭尽矣，又岂可曰念其子死而姑置宽典乎？陈国礼、陈国祚既经招中审明，身不在场，则是事无干涉，又与陈王寿一例坐罪，是否无冤？事关两命，狱贵初招，抵填大案，慎勿草率，仰该州照驳，逐一虚公详审，妥招速报。

## 前件驳语

查得陈进法怀龙应学赎院宿仇，因而与陈进广立约计议，将应学打死，解州初审，陈进法执木檄，陈进广拿木破柴，尸单所载破柴伤一十五处，此进广之下手最重，打伤最多明矣。惟是初招，铺叙不清，蔓延繁冗，而各犯所

---

① 原文为『旦』，今更作『但』。

执凶器，当皆应学之母口供，原非当场所获，又无证佐可凭，岂可以尸亲仇口一言，遂为杀人之确据耶？闻喜县检审尸单，看称『除木檄、破柴之外，余皆与凶器不符。』及本厅当堂细验各项凶器，铁斧系敲钉小斧，锋刃绣钝，似非入骨致命之物。铁尺则似半截车拴，长无数寸，均非杀人利器。及研讯各犯，又曰『各执凶器』之说，初招并未供认，干审又无质证。嗣后乡约搜寻到州，仵作闻声附和，『检尸之时，遂将木尖棱、牙楂开皮骨去处，间有恍惚似刀斧痕者，竟报斧铁等物。』此言虽未可遽信，然本厅又细验各色凶器，惟破柴一件，独有血迹淋漓，而余皆毫无血迹，以合之闻喜招内所谓『破柴之外，余皆与凶器不符』，实相吻合，而此言又未为不足信也。再查初招尸格，载棍伤一十六处，而当日各执凶器者，又未报明何人执棍，嗣后又未追有棍器，则棍伤未始不为误报。即此观之，而斧尺铁器之伤，俱非当场执获，又未必不一误而再误也。事关大辟，无容丝毫错谬，必须辩明某伤云何与木柴相符，某伤云何与铁器相符，于中必有确然不可移易之分寸，确然可以辩别之道理，然后足以定如山之铁案，安可任凭仵作信口胡诌，而遂以入杀人之招乎？今若不从新剖破，不惟此案之葛藤，疑窦日积，而拖累不休，即陈犯一门，亦将几无遗类矣。至于进广罪名，招内既曰『除故杀卑幼之轻律不坐外，而专坐杀龙应学之罪。』则王理之尸，一检入招，已足存信，而嗣后开检，止当以龙应学为主，而两尸不宜并开，以徒苦死骨，而冗杂全招无益也。再查随招犯人陈王寿，虽拟余人，尚未定案，何安邑既已起批解审，而投到点名并无其人？除将解役李荐等责惩外，并查系何处疏纵，有无情弊，叙入招内。以上情节，仰临晋县会同解州虚公检审，务须从头细勘，究明真伤确器，无留纤毫疑窦。至于前招冗杂繁缛不紧之处，应删应改，期于当法，无得仍前依样含糊，致稽重狱，于此征该县之明决矣，限十日内，妥招速报。

## 前件

看得陈进广、陈进法兄弟之凶愚，实亘古罕见者也。缘与邻人龙应学，素有赎屋之嫌，法遂立约与广，令其杀学，而自愿以其子陈王礼抵命，广亦欣然从之，毫无难色。应学不知其故，复以赎屋之忿，登门辱骂，遂而撞入局中，广乃挺身出斗，法亦随之，立毙学命。广复仍践初约，即时将法子陈王礼致命。登时解州初审，问拟斗殴。蒙道驳府，准牒过厅，本厅覆勘之下，细阅全招，伤痕既多不符，引拟更为未协，悉将疑情，逐一拈出，累次驳审，始得真情。乃知立毙二命，而下手独先者，则陈进广是也；元谋共殴者，则陈进法是也。检有木檄伤痕者，则进广之所持也；检有劈柴伤痕者，则进法之所持也。其初招之所谓小斧、瓜锤、铁尺等项者，则皆乡约误起凶器，仵作误报伤痕，听问者视验不真，而支节葛藤之不断也。本厅屡行批驳，件件无遗，州县各处辩勘，处处悉合。进广、进法分别斩、戍，似无枉纵。余俱无辜，相应免拟。仵作妄报伤痕，并杖允宜。

## 一件毒杀职官等事

看得姜士柱，乃仁义驿已故驿丞姜士根之胞兄也。士根以孑然穷吏，远就卑官，到任之初，日给无措，曾向生员郑奇脩、马夫贺惟平等称贷微钱，为目前救燃之计，原约领出俸薪，即行还偿。讵小人弗禄，债未酬而身先逝也。士柱在籍闻知弟亡，自江南而来，搬回骸骨，奇脩、惟平等遂向索逋，挠其归计，故致有是控也。夫柱既不能代弟还债，礼宜哀浼求饶，何反以『毒杀职官』诬人重辟？本应究坐，姑念弟死于官，柱以赤贫穷汉，千里远来，收其骸骨，情亦可悯，逐释免拟。其债无多，仍谕令奇脩等舍之可也。

## 一件图财害命事

看得刘锐被药毒死之说，累审似无确据。迨宪亲鞫，疑窦愈明，谨将发下各犯口供，逐一再勘，初听之，似若凿凿，及至再三推问，则首尾荒唐，总归乌有。如王世英之执以为词者，止凭武兰一语耳。迨鞫武兰，而又曰得之曾保之口，及执曾保与武兰面质，保又曰并无是语，而兰遂莫措一词，此来历之幻，不问可知。大抵武兰为锐家苍头，老狗恋主，情所必至，哀其死而妄生揣摩，固亦有之。况兰龙钟潦倒，如醉如梦，又何怪其言之不足为凭据也？再审王氏所供，锐家遗产，尽被尚惠父子吞去。及询之锐母张氏，则曰锐子今且八龄，已能登记数目，外祖杨生员为之托孤寄命，尚惠父子亦无容生渔猎也，斯言可以塞王氏之口矣。再查太原府、厅拟王世英反坐徒罪，蒙宪批豁，无容再议。再查刘铭父子，前案已拟，不必重科。独是武兰妄捏诳语，致构祸胎，合宜痛惩。但念懵懂昏聩，奄奄一息，姑免究。至于刘锡一杖，仍照本招，统候宪夺。

## 一件人命事

看得冀城县梁虎庄寺僧贤普一家三命，被人谋死，莫知其由。而地方、乡约与僧徒之父王进尧，于逾月之后，不解何故，忽然群起而指为王国阁也。问其由，则曰六年之前，阁曾窃出父银，而僧告于其父，其父责阁，而阁遂殴僧，后又与僧立约服罪，以此有仇，故疑之也。问其证，则曰贤普之徒王闰娃见贼入寺，杀人之后，把炬复照，是以识认其为阁也。问其赃，则曰僧家一丝未失，唯国阁昔年所立之文约不存，以此益疑之也。嗟乎，夫如是，亦何其言之不稽之甚耶？今审国阁与贤普相嚷，曾有是事，然起衅甚微，旋起旋释，并未立约，去今且六年矣。六年之中，彼此安然如故，并无一语及此，今乃谓忽然而杀之也，且杀三命也。何言之不稽之如是也？且杀人之事，必凭证见，今证国阁杀人者，唯凭一王闰娃而已。闰娃不满十岁，以情理揆之，强贼进门，连杀三命，此时或必在睡梦中耳，不然，果醒而目击也，方将魂丧不暇，尚能优游绰豫，旁观熟计，而丝毫不爽，断断无是理也。且更易明者，使闰娃果认其为阁也，则贼去之次日，必告之于其父王进尧矣，进尧亦即当据闰娃之言而首之于县矣，何以当日乡约报官之时并无一字及阁？而该县当日拘审之初招，诘闰娃曰：『杀人者为谁？』而闰娃则曰：『原不认得。』

诘乡地张美爱等曰：『僧与何人有仇？』而美爱则曰：『也不知到。』此二供，如山在案，岂可移易？何今乃于一月之后，不认得者，忽而变为认得，且千真万真矣？不知到者，忽而变为知到，且千确万确矣？又何言之不稽之如是也？再审所谓僧家诸物俱在，而独失去国阁服罪之约，此语何所凭据？将谓国阁意在取约而后杀人，则素日或往来于僧之家，熟知僧所藏约之处，然后一旦入门，即可探囊而得也。问有是情否乎？而众则曰：『六年以来，不见其与僧往来也。』将谓国阁是夜，或执僧父子，先追取其约，然后杀之，则闰娃之旁观，必有所见。问有是情否乎？而闰娃又曰：『不知也。』且更有显而易见者，闰娃既能识阁，则阁亦必能识闰娃，不并杀之以灭其口，阁虽愚，不若是矣。将谓阁能忍于三命，而独不忍于识己之孩提，阁虽仁，亦必不若是矣。又何言之不稽之如是也？再问当日与僧所立之约，系何月日？约上见证，系何姓名？今日乡邻、地保，或有一人能言之者乎？又无有也。则当日之有约无约，未可知也，而乃曰阁为盗约而杀人也，又何其言之不稽之如是也？嗟乎！事事无一可凭，而止凭一黄口稚虫梦幻游移之语，而遂疑人为杀人之贼，噫，又何其言之不稽之诚如是也？且更有显而易见者，审国阁素日所雇工趁食之处，在于曲沃县之凤城庄上，本庄约地李自宠等俱能熟识国阁，面审寺僧被杀之月日，正国阁在彼受雇未归之时，则又国阁未常杀人之确据，而不待为之置喙者也。速应释放，以豁无辜。若保地张美爱等见地方人命，大案无所着落，乃与僧徒之父王进尧牵合附和，意图苟且结局，不顾人之死生，殊可痛恨，姑念该县疑信并存，尚未成招，免其反坐，俱从杖惩。王闰娃未出幼稚，应免拟。严饬该县，另缉真凶可也。

## 一件人命事

看得吴国英之调奸邻妇，王国忠之殴死罪妻，其情节固甚彰明较著也。万泉县初审，执『未在奸所捉获』一语，遂谓殴妻是实而指奸无据，以此定国忠抵填之案。噫，误矣！夫指奸者，或夫与他人有仇而指奸以诬人，或夫与妻不睦而指奸以诬妻，是必无奸而后谓之指奸。今国忠与国英以比屋之邻兼瓜葛之亲，式好无尤者也。且忠以赤贫穷汉娶董氏有年，生子七岁，亦式好无尤者也。苟非有伤心刺骨之隐，而谓其一旦杀恩爱之妻孥，诬无怨之亲戚，天地间断无此人情也。查万泉县招看，有云『国忠于旧腊见妻董氏向墙孔望张国英』等语。嗟乎，丈夫且亲见其钻隙相窥矣，而犹谓不当以奸疑之也，天下固当有如是豁达之丈夫乎？故职曾驳曰：『倘非事涉有因，决不至伤心如是，即使奸虽未成，是亦疑或难解。』然此尚属揣摩之词也。今据稷山县审，国忠且亲见其在窑相戏，而犹谓其指奸可乎？以一赤贫穷汉与豪同处，竟至不能自有其妻，怨之不敢，止之不能，不得已束其妻而挞之，无论其无杀妻之心，即使其有杀妻之心也，是杀淫也，非杀妻也。杀淫者何罪之有？况曰无心，实难重坐，过失似足蔽辜。但系己妻，无容断给，姑念有子，合着妻父眼同备棺醮埋可也。若曰王国忠杀妻之罪轻，而诬人杀其妻之罪重，是又知其一不知其二矣。何也？使国英与董氏无奸，而忠故杀其妻以诬之，是正宜坐杀妻之罪。今国英与董氏之奸实矣，假使向日忠能于捉获之时而手刃国英，尤且不坐，况诬之乎？故曰：诬不奸其妻者则坐，诬奸其妻者则不当坐矣。至若妻父董复亨，不护不洁之女，而反怜诛淫之婿，始终直道，此亦小人中之有气节而不可多得者也。更何议之有焉？吴国英淫人之妻，酿祸至死，情实可恨，因系和奸，遂无重律。

## 一件奸毙人命事

看得员士敏以巫诱奸，先与樊氏早通于李斗子之家，斗子死而氏嫁于王启秀矣。敏复通焉，倏使其子来搬樊至家，终日而跳神弄鬼，倏瞰其夫出，就樊之室，白昼而坦腹摩脐，旁若无人，肆行不忌。比邻见之侧目，启秀遇而创心，秀触敏以脑，敏殴秀以砖，秀旋投井而死，敏实致命有痕。矧以邪巫因奸毙命，县拟斩填，似不为过。樊氏自知败露，难逃重法，不食而死，原无别情。员二牵马搬妇，迹同线索，虽曰承父乱命，实乃顽然无知，审未助殴，俱置不究。

## 一件人命事

看得陈胜押解周顺子脱逃，夏县审为受贿，拟绞以代，似亦非枉。覆蒙宪驳，职仰遵随行闻喜再勘，据详夏县所追赃银，原系周顺子交与陈胜，以作两人连途路费，实与贿赃不同。到职覆勘，当顺子起解出门之时，即将此银交与胜手，以安胜心，使不疑己，胜亦安然，以为金在己手，顺子必不舍金而去。嗟乎！由此观之，胜盖为顺子所卖耳。诚如宪批『事固可恨，而愚则甚可怜焉。』今以情理揆之，若止受三两轻贿而甘心代人重辟，此又计之所必不出者也。且更可怜者，审顺子脱逃之后，而手持此银，自报于县，即此可以知其非受贿之意，该县恶其脱逃重犯，遂以坐赃拟代耳。今再三研鞫，既非贿赃，实难遽坐。且顺子一案，尚未成招，合照疏防之律，改绞拟徒，更为允协，余照原招。

## 一件打死人命事

看得李试廷族众而多衿，正赋杂徭，未免违限，里长郑学文督催不前，代受血比。文父郑奇仕见子苦累，登门哀索，试廷置若罔闻，致仕无告，遂拼老朽，乘夜自缢于试廷之馆舍。当鸣于县，县谓虽近图赖，实亦因公，断令试廷烧埋，以偿学文之累。讵廷自谓无过，不遵县断，故文复有是控也。合应照依县断追给之外，仍杖试廷，以为误公贻累者戒。

## 一件杀死人命事

看得郭进禄与李国佐，同事于城，偕伴而归，二人俱带酒意，因谑成斗，彼此两相揪扑，均仆而僵。讵禄身佯裤刀，脱鞘露颖，适中左胁，佐归隔宿而死。芮城检伤致命，进禄刑招，遂拟抵填。及赴职审禄，乃极口称冤，哭诉刀脱误伤之故，尸父哀鸣告息，乞免再扬子骨之词。职疑有情弊，随发临晋县检审，据县改拟招解前来，职覆勘两造素无仇隙，偶尔戏斗，情固可原，当场见殴无人，一时刑招，终非铁案。且尸父哀全子骨，法亦应与准从，引拟过失之条，收赎似不为纵。府看佥同，合与照转，伏候宪夺。

## 一件打死人命事

看得李良才轮充总书，雇募郭起都写造赤历，因原议工价尚欠八两，于是起都亦将赤历延挨不行交官，县官怒其迟误，拘拿朴责。讵意负病老朽，淹忽殒命，所以其妻李氏，追溯祸始，归怨于才，有是控也。夫误公受责，都所自取；然短少工价，良罪奚辞？前议允协，照转可也。

## 一件横谋人命事

看得薛天挺家拥重赀，兴贩于外，吕锐之父吕生光与叔吕文光，俱受佣于挺，而为其兴贩之人，因而借挺些须，附作赀本，以趁微利，盖亦曰雨我公田，遂及我私之意耳。实则二人皆为挺用者也。讵命不展，文光客死于外，生光折……①

之后淹忽云亡，其孙梁可重以爱其祖母之故，不能不归怨于辱之者，情亦可原，似难坐诬。至若梁氏者，知己有孙

① 因原书缺『百四八』页，导致该则看语内容不全。

而不知人亦有子，乞乳不得，祸延他人，悍泼无礼，可恶极矣。合移其子李云霄之杖以杖之，庶觉为痛快耳。①

## 一件殴死人命事

覆看得翟文英比顽妒奸，殴死张连升，历审伤真证确，绞抵亦复奚辞？兹蒙院驳，谓『口供原有连升跌下石台』一语，盖曰连升恐系跌死，未必尽毙于文英之手耳。职仰遵细鞫，据陈法娃供称，二人当斗于台基之上，俱跌下台，后救连升回家，本夜殒命，半系跌死，情亦有之。但屡检俱有拳砖致命，则似又未可以『跌死』二字，遽为文英藉口宽典也。至于连升之叔张福寿，本以助殴之故，因见两斗不开，一时情急，乃以柴击其侄，实欲解纷，原非助打，是可不辩而明者。盖福寿之于文英，乃路人也，其于连升，乃叔侄也，谓其助漠不相关之路人，而杀素无仇隙之叔侄，有是理乎？但责以解纷之不善，则无辞矣。若曰杀侄以媚人，不亦冤哉？且人命须论致命下手，文英殴毙连升，合当抵填。福寿击侄助殴，合坐误伤，况无致命，安得混拟？虽系一事，而原情据理，彼此轻重之间，各有应得之条，法固宜然，是又非一事而两律也。仍照原招，伏候宪裁。

## 一件窝赌打死人命事

看得郑而愚，乃子衿之刁讼者也。愚妹郑氏，出嫁梁巩为妻，巩父两任青毡，粗有余钱，因顺治六年，地方寇乱，将橐中之物，寄顿愚家，愚负前盟，藉口兵燹，尽归乌有，屡取成仇。及巩父死，浪荡无拘，曾与光棍裴之甫同场赌博。讵知祸缘相凑，于顺治十一年十一月十三日，巩妻郑氏，血产身亡，愚乃居为奇货，遂捏郑氏谏夫赌博

① 因原书缺『百四八』页，导致该则看语内容不全。

不从，被赌友裴之甫踢打致命，将甫及巩，具告本府。初发该县检审，赌博情真，人命事假，两造依律，各拟解府。再驳粮厅检审，三驳赵城检审，四驳浮山检审，俱与初招无异，案迹累累，于今已七载矣。梁巩怀愚负寄之嫌，兼抱诬告人命之隙，宿恨不销，乃置郑氏高搁未葬，又复流言，终图报复，而愚虑其不能相安，见妹尸未葬，故执前词，复耸宪台。殊不知妹死已经七载，检审已经四次，两造应得之罪，俱已律拟，尚得再执以为词耶？乃将七年结案之事，复行诬告，本应新例反坐，但梁巩七年之后，尚不葬妻，可谓寡恩之极，又欲复修旧怨，是自求祸也，均杖不枉。其郑氏之柩，勒令梁巩速葬，以断葛藤。裴之甫赌博之罪，俱在七年以前，旧案已坐，无容再拟。

## 一件人命事

覆看得景来来以索麦细故，殴逼景一柏负伤投井而死，累审情真，拟以威逼之条，诚无枉纵。伏蒙抚、按两院驳查，职仰遵细勘，一柏之于来来，实系缌麻服兄，其倏称服兄，倏称堂兄，盖缘证佐俱系乡愚，不明服制，随口答应之词也。然威逼之律例已定，又似不必再以服制亲疏中论耳。再审一柏身死之时，尸男景应积虽未目击，而干证景王王、何夫盛当场劝殴，随扶一柏归家，交与应积之妻，复尔逸出投井，始终明确，应积虽未目击，而得之其妇之言最真也。知父实非殴死，见来来拟戍，已足报其父仇，故不忍再扬父尸，盖亦出自天理良心之当然，诚非受贿而忘戴天之类也。仍照原招，毫无枉纵。

## 一件打死人命事

看得程壮，老黠也。因本族生员程尚位与乡民李如栴相讼冒籍告院，批发汾刑，将董元、董惠及壮侄程尚玉等告为干证，汾刑提审，该县差役宋宪殷押解赴质。行至冷泉关，俱暂歇于耿小毛店内，适董元往路旁眷属之家，措借盘钱，逾时不到，解役宋宪殷复往寻唤。讵知玉乃村野愚民，省工怕累，不愿往汾终讼，偶见原解不在，顿起逃心，渡河兔脱，远人不识水势，中流被溺而死，约地店主，俱所共见，当即禀县，捞尸相验，取结报府。壮以贪残老黠，意欲藉死居奇，先唆玉妇温氏告县，打诈未遂，复行耸宪。不思当日解汾审理之事，伊侄尚玉乃干证，非被犯也，解役需索，何自为词？况董元、董惠皆属词内，同行同解，俱未受索，而独向尚玉为难，此理之所不可信也。且以一孑然之解役，当众犯丛集之中，殴打一人，谁其容之？此又势之所不敢出也。尚玉凭河溺死，十目共睹，众口一词，程壮持以诬人，诚为法所不恕，依律反坐。

## 一件扛赌杀父事

看得刘鸣奇之父刘自有，原充平阳营标兵，拨防黑龙关汛地。有于三月二十四日，出往雪平庄收剪羊毛，数日不归，鸣奇心惊，遍寻无迹。于四月初四日，在于临汾县堧里地方，旷野山沟之内，觅得臂骨二根，盖被虎食而未尽之遗骸也，其全躯已俱葬虎腹矣，虎之不仁，于人何与？何物鸣奇，全无痛父之思，反生害人之计，拾来虎吻残肴，遂作诈财奇货，捏称扛赌谋命，架言移尸丢野，尽将椎鲁乡民，一并罩入网内。婪弁白某，为之申文，狡兵冯一旺，同声作证。更可恶者，又有老惫族衿刘某，插身重告。一唱众和，无不以乡民为鱼肉，人人思得一大嚼耳。夫刘自有不过一穷兵也，安得许多阿堵，既云赢银五十余两，何为又复拷立借卷？且刘荣等居然一蠢物也，不知有何神术，方才杀人而移尸，旋能唤虎而嚼骨，种种不经，殊为可笑！夫兵以卫民，弁以制兵，兽食兵而嫁祸于民，虎伤父而向人索命，乱法生奸，长此安穷？刘鸣奇既以诬告人命，又且恢张虚款，本应反坐，姑念父死，薄杖余辜。冯一旺附和作证，刘某插身滥事，分别各杖不枉。至若防弁白登豹，不能以礼止奸，反为申文请究，意欲何为？嗟乎，豹也猛于虎矣！俱应严饬，以安地方。

## 一件人命事

看得梁油子押解重犯史腾子，行至常村地面，日影未斜而透留不进。盖因见尸妇张七儿同在解内，希偷一夜之欢，顿忘千钧之累。淫兴难遏，未晚先投宿，恨不打落日头；贼眼最清，得空早抽身，遂已拨开生路。审是时也，油将腾子絷之维之，头悬梁而脚不点地，使陈长长受命看守。始与张七儿优焉游焉，挨着枕而快活连天，有李起威在旁窃听。自谓可永今夕，谁知忧来意外。陈长长抖搜精神，只支持得丑时三更，旋便睡魔岑寂。史腾子咬断绳索，便偷出他身边钥匙，即将肘锁捏开。及觉后而不见犯人，梁油子尚在云雨梦中，任呼不起；迨懊悔而埋怨同伴，史腾子已到昆仑山外，何处追求？既已纵脱重囚，自当身膺显法。但审据尸亲张七儿供称，当夜油子将犯人吊锁是实，脱逃之后，查点行李，而陈长长身边，被盗去盘缠银三钱。由此观之，则偷出钥匙之事，愈无伪矣。至于梁油子色胆既大，财心遂小，委因婪奸误事，不从受贿生心，此小人淫恶之情状，更显而易见者也。贿纵虽虚，疏虞莫逭。但史腾子尚未成招，分别配杖，县拟允协，腾子照议勒缉可也。

## 一件急救人命事

看得朱三长，乃无赖之残宗也。近因失业，挈其家室，与乡民张志德等同堡寄居。三长名下原有报部应纳宗价，该县催比紧急，本犯无力可支，离离如丧家之狗，蛇伏鼠窜，早出夜归。遗子千儿、达儿同其祖母，日守空庐，釜壁灶冷，骨肉怨望，贫惫之人，举动惰沓，欲汲而井无泉，欲炊而火无烟，相对皆凄凉之色，交谪尽忿戾之言，乐生之心既少，视死之意如归。于九月二十二日，母命二孙出汲为爨，千儿、达儿互相推委，千儿以长临幼，未免言词过激，达儿稚愚无知，遂尔不胜忿怒，即于是日逸出投井身死，举家莫知其向。及至逾月之后，乃于荒村井内，寻出尸首，此同堡百家，耳目昭然，即比邻二妪，见闻最确，虽欲嫁祸，安可得乎？三长穷而无赖，乃于冷灰拨火、井底兴波，以死儿为奇货足居，视邻人皆钱树可摇。先于县词，则指张志兴为凶手，今于道状，又称张志德为冤头，择肥而告，易词而出，子死不伤，而反因以为利，残忍无良，一至是乎。本应坐诬，姑念赤贫志短，母老子亡，举室流离，从宽决杖，以警刁愚。

## 一件乞究人命事

看得张进才与已死之张世荣，俱系临汾县斗秤牙行也。累年包侵商税，以致正税缺额，遂扯无干贫民杨僧子、张希孟等勒令私帮纳税，希孟不甘，具控本道。蒙批到职，审得张希孟、杨僧子等原系开卖蒸食之贫民，不过蝇头针尖之生活耳，县册从无纳税之例，当将同恶狡牙王加珍等审坐私帮拟杖，详允在案。查十一月二十六日，厅审之时，张世荣、张进才与王加珍，同在被犯之列，而世荣年逾六旬，风烛病躯，时适中酒不能对理，其子张重美顶名应审，重美入厅听审之时，世荣烂醉，僵卧于本府二门之外，当有经历谢应奎目击其状，呼之不醒，随令把东角门皂隶武国卿等扶出府门。及两造审毕，各归，时已初更，其子张重美见父昏迷不醒，守卧达旦，竟成大梦。次早有地方王金凤等具报本府及军、刑两厅，各批经历、照磨相验，具有无故结状缘由在案。狡侩张进才理屈负惭，迁怒无因，适见同犯张世荣之死，乘机泄忿，遂拨尸妻史氏飞控按台，进才插身作证，株连多人，居奇嫁祸。蒙批到职，覆发临汾县详加相验，所报无故，尸伤与府幕前具相单无异。夫府门法纪之地，岂容犯人私斗？若有喧哄，谁掩耳目？且世英醉僵之初，则有谢经历之目击；扶出之时，则有皂隶武国卿之口供；而既死之后，则又有经历、照磨之相验，衰老醉病，身死明白，于杨僧子等渺不相涉也。张进才不思私扯帮税已属违法，又图泄忿，节外生枝，但谓人命可以压人，不虑情虚适足累己，狡健唆讼，一杖余辜。尸妻史氏，希图烧埋，妄听诬告，本应反坐，姑念痴呆老妪，杖惩收赎。

## 一件人命事

看得杨二因射兔放炮，误杀师尚才，历勘情真，拟流非纵。止缘该州初招有『拉夫攫物』之语，而本犯亲供，又有『马踢狡饰』之词。且检伤两处相符，又更有一误再误之疑，所以屡致上台之驳查也。仰遵严行蒲州、临晋、猗氏公同详鞫，一一辩晰明白，招解到职，覆勘益知前后之疑情可悉解也。其『拉夫攫物』之说，是尸亲薛氏母子一偏之说也。州守恨二杀其部民，不暇详察，遽以入招。殊不知尸亲痛才被杀，以戴天之仇口，而作肤受之耸言，情理必至。及至事久情平，良心自露，未几而薛氏有息讼之情，师兴有祈恩之泣，不逾时而至矣。今薛氏虽死，而师兴尚在，妻匿夫怨，犹或有之，子爱父仇，世所必无，职谓薛氏之口，尚不若师兴之足据也。今询师兴攫取铺陈之说，实未目击，则前之为诬，而后之为确，已彰彰矣。至于杨二之先供马踢而后供误射，先为脱罪之狡饰，后为刑鞫之真情，此固不待智者而后知也。若夫致伤二处，围圆相符，迹若可疑。然其实则有分别，心坎有肉无骨，射伤止应青红，额角骨露皮薄，射伤必致破皮，此理更为明透。今查初检尸单，额角委系青红，并未破皮，则其为跌伤，又不待辩而可信矣。前招所谓『因射而仆，跌仆伤额』，始终若符合也。以上院驳，种种疑团，逐一勘破，合照误伤之罪，依律非纵。

## 一件谋死人命事

看得王再祥盖痴心浪子，小玉儿乃勾魂孽物，赵尔齐则打谎绰白之穷鬼也。玉儿之生，未离襁褓，即值饥荒，父母弃置于道旁，为优儿张安者，拾归以授老鸨郝芙蓉，遂手植为章台之柳，已二十七年矣。相缘并不知其有姓氏、父母也，非无姓氏、父母，盖道旁弃肉，自是无处觅原来路耳。一自与王再祥缠绵之后，方欲学鸯随鸡，因思指鹿为马，既忧老鸨居奇，又恐郎君乏钞。不知何故而恰有赵尔齐、段应举、李胤保等，一班穷神野鬼，招作蝶使蜂媒，一旦而俱来听命于王再祥也。段应举本无甥，而冒认玉儿为甥；赵尔齐本无妹，而冒认玉儿为妹；李胤保本无女，而冒认玉儿为女，改头换面，重见叠出，受再祥之嘱，帮玉儿之衬。孰知老鸨成精，张开毒眼，早已觑破机关；堪叹穷神倒运，枉费心机，弄出许多把戏。段应举见机而先还，赵尔齐恋场而唆讼。唯有老鳏李胤保，受再祥之贿独多，望玉儿之心更切，始则拼命以争，及至争之不得，方忧无以复再祥之命，而又惧其索既费之贿，心穷计拙，投缳自尽，此人命之所自来，而此案之始终颠末，固历历可考也。潞军厅初审各犯口供，胤保投缳情真，伤痕可据，似无别弊。潞粮厅再鞫，供语参差，遂生疑窦，两造称冤，纷纷叠控。蒙发到职，仰遵细勘，窃照人命大狱，首以伤痕为主。查李胤保始终尸格，项后八字不交，早已定自缢之铁案，原似不得深求者也。若夫『醉后谋勒』之说，众犯合口称冤，尸亲亦诉未有。且谋勒伤痕，绳头开花，必非八字冲天，此一定不易之理也。再查前招赵尔齐承认口供，内称『谋勒之时，李四在外把风，而王柱、旦娃子、贾维礼一同下手。』迨旦娃子、贾维礼承认口供，又谓『李四向后搂腿』，游移不合，情伪自见，而今则各犯乃翻然以为畏刑而妄认矣。然查本招内，亦未尝讳言『夹审』二字，则是夹审之词，固诚不可以为信狱也明矣。又讯宗慈和尚，与再祥、玉儿从无半面，今谓以漠不相干之僧，见漠不相干之人，薄暮敲门，动止可疑，遂欣然开门而揖之进，任其终宵杀人，曾不一过而窥焉者，无是理也。若谓曾亦知情，乃肯使众人宵遁，而己独坐受其殃者，又断断无是理也。今审茶棚去僧舍数百武，围墙曾不及肩，尸悬庙门，而门钥如故，此为胤保之私自逸入无疑也。又查招内所载『尸旁石碑灰书』字样，乃曰『王三爷人因郝玉儿死』九字，细绎字义，其曰『王三爷人』者，盖胤保自谓己乃王再祥招来冒认玉儿之人也；其曰『因郝玉儿死』者，盖谓冒认之计不成，无以谢再祥，不得已而自缢，故归怨于郝玉儿之词也。此明系胤保投缳之时，书此以志其求死之故，虽三尺童子，一见而了然者也。今乃必谓赵尔齐所书，不唯事属无据，亦且词义难解。将谓尔齐代胤保书也，则正宜摭他事以相掩饰，岂有身在局中，乃反自记其来历，使人寻踪而觅迹也？有是理乎？此又不待智者而后知其为荒唐之甚矣。又审贾维礼、旦娃子，椎鲁稚愚，既非帮闲撮趣之才，又不在偷寒送暖之例，止缘家主乃系再祥居停，遂而为尔齐妄报，此又诬中之诬，而冤内之冤者也。至若王柱，则系老鸨反目之戏伴，李四则系再祥跟随之旗丁，乐清则系祥兄旧治之书办。但责诸人以再祥之迷荡而莫之劝阻，彼固无辞，若欲按以助虐谋害，则究竟终无一确据者也。总之，此一案也，王再祥以荒淫而胎祸，小玉儿以狐媚而兴妖，赵尔齐以鬼缠依诱而成人之过，厥罪维均，杖无差等。查再祥乃系旗丁，自有旗下之法，未便拟杖，仍应速勒归旗，无使久恋地方，再致多事。若夫逐利轻生之李胤保，自缢既明，与人无涉。但王再祥既能招之使来，何不麾之使去，止因狐裘不得，遂使狗盗空惭，终成触藩之势，乃寻自尽之策，祥酿之也，断令烧埋，亦不为枉。小玉儿拾自道旁，自非买良者比，断令郝芙蓉当官领价，然后听其另配从良，亦不得仍令再祥牵缠，以滋藤葛。余皆无辜，俱应释放。

## 一件人命事

看得宋居隆与宋三让，虽是素有微嫌，然而隆与让子缵殷之卒然相遇于井上也，俱因挑水而来，非因修怨而来也明矣。居隆忽然语及三让日前骂詈之事，此盖小人琐碎劳刀之状，不觉勃勃欲吐，对其子而讪其父，以自舒其不平之气耳，亦非以此为挑衅之由也明矣。迨至缵殷凭其少年暴戾之性，先伤居隆之脑，以致隆不能禁担，械横施旋，又呼其子弟，群起而助之，遂毙殷命。观此始终情景，实是变生仓卒，原不可谓故杀、谋杀者也。居隆缳抵，前招非纵。唯是宋居旺拟以元谋助殴之罪，极口称冤。诉谓原无铁尺伤痕，乃系畏刑妄认，即今追出之铁尺，亦非当场助殴之器。止因首犯脱逃，而旺独被获，遂先撄其锋耳。细按初检尸格，其所谓铁器伤痕，斜长阔狭之分寸参差不齐，尽与木棒，无可辨别。夫铁尺之为物也，粗不盈指，断无有阔至三寸五分之理。迨讯仵作马化龙，亦支吾而无词以对，则居旺称冤之说，有自来矣。再查长治县初审三让口供，亦曰若使居旺偿命，此心实是不忍，则尸亲之天理良心，早已情见乎词，初招如山，未可诬也。夫所谓元谋者，谓其谋自己出者也。隆、殷之斗，祸出俄顷，原非旺所及谋。即谓旺不应从兄助殴，然致死之伤，不自手出，则亦谓之助殴之余人已耳。但人命重狱，应否改拟，未敢擅专，必须仍发本属，勘明铁尺凶器伤痕不符之故，始成信狱。

## 一件井死人命事

看得崔全凤，凶之极、狡之至也。借从奇银四两不偿，嗔奇讨取，夜登奇门，诱至毙命，丢尸井中，早已揉一从奇投井之说，以为脱抵之地矣。殊不知奇尸二十九处之棍伤，岂井中有人击之者耶？更可恨者，寻知抵不可漏，旋将击毙从奇之棍，转而击之若矣。折其左股，未及死，又从而绳勒之，早已揉一两人斗毙之说，以为他日混赖之地矣。殊不知从奇既已入井，岂入井之后，复能出而击人耶？又岂入井之先，预知击之若不能死，而先备一绳以勒之耶？此等举动，在全凤以为极巧，而不知掩耳盗铃之策，只可自欺，不可欺人者也。更可恨者，其素日穷凶极悍之气，型于家，信于乡党，足以慑人而有余。以致临审之际，能令若主含糊而不敢证，能令义子忍死而不敢推。遂致荣河县初招，竟以之若为凤作周肩，而全凤为杀人元凶，反得以一戍而保其天年。之若之代抵，固不足惜，而全凤之躲闪，竟无见者，不几使千年老狐，自谓掩身有术，而两地碧血，几至亘古不销，天下固有如此之天理、王法乎？本厅几番驳勘，真情始出，各县数次会审，信狱方成。乃知初而借从奇之银，为贻祸之首者，崔全凤也。继而率其子登门辱骂诱致从奇者，崔全凤也。始而与崔之若同行共殴而持棍下手独先者，崔全凤也。继而与之若抬尸丢井，旋即执所击从奇之棍，转而击之若者，崔全凤也。终而折伤之若之左股，见若不死，复用绳勒之，而将欲必致其死者，皆崔全凤也。众证质明，凤始伏辜，故杀斩抵，毫无疑窦。崔之若同行共殴，崔相狗虽未加功，亦复知情，分别流、杖，俱为允协。

## 前件附一驳

查崔之若父子打死张从奇，抬尸丢井，荣河县初审，伤痕鳞鳞，口供凿凿，问拟抵填，不为无据。万泉再审，各犯遂尔改供，附会图脱，遽从轻拟。夫人命必以伤痕为准，使从奇果非打死，则二十九处之棍伤，何自而来乎？若谓自投井中，则初检手中，何以无泥沙也？若谓五百尺之深井，从上坠下，挨擦磕跌必死是矣，又何以检单磕伤止有一处？丢井之与投井，相去悬殊，未辩确据，而顿为移易可乎？再查荣河初审崔全凤口供，谓『张从奇又复来骂，崔之若打他』等语，是则似之若忿激生于一时，非故杀也。果如是，则应从斗殴之律，而乃拟斩抵，得无失之太苛乎？万泉再审薛之英口供，又谓『崔之若上街叫骂，然后从奇出应。』是又似之若挑衅诱致，实类故杀，而反拟遣戍，得无失之太纵乎？一斩一戍，相去悬殊，又安得未辩确据而顿为移易也？夫苛与纵，均非法之平矣。又查薛之英初供，与从奇系中表兄弟，后供为同胞兄弟。崔全凤初供，与之若为螟蛉之子，后供为亲生之子。苦主视死尸为膜外而不愿成招，义父视养子为路人而勒之抵命，倏疏倏亲，俱有隐情，是又安得不辩确据而一任其移易也？至于全凤打勒之若，见之者，薛挨门也，挨门亦宜到官。以上各情，俱难草草，仰临晋县会同荣河县虚公检审，无苛无纵，叙供务期得情，拟罪务期合律，十日内，妥招速报。

## 前件附再驳

据详崔之若、崔全凤打死张从奇，抬尸丢井，故累检指无泥沙，而二十九处棍伤，凿凿有据，抵填是矣。但审借债者，乃全凤也。今因从奇索取，故行殴打，其意本出于全凤胸中，之若为全凤养子，贱同奴仆，初而欲其殴人，则可麾之使前，继而欲其抵命，则可勒之使死，观此行径，是不过一唯命是听，生死皆操纵于他人之手者耳。今勒而未死之养子，终而代若抵命，而元谋造意之全凤，反得从轻减流，之若果否瞑目，全凤有无得计，持法者可不究及幽隐也？至于尸亲薛之英，初招甚确，继乃游移，于中有无贿和情弊，事关重案，难容草率，仰荣河县再一虚公严勘，妥招速报，缴。

## 一件举首人命事

看得晋福身不满三尺，而凶恶则有万状。于九月二十九日之薄暮，与刘闰同饮市中，福出烟袋一枝，委闰修整，闰辞不能，语言相拂，遂逢其怒，立出腰间裤刀扎闰中膊，闰避其锋，而奔往别处，福乃逐闰而径抵其家，索闰甚急，闰母不知来历，误出撄锋，立毙刃下。三检伤真证确，斩抵毫无疑窦。唯是藉口醉后，希图狡饰，详审晋福饮所，去闰家一里有余，是日即与闰同沽，席亦未终，饮亦未醉，操刃于市，杀人未及死，旋又奔往一里之外，诱其母而杀之，天下岂有如是之醉汉乎？狂药之辩，不足听也。刘闰虽与福饮，不料祸及其母，事起仓卒，无容深究。襄陵检审甚悉，合依照转。

## 前件

覆看得晋福凶杀刘闰之母，驳勘再三，斩无疑窦。唯是必究闰、福同饮修袋之来历，以定闰之应议与否，诚详慎之至也。仰遵再勘，是日福、闰偶饮市中，福以烟袋损坏，偶于席上举属闰修，闰辞不能，遂触福怒，闰见福颜色不善，随举手中之觞，进酒称谢。不意福怒不可解，遂不受觞，且抽刀以相向也。闰不及避，负伤而逃，福追不得，而祸延其母，此即一时起衅，杀人之情状来历也。总之，于闰无罪也，原招照转，不必再议

## 一件杀死夫命事

看得李进平嫌妻痴丑，屡谋离异，而为妻父郭永贵所阻，遂怀杀贵之心。于元年六月十三日薄暮，觇贵夫妇，

归自桃园，进平阴探而尾之，邀杀于路，先用镰砍，后用棍击，永贵重伤抬归，三日身死。贵妻陈氏，并被镰砍，几致殒命。以婿杀翁，凶逆异常，伤证皆确，律斩恨晚。其兄李进岗，原未同行。盖缘尸妻陈氏伤心切骨，未免迁怒，因而波连，今已情平论定，后供更为可据。但素知其弟有嫌妻怨岳之情，不能劝阻，改杖不枉。至于父母生女，愿其有家，既嫁之后，留之何为？止缘进平嫌妻屡归而不纳耳，非永贵之不放归也。详审进平杀岳之日，郭氏不在母家，凶人狡说，不必致辩。

## 一件乞究人命事

看得丁国安、丁国庆皆灵石县人，安业农于灵石，庆业巫于介休，鳏巫在外，贫苦难支，屡作怨天尤人之语，毫无乐生安命之心，邻人劝之，非一日矣。忽于腊月初六，自外赛神，沉醉而归，竟于中宵闭门自缢。业巫者近鬼，嗜酒者近狂，无足怪也。邻人董用禄及邻娼金苏儿等次早惊觉，旋即禀于县官，又复走知国安，业于当时验明无故，已就窨矣。小人贪健，乃于逾月之后，又出耸告。只因娼良同居，故以争嫖为词。及拘庭鞫，但见董用禄既已鹑衣鹄面，而白大姐又是牛鬼蛇神，争嫖之说，殊甚疑之。且问其与庆同居，曰数年矣，不闻其有争也。即问安以所争之指据，又复茫无一词，牵连打诈，思过半矣。职以人命重情，且事关两属，难容悬揣，随行灵、介印官公同检鞫。据详绳痕侵耳，外无他故，自缢情真，诬告已确，具由前来，职审无异。丁国安本应反坐，姑念赤贫无赖，兄死未归，决杖薄惩，责令搬尸掩埋可也。

## 一件打死女命事

看得袁来福之与郝昌，昔时同充河津县役。于顺治初年，昌以事犯问拟未结，解赴府审，而福即解役也。昌于中途脱逃，累福代禁顶罪，后逢赦宥，福始释，昌始归，未免以代累之故，德色自矜，非一日、非一端也。及今而福且瞽矣，夫妇无依，行乞于市，逐日向昌，无厌求索，昌倦于施而不之应，拂意怨望，遂捏女命冒籍诬控，并昌子郝根盛、盛岳崔永祯一网罩入。迨问所谓女命者，福乃自供病死，去今已三载矣。恃其瞽废，满口不稽，可恨极矣。本应反坐，但无目乞丐，年逾七十，法无可加，相应逐释，以示哀此茕独之意可也。

## 一件威逼人命事

看得张秀，老婆奴、睡梦汉也。久客于外，而遗其母与妻，寂寞在家，一旦以菽水不欢，母遂投井自尽，秀归不能诘治其妻，而且纷纷波及于局外无干之人，一控李某于县，再控王某于府，三控闫某于道，不唯朝张暮李，更复指东骂西，诚不知其何所见而云然也。据称原典沈屋三间，沈氏乘其身外，而逼其母、妻找价，致母投井。果如是，则当专攻沈矣，又舍沈而告李与王者何为？又称其母揭债买屋之后，沈又以其屋另售于李民，民逼母出屋，致其自尽。果如是，则又当攻民矣，又舍李民而告闫者何为也？迨问秀以伊母揭银之债主，与找价之中亲，及代笔立欠之姓氏，秀总不能指一人以应也。嗟乎，秀独不思母若妻之在家也，姑媳相依，理宜共命，倘使其姑即不得已而有轻生求死之事，为人媳者，即当舍身护持，百计劝解，何至坐被他人逼抑，疾视其死而不之救，此其媳为何如媳也？秀乃听其十丈之长舌，而一一归狱于他人耶？揣秀之意，非欲为其母鸣投井之冤也，不过欲为其妻脱不孝之名耳，老婆奴，真睡梦汉也。且也，一饭失欢，断无轻生自尽之理，中冓①之言，伤心之事，或亦有仁人君子之所不忍究诘者乎？县审得情，毫无枉屈。

① 原文为『篝』，今更为『冓』。

## 一件苦死人命事

看得郭应全继母王氏，于应全父死之后，与其携来之子郭应喜同谋归宗，应全阻之，母以死誓，族人郭邦运等劝全从母以免祸，全必不听。一日全外，应喜母子果席卷家赀而去，全妻阻而不得，全归怒责其妻，谓其不出死力也，妻屈，自缢。全复迁怒于邦运诸人矣，又谓其向曾劝己而从母也。噫，应全不幸而遭此毒悍之继母，情固可怜。然母去而迁怒于妻，妻死而迁怒于族，则悖甚矣。本应反坐，姑念妻死家破，姑免究。

## 一件活杀人命事

看得荆五以猗氏之人，佣工于河津地方，浪游趁食，亦无定主。于某日到樊村市上，偶得疔疮急症，死于市人任弘禄之门首，地方任福寿等当报本县，县委典史相明暂掩，仍令标示姓名，以招尸亲寻觅，亦可谓详慎之至矣。奁员荆振胆听狡徒荆炳鼻牵，觇知荆五曾受佣于任天衢之家，冒认尸亲，居奇党诈，问官不察，草率究拟。殊不知从未闻有谋死人命，复肯报之于官，标示其尸，以俟人踪迹者也。累勘昭雪，无复疑议。蒙宪慎重，批求实据，以屈其心，遵调原卷，再发临汾县眼同振三面细检，果称遍身并无一处入骨致命伤痕，乃知前之所谓伤痕者，皆滚跌挨擦所致，在皮不在骨也。前之所谓报伤者，皆从皮肤相验，非检也。到职覆审，振始俯首乞恕。嗟乎，以病死之人命，不问来历，诬及无干，罪已莫逭，又敢倔强狡辩，死尸何罪，致暴数次，此恶不胜诛矣。或念所诈未遂，姑从县招。

## 一件谋杀人命事

看得郭奇瞻有父手义男段小柱者，身后犹遗一女，其妻脱氏私聘与郭养宽之子郭乱娃为妻，奇瞻恶其未闻于己，遂攻养宽于捕衙。宽父郭万胜者，挟尊恃老，日登奇瞻之门，拼命撒泼，族众劝归，旋于黑夜，径自刎于奇瞻门外。该县申详道府，招引威逼，将瞻拟戍，瞻不服辜，故复控本院也。夫义男之女，私聘他人，主人禀闻于典史，典史候命于堂官。为养宽父子计者，合宜静听审理，为何使耄年朽父，登门求死，倔强不驯，概可想矣。查县招拟瞻之意，盖谓万胜自刎刀痕之外，尚有拳伤二处。今据奇瞻冤诉，已与万胜并未交手，心腕拳伤，乃系万胜搥胸所至，刑究各证，亦无眼见交手之人。然以情理揆之，胜乃七旬枯朽，汹涌到门，来意原自不善，瞻虽愚，必无轻犯其锋之理。即就县招尸格而论拳伤二处，一在腮颊，未必致命，一在心腕。夫老汉撒泼之状，搥胸跌足，势所必至。苟使此伤致命，必在立刻，又安能走归其家，待至夜间，复能出而自刎于人之门外也？夫持刀自刎，命随刀尽，乃不以刀为致命之由，而又归罪于心腕之拳伤，何舍重而论轻也？且所谓威逼之说，抑有辩焉。假使奇瞻登万胜之门，而逼之自尽，是威逼也。今万胜登奇瞻之门，始而撒泼，再而自刎，是明欲拼一风烛之残喘，为儿孙作奇货耳，谓之图赖可也，谓之威逼不可也。且更可恨者，审万胜自刎之夜，其次子郭养宠，及其孙郭乱娃，俱在家中，乃坐视其祖若父，以命予人，而不之惜，此情尚可问乎？即曰是夜睡熟，祸出不意，然忿激之后，不行防护，是亦非孝子顺孙也。郭奇瞻苛责小过，致胎祸端，一杖不枉。郭养宠、郭乱娃疾视祖、父之死而不顾，决责余辜。郭养宽是日在官，不知父刎之故，应免拟。郭万胜登门自刎，实属图赖，不准断给，以长刁风。小柱之女段氏既已许聘，免其离异。

## 一件劫杀人命事

看得石国贤之死也，非仇杀，乃盗耳。究仇杀者，必先究其人素所有仇之处。今查石光英之初词也，光英曰：『杨加福与贤连襟，两人各娶郭尚信之女，国贤妻死，郭尚信将其妆奁，移嫁次女于福，以是为仇，故疑之也。』今审国贤之妻，已死十五年矣，郭尚信并无移奁相怨之事。假有是事也，岂十五年以来，曾不闻一毫语言雀角之犯，而十五年以后，卒然断其喉而抉其目，无是理也。英又曰：『贤于未死之前，一日晨兴，而往醉饱于杨加福之家，薄暮而归，假宿于杨得春之店，以是而疑之也。』夫果使有仇怨也，福虽邀贤，贤必不入，既果入而醉饱矣，是相得益欢者之所为也，又何仇怨之有？言之不伦，无过是矣。再审贤家去洪洞驮米之所，不满二十里，些小负贩，早出暮归，从无假宿村店之事。以上所指之二人，皆光英初词之妄也。迨继而又诬邢一起等，光英曰：『邢一起，屠夫也。屠夫有刀，有刀者可以杀人，故疑之。』近呓语矣。若夫词内其余诸人，非本村之乡约、地邻，即本市之菜佣、酒保，小人贪狡，意在网罗，满纸葛藤，殊为可恶。除此而外，再问光英，则曰并无仇家在矣。大约石国贤乃村庄小民，往来不出里闬之外，积贮不过铢黍之物，耕而食，凿而饮，日中而市，与人无争也，亦安所得有杀身之怨毒在人耶？此必市上交易之后，所得些须，在于侪人杂沓之中，失于深藏，为暴客匪类所物色，薄暮而归，尾而随之，及之荒村旷野之中，杀人于货，无疑也。断其喉、抉其目者，欲使公私捕缉，疑为仇，不疑为盗，此狡毒之故智也。累审词内诸人，毫无疑似，速应释放，免累无辜。石光英姑念侄死，免其反坐。严行临、浮两县，另缉真凶可也。

## 一件因奸杀命事

看得王毓真，昔为买笑村郎，今成健讼穷鬼。于顺治十六年，窃其妻财，追欢柳巷，遂酿脱辐之嫌，竟致鼓盆之祸。缘与乔国幹者共走平康，曾有醋意，毓真遂指妻命，诬幹于巡东道，初批粮厅检审，再驳职覆勘。妻由妒而服毒，夫坐诬以招回，自亥讫卯，结案五年。近因干喉新怨，复理雀角旧词。殊不知事已生尘，卷犹有墨，虽欲竹节生枝，终是葫芦画样。仍当决杖，以警无情。

## 一件谋杀人命事

看得温寓亮与温寓严，乃正堂兄弟。于今元旦，寓亮嗔严不与其母贺岁，遂据公井而不与严汲，阋墙之斗见于井上。适次日而亮之女孺以病殇焉，于井上之斗无与也。亮遂藉以为词，丧良弃亲，况也永叹。本应反坐，对质之下，亮先叩头流血，自诉其过，念其兄弟天性，且守南道已经审明责逐，相应免拟。

## 一件借尸剿杀事

看得王国维之孀嫂陈氏，夫死不度，将其居窑之门枋窗板零星拆卖，王之秀乃受主也。国维拦阻，陈以死对，亦万不得已耳。一日维外，其妻复与陈角，为陈所窘辱，遂而自经，维乃归狱于秀也。嗟乎，苦节之妇，众情所矜，维有孀嫂而不能恤，且纵其妇与之角也，何忍如之？妇斗而经，复以尤人，悍横甚矣。妻令掩埋，罪当决杖。

## 一件人命事

看得李世亮，老悖凶愚，莫可名状，与李挺、李养泰、李养育等聚族而居。一日清算粮里，众皆醵饮烂醉，养泰怀私心而欲揹余钱，李挺假急公而执言仗义，二人倡先首斗，与世亮、养育俱无涉也。夫何养育，救护养泰，插身向前，不意世亮左袒，李挺奋臂而起，遂夺李庙娃手中挑水扁担，击育致命。于是斗者未死，而救斗者死矣；斗者尚未杀人，而救斗者且杀人矣，殊可笑也。县审世亮担伤，多在脑额，致命独急，李挺柴伤，俱在身背，致命稍缓，以此分别首从绞流，诚为允协。至于诸犯服制已绝，叙明口供，无可疑义。

## 一件人命事

看得卫知生与崔应龙等，同议公事，共饮市肆，不唯毫无猜疑，亦且相得欢甚。夫何于酒阑人散之时，龙子崔光荣忽出骂座，是构祸之始，曲固不在卫矣。知生以少不更事，独撄光荣之锋，应龙以老而撒泼，拚作知生之对。方是时也，扭知生者，应龙也；逐知生者，光荣也。父以老朽在前，子以悍丁在后，为知生计，势固窘而穷矣，拾砖以抵，为求脱计，非为殴人计，此情景了然在目者也。临汾初招，谓『虽检有四伤，而原情揆理，与斗殴者有间』，此至当不易之论也。太、襄两鞫，各出矜疑，而光荣又曾有乞全亲骨之请，盖亦知曲固在己，而良心偶现之一端也。县引过失，允协非纵。至于崔光荣续控关友平者，案后枝节，意在株连，殊为可恶，应置不论，以绝觊觎。

## 一件地方人命事

看得张法法因王耀子赌博，而致母死其手，罪不容诛，诚如宪驳。然职庭讯，乃知事固可恨，而情则甚可悯者，此类是也。夫所谓法法者，问其人，则不满三尺，而尫羸似鬼；问其年，则今岁甫出幼稚，而痴蠢如猪；问其所业，则受募为夜巡，而代人敲梆打锣，逐日不过得工钱一分，而行径近于乞丐。由此观之，大非赌博场中之利器也。问其与王耀子赌博之事，则非呼卢喝白也，纸叶耳，其志不过在杯酒片肴之需也。问其与王耀子赌博之物，则非家无担石而一掷十万也，曰摩顶放踵，止有敝襦破裤，共得五年，被耀子尽仅脱去。由此观之，大非赌博场中之利器也。直谓之被强人所骗之乞丐可耳，安得谓之赌博之人也？然则赌博之罪，非所以律乞丐者也，更非所以律受骗之乞丐者也，又不必论及于有新例否也。若其母死之故，亦有说焉。王氏，窘妇也，为子索衣，触人太急。耀子，凶徒也，暴起一时，死不旋踵。杀王氏并杀救王氏者，而即自杀，此其事，皆在人情物理之外，非意想所能及者也。若曰法法虽未弑母，而母由法法以死，亦犹赵盾弑其君之例也，此春秋诛意之法也，不足为痴儿蠢子道也。然则法法无罪乎？若法法者，投之有畀，投之豺虎，亦不受，亦不食者也。曰枷之责之，以乞丐之罪治之可耳，赌博不孝，非其律也。若王小驴者，乃法法之母族也，有披发缨冠之义焉。何耀子之匕首，亦中其身，且并及其母，其母之不死者，幸也。倘死矣，则王小驴不几又以救人之故而杀其母乎？故曰耀子之凶，诚在人情物理之外，非意想之所能及者也，故法法可不坐母死之罪也。若王氏所禀之王发财，残废一足，解奉山旅食未久，或与法法有隙，亦未可知。但观其状貌行径，实皆非赌博场中之利器也。法母虽云禀官，亦无只字在案，又无当场捉获赃证，赌博之罪，实难悬坐，逐释可也。

## 一件横杀人命事

看得郭韫玉偶出探亲，遗妻吕氏在家孤处，被邻人张宗文入室调奸，吕拒不从，声震室外。忽有恶少龚丕宗者，适过其门，遂通玉子郭囔军同入捉奸，捆绑宗文，复使人趋报韫玉，韫玉归家，不问来历，顿将宗文殴死，已犯擅杀之条，旋将其妻吕氏毙于隔朝，意图抵笮。累审伤真证确，以擅杀奸夫之罪轻，而故杀节妻之罪重，依律拟抵，夫复何辞？独是枭子郭囔军，不恸贞母之受辱而乐扬其事，坐使暴父之杀妻而袖手以观，诚为人所难解。何物恶少龚丕宗，非应捉奸之人，乃独殷勤共事，始终帮焰助虐，以致毙人两命，不知意实何为？初审曾未究及，今鞫始无遗义，临汾县均坐元谋，于法允协。丕宗之父龚畴，审不知情，应置不论。吕氏幼子郭三娃，痛母被杀，而怨其父兄，固是孩提之赤心，尚属乳臭之黄口，所供葛藤，原无凭信。张国祯父死于淫，而韫玉一家，妻毙夫填，子复杖配，亦几无噍类矣，又何得再藉三娃之言，而妄生枝节也？

## 一件人命事

看得相君强之死，诚当以相自旺为祸首，而杨朝宰、杨廷楠等实皆共殴加功之余人耳。盖缘自旺、君强聚麀争妓，早怀嫌隙，偶与朝宰等同酌市肆，因衅相角，自旺酒发忿增，恃兵狂逞，先将君强剧殴，朝宰等一班醉汉，助焰帮虐，并力合攻，遂使君强径毙当下，乡约甫行出首，自旺早已脱逃，唯朝宰、廷楠等捉获到县。苦主以元凶不在，急寻抵命之人，不得不咬定现在者，指为首恶。县官以苦主迫切，欲结偿填之案，不得不姑就所告者，刻意追求。受刑之犯人，求缓目前之死，唯唯招承；在旁之干证，方畏及身之刑，略略指点。朝宰、廷楠，一绞一戍，早似无疑情矣。前蒙宪批，以为未分各犯之凶器，不辩下手之先后，遽定大狱，终存疑窦，诚可谓洞烛隐微矣。职仰遵仍发该县检审，虽执原案，已露破绽。再驳襄陵细鞫，尽为洗发，始得真情，详解到职，职严讯，乃知争娼挑衅，祸实酝酿于自旺一人，加功助殴，事遂凑合于朝宰数犯，自旺下手独先，畏罪独重，脱逃独早，朝宰等不虞顶罪，辄先到官，遂尔受刑。细阅安邑县初审口供，即有『相自旺打死了人，就远逃了，小的们替他受罪』等语载在案内，则是初审之官，亦未尝以自旺杀人之情，因其脱逃而一概抹杀也。伏查法曰：『凡三五人打死人命，当以先下手者坐绞，次下手者流，后下手者杖』，此一定不易之论也。此案自旺先殴杀人，即刻早逃，合俟获到之日，正其应得之罪。今现在之杨朝宰、杨廷楠，照依为次下手之罪，按例流徒。杨廷甫、员际遇，应照余人各杖。庶尸亲得免拖累之泣，罪犯亦无展辩之端，情法为允协矣。

## 一件谋杀绝孤事

看得郝自胜与孙学子，比闾同井，出入偶耕，不唯素无猜嫌，亦且甚相和睦，一旦因旱争灌，偶尔两相争触，学子受伤，竟置殒命，历检致命有因，绞填似乎不枉。但细阅原招初情，自胜、学子相遇于观音堂前，学子自脱其鞋，先抵自胜，自胜即夺其鞋，还而抵之，故左右耳窍，致命俱鞋伤也。夫鞋，绵软之物也，必不致命，其理易明。果据安邑县检，谓两耳溃烂，伤未彻骨，此其符矣。肾囊一伤，亦今检复无故，则所谓致命者，唯胸坎及两胁之拳伤而已。本厅刑鞫，自胜坚称学子相嚷之时，倚病撒泼，揕胸跌足，遍地滚磕，胸胁拳伤，实彼自揕所致。初听其言，一似狡饰，及查夏县初招证佐张资泰口供，即曰『学子倒在地下，滚了两滚死了。』又查累检尸格，磕跌俱多，则其所谓『揕胸跌足，遍地滚磕』之说，早已历历在案而有据矣。而自胜之殴学子，止有左右耳窍，鞋打两伤，是其亲手过犯，今检既未彻骨，实难坐以抵填。况学子脸黄带病，历审情真，病躯鸡筋，磕跌既重，命尽由此。但自胜曾用鞋击，虽未致命，亦是交手，合引新例，断给重杖，诚足蔽辜。

## 一件连杀二命事

看得靳崇雅自幼豢养于靳勃之家，长而为之娶妇，为之谋生，情谊笃而名分定矣，父子之间，素无嫌隙，则崇雅无害勃之心，亦可概见也。何物淫勃，为此兽行，举数十年秩然之恩义，而一旦自委之于沟壑耶？勃乃径入崇雅之室，遂聚麀于房中，雅实不知淫勃之来，适窃听于门外，始则唯闻房中有声，初不知为谁人，继而不觉心上生火，遑暇问其何物，但见勃之出也，将扬长而去矣，讵意雅之伺乎？遂率尔而毙之。计此时也，使崇雅知为勃而杀之，非杀勃也，是弑父也，当从弑父之律。今崇雅不知为勃而杀之，非杀勃也，是杀奸也，当从杀奸之律。伏读宪批，谓『雇工人无故杀家长者，斩。今因奸而杀之，与无故者不同。虽然，是亦杀家长矣。』但崇雅之或可幸免于一斩者，不在无故，而唯在不知耳。合引『雇工人杀家长者，斩；过失杀者，减二等』之例，似足蔽辜。查此案本犯自供始末甚明，其母王氏言奸甚悉，余犯俱无与焉，应免随招，以省拖累。

## 一件打死夫命事

看得李世亮与李挺共殴李养育致死，三检相符，绞、流各协。只因李挺原拟杖、流，今拟准徒，致烦宪驳。窃查殴律必究下手先后，分别绞、流者，为一死一生之罪，盖一命一填之意也。今审李挺，年近六旬，淹淹待毙，若流三千，终同一死，不几一命而两抵乎？以流准徒，原是本律，虽有远近之分，实无轻重之异，但几幸于不填长途之沟壑耳。前招非枉，仍候宪裁。

## 一件打死人命事

看得吉进强与段如敬，比窑而居，素不相睦。强兄吉进表七十而瞽，行乞于市，一日暮归而殍死路旁，去如敬窑门不远，进强藉以为词，曾禀于县，县提相验，乃系病死老丐，将强朴责，着令掩埋。阅两月之后，而强与如敬因争磨房石条未得，如敬先将进强告赴臬司，致强不甘，遂复举前说以上控本院也。指殍死之瞽兄，报针尖之小怨，县议反坐，固亦不枉。然如敬不应于事后复控，进强不得已而应之，似与无故诬告者不同。职覆审之下，见强赤贫鳏夫，兼亦风烛残年，倘再发驿，势必与其殍兄联芳而接武矣，姑从决杖，以哀茕独。段如敬多事挑衅，并杖。

# 第三册

## 卷二　强盗

祥刑遗范

平阳府推官戊戌科二甲进士豫章新昌毛逵撰稿

### 一件衙蠹掳妻贿贼谋杀事

看得杨之贵，系火劫强盗、当阵捉获之人，一斩至今已晚。郭养教、郝进朝、杨福、杨进，三盗一窝，皆系之贵亲扳，初招自确，骈斩原无疑窦。然所以至今摇摇者，止因狡窝杨进巧思脱卸，掇母李氏以『异常衙蠹，霸妻为妾，贿贼谋杀』一纸虚词，掣批中分司一审之后，欲认霸妻为实，不得不以窝盗为虚，遂使从前如山之铁案，一旦涣若冰泮，而致令阵擒亲扳之大盗，且嚣然群起而逞辩矣。于是波累株连，纷纷反坐，致被盗之失主与捕盗之原差，几无死所。初阅王公胜霸妻一案，见其恶迹，盈篇累牍，稍有人心，无不发指，以为公胜死有余辜矣。及潜心细鞫，疑窦种种，乃知前说如醉如梦，有大堪诧异者。夫辨杨进之窝盗与否，直一言而决耳。使杨之贵与杨进，若原系不相识之人，一旦扳扯入案，则为公胜之指点无疑。据进亲供，之贵自顺治十五年四月初五日起，佣工于进之家，至十六年正月二十一日，始辞进而去，则之贵主于进家已十阅月，其为旧相识也明矣。使之贵非盗则已，之贵而果盗也，则岂有在进之家遂不为盗，而甫出进门，曾未数日，即明火劫杀，有是理乎？且查之贵原供盗偷月马村染坊，十五年十二月内事，则是在杨进家时事也，进之为窝，又复何辞？且审杨进卖妻之后，仍归安邑，王公胜与李大道同居解州车盘村，相去九十余里，之贵虽出进门，实仍在安邑也。其素与解州王公胜所居之处，既非熟游之地，一旦行劫不往别处，而遽至公胜之家，似特为进报仇而来者，李大道不过池鱼之殃耳。即欲云非进使之，而何以瓜李之嫌，适相凑合之如斯也？今之为进解者，则曰公胜霸进之妻，必欲杀进，机乘擒获之贵之时，非刑拷打，挟令诬陷。细审之贵之被擒也，当时合村练总、乡约阵获一盗，如获异宝，即时解州报功，喜且不暇，宁肯以众人共获之贼，独交公胜，任其拷打，然后送官，谁复许之？即使公胜与杨进有仇，岂合乡之人，皆与进有仇乎？练总薛次、乡约李成德当场擒贼、送贼之人，肉口现在，安得以之贵案后支离之言，执一不可知之指甲，引以为据，遂相从吠影而吠声耶？且细看之贵十指，并无伤痕可验。总之，之贵为狱中死犯，与杨进朝夕同处，商量展脱，同声附和，此不待辨而明者也。又云禁子昝世宁曾为公胜密嘱耽进，以世宁不行而止。及严鞫世宁，则又并无此说，疑鬼疑神，诚不知此言何自而来也。既无钉指之事，又无进耽之说，而合乡擒贼之人，一一现在，之贵去就之迹，历历可考。之贵既系真盗，杨进明系真窝，之贵虽百口，亦不能为进反覆，进虽百口，亦不能为进支吾也。且审当日杨进未获之时，先获进叔杨秉贤父子，及进已获，而本乡邻佑数十余人奔至解州，但愿保秉贤父子，而自陈不敢保进，保状见存。即今日秉贤口供，仍自称不敢为进讳窝。虽有法外之仁政，亦将何地以为进安身之所乎？至若郭养教、郝进朝，与之贵系同乡同盗，行止相随，初招明确。而杨福则又为杀人案贼，数县躧缉，印批现在。五盗一窝，骈斩不枉。王公胜于顺治二年，因荒图贱，收买进妻张氏，印信、婚约、媒妁犹存，查于九年被进告院，断诬招回，原无谋娶陷良情由，与其子王廷桂，理应免议。张氏卖归公胜，难收覆盆之水，不良恶妇，理应离异，当官发卖给主。安邑乡约张九思，案后保贼，新例杖惩。张秦见无辜牵连，焦国胜先奉州票缉贼，杨父子供无吓诈情弊，俱应释放宁家。

## 一件势杀六命事

看得胡三德等之被冤也，总因屈氏灯光烛影之一语，而几送六命于刀下，由张自兴虎暴狼贪之故智，而大饱弱肉于胸中，天道不枉，六命得生，以怨山恨海之人，而开弥天积地之款，急思报复，无怪乎其言之不暇求实也。细鞫三德所告款内，其先审已经到官者，与前供无异；其以前未到官者，严提逐一刑讯，俱属风影。唯胡士绅一款，前已父子口供互异，及再问过付之人，又云物故，则虽欲强坐，不可得矣。又屈氏已经拟流，无容再议。张自兴吓诈有据，且陷人于死，城旦不足蔽辜，应照新例，以死罪诬人未决者，反坐充军，非枉非纵。朱永康失盗之后，即往之官，赴任月日可凭。其弟永图，从未到官，则其心迹自明也，既无诈害情由，俱应免拟。胡三德虽系受害之人，捏款诬告，现有新例，但念曾受极刑，情可矜悯，姑置不究。

## 一件报明贼盗事

看得丘棍、王三、马四、柴玉环、王没牙、赵国旺、尹三、刘自知、杨大等，均积贼也。素皆交结匪类，踪迹诡秘。据供顺治六年，雷贼倡乱于蒲、绛之间，棍等皆入营为盗，后贼败招安，复行归农，即此行径，九人之生平，概可知矣。于今十六年二月初二日，有绛州马村李绍芳失盗被伤，协镇风闻，差兵访缉，始获丘棍、王三、马四、柴玉环、王没牙、赵国旺六人，继获尹三、刘自知二人，八贼到协，不刑而吐，聚议有地，行劫有时，持械有人，分赃有数，口供凿凿，骈斩似乎不枉。使此时失主李绍芳据实报赃，追获到官，则八人之首，不待今日而久悬藁街矣。夫何李绍芳始而被盗，不行出告，继而又不开赃，遂使诸贼得以反覆展辩，至太平、襄陵一审再审，八人翻然而改喙矣。及至前署平刑厅孔通判一鞫，而诸贼口供，又与协镇初招无异，是时乃三审之后也，而失主始行认赃，此诸贼辩窦之所自来矣。且虽有微赃，而各犯供词，前后闪烁，终成疑案，诚有如院驳之所云也。准牒到厅，本厅以事关强盗，未敢草率，几番刑鞫，止有丘棍一名曾经供攀，多人似无可原。至若为棍所扳之王三、马四、柴玉环、王没牙、赵国旺、尹三、刘自知，与后获之尹之波、李廷稳，及先扳今获之杨大，则皆哓哓展辩不休，虽数加极刑，而坚执未吐。夫勘强盗而定爰书者，唯据赃而已矣。细阅协镇初招，虽各贼供有原在天地庙所分微赃，然不曰已经花费，则曰未曾起获，是赃已似无可据矣。且详查赃内，皆不过布素微物，而失主又未承认，及孔通判三审之后，而李绍芳始认失去白布四匹、红羯半件，又与八贼初供所分之赃，件数不符。内惟有红羯半匹，系绍芳所认，与赵国旺前供所得略同。然国旺则供一匹，绍芳又云半匹，且亦花费，尚属游移。若夫余贼所供之赃，止皆零星衣布，似亦贫民家所咸有之物，且失主未认，亦未起获到官，今欲执此以定人之斩罪，或亦未足为铁案，而钤诸贼之口也。窃意赃既无凭，案或有据，随行该州县尽搜历年盗贼旧牍，而诸贼之姓名，又无只字在案，则赃与案，二者皆在影响之间，又何怪乎诸贼之不俯首而服辜也？本厅计穷，虑极于疑信交集之中，穷流溯源，遍拘各贼地方、保甲、邻佑、族长，逐一严鞫，皆云绍芳一案委难确证。但丘棍等向为雷贼之党，此则万耳万目所共睹而共闻者也。细绎斯言，则知诸贼之鹰眼犹在、狼心不改，由来旧矣，又安知马村庄之失事非即向日从雷贼之故智耶？协镇之兵丁踪迹访捕，亦不可谓无因而至前也。所恨者，赃皆花费，未经起获，既难以定骈斩之案，而欲从宽典，则恶类繁多、为害不小。内丘棍一人，虽未有赃证，然已扳扯多人，合照『供证明白，赃亦花费』者例，拟斩监候处决，以治渠魁。如王三、马四、柴玉环、王没牙、赵国旺、尹三、刘自知，与先扳今获之杨大，虽皆未有赃证到官，然丘棍始终血口扳定，杀之不服，纵之不可，与其成疑案以遗养痈之患，何如投有畀以全法中之仁，合照『强盗已行而未得财者』之律，重杖远徙，非枉非纵。李廷稳系僧人，据招误拿，已经释放。尹之波系皮匠，为丘棍仇扳，且有乡邻咸口保其素无过犯，应候保释。失主李绍芳、乡约张洪臣、地方杨进旺惧随招拖累，扶同不报，俱杖不枉。其脱逃贼犯王四等，应行州严缉，获日另结可也。

## 一件失盗事

看得谳盗贼者，除阵上捉获而外，则必以赃证为据，从未见专凭失主一偏之口，将鹿作马，任意指称，而遂可以定案者也。兹如王国泰，真可谓千古奇冤矣。方刘法盛之失盗也，使果有火光识认之人，当日禀官之时，即当说明于中，有贼认得眼上有瘤为记，使捕役早便缉拿矣，此必至之情也。当初何寂无一言，及至四日矣，承烂醉之后，于街头撞遇国泰，实云眼上有瘤，遂捏为贼，其说亦何荒唐至此耶？且既获之后，又不行送官，辄敢私同练总王进科非刑拷打，惨毒备至，两拇之绳痕及胸腹之伤疤，至今现在，国泰受冤之铁证也。若二恶者，可谓天理、王法，总属乌有矣。迨送国泰到官，以奄奄待毙之人，再纳之三木之下，又何所求而不得也？满口招承，随意妄扳，冀少缓须臾之死，此亦必至之势也。所报之赃，起获无据，所扳之人，查缉无名，则国泰之冤，似不待今日而白矣。且有同宿之张立锁、主寓之柴登金同遭拷打，势迫妄证，今当事久雪消之后，良心难死，真情自露，而当日济恶之王进科亦俯首无辞。所恨者，刘法盛指良为盗，逞凶肆虐，彼苍不漏，早就天诛。王进科以么麽弁卒助虐帮凶，擅用非刑诬人死罪，合依新例未决者，反坐充军，但念系练总，有捕盗之责，姑从减拟。王国泰始终踪迹，军厅前招明白，毫无疑窦，合应释放。

## 一件捉获水贼事

看得船户张课，素以操舟为生，往来于河津地方。有原光彩贩买柏板到河，方行泊岸，回家就食，而课觇无人看守，遂发盗兴，弄出水手故智，窃其木橛六根匿之船中，被彩搜获，缚课狠打，后禀李巡司，方将报县究治，课知理屈，央中浼和，事已寝矣。而同伙张勋等，谓其败坏体面，唆耸告州，意欲为船家洗羞耳。细鞫盗橛是实，息约现存，中证具在，张课为盗，而反以盗诬他人，本应反坐，姑念愚人无知，赃未入己，旋行搜出，薄杖以警。张勋唆讼，同杖不枉。原光彩既已搜还木橛，又复索酒私和，并杖。

## 一件乞天剪究事

看得郝三周等，皆无赖穷徒也。素以绰白营生，于某月某日，游食至阳曲镇，偶遇潼关卫学生员陈愫入晋访亲，同次店内。三周等窥其騃痴，可恣玩弄，诱与聚饮，百计局哄，遂将蹇驴二尾易去疲骡两头，踉跄奔逸。后愫悟亏己，复不甘心，到处鸣诉。孰知天悯痴呆而恶奸巧，三周等旋被盘获，二骡皆已到官。本应以拐骗之罪，按律究拟，姑念赤贫穷鬼，骡已追还，赃未入己，且经宪法惩责，合令各领原畜，连人递解归籍可也。

## 一件申报更夜贼情事

看得赵日富，真剧贼也。于顺治十四年，同伙贼付一钟行劫，被获于襄，尚未成招，遂尔越狱。乃怙恶不悛，又今打劫韩雅，赃真盗确，骈斩何疑？同盗杨春旺、牛进才，俱伏天刑，无容再议。

## 一件申报贼情事

看得张元德与所扳之张五、张渐亨、孙榜子，其为伙盗无疑也。可疑者，唯孙从贵耳。查张翼伦被劫之夜，温杰之识认张元德，与杨守柴之识认孙从贵，其可信与不可信之分，原自不辩而明也。温杰之识认张元德也，当被一棍，又被一刀，此时情状，温杰看破元德，元德亦知是温杰，恐其识己，故刀棍交下，意欲毙之以灭其口，此一可据也。且温杰于被伤昏迷之后，一行苏醒，便说认得元德，此死生转瞬之际，信口吐出，原无二念，二可据也。若杨守柴之见孙从贵也，则曰『叫我不要叫唤，叫唤便杀了你。』此时情状，守柴即识从贵，从贵定识守柴，能令守柴此时不叫，安能令守柴来朝不说？有刀在手，此刻不杀守柴，而复留之以自遗明日之祸，从贵虽愚，断不出此，此必不可信之事也。且从贵昨夜为盗，知守柴识己，次早复毅然往失主之门而辩明是非，吾谓从贵之胆，即可与霹雳同居，亦断不能不怯于守柴之一见，登人之门，以自速其死，此又必不可信之事也。夫温杰濒①死之下，开口便呼张元德，守柴身未受伤，志气清明，当盗去之后，何不闻一言及于从贵，必待从贵到门始行识认，此又必不可信之事也。张元德上阵之时，则有温杰之铁证；既获之后，随有合乡之首状；而县审之日，又复扳出张五、孙榜子等之真盗，有此三据，赃虽未获，可以定元德之罪案矣。至若孙榜子以一赶脚卖炭之贫汉，而家中搜出绫绢衣被几至百件，此物何自而得者，岂一朝一夕之故耶？即非张翼伦家之物，而谓此积年之盗赃，不知失主何人，遂可置之不论乎？至于素与榜子常在一处之张五，则有娼妇小杜儿之口供可据，与曾经做过响马之张渐亨，又有张元德之亲供足凭，此四贼者，俱系积盗，所当亟诛，以除民害者也。但劫张翼伦家之一案，赃未起获，终滋展辩，今诸贼所供党与、窝家凿凿具在，合应严饬该县移关各处勒令搜缉，务期穷源溯流，必获真赃，以定爰书可也。孙从贵审系无辜，应取约保

① 原文为『频』，今更为『濒』。

里邻结状，释放宁家。杨守柴认贼不实，本应反坐，但未出稚幼，惊慌之下，错愕恍惚，原非诬陷者比，似应宽恕。

## 一件明火劫杀事

看得李进才、小刘儿、袁如标乃积年之强盗，而孙根进实勾引匪人之窝主也。缘有剧贼渠魁张风子、张五等结党乌聚，实繁有徒，往来行劫于秦、晋之交，黄河两岸，所属州县，受其荼毒，非一日矣。于四月初二日，纠贼李进才、小刘儿、袁如标、王进、杜国柱、王茫道等三十余人，初三日自韩城县渡河，打火于薛养能、孙根进店内。初四日，躧至猗氏县。初五夜，明火持刃，强劫荆宦之家，得财强出，分赃四散，杳不知其所之也。神使败露，贼去之后，遗下点火油纸一张，认系孙根进易知单，提获到官，当即扳出同窝邻店薛养能，并获面审，质对已实，养能伏毒而死，而孙根进易知单来历，并未根究明确，止以众贼点火吃烟为词。讵知天网不漏，李进才、小刘儿、王进、杜国柱旋以他事为韩城县所擒，并有起获赃证，四贼自供，原系打劫荆宦之物，该县移文猗氏，关取失主认明，王进、杜国柱二贼，当毙狱中。又有伙贼袁如标，因分赃不均，争闹出扬，同时就获，该县旋将三贼并原赃关送猗氏，审李进才、小刘儿口供，行劫月日俱符，起获赃物皆确。袁如标虽未得财，同行上盗，原系自吐情真。三贼骈斩，允无疑窦。再究孙根进易知单，据李进才口供，系同贼王茫道于在店吃饭之时窃取持去，根进实未知情。以理揆之，使根进知情上盗，宁肯以自己姓名遗落彼处，以作日后之供状耶？细鞫赃物，又无的据①，但根进既与薛养能比屋而居，为诸贼往来打火之主顾，即使打劫荆宦一事虽未知情，而素日之勾引匪人乌容展辩，合应照窝藏例，非造意知情者，发遣不枉。王茫道脱逃，今获其父王积盛，据供其子为非，曾经出首，合应发县押比，俟获其子，然后释放。

① 『的据』有确实可信依据之意。

剧贼张风子、张五等，行令各该管地方，勒限严缉，务期必获，另结可也。

## 一件申报拿获贼犯事

看得石小美、王立成、陕满斗之结伙行劫，其为强盗无疑也。有东庄刘寡妇家藏颇殷，诸贼虎视久矣。而适有寡妇之瓜葛王二、王三者，串同惯盗郭二带领群贼石小美、王立成、陕满斗等，于五月初二夜，往村行劫。寡妇门巷深邃，路由刘双吉院内始达其家，故诸贼先至双吉院内逾垣开户，意在寡妇，不在双吉，欲伐虢乃假道于虞耳。讵双吉夫妇以喂驴觉喊，邻救四集，诸贼惊溃，郭二带伤宵遁，小美殿后未脱，奔匿驴圈，当刻被擒，此诚天厌其恶，縶之以为诸贼之证耳。据双吉口供，当夜觉喊之时，亲见墙内三人、门外四人，盗伙满七，其非鼠窃明矣。逾垣而入，斩门而出，踪迹明白，声势张皇，并无窦孔之事，其非穿窬明矣。且当有双吉之妇，仓皇奔避，身受数棍，犹得谓之非强盗乎？查小美初招同伙八人，已与双吉所报人数大约无异，后乃游移，倏云三人，倏云五人，无非狡贼展翻，欲巧脱强盗之名而几幸于鼠窃之律耳。细审小美亲供，谓造谋者，王二、王三也；统领群盗者，郭二也；棍击双吉之妇者，王立成也。合之石小美、陕满斗，则是人数、姓名前后又大约相符矣，何其藏头而露尾也？石小美系阵获之贼，王立成持棍当阵供吐甚明。唯陕满斗口供出入，而小美又复代为脱卸。详鞫满斗，盖曾经杀人拟抵之死囚，侥幸遇赦，稔恶不悛，素与石小美卖烟往来，踪迹诡秘，而其父陕登选因见东庄村失事之时，数日前后，满斗适不在家，心窃疑之，故缚之出首。夫以拟死漏网之罪人，素日交结匪类，至不能无疑于其父，而东庄失事，又与满斗不在家之时日相符，即欲展辩，不可得矣。合与石小美、王立成，均流不枉。胡胎儿、段九荣，据乡邻舆论，素非匪人，而小美亦供不识姓名，实系满斗仇扳，行令该县查取邻佑、保甲、族长甘结，然后释放。郭二、王二、王三，严缉另结可也。

## 前事

覆看得石小美一案，几经谳鞫，真盗无疑，盖因同伙脱逃，赃无起获，故坐以已行而未得财之律。复蒙宪驳，谓失主刘双吉供失银、布等物，此非石小美等得财之确据乎？职仰遵覆加严勘，查小美当夜就擒于失主驴圈之内，如所失之物果为小美所得，不怀之于身，亦必藏之圈内，何难随搜随获？细阅原招，吉妻喊叫之时被贼棍击，吉随开门欲走，见二贼蜂拥进门，吉乃藏躲门后，贼进吉出，喊叫邻人，想其失物在斯时矣。据小美所供进门二贼，乃在逃之王二、王三也，所失之物，必系二贼劫去，情理宜然。石小美名下本未得财，陕满斗、王立成俱在门外，无财可得，均照原拟，似为允协。其所谓获贼二名者，今该县审明，当擒小美到官，随有陕满斗被父缚首。合县哄传获贼二名，故乡保、百总亦据所闻呈称当获二贼耳。至于胡胎儿、段九荣，原系石小美、陕满斗仇扳，屡审情虚，质诸乡保，合称良民。胡胎儿则有里邻朱振祚、王尔为等愿下保结，段九荣则有里邻王成芳、张百粟等愿下保结，委系无辜，相应释放。其脱逃之王二、王三等，严限缉拿另结。本应解审，因本犯屡受刑鞫，仅余一息，兼值寒冬，往回千里，必致累毙，况数勘之后，实无遁情，应否免解，伏候宪夺。

## 一件严究强贼以靖地方事

看得张元德、孙榜子、张五等，皆积年案盗，就抚漏斩，而怙终不悛。今复伙劫张翼伦之家，盗首张元德棍伤失主妻甥温杰，火下识认，禀官擒获，血口质证，供吐最真，诚与阵获无异。其元德所扳之孙榜子，以卖炭贫汉，家中起获细帛衣物不赀，虽非翼伦家物，实皆累年积劫之赃。且元德则有乡族之公首，榜子则有娼妇之目击，行劫踪迹，不辩了然。其张五供分赃物与失主单开相符，虽未起获，而来踪去路，供吐凿凿。驳审数次，县看俱符，三贼骈斩，允无疑窦。元德于解审之日，病毙府狱，取有相单结状在案，既伏天诛，毋容再议。孙榜子、张五所当亟悬藁街，以正典刑。至于张渐亨、李养心，虽皆老案剧贼，然据县详屡审，打劫翼伦一事，赃既无据，证亦未确，固难遽坐重辟。然倘置宽典，终属养痈，所当远徙以除民害者也。再查稷、绛会审招内张元德曾称打劫翼伦之贼，已经陕西韩城拿获，职恐存疑窦，致滋日后辩端，随行韩城县抄取案卷，乃系打劫猗氏县荆宦之李进才也，并非打劫翼伦之贼。且李进才见在猗氏审拟，随提面质，元德反复无词，事既无涉，且始末繁碎，未便叙入，以滋葛藤。

## 一件明火劫杀事

看得王加珠、赵璧、郭染，皆系积年刺配之案贼也。崔思贤，则系曲沃县拿获自招打劫毛氏者也。至若陶应元、李襍娃，则又系赵璧刑鞫之时供扳者也。止缘失主毛氏被劫，告州之时未开失物单件，而该州捉获众贼又在毛氏被劫一年之后，所以旷日持久、赃无的据，故众贼遂得以滋其展辩矣。夫鞫盗之法，唯凭赃以定罪。今细查王加珠、郭染、崔思贤三贼名下毫无起获赃物；赵璧名下虽起有红褐被一床，而当日毛氏初认之时早已含糊，及屡审之下，氏侄张忠孝坚称原非己物；陶应元名下虽获有布被，而失主供称青蓝不对；李襍娃名下虽获有行衣一件，而失主供称本家并无男衣，则是数贼之赃，毫无的据。且细阅该州初招，亦有云：『打劫毛氏一案，上司檄催提比，真贼未获，思维加珠，情有可疑，恐系打劫毛氏之贼。』夫强盗何事，骈斩何法，尚得以『思维』『恐系』云云成此大狱，不几为莫须有三字乎？遽欲定骈斩之爰书，不知执何说以钳诸贼之口耶？真有如院驳所云：『起赃无几，失主未认，诚难以草草为不了之疑案也。』但王加珠为乡邻出首之人，赵璧初行到官即供有平郡案贼盗魁张风子与之同伙，又与所扳之郭染皆系刺字之案盗，崔思贤则又不待人扳而自供行劫，其为真盗，俱无可疑。然实难以定骈斩之铁案者，盖缘现获之赃，日久事湮，拆洗改换，失主不便冒认。且是夜以火烧屋，所失之赃，不知为盗所得，抑不知尽成灰烬，以致无从起获，遽置重典，终成辩窦。然些四贼者，鹰眼已成，狼心不改，昔年漏网，既属养痈，今复宽纵，则恶类繁多、酿祸不小。

且打劫毛氏之事，虽无真赃，而行劫情形，初供历历，合应依律远徙，以除民害。陶应元、李襍娃，新则无赃，旧则无案，诚不得以盗口之刑扳，使久为含冤之累囚也，应着乡邻，具保释放。其赵璧所扳之剧贼张风子，严缉另结可也。

## 一件盗情事

覆看得从来鞫盗之法，唯凭赃以定罪耳。如丘棍等打劫李绍芳一案，诚不足以钳诸贼之口，使之服辜而无辞也。绍芳失盗赃单，与诸贼初招，物件原不相符，及所获诸贼名下衣布微物，绍芳毫未承认，当初累审俱拟大辟，诚不知谳鞫者果何所见而云然也。职前招七疑，言之详矣，种种可指，非敢臆说，妄为宽纵也。因诸贼自供旧日俱系从贼之人，而累审又复承认行劫之事，今虽极口展辩，似难遽信。然坐以骈斩之律，未免非冤，坐以强盗已行之条，实欲辩而不可得矣。绍芳所报之物，原不符诸贼所供之赃，而所获诸贼之赃，又非绍芳承认之物，则按以未得财之律，诚为吻合。职两审始终一说，并未敢自相矛盾也。但王三诸人，同律拟流，而丘棍独依原招者，盖以棍为招首，初行到官，即自承认，且复扳扯多人，兼以前招曾奉部院批允，未敢遽更。今蒙宪驳，职再三推鞫，虽行劫之事难信狡辩，然赃实始终无据，与王三等情事相同，法律宜均，俱应一例改流。余照前议，统候宪裁。

## 一件借赃移罪等事

看得景来和劫杀闵成秀一案，不独景运盛、任可大为无干之株连，即郝起贵之斩罪，亦千古之疑团也。查得景来和于顺治十三年，在平阳协营许副将标下食粮，拨委灵石县两渡镇防守，因月饷缺乏，遂求附近居民之殷实者遍行借贷，以应燃眉，俱约发饷即还，以本土之人，为本土之官，缓急相通，情理有之。当年受借之家，多寡不等，亦不止运盛、可大二人而已，此该县合学生员及乡村里老，众耳众目所共知者也。嗣后来和罢弁而去，日前所欠，或还或负，至今尚未结局。于今年二月十二日，来和仍随许副将自陕抵家，遍偿宿负。于十六日以黑色骡一头，作银二十五两，抵还武举景运盛。时值运盛往京会试，其伯景晏同原日见借中人兰天顺抵算明白，填注原券之上，因不足数，尚未抽约。同日又将黄骡一头，作银二十两，抵还生员任可大，本利全完，约遂抽去。此其来踪去迹，年月日时，又合乡之衿士、里邻，众耳众目所共知者也。突有孝义县会手陈如虎、任缙因贼杀闵成秀一案，屡比不获，陡于四月十四日，捕拿郝起贵，擒送到县，指为景来和家人，拷鞫成招，坐拟大辟，运盛、可大，坐窝骈斩。二犯控宪，蒙批发审，职细鞫是案，不但于运盛、可大之窝不能无疑，即起贵之行凶上盗，亦尚茫无的据也。临审之时，据该县士民何伟然等合词叫冤，呈称运盛系本县武举，可大系本学秀才，二人在乡不但不敢为非，亦且素有善誉，愿以百口，保其无过。遍询来和当年借债之事，众口无异，即来和之妻，亦供其夫借债是实。而来和还债之日，又值运盛往京之时，原券之收数现在，见还之中证有人，会试之部批可验。且来和牵骡还债，系二月十六，而闵成秀被杀，系二月二十五，前后相去已经十日，十日之前，两骡既入二人之室，十日之后，又复骑至成秀之家，人耶？鬼耶？此止凭尸妻武氏之言耳。夫承秀既与来和同伙上盗有年，一旦见财而杀之，以贼杀贼，夺货得财，高飞远举，唯恐不速，乃于二日之后，又复骑死者之骡往至其家，是诚何心哉？岂欲自献杀人之供状耶？来和虽愚，应不出此。且武氏、金宝既知成秀原与来和同往汾州，去家不过咫尺，数日之后，成秀不归而来和独至，来和之所乘者，又系成秀之骡，且曰市人皆熟识之矣。夫不归而见夫同往之人，父不归而见父所乘之马，即愚夫稚子，能不生疑？一任景来和倏至倏往，默无一言，不呼市人执而问之，有是理乎？又安知非武氏、金宝利运盛、可大之所有，意在打诈，故为此无稽之诳语，以作株连之根本耶？执此一言，遂欲悬坐二人之窝斩，何轻视大狱之如斯也？且无论来和之行劫杀人，果否真伪，尚在恍惚之间，即使来和杀人劫货，以所得之财，还所欠之债，运盛、可大不知其为杀人之物而受之，亦不得以知情论也。经曰：『杀人于货，交以道，接以礼，斯亦受之。』盖以其不知之谓耳。又况乎还债系初归之日，收骡在杀人以前，众耳众目，谁其掩之？虽欲诈害，不可得矣。至于郝起贵，极口展辩，泣称凭空遭获于会手陈如虎、任缙之手，拷掠锻炼，备极苦态，勒令妄招，委非来和家人，狡贼之口，虽难遽信，然蒙批拘审之日，如虎、任缙俱已先逃。及再设法严提，如虎始行到厅，而驳辩语言，终属荒唐，任缙竟逃无踪。及审起贵之父郝朝雾，住佃于乡民胡如锡之家，历有年所。追拘如锡细鞫，亦能言起贵往来出入之事，凿凿甚明。又有村民武四者，曾雇起贵挑箱，亦能识认其面，则起贵旧为来和家人之一语，亦大无确据也。且杀人之人，秘之唯恐不密，安有两月之后而逢人告诉之理？且他人不闻，而独会手陈如虎闻之，何其相遇凑合之如斯耶？且杀人之事，须有的据，始成信狱，井中丢尸，既无见证，水沟埋头，又未起获，唯据陈如虎云『血窝尚在』。夫夜半杀人，以布裹其头，携弃于二十里之外，至两月之后，乃往寻视，不见其头，而尚见血迹，即以欺三尺之童，不敢信也。种种疑窦，何以定铁案而钳起贵之口耶？即监毙之景来威，未必不为狱中之冤鬼也。景运盛、任可大，取与明白，素系良善，取有衿士、乡邻甘结在案，相应释放。郝起贵杀人既无的据，大辟终难臆坐，相应缉获来和，面质情真，方可成招。今来和之弟来悦，已被景运盛在密云捕送该县羁留，则来和亦似不能久脱矣。应请宪檄，严饬该县，务期必获，早成信狱可也。景晏年逾七旬，无辜株连，必致累毙，应免随招。诚恐迟延宪件，合应具由，伏候宪夺。

## 一件明火劫杀事

覆看得李进才、小刘儿、袁如标素为剧盗，出没于秦、晋之交，渡河流毒，自韩城而至猗氏，打劫荆宧之家，得财四散，查无踪影。若非天厌其恶，为韩城县他案擒获，自吐历历，则几为吞舟之鱼矣。累审情真，伏蒙宪驳，职仰遵行稷山县细鞫，解职覆审，小刘儿所分白里蓝袄一件、白裤一腰，实系花费。盖缘王进、杜国柱乃盗党渠魁，分赃独多，而刘儿乃伙中协从，得赃故少，多者难以卒变，遂尔搜获，少者入手花费，故尔无存，此情理之较然者也。

李进才先供行劫之时在庙前接手，后供在门外把风。查庙前去荆宦之家八十余里，岂有数百里约党，远来同伙行劫，而独留一贼于八十里之外者乎？严鞫进才，自认前词支饰，后供是实。袁如标始终一词，无容再议。总之，三贼系与王进、杜国柱在韩城县同时被获，言由自吐，非待告发，情真罪当，允无疑窦。至于孙根进，初招得赃，供系刑下妄招，细鞫委无的据，然由单已落贼手，行劫之事虽非知情，而勾引匪人乌容展辩，俱照原招，非枉非纵。王积盛养子不肖，虽经首明，而今既脱逃，亦难辞咎，应发该县，限令严缉。余贼勒捕，另结可也。

## 一件盗情事

覆看得强盗伙劫王某一案，如张禄、李举、郭云鹏、许国亨、郭金瓯五贼，赃物起获，失主认明，立悬藁街，无容置喙。唯王兴、范惟常、张进忠、王君祥、乔如祥、王傻子、王增福七盗，皆系盗首，供报协镇擒拿，本犯到官，自供行劫，累审一词，似无疑窦。但因赃未起获，至今未成信狱。伏蒙宪驳到职，仰遵随行闻喜、稷山二县公审，据详七贼俱系盗首高宦名下同行上盗之人，谓伙盗既实，即一赃毕真，则首从骈斩之案可定矣。招解到职，仍拘失主王某与七贼面质，并调取该县卷内原日失主所投钤印失单，与七贼初供赃物，逐一磨对。内唯王兴名下白布一匹，系失单所有，王君祥白布七尺，亦系失单所有，二项虽未经起获，而当日自行招认，既与失单若合符节，则二贼之斩，亦无疑矣。至如范惟常、张进忠、乔如祥、王傻子、王增福五盗，细查原招，赃物皆系失主初招所无，亦未经起获到官。内如范惟常、张进忠所报之赃物，初供高宦拿去，当日未追，今宦已死，实不能起盗鬼而再鞫矣。又若乔如祥、王傻子所报之赃，虽供有当铺、饭铺、金铺去路历历，而当日并不究出姓名，根寻到底。又若王增福之赃，亦系失主原单所无，初供为盗首赵进才携去，当亦未能刻期缉获，此诚初审之人心粗气浮之确据，非职敢为揣摩之臆说也。迨到职承问之时，则事在两载以后，狱经二十余谳，虽欲穷源溯流，则已人亡物换，桃源迷失，再求问津，不可得矣。但以上七贼，赃虽未经起获，而盗口自供俱系首盗高宦名下之人，同行上盗是实，按律杀之不枉。但查法曰：『凡强盗被获之时，伙贼供证明白，年久无获，赃亦花费，伙贼已死无证者，俱应监候处决。』今审王兴等七贼，情罪恰与此例吻合，仍行拟斩，俱从监候，统候宪夺。赵进才等，严缉另结可也。

## 一件访拿贼犯事

看得柴彦旺、李三槐、李三光、郝辛言、吴洪印、李中有、卢荣、李三疤子，虽均非善类，然而打劫赵庆、张吉之事，则实一大冤狱也。盖缘彦旺等素系游民，踪迹可疑，以此月旦不孚于乡党，声响渐闻于有司。适上年秋冬之交，绛州地方盗警戒严，于九月二十五日，龙泉庄乐户赵庆、张吉被劫，又于十月初五日，有盗复至本庄，惊觉赶散，初不知其为何许人也。用是该州印捕夜不安枕，未免有疑神疑鬼之心，遂尔为捕风捕影之计，遍清村堡，挨查保甲。于十月二十五日，物色至东韩梁地方，遂将李三槐、李三光、郝辛言三人拿获，痛加刑鞫。而郝辛言旋供有柴彦旺等，诸贼次第擒捉，满口招成。在该州印捕，意欲安净地方，速求诛锄匪类，一见盗警，满眼皆窃铁之人；既得其人，未免刑键太急。在乡约、地方，意欲各保身家，只得举首歹人，一承问及，随口说镢金之贼，既报为贼，未免牵合到底。以致有司之推敲，严刑峻①拷；因而下人之迎合，买赃硬证，无怪乎疑者益疑，而冤者愈冤也。襄陵县一鞫，真赝粗分，准牒过厅，细加推勘，内查柴彦旺、李三槐、李三光②、卢荣四犯，初招报有微赃，尽成花费，毫无起获。郝辛言、吴洪③印、李中有、李三疤子四犯，虽获有微赃，而失主对质，口供游移，迨行严鞫，或云差

① 原文为『竣』，今更作『峻』。
② 原文为『元』，根据上下文疑为『光』。
③ 原文为『从』，根据上下文疑为『洪』。

役、地方起赃不获，买来免比，或云本犯受刑不禁，央买搪塞，变幻百出，大可诧异。本厅以事关大辟，未敢草率，遍拘报贼、证贼之人，详鞫买赃、卖赃之处。其柴彦旺名下铁刀一口，则系原差董学贵将银五钱向朱拱明买来之物。李三光名下铁刀一口，则出于地方杨重信之手而不知其所自来，不唯刀俱锈涩歪钝，一见而知其非上盗之利器，即查该州初招李三光手持枣棍，而并未言及有刀也。郝辛言之白衫、红布，则系本犯自托伊亲回说买来之物。李三疤子之行衣、夹袄以及青纱八尺，则系本犯兄嫂自买之物。李中有之红细、青被二床，皆属伊妻妆奁。以上所获各赃，幸而失主之良心未泯，亦自供畏刑妄认矣。内唯吴洪印被套一个，张吉硬认是赃，及诘其凭据记号，则云上有补痕，原借周石玉代补可证。迨拘周石玉面，乃称并无代补被套之事，吉始语塞。以人命之大狱，而酿成莫须有三字，不亦冤乎？即据乡保口供，彦旺诸人素日鼠窃狗偷之事，似有可疑。然而在前无案，在今无赃，安得以买来之物而悬坐八人之斩案也？至于赵炎、赵珍、赵玉宝、秦光河四犯，初招原自蛇足，乡保俱称良善，更属无辜，不容置喙，同柴彦旺等俱应取保释放。州差董学贵、地方杨重信，虽非买赃排陷，然求免一时之痛比，不顾八人之死地，按律反坐，徒有余辜。赵庆、张吉认赃不实，虽云畏刑妄语，终吐真情，然而承合附会，律杖奚辞？但新奉恩诏，事在赦前，各犯俱得幸免，此恩典出自道府，又非本厅之所得擅专也。其真正打劫龙泉庄之贼，严饬该州，勒限另缉，以静地方可也。

## 一件群蠹噬民事

看得郭心文等固捕役中之饥鹰，而刘国玺亦悍民中之噬狗也。国玺住居双池镇，乃灵、隰、汾州数县交错之地，虽名为充应小甲，然观其桀骜狡猾之状，似亦目中可以无捕官者也。适介、霍盗案紧急，灵石典史章志衿承票缉贼于双池镇地方，传唤小甲为之向导，理宜然也。玺盖素惯倔强，不甘为捕官勾摄耳，捕官未免撄怒，衙役因而生奸，郭心文等既缚其母，又勒其钱，终且擒国玺于庭而朴之，致令素有体面之好汉，至此迄无余地矣，无怪乎其痛心切齿而为是吁天之控也。且也，郭心文行诈于前，进升等效尤于后，被害相同者，则有汝才数家，中恨独深者，无如国玺一人。赵城县初招，各役诈赃数目，质之证佐口供，已无遁情，本府照转，复蒙院驳，诚去蠹安民之至意也。准牒过厅，本厅覆提细勘，刑鞫捕役，详讯证佐，招内实鲜未吐之赃，词外亦无被害之人，不唯诸人不证，即刘国玺亦自称原词过情矣，则此外似难悬坐也。典史章志衿缉贼宜严，固其职也，既无染指情弊，谓之有意纵奸，未免称屈。然责以不能觉察，亦复奚辞？前招照赃，分别流徒，诚为允协。但查各犯事在本年正月初九日赦前，应否追赃免拟，恩自上出，又非本厅之所敢擅专也。

## 一件平汾盗贼充斥事

看得王后台、王之宣、王义民、王环儿，皆为强盗株连，情有可疑者也。据后台供称，系陕州衣顶生员，于十七年二月内，家曾失盗，头手俱伤，当有李华春流寓其地，后台疑之，声言出首，以此怀恨久矣。今因李华春为平、汾盗贼一案，渠魁缘同伙剧贼刘棍子脱逃未获，华春遂挟前仇，诬扳后台为窝，而且牵连陕民王之宣、王义民为刘棍子居停主人。霍州关提前来，讯鞫之下，华春一口咬定，几成大狱。兹准本府牒厅详勘，后台以诬扳前情，极口称冤。之宣、义民亦供刘棍子变易姓名，租地住窑，萍踪相遇，委无别情。本厅以窝主重犯，事既恍惚，难以悬坐，随即移文陕州，严查数人行径并前有无仇隙。又据陕州回称，后台、之宣、义民、环儿俱系良善，从无罪过。而后台上年被盗，曾指华春为贼，以此怀恨是实，并无后台、刘棍拜结叔侄之事。刘棍子租之宣之地，赁义民之窑，委系变易姓名，旋住旋去，别无情弊。陕州取具各犯里邻甘结并该州印状前来，本厅未能遽信，仍提华春面质。据春供称，刘棍子拜结后台为叔，与之宣、义民居停刘棍子之事，皆出之同盗刘自兴之口，彼乃窃闻，因而供扳，迨至刑鞫，则又云刘棍子自对他说。今自兴未行到厅，棍子又已脱逃，即此言词，任其闪烁支离，毫无实据，则陕州所谓怀仇陷诬之说，似不辩而明矣。至于王环儿，虽与逃贼王之正名为随母兄弟，实属异姓父子。且伊母已经改嫁三姓，则环儿不得以之正连坐，是又不待词之毕也。既据陕州印结，覆与华春面质，诬扳有因，株连实枉。后台四犯，似应发还陕州，责令挟力缉贼，以赎从前居停之误，诚不得以狡贼诬陷，久累狱中，使为他乡之怨鬼可也。贼妻杨氏，若以盗获之日始行发落，终恐累毙，似应早卖入官，斯亦罪人不孥之意。连人牒审，仍候府夺。

## 一件盗情事

看得薛相舜伙劫张永光一事，乃先获同党李华春、史永清，屡审供扳上盗，分赃明如指掌。嗣于河南续获相舜到官，将所供于娼妇六儿处，起获红潞绌一匹、银十二两，与失主张永光质认，绌系己物，银非家财，已经成招、具详。复蒙宪批，到职确勘，职仰遵仍提李华春、史永清并相舜，严鞫相舜，与永清同县同行，假以卖花为名，遂尔同行上盗，永清情真，已经拟斩，相舜岂得独为良善？且是夜上盗一十九人，即据相舜供报，熟识其七，此同伙上盗之来历也。乐户卢三之家，起出绌、银，失主识认一件，此赃物认明之确证也。强盗赃真，伙实相舜，骈斩何辞？其相舜名下赃银十二两，审系乐户卢三赔抵所得相舜嫖钱，失主既不冒认，则非同寄顿盗赃，不便概坐入官，似应给还卢三，仍照原招转详。

## 一件申报拿获贼犯事

看得郭二，乃石小美案内照提之盗犯也。小美行劫失主刘双吉之家，当时阵获，因未得财，幸邀流徙。郭二彼时惊逃，久缉无踪，近见同党皆经远徙，意谓事结案沉，潜复自秦归晋，诚天谴之受缚而不容真盗漏网也。蒙宪发审，职初谳，已得大略，随复驳行该县细勘，郭二自认同伙上盗是实，与小美初招供扳情形无异，同未得财一例拟徒，夫复何辞？

## 一件访拿贼犯事

覆看得柴彦旺等一招盗案，其初地方举首与该州擒鞫之由，厥后本犯买赃招认之故，宪台已经三驳，职等亦经数勘，原委本末，具悉前招，毫无隐情。伏蒙宪批，谓『要见初审之不容、不入者何故，覆勘之不容、不出者何故』仰见上台慎重盗情之至意矣。职窃照捕盗之官，亦非素日果有千耳千目，能确知某人之为盗与某人之不盗也。但一乡曰善者善之，一乡曰否者否之，此一定之恒情耳。今柴彦旺等之似盗，其若为可信者三焉。始而有本乡地方、族长之指摘，再而有本犯招承、扳扯之口供，三而又有畏刑央差买赃认罪之疑团，则盗情之真似无有真于此者矣。曾母虽贤，流言三至，不能不信焉。彦旺等有此三据，又不啻流言三至之比矣。该州为敉宁地方之计，而复贸贸焉置之，亦理之所不敢出也。此初审之所以不容、不入者，职此故也。至于听断之官，亦非敢一时以臆见揣摩，擅曰某盗之为当坐、某盗之为不当坐也。唯据盗之赃真者则坐之，盗之赃伪者则雪之，此一定之法律耳。今柴彦旺等其赃之确然为枉者，亦有三焉。买赃者，则有所央董学贵、杨重信之口供在；卖赃者，则有朱拱明等之确证在；而『不敢冒认』之语，则又有失主之初供在，则盗情之枉，实无有枉于此者矣。皋陶执法，圣人听之，且曰三宥焉。彦旺等有此三枉，又不啻在圣人三宥之中矣。职有平反刑狱之责，而且贸贸焉坐之，亦法之所必不敢出也。此覆勘之所以不容、不出者，职此故也。至于详鞫地方举首之故，亦非无因。盖缘柴彦旺、李三槐、郝辛言三人上年于别案内，曾为王加珠所扳，因其素有盗名，遂而一时公举。职查王加珠，已在别案昭雪，则安知柴彦旺等又宁非诬中之诬者乎？始末原情，显而易见，合照原详，统候宪夺。

## 一件贼情事

看得杨泽、宁自成，乃窃盗中之初学也。与王复林比屋而居，窥其丰积久矣。复林随营在外，其妻偶往赛神，二贼觇知，于四月十三夜挨窗潜入，仅卷衣币，逾月而后，败露觉发。始为该捕缉拿，起获赃物有据，县审府详，俱蒙宪驳，职仰遵细勘，而乃知初招之所谓『俱告还赃』者，盖二贼之饰说而希图脱罪也。前吐之赃，实系汛捕搜获，而原偷之物，尚多二贼隐瞒。迨今复林到厅，开单详报，逐一刑鞫，二贼唯唯招承，各件色色相对，但为时已久，花费无存，亦不能再追矣。已获之赃，合应给主。花费之物，照价入官。依律刺杖，诚为不枉。刘应胎审未得财，笞不为纵。乡地漏报，拟杖固宜。张氏妇人，相应免究。

## 一件盗情事

看得苏三、王云奇、任起凤皆党寇剧贼，与盗首郭一璠于五月初八日，在永乐镇地方纠众操谋，踩知芮城县里长梁聘孟等抱银赴县，跟至离城五里，薄暮伙劫，官兵追捕，反肆杀伤，当经阵获郭、任、云奇三贼。一璠供出苏三等伙党姓名，幸天不漏，旋获五人。该县初招，府、厅继审，因苏三名下起有所劫粮银，赃罪最真，王云奇、任起凤虽未起获原赃，而自供分赃数目与劫夺情形，供吐更确，三贼俱从律斩。而仇扳之六子与疑似之石猴，均议释放，诚可以定案矣。伏蒙宪驳，职仰遵再加细勘。夫盗凭赃死，自古定法。若夫无赃之盗，而法亦有断不可宥者，或系当阵擒获，或系素日案盗，今为渠首供扳而知情共事，确有可据，则赃虽未获，律宜同坐。若夫供既游移、赃又恍惚者，初虽不敢遽为祝网，迨愈勘愈明，则事不再计而速宜苏豁矣。如兹一案也，职以事关盗辟，未敢草率，复调取芮令携带原卷赃物，逐一会勘。内如苏三，则审有蒲州原起所分粮银二两九钱，赃真罪确，无容置喙者也。如王云奇，则审系当时官兵在阵追获之人，俯首伏辜，更复何辩？若任起凤，则审系发流未久、私自逃归之案贼，自供与苏二、苏三兄弟同行上盗，今苏三现在，初扳活证，面面相视，钳口结舌矣。是二贼者，虽未有获赃，而上盗明白，所当与有赃之苏三，一并骈斩，允无疑窦，此正不但问其居近河滨而后可以定罪也。至于石猴，审据本犯泣称本名石邦泰，非名石猴，泰系陕西汉中府人，而佣工于河南灵宝县焦家面店，且十余年矣。查该县初招郭一播口供，止有石猴姓名，并无『邦泰』字样，且云伙盗俱在沿河村庄居住，并无在灵宝城内之说，则向日一播所扳之石猴，原非今日所获之邦泰，而今日灵宝面店所获之邦泰，原非向日所扳沿河居住之石猴，可不待辩而知也。及严鞫案内成狱之三贼与当阵见贼之失主，不唯不识现在之邦泰为何许人，亦且不知向日一播所扳之石猴为何许人，则邦泰之断非同伙上盗，又不待辩而知也。今一播虽死，未及与邦泰面质，然灵宝焦家面店之人，尚可考也。合无行文灵宝查取焦家面店主人，邻佑结状，到日准与释放，此正所谓不及无辜耳，岂第曰宁失不经而已耶？若夫仇扳之张六子，累鞫无疑，应与石邦泰暂保候详，免其随招，致拖毙命。至如李举之子李鼎柱，亦应着落族邻保领、缉父，以遵罪人不孥之意。其一播所扳真名石猴并招内未获伙盗，俱勒该县严缉务获可也。

## 一件盗情事

看得从来剧盗之漏网也，多因当日供扳之盗首先已诛亡，未经面质，以致事久案沉，遂滋狡贼展辩。兹如剧贼张洪者，原系同州长安屯人，初为盗于秦之郃阳，打劫范家堡一案，为贼首王进才扯出名姓，此则太、洪两县初招会审，而据张洪到官自吐之口供在案也。旋蒙部院咨行秦省，查其原案犯事情罪，则据该县回称，洪于十二年内同伙贼行劫州民冯长年骡马，行至澄城县地方而被防兵盘获，申解各院，驳审在案，此则郃阳县之回文可据也。后又守东道行文潼关卫，查收张洪父母、妻子、家产着落，则又据本卫、本屯结称张洪从幼在外，踪迹诡秘，止遗七旬老母行乞在庙，从不归家养赡。夫母犹不顾，自幼在外何为耶？尚得谓之非无良之人乎？此则本贯之来历可知也。

且当吴胤芳初获之时，而即供张洪领粮侦探，此则叛逆渠魁之初供屹若山立也。又据平阳府详查吴胤芳盗案原卷，除胤芳供扳之外，又有奸细李成曾供张洪领贼一百二十余人，此则又其姓名、事实错见杂出于各贼口中者可考也。即累审之下，据洪自供每月领受胤芳粮银四两，在河上侦探消息，唯唯招承，从无异说，则是洪之悬首藁街，较之胤芳恨其晚耳。夫何案久奸生，一则诡诉于按台出巡之日，再则狡逞于本司亲鞫之时，支离闪烁，意图幸生，又安得不致部院有『事属涉枉』之疑耶？职细勘而始知张洪情罪，诚断无可原之理矣。今据洪口狡谓不识胤芳，然不知胤芳当日何以独能识张洪也。洪又谓必得胤芳面质，死也甘心，则是胤芳一日不复生，而张洪即一日不可死矣。嗟乎，欲求藁街之死鬼而来与生囚作证，然后服辜，即三尺之童，恐不可以此言相诳也。且张洪既曰『不识胤芳一面』，而又曰『止凭一句仇言，定我这等大罪』，则正不知不曾识面之人更复何自而有仇耶？即此一言，自相矛盾，不几藏头而露尾乎？及询洪与胤芳系何仇隙，则又低头莫措一语，始知理屈而词穷矣。夫以踪迹诡秘之人，抛家弃母，结非于外，累次大盗供扳，到处犯案山积，若谓吴胤芳之事可疑，岂打劫范家堡贼首王进才之供扳亦无据耶？岂打劫冯长年之骡马而澄城县之申解亦涉虚耶？岂平垣营捉获奸细李成之供吐亦有仇耶？错见杂出，不一而足，虽有成汤、周文之仁，亦不能为之祝网而泣罪矣。总之，剧贼久羁狱底，供扳之盗首已亡，幸生之弊窦日出。刑之，则唯唯招承；宽之，则哓哓展辩，诚有如本司所云『事久计生』也。职细阅全招，严加驳勘，谨胪列其来历罪案，并取其覆审口供；自认代胤芳打探消息，每月食银四两，共计食粮六个月，仍与初供无异。合照原招，实非涉枉。

## 一件移缉盗贼事 驳语

本厅审据杨朋原系卢起蛟案内脱逃贼犯，今复就擒。临审之时，有失主王国卿投呈喊冤，内称杨朋乃系打劫伊家，审明正法，盖彬案内照提渠魁也。除国卿呈词批发外，仰该县详查二宗原卷始末，严鞫妥报，以便通详。又查陈玉贵、李明昌与朋一时被获，各有刀杖，又供三人俱系沁水张宦管家。夫杨朋既系案贼，而玉贵、明昌二人，行止相随，踪迹诡秘。查张宦现任秦中风宪，岂有听家人结党成群、遨游他境而竟置不问者耶？且玉贵自供曾受贼马，转卖驿夫，则其素日之比匪为非已自露口中矣。而马夫陈金贵又与玉贵姓名殊相恍惚，又复授受贼马果否，亲疏有无情弊，其能免瓜李之嫌乎？又查王化民亦自供卢起蛟犯盗，与杨朋俱经挂名案内，则亦似不能脱然为善类矣。而王化龙又与化民俱系兄弟，素行来历，均宜严究。又如高孟缠供系探亲被获，然其姐夫陈九绪为何许之人，且未行到官，果否良善，亦须质证。至若范三、张时辉者，虽有乡邻公保，亦须查取情愿连坐甘结，方可释放。至如解东泉为兵向导，踩风缉贼，其见恨于杨朋宜矣，仇口反噬，有无疑窦？以上各犯，俱系浮邑之人，该县身在地方，责有攸归，仰照驳内情节，逐一虚公详审明确，具详解厅，以凭覆夺，事关盗情，毋得草率，限五日内速报。

## 一件贼情事

看得王用中、王日新、王日省、王洪格、秦养民、申二孩六犯之斩罪，实一大冤狱也。用中、新、省三人与失主王日跻，皆同堂叔侄兄弟，初受祖父之业，厥产维均，嗣后生计不等，贫富遂分，然而日新尚列黉序，用中、日省家道虽薄，体面犹存，与日跻虽稍兴雀角，亦素未见其有操戈叩矢之事也。忽于顺治十八年四月初十日，日跻身外，家中失盗。询是时也，比邻之鸡犬未惊，本家之耳目无扰。及至日跻归来，乃以强盗控县，遂称『撞门排挞，拷命追财』，谓轰且炽矣。缉贼数月，毫无踪影，迨至暗中摸索，不知何所见而忽疑路金全矣。所疑之人，又复脱逃，乃于六月二十八日，而始得一靳国玺焉。遂援引而及于本家之王用中、王日新、王日省，蔓延而至于隔县之王洪格、秦养民、申二孩。嗟乎，果使路金全而为打劫日跻之真贼，亦必捉获金全贼首，然后可以供报同党之伙盗。若靳国玺者，不过路金全之婿耳。据招内又云『原未上盗』，岂有盗首未获而擒一不为盗之人，使之供扳盗党，是何异执秦人而问楚事耶？是此案之初招，早已见其大概矣。至于为强为窃，于中疑团，种种不一，以致院驳，洞悉隐微，蒙宪转发，职仰遵逐一细勘。夫盗首获而后党与真，强窃分然后罪案定，此案之关键。盗首既未获矣，唯急虽勘破『强、窃』二字，疑团始可判然也。今审据日跻诉称：『强盗撞门，排闼而入，祖母被打折腕，母秦烧烙追财。』诚如是，则是夜之盗焰实轰且烈矣，乃四邻寂然毫未之闻，有是理乎？又审日跻之屋与日新、日省联墙而居，用中亦复门巷相对，贼在隔院如是轰烈，而用中等曾无一人出援，以为若有情弊似矣。及鞫用中等，俱供是夕除空阶夜雨之外，毫无响动。然以情理揆之，撞门烙人，为时必久，烙人即云禁口，撞门必先有声，乃隔墙之叔侄兄弟无一过而问焉者，使有声而不闻，难掩乡邻之耳。使果闻而不救，自彰瓜李之嫌，用中等虽愚，宁不虑人之疑及于己而欲故呈败露耶？必计不出此也。且秦氏于贼去之后，彼时即当诘其知贼不援之故，乃何以不闻有一语询及诸人，岂遂不尔疑我诈耶？即日跻次日归来，此时用中等之形迹显然易见，虽三尺之童，犹知觉察，何以当日又无一语疑及本家，直待数月之后，缉贼不获，乃复安排旗鼓以相向耶？由是数端观之，则所谓撞门执炬、擒母烧烙之说，断断为莫须有耳。而『暗进暗出』四字，招内始终不易，早已不辩而明也。再审郑氏折腕之说，郑年八十有余，状如骷髅，口不能语，两腕如皮裹干藤，唯右手腕骨拗出数分，皮色包好如故，亦能腕转自动。以理揆之，瘦茎鸡筋，一经棒下，如摧枯拉朽耳，不断折离析不已也。且血气已衰，即使医治，必无完璧，尚能保皮色无恙耶？及鞫之氏侄郑应祁，乃知其果为昔年胎疾所致也。再审秦氏炮烙疤痕，验其肚腹、胫腕之间，虽似微有横直白晕，然色久将湮，隐显模糊。随据用中等泣称秦氏昔年发过瘖毒，旧有炙疗火疤，斯言虽未可全信，然今定欲指此为贼所烧烙，则真伪实亦难辩。但查招内所谓下手烧烙之人，初指赵银匠，后指王洪格，早已口供游移，况兼未获，无凭质讯。及讯秦氏果否识认洪格，则秦氏又云『未曾』。夫果使对面下手，岂有不能识认之理？即此倏赵倏王，参差变换，已可决其恍惚有无之间矣。再审王用中『抹脸进去』之语，据云系王日新受刑妄招，而秦氏供明已无是说。大约观秦氏语言举动之间，泼悍无耻，虽口角哓哓而朝三暮四，总无一字足以为凭准者也。再鞫使女见贼拷烙情形，据供婢与跻妻被贼同禁西房，而婢适从窗隙窥见。以理揆之，顽然蠢婢当惊魂摇摇之时，必不能如此之神闲气定耳。且何以跻妻未见而婢独见也？果使如是，则用中等皆其本家之从主，而赵银匠又系日跻父手之家人，必皆婢所熟识。且王洪格现在目前，何此婢曾不能觑破一人，而止贸贸然曰但见其烧烙而已也？使女之言，亦不过顺承主人，同声附和，正所谓百犬吠声耳。再查乡约报县无盗之结状，盖因日跻告失之后，该县责令乡约查报素惯为贼之人，故王泰遂结称本乡素无为盗者耳，非结报日跻之家未常被盗也。然即以是结论之，则用中、新、省独非本乡之人乎？亦皆在王泰所结之中矣，其素日之未必为盗，益可知也。以上情节，俱系抚院批驳疑团，逐一勘破，实无一事足以定六犯之斩罪者。至于六犯确然非盗之实据，又且详鞫而得之矣。盖盗凭赃死，法所首重。细译院批，谓『六犯等为贫而盗，何分得银、布无几？』夫使无几之银、布果属真赃，则斩亦无辞。盖赃不论多少，须论假真耳。如衣服之可以定赃者，或系失家素日做成，曾经穿着式样、件数而凿凿可认；如细鞋、布匹之可以定赃者，或系失主置买，颜色、花样、长短、阔狭、记号而凿凿可考；如器皿、首饰之可以定赃者，或系款制轻重、数目多寡，独我有彼无而凿凿可据，然后可以钳盗口而结其舌矣。今当王用中名下起获布裤一条，新、省名下各有衫裤。查招内来历，则曰乃盗得跻家之布，而某某自成者也。粗纱布棉，耕织土产，非鸟非兽，孰无衣襦？即使全布而在，若无记号，尚不可指为跻家之物。矧曰某人裂数尺以为衫，某人裂数尺以为裤，某人得之而裂数尺以持赠其女婿，诚不知当日果何所确见而云然也。今幸日跻之良心不死，逐一驳对，而已自招非己物矣。又王日新名下起获镶银漆钟五个、钟坯五个，失主已经识认。职详验钟底内三个，微有针画字痕，窃谓果系跻家之物，主人必能记忆，及举以诘之，不意秦氏、日跻俱各错愕莫对，心甚疑之。及审王日新，哭诉新父王建中、省父王执中、跻父王允中原系同父异母之子，其祖在日，曾置雕漆镶钟六十个，大小微差，父手三分均分，故三家各得二十个。今因日跻失单开载镶钟，而鞫盗之初必欲按图索骥，不得已而遂将已物出以免刑，今各犯尚有此钟遗留于家者。职乍闻其说，未敢遽信，随令向其家中索取遗钟，果得二十四个。及持以前钟相较，字痕款样，微有参差，一一与口供相符。查日跻失单，止载失钟二十个，今各犯之家已取出三十四矣，则其为祖手受分之物无疑也。旋以质之日跻，而日跻语塞，再以质之原日起赃之原差李守刚、乡约申珠，俱云前钟实系日新畏刑抵搪之物，则钟之不可指为盗赃已无疑也。又王日省名下起获银簪一枝，失主已经识认。今诘日跻以此簪之轻重分数，则亦错愕莫对。及审日省，泣诉系伊之母痛子受刑，乃向歇家段成万之妻暴氏头上所借之物，当面交与原差李守刚之手，持送到官。及讯李守刚，供语相符。随拘段成万细鞫，亦能备述始末无异，则簪之又非盗赃已无疑矣。夫现在已认之钟、簪尚属假冒，又何况花费之银与分裂之布无形无影，而欲坐以定人之斩罪，断断无是理也。再审王洪格，系平顺民壮，据供未获靳国玺之先，有平顺乡民韦义凡者，道拾银簪一枝，日跻闻风冒认，几累义凡之命，后旋审释，而当日该县此案所差快手，即王洪格也。用中习闻其事，故刑鞫之下，妄报支吾，今查初招止曰『王快手』，而不知为王洪格，此诚妄报之明征也。现拘韦义凡质明果有此事，则洪格之来历可豁然矣。至于秦养民、申二孩，为洪格牵引之人，则又讹以传讹、妄中生妄，潞安府、厅前招未常轻入，即潞刑厅看语亦曰『原情则可矜甚矣。』三人俱无丝毫赃证到官，是又不待辩而知其为无辜者也。以上六犯，均应速释，以苏冤滞。至于王复初、郝三政等，累审无干，应准释放。总之，此一案也，起于靳国玺受刑妄招，成于王日跻之怀仇暗揣，且又冒认赃物、坚证不悔，于是听狱者虽欲宽假而不可得也，故屡看虽有矜疑之语，而疑团终不能卒破耳。至于靳国玺所供王日跻与钱四百文贿扳之说，严鞫实有是事。今据日跻辩称，初获国玺，无人顾送，彼意欲留活口，唯恐饿毙，故因其哀乞盘钱而些须给之，原无他意，然而瓜李之嫌，似亦不能解矣。合照亲属相盗之律，诬者反坐。郑氏理应与夫起赃不实之原差李守刚、乡约申珠等，俱有应得之罪，但审非故意排陷者比，各从杖惩，亦足蔽辜。郑氏理应解审，奄奄一息，势难远涉，合与招内无干各犯，豁其随招，以免拖累。其偷盗日跻家之真贼，饬县另行严缉可也。

## 前件

覆看得王日跻失盗一案，只因缉贼无踪，遂妄疑其本家亲属，架捏拷烙虚词，冒认刑招赃物，种种狡毒，职奉审，具悉前招，王用中六犯之枉，所宜速释，似毋容再赘矣。覆蒙院批，谓『日跻诬陷至亲，情罪重大，革衿拟徒，尚未蔽辜。』职仰遵覆勘，阅及六命俱斩，诚可寒心，止拟一徒反坐，迹似犹恕。但查前奉院批有云『亲属相盗，自有正条』，斯言诚足为日跻之定案矣。假使王用中等为盗有据，亦当止引亲属相盗之律，而罪本不至于斩也。即推日跻诬陷用中等之初心，亦不过曰亲属相盗而已，原不料其罪之至于斩也。拟斩者，非日跻之罪也，日跻本以是律诬人，则合当以是律反坐，徒革蔽辜，委不为纵。再审失盗强、窃之辩，『暗进暗出』四字，累招不移。今再鞫地邻王太等，仍称失物是真，并无强盗等情，其所失赃物，查日跻控县之时，开有失单案，虽未可信其件件是真，亦不可疑其件件俱伪也。倘有良有司留心躧缉获贼之时，按图而问，自不难真伪立剖耳。至于王日新，前罪既宽，黜革实枉，诚如院批，应还故物，以昭宪慈。统照原招，伏候裁夺。

## 一件蠹横仇杀事

看得高氏之夫李杓及贾岐凤、侯玉祥，皆昔年挂名盗案而曾经审释之人也。因今年正月初七日，曲沃李进士家失盗，该县责令汛捕、会手卫茂盛等躧缉真贼，日久无获，血比不禁，各役遂将往日盗案有名之人搜寻以应，于是而李杓擒拿到县矣。杓又扳出贾岐凤、侯玉祥、曾和孝三人，该县旋将四犯姓名申报道府，方在批行审理，尚未继结，而高氏旋鸣宪台矣。蒙宪批职，职方行提，而太平亦将道批会审，由详到厅，职复调各犯昔年被扳盗案，逐一详查。李杓则于顺治十七年四月间，因太平县李养龙家失盗，获贼马宠，曾供李杓绰号李傻子，当亦未经到官，李傻子之是否杓名，与李杓之是否真盗，俱无可考。但查此案盗首马宠，屡鞫无赃，亦遂审释，则李杓之未必为真盗可想矣。

又查李杓所扳之侯玉祥、贾岐凤，则于顺治十三年十月内许连芳被盗，获贼高冲霄，扳出二犯姓名，亦未到官，然未几而高冲霄亦以屡鞫无赃而审释矣，则是二犯之非真盗又可知也。至于李杓所扳之曾和孝，审系冀城县普化山道士，累年卖药于太、曲之境，两邑之人，皆能熟识，杓被曲令刑鞫而随口顺应，其为非盗又不待辩而明也。职庭讯之时，李杓、侯玉祥、贾岐凤三犯之邻佑、乡保不下百十余人，各具甘结，保其近日无过。再审曲沃县初招李杓认分李进士家青袍一件，亦未起获，及查李宦原日报官失单，并无『青袍』字样，是其为刑鞫妄招无疑也。各犯既无真赃，又有公保，理应速释，以苏无辜。至于会手卫茂盛等，虽曰捕风捉影，亦是拨草惊蛇，因案求盗，与妄指良民者不同，况审无索贿情弊，应从免究。其打劫李宦真贼，勒限比获可也。

## 一件盗情事

覆看得苏三、任起凤、王云奇，白昼行劫，拒捕伤人，累审情真，骈斩允协。及赴宪鞫，而三贼纷纷狡辩，若使所辩可疑，则前招不几尽枉乎？职仰遵复行细勘，三贼之上盗也，乃系白昼截路，打伤失主，邀劫钱粮，随惊县官，带领兵快，追擒格斗，杀伤官兵，此等情节显明，原与黑夜行劫者不同。当时阵获郭一璠、任兴旺、王云奇三盗，余皆溃散，该县本日严鞫，而一璠立刻供出苏二、苏三、李应举等，住址、姓名凿凿有据，非若隔宿审囚尚有疑窦也。芮令照供移关，而蒲州州官登门密拿，苏二先遁而获苏三，随于苏三身旁搜出粮银二两九钱，关送芮令，芮令即将所关之银与郭一璠阵获之物，比验无异。即职覆勘详验二贼前后之赃，皆系钱粮小锭，委同一色，若谓此银为卖麦之物，夫民间些须交易，岂无丝毫零碎而尽皆锞锭之理？且苏三之赃，乃蒲州之所获也，蒲去芮乃百有余里，两属银色锞式，亦微有差等，安所得芮城粮锞而在蒲州获贼之身，尚不谓之真赃确据者乎？三虽百口，又何辞也？若王云奇，乃系与郭一璠、任兴旺当场拒捕、同时被获之人，芮令具在，对垒之民壮张庆等随解可审，是阵获之真盗更不待问其赃杖耳。至于任起凤，既为问流逃归之案贼，又为苏三血口之初扳，上盗情真，历供无异，忽作狡辩，谁其信之？至苏三之改口仇扳而为起凤回护者，盖狡贼之见，意谓所扳不豁则己罪益坚，三非为起凤改口供也，欲为己身将来脱罪之地步耳。追诘其所谓仇扳者何居，则又茫不能自指其为何仇也。且三居蒲之极西，凤居平陆极东，相去二百余里，若非同伙为盗，虽老死不相往来，夫又何仇之有？若三贼者，白昼劫财、斗官伤捕之大盗，尚欲逞其狡辩，则天下竟无可斩之强盗矣。逐一详勘，毫无疑窦，合照原招，解候宪夺。

## 一件盗情事

看得杜旸若、杜成章、宗起祥，虽曰俱非善类，然而截劫陈三之一事，则毫无影响者也。顺治初年，平贼作乱于蒲、解之间，成章身入其伙，后就抚归营。旋弃营归里，与旸若倚附族人杜太监之势，并村民宗起祥，狐群狗党，乘马挎刀，炫耀里邻，鏖骗乡曲。被其毒者，疾之则曰仇雠，诟之则曰盗贼，思得而甘心者，匪一人、匪一日矣。兹适陈三在杜家坡撞遇响马一事，蒲营兵丁李世汉等躧缉真贼，日久不获，遂向失盗地方前后左右相近之处，搜寻踪迹，因而物色素惯挎刀乘马之人，以为拨草寻蛇之计，此旸若、成章二犯之姓名，所由以入其彀中也。殊不知响马劫人，往来飘忽，去留无定。今陈三于三月初十日，在杜家坡失事，迨至五月初三日，而世汉仍欲于此处觅贼，是刻舟而求剑，舟在而剑远矣。自获三犯之后，该州、县、营会审数次，问其马，则倏借倏寄，倏死倏卖。无论当日行劫之真马不可得，即所谓借与寄、死与卖之伪马，亦至今迄无定在矣。是响马而无马矣。天下有无马之响马乎？问其刀，则倏借邻佑，倏借亲戚，倏而打折，倏而丢弃。起刀未获，然后追刀，追刀不获，然后买刀。且刀无可辨而强辩其鞘，黑鞘不作准而强令换绿。不唯真刀之来历无从考，即伪刀之来历亦无从考矣。是响马而无刀矣。天下有无刀之响马乎？问其赃，则陈三止失蓝兜肚一个，内银二两。问银，则花费无存；问兜肚，则追出而陈三不认。

不唯花费者近于诬，而追出者更显然而诬矣。是响马而无赃矣。天下有无赃之响马乎？观其无马而认马，无刀而认刀，无兜肚而认兜肚，婉转叫号，不得已而应之，此情此景，已毕露于数审口供之内。本道屡批，无微不烛，诚不待今日复鞫而后见也。且更有显而可据者，查蒲州初审，陈三即供被贼砍昏，原不认得，郭延吉亦供离城甚远，不曾见面，奈何再审，而陈三忽渐渐认得矣。然犹曰似有一胡而两光也，是犹然恍惚之词也。未几又再审，而陈三忽认得最真而最确矣。胡则直指为旸若，而光则直指为成章、起祥也。始则不唯不知其姓名，而且未见其形状，继则不唯确见其形状，而且能并识其姓名。观其由浅而转深，匪但模棱，实亦附和，此情此景，早已逼露于数审口供之内，又不待今日复鞫而后见也。若夫郭延吉望见胡汉之一语，查延吉始终实无此言，而指此为延吉之言者，出自兵丁李世汉之口耳，其造伪固不待辩。然即使延吉当日而果望见响马之为胡也，亦非望见胡之即为杜旸若也，不知世汉何所据而执定以为旸若。苟曰因望见之贼为胡而执胡以求贼也，则天下之胡皆可危矣，何旸若之胡独不幸焉？苟曰因望见之贼为胡而旸若不应有是胡也，故不得不据胡以定旸若也，则天下之胡又甚众矣，奈何于旸若之胡而独疑之？此又言之不近情理，而令人喷饭者也。然或谓情之可疑者，唯临晋县一角报文耳。虽然，无疑也。盖李世汉等方谓捉获响马凿凿有据，又加之以旸若、成章素不理于人口，若合符节，流言三至，曾母惑焉，又何疑于该县有是报耶？然查该县报文，亦不过曰『二人行踪无定，恐非善类』云耳，未常确知其为截劫陈三之响马也。然则谓三犯为非善类则可也，谓其为响马则必不可也。盖刑供之马非其马，刑追之刀非其刀，刑出之赃非其赃，本犯之口供似真而实假，兵丁之躧缉，失主之指识，因假而成真，欲定三命于重辟无从也。承问之官，因见响马一事茫无着落，难引本律，乃坐谋杀，益见牵强。速宜保释，庶免累毙。若夫兵丁妄指，失主冒认，按例自当反坐。但审三犯素非善类，诚足以致人之疑，非无因而捕风捉影者可比也，警其孟浪，各杖不枉。勒限另缉真贼，以赎前愆可也。至于招内杜旸若与乐户李僧娃等告奸等情，皆旸若昔年倚恃太监而流毒于地方之事也，审于本案，邈不相涉，俱应删抹，以省支离。

至于禁子陈福见旸若被刑之苦，遂受嘱托，私与买刀，审无别情，杖革蔽辜。

## 一件盗情事

看得董世皞被盗一案，唯张温、乔棍与已死之贾之奎三贼似不为枉，而余犯杨自林等则皆毫无干涉之人也。初缘之奎佣于世皞之家，窥其漫藏，已蓄异志。又有皞家逐仆王夫盛为之勾引，遂合张温、乔棍于八月初三夜，潜来皞家，挖墙穿孔，几入其室。幸觉惊溃，张温、乔棍，仍匿故所。惟贾之奎夺出菜刀一把，向州城塌处豕突而奔撞，遇民壮史明周，阻斗伤指。讵网不漏张温、之奎，次日即获，乔棍败露，而为父兄之所执送。该州初审之奎，一口承当，止供王夫盛勾引之外，亦无多党，而张温、乔棍扳扯株连，纷纷波累。蒙发本府军厅，数次会审，清浊真伪，辩晰无遗。伏蒙宪驳，职遵照院、道批内情节，逐一再勘。但案内盗首贾之奎已经物故，而今日之所可鞫者，唯温与棍耳。审据二犯供称，立谋造意，实是之奎为主，而勾引者，乃逐仆王夫盛也。查王夫盛勾引之说，之奎初供，在案甚确。盖从来盗贼，无论强、窃，非线索不行，非熟脚不可。之奎旧佣董家，因识其仆而窥其藏，以视温与棍素不入董氏之门者不同也。唯其径路习熟，所以进退便易，入则先进，退则先走。唯先进，所以得夺董仆手中之刀；唯先走，所以独伤守夜民壮之指。盖缘之奎熟，而二贼生也。熟故突走，生故藏匿，此情、此景、此理，言之恍然如在日前，是又非因之奎已死而为二贼脱卸之词也。盖之奎受佣之说，有董世皞在，不可掩也。再审所谓挂刀者，据世皞供称，刀阔有六寸，长近尺五，柄系一绳环，用之以切菜、切面则环挽于手，不用则挂于壁间，所以名为切菜刀，又名挂刀，乃一而非二，晋民家家有之，非兵伏之刀也。家人觉贼而持以自卫，之奎夺之以去，遇鸣周而伤其指者，即此物无疑也。则是伤指之事与温、棍二犯无涉，亦无疑也。又审乔棍到州之初，止扳祁可命、杨自林、常明宇、王三种四人，并未及杨自山也。该州因未获自林，而先拿自山为质，乔棍见山到官，遂并诬山，则山之非真盗可知也。杨自林一闻自山被囚，即日自猗氏来解，自投于狱而请释其兄。由此观之，林固笃友谊而敦天伦之人也，谓其为贼，不敢信矣。又审乡约之所以保林而不敢保山者，盖山、林兄弟皆猗氏之民，林则耕于家而乡党素有敦谨之称，山则昔年曾应猗氏衙役，因事责革，遂去其乡，依居岳家而耕于解土，去乡数年，里人不识其近况，故泛应曰非好人耳。及根究其所谓不好之事，则茫无指据也，则山与林俱非盗无疑也。又审常明宇因卖布而招尤，王三种因沽酒而起衅，年月日时，言之凿凿，与棍面质，相视愕然，似又非调成一口者矣。又审张温所扳马君祥，温供已死，似难遽信。然查案内张温初供之君祥，系安邑陶村，今所获之君祥，则系池南界村，地既风马牛之不及，又安能使张冠而李戴也？若夫君祥所应之李从贵，名字不投，住址各别，则又误中之误矣。至如部院所批『被盗之月日，伙贼之名数，商谋之情节，夺去之挂刀，赃物之实否』，谨遵宪驳，取有的确口供，叙明详内，统乞宪昭。总之，此一案也，首事者，则佣工之贾之奎也；勾引者，则本家逐仆未获之王夫盛也；协从者，则张温、乔棍与未获之董自侯四人也。入则由挖墙而进，出则由抱头而窜也，赃物则毫未有失也。盗之情形，了然纸上，是窃而非强也。会审前招，允协无疑。至如部院查取文武职名，诚上台防微杜渐、绸缪阴雨之至意，敢不仰遵，以烦宪驳。但窃按此事，委系逐仆、工佣之人勾引行窃，本家并未失物是真，似非伙贼大盗贻害地方者比，应否宽典，恩在上台，又非下吏所敢得而轻议也。

## 一件盘诘事

看得贺民桐等，皆汾州府临县之良民也。民桐有兄贺自顺，在乡宁船窝镇挖煤生理，因欠差徭，特来讨取，归由吉州三垢镇经过，与同乡高维国、刘兴祚、高狗儿等一行四人，打火于店主贺国春家。适遇汛兵傅有食，见其马、驴相随，疑为匪类，加意盘诘，民桐等自恃无过嫌人，细咶语言，应对之间，未免莽仓唐突，遂触兵丁之怒，因而变幻其词，捏禀营官，转报宪台。职详审民桐之来讨徭银，则有其兄贺自顺可据也；贺自顺之数年挖煤于船窝镇上，则又有窑主王乡宦之发约可据也。至若高维国与高狗儿，系同胞兄弟，刘兴祚皆临县共井之人，或贩卖汾酒，或赶脚驮炭，往来生理于煤窑之上非一日矣，窑主、店家俱能熟识姓名。职随行乡宁县查取王乡宦及店家印结前来，踪迹明白，毫无疑窦。合应释放，免渎宪聪。马、驴俱系生理脚力，随给领去。至于兵丁傅有食等，虽难辞妄报生事之罪，姑念盘诘是其专责，既无勒索情弊，相应免究。

## 一件强盗结党事

看得马之美等打劫寿阳一案，已经太原府、厅勘鞫八招，其情形真确，历历如画诸掌内，自是不留剩义以资推敲者矣。但蒙督、抚两台再三严驳，诚以七命之骈斩，所系匪轻，而达部之大案，有疑必抉，诚慎重之至意也。职仰遵逐一再勘，不意各犯大改前供，嚣然争吠于一庭矣。虽曰剧贼之狡口，后起之词，原无足信，然而职再三详阅从前招情，种种应勘之事，尚未剖破，故无以服诸贼之心而使之俯首就戮也，敢为宪台一一陈之。内如马之美粧假报子而赚骗职官，崔应龙、刘宗祥行使假银而身罹法网，其为盗类，固不待言。诚如定襄县初看所云『地方失事，定不出若辈』，可谓揣摩而有高见者矣。若夫闫文甫虽卖假药，而非干大法，李洪如不过一卖花之小贩，既已身无过犯，又非盗口供扳，一旦从市中拈来而指之曰劫城之贼，即使当日之捕缉者定有一确见以处此，然旁人静心而观之则究竟无一实据，未免惊疑其太幻耳。至于孟一虎者，因其母舅刘国庆在狱，而来进一饘粥之爱，以甥顾舅，人情之常，遂疑其为打探消息，及定襄登堂一审，则又居然一劫城之大贼矣，不几似满眼窃铁乎？今据李洪如泣诉，在京贩花及在晋卖花，其歇店、主人发货账簿，皆有姓名、月日历历可查，并指本城晋府店土著花铺贾八为证，随唤贾八质审，亦能识认相符，则此假情节又似未敢一概抹杀也。但所指代州发货歇家，再一拘来，则踪迹自明矣。又据马之美泣诉，于上年二月初五日，在祁县同戈驿犯事，捉送太军厅，于三月二十八日，递解原籍，定州、寿阳失事之时，正彼到籍收管之日也。今查祁县事犯之月日，与太军厅起解之月日，固与所供相符，但所谓解到定州收管之月日，无凭稽考，是须宪台移文定州，查其到州收管之月日果否相符，则狡辩无容再逞矣。又查初招内马之美所供打劫泽州王医生家一事，亦须宪台行令泽州，押解王医生到官，根究的确，则一真而皆真矣。不然，恐仍如寿阳之王寡妇、羊头城之姚之太，始有而终无，几令狡贼之口得以朝三而暮四也。至若打劫寿阳之赃，唯有白秋罗女衫一件，六审之时，已经该令认实，则自无虚冒矣。然查此时国庆已死，此赃虽真，正恐一件衣服亦似止可以坐国庆一贼之赃，而尚未可以坐之美等六贼之赃也。又查前招有云：『将劫得之银造成假定，现寄在库，似乎此银可以为打劫寿阳之赃乎？』然细心绎之，以真银而造假定，其理恍惚，恐反不足以塞崔、刘二贼之辩窦也。以上种种疑情，一件不破，则诸贼六尺之长喙必不可钳，而达部之大案终无处着笔也。但查案内所应有行拘之人、应有行查之事，远则隔省，近亦隔属，往返皆逾千里以外，实非下属末员呼吸可通。除原招系已成大狱，职不敢轻为摇动，仍照旧缴呈外，理合取具。今审各贼口供情节，另具一由回覆宪台，以候裁夺。至如案内犯人刘正，累审无干，似应早释，庶不累毙，并为述明，以广宪慈。

## 一件贼情事

看得范三礼、李永德偷盗王澄一案，查太谷县初招，即谓无据，诚不待今日之勘而始知其枉。盖缘王澄身外日久，地方惯贼，觇其疏虞，逾垣入室，饱囊而去，该县踏明，索贼甚急，乡约范国玘即举地方匪人，以为应制之具，讵范、李二犯乃旧日黥徒，踪迹之所自来也。该县亦姑就所举，执而讯之，俱似贸贸，然原皆未尝有一确见者也。意继此而起，指证变幻，风波叠出，遂成疑案而终莫之解矣。夫鞫盗凭赃，从古定法。澄家失物如许之多，二贼就擒如许之速，县官初鞫如许之细，不能出其一草一木以为行窃之证，岂真有兔窟之不可问而追寻者之尚未力耶？能出其所有，不能出其所无耳。赃非得之起获，而欲执此钳二犯之口，不可得也。使果如前招所谓李永德嘱妻丢赃之时，有人执获撞遇，始为铁证。若止从数鞫之后而出之于展转支吾之口，为蛇添足，此之谓也，是又似不待再讯永妻而后知其为妄矣。又况乎倏云永妻夜置，倏云二女子丢出，招中变幻，诸如此类，不一而足，又自开人无方之辩窦乎？总之，盗凭赃死，狱贵初情。查太谷县原招有云『屡经鞫讯，各犯并无认赃确据』，且曰『已获赃物，由内取出，未便深求』，此狱之山案，早已一定不移，而后起之议论，徒多事耳。李永德、范三礼，奄奄待毙，速宜省释。范承宣、薛朝贤，前已辩豁，无容再赘。乡约报贼未实，而二犯招尤有自；失主被盗既真，而原词亦未指告，俱非排陷，相应免议。仍饬该县另缉真贼，以结盗案可也。

## 一件申报贼情事

看得荣河县治，逼近河滨，界在秦境，乃两省奸宄躲闪出没之径路，故从来防护艰难，较之他邑，不啻百倍。矧当此霪霖涨漫、全城倾圮之时，易启窥伺，更危于平日万万也。查上年九月二十六夜之警，射伤二贼落城，余皆望风溃散，苟非印捕防御之有方，兵壮堵敌之尽力，欲保无虞，不可得也。夫何盗去之后，缉盗之人，复尔张皇，因致多事，譬如羊未亡而追虎，虎不可得，狐兔之殃也；鸡未失而捕狸，狸不可得，鼷鼠之祸也；地方有警而缉盗，盗不可得，小人之灾也。此乃王孙代等陆续被缚之类也。审查此案，初缚者，王孙代也。据代供因欠蒲营兵丁刘洪带些小债负，遂招此祸，被拿之后，洪带又复唆扳李盛吾。此语虽难全信，然而营兵多事，往往有之。今审孙代住址、里甲凿凿可考，在前则从无事犯之案，在今又毫无可指之迹，其为良民无疑也。再审孙代所扳之李盛吾，乃系村店酒佣，从不出外，乡约、邻佑，俱能言之。观盛吾之枉，益知唆扳之真，知唆扳之真，益知王孙代之被屈也。至如李清云者，开饭店而兼织毛袋营生；又有原玉环者，务庄农而时行医药为活，皆有母妻兄弟、田屋恒产，素既无过，家亦不贫，班班在人耳目者也。一旦从天而坠，而忽指为贼，诚不知其风声之何所自而来也。内有名色之不美者，唯李养心一人，曾于顺治十七年，挂名盗案，旋经审释，现今每逢朔望，该县令其与乡保，同赴县堂画卯具结，则畜突而徙薪亦已久矣。中更有来历之可笑者，无如冯希载一事，谓扒城之夜，见贼皆以白布缠头，捕贼者于半月之后，路遇希载手持白布赴染而即扭以为贼。嗟乎，黄巾虽是贼名，岂能向树上而罪槐花；赭衣必有记号，安得在道旁而疑茜草？今贼裹白布而遂谓希载不应染白布也，荒唐至此，可骇孰甚。以上诸犯，旨非咥羊之虎、攫鸡之狸也，皆虎去狸藏之后而殃及之狐兔鼷鼠耳，速着亲邻，各取保结，早与释放，以苏无辜。王四已故，无可再议。拿贼之人，本应追究，然缉盗无术而守城有功，姑免深求。营兵刘洪带，因债诬良，恶虽未成，情亦可恨，屡提未到，恐迟上件，伏乞宪台，就近责惩。至如文武各官，原有地方之责，但御贼有方，功过相等，似应免其开报，以示宪台鼓励人心之意。

## 一件真贼伤命事

看得徐进学之诬张继尧，岳阳县审虽得其诬告之情，尚未得其致诬之说也。继尧于顺治五年，曾借学兄徐进福银五十两，偿欠总不可知，今乘进福被盗熏死之后，遂向福子逼还原券，致学不甘，先诬其婿王九新，并及其子张五斤。今据继尧坚称夙债已偿福，曾立有绝约。嗟乎，既有绝约矣，又复索此借券何为？不更自卖破绽耶？虽然，继尧骗债，亦自有骗债之条，学何至诬人以死罪也？本应反坐，姑念全家七口俱为盗烬，祸亦惨矣，不堪再灭其门也，决杖余辜。继尧乘危索券，并杖不枉。债虽未楚，理应免赵，非宽继尧也，盖痛恨致学之不应诬人以死罪也。

# 一件公举真贼事

看得丁齐凤等之盗案，盖由恶人毛一鹍之所构也。一鹍素行不端，假冒营势，武断乡曲。因谋齐凤房屋不就，于上年三月内，将凤弟丁齐泰诬指为盗，禀之协镇，一鹍乘机诈其房地入手，昭雪之后，泰旋控鹍于县，鹍复退业讲和，案墨尚未干也。兹因韩养初、刘户店内适有盗惊，该县缉捕方殷，而毛一鹍即率其乡保、地邻，又举齐凤兄弟，再为应制之具。旋又勾引兵丁，遍至附近村落，毋论僧俗男女、老幼残疾三十余人，网拿到县。内如罗凤山、李氏等男、妇二十余名口，该县当经审释，止将丁齐凤等五名问拟强盗，准牒覆勘。内除赵得心于牒到之日即已毙命，无可再审。现在四犯，逐一详究，乃知盗案之诞妄未有如斯之甚者也。问所谓失主者，则曰韩养初、刘户是也。审二人在刘村堡外开一打火茅店，同居止有三家，室中之藏，可想见矣。丁齐凤等皆里中居民，岂遂不知虚实？欲作强盗，遂于此处起手，无是理也。问所谓赃物者，则曰铜罩篱一把、烂布被二床，为失主认明者也。夫谋为强盗，而志止在罩篱、破被而已矣。将谓室中原无他物，而强盗之所得止此也，则其来意何居也？将谓原不为劫韩、刘二店而来，不过到此打火，见财起兴，遂劫此而去也，则罩篱、破被又非所以动盗兴之物也。若谓因打火过此，志不在盗，因店主触之而为此也，则又似远方过路者之所为，正不当索之于附近村落之间也。今鞫韩养初，果曰罩篱非已物矣，勒之认者，毛一鹍也。鞫刘户，则曰被亦非已物矣，勒之认者，毛一鹍也。此丁齐凤、张鹞子所谓有赃之盗已如斯也。若夫许存胜、张志秀与已死之赵得心，则并罩篱、破被而无之矣，其诬更不待辩者也。据存胜诉称因索酒钱得罪一鹍，张志秀乃系僧人，据诉以小事得罪，赵得心遂为所诬。总之，二人在前无案，在今无赃，一僧一俗，踪迹分明，其非盗无疑矣。再将该县当经审释之人犯而一一备讯之，如罗凤山等五口，则皆窑户也；如丁赖娃、李氏等五口，则皆丁齐凤等之妻儿子媳也；如丁齐泰一口，则系一鹍前诬未遂而今且再诬之人也；如李三等九口，则或系比邻居处，或系路上偶遇者也。内中须鬓皤皤，貌枯朽而与鬼为邻者，则罗凤山是也。其行步艰难，足跛鳖而与废丐相似者，则董三是也。八岁以上，十二岁以下，口尚乳臭而未成人者，则丁赖娃、丁小娃与任辇军是也。怀胎抱赤，哭皇天而嗷嗷叫屈者，则李氏、樊氏、杨氏三妇是也。光头秃顶，念弥陀而喃喃咒咀者，则张志秀、曹维宇、朱和尚三僧是也。无论是非，不分清浊，勾引兵役，一网擒来，诚不知一鹍之意实何居也。听狱至此，诚令人目竖眦裂矣。毛一鹍诬良为盗，合照县招所拟。丁齐凤等之罪，反坐一鹍，城旦犹恕。乡约、地保，虽无陷害之情，而听鹍鼻牵，同递公呈，并杖不枉。至于该县前审各犯径行释放之故，盖由诸犯哀号满庭，哭泣相向，目击无辜，不忍稽滞，似无别情，相应免议。

## 一件贼情事

看得刘电敬弃家背主，到处投匿，足迹几遍数省，而所在结交匪类，所谓真正亡命是也。于上年五月内，同卢报国来到平阳，投营未遂。迨至十月内，又因报国之指引，而复往水头镇地方，依逃兵邵自新同谋为盗。于十月十八日，自新先将什物刀马，置匿于夏县僻界之司马坟内，贮待敬来，适平垣营逻骑卒至，新觉先遁，电敬不知，撞入网中。当经夏县与营官公审，旋解守东道亲鞫，未施一刑，而电敬自述其素履近况，倾吐无遗。迨至拿获卢报国之后，而敬遂翻然改供，此盖与报国合谋求活之计，是不待智者而后知也。审招内电敬初供，行劫于洪、襄界内之说，虽查无迹，而所吐顺治十八年七月在于忻州与卢报国打劫钱粮一事，行据该州查明失事年月、银数多寡，则与电敬所供铢黍无差，又何必再舍凿凿有据之州详，而更讯电敬、报国合谋改供之展辩也？职驳行临晋三县会审，则究出卢报国以饮食饔飧贿结电敬之情节。再驳襄陵二县会审，则又仍得电敬照依初审之口供。职覆行亲鞫，而电敬口供亦与襄陵招内无异。则此一案也，刘电敬以真正亡命，到处劫掠，即除以前所犯概置不论，而今日到司马坟内与邵自新相约放响，起获马匹、弓刀，件件可据，应照县招，拟斩非枉。卢报国为数省通家，即与电敬一人往来寝食已经数年，余更可知。但到平阳数月之内，未有过犯，及电敬南行投新，而报国则又北行归里，踪迹各异，似又难与电敬此案一例拟罪。唯是所供顺治十八年忻州打劫一事，则难漏网，但时在先年，而事隶隔属，在职既难悬断。且据报国供系武举，则又未便轻拟，合将报国解回太原，请乞批发本属，查系何年科目，果系武榜有名，及忻州被劫之事，就近查卷，以便究拟成招。恐稽宪件，谨将刘电敬已经究明应得之罪，拟招详夺。其司马坟内之成喜孤寺个僧，暴客偶来，情非得已，虽审无藏留窝隐之弊，然素日不能多方自卫，临事又不能设法报官，一味退缩，几至酿祸，合应杖逐，另招住持。又电敬所扳之蔡如葩、徐养家，二人之邪正来历虽未可考，但现在提标食粮，查无事犯实据，未便深求。又电敬所供平阳郡城各寺居停兵丁之寺僧陈道清等，毫无干涉，俱行释放。其邵进才与邵自新同营、同居、同姓，全不知情，亦无是理，合发本营收管。新叔邵兴、新妻张氏，查发临晋保候，勒同进才，严缉自新获日，另审发落可也。

## 一件强盗事

看得强盗之律有二，已行而得财者，斩；已行而未得财者，流。以流视斩，轻重固霄壤矣，故有司获贼，疑信将半者，往往辄引此条，以结似是而非之案。嗟乎，误矣！使强盗而果真也，斩非刻也，曷流乎？使强盗而非真也，笞亦冤矣，曷流乎？且已行未得财之律，亦有辩也。谓已有谋为强盗之行，党与已成，尚未劫人得财，忽致败露，而为人所获，是谓之已行而未得财也。若夫结党持械，攻垣对敌，势败然后奔散，是已经行劫，虽未得财，不可以此律论也。若夫朱永康家之被盗也，曰攻堡矣，曰有云梯矣，且曰有弓箭矣，且曰有马匹矣，果使如是之强盗而就获也，尚曰因其未得财而姑流之也，此法之所必不敢出者也。若朱金才等之盗案也，问其始事，则曰一时乘酒颠狂遂谋为盗，天下固有谋为强盗而藉口于乘酒颠狂者乎？其说早已不伦之甚矣。查招内之凶杖，则曰某人持某杖，某人持某杖，若凿凿矣。然何以未获者，不可追考，遗落者，径无指据也。查招内之赃物，则曰某人分某物，某人分某物，又若凿凿矣。然不唯审后毫无起获，而详查失主之报单，并未见有开载也。以如是之供招为强盗也，犹曰姑从未得财之律而流之无妨也，此法之所必不敢出者也。详审此案，初获者，王满根也，据满根供被冯养资、张德所诬，审据资、德供满根于昔年曾犯窃盗刺膊，今因永康失盗，州缉勒比甚严，不得已而遂举满根以为应比之具，至于是否曾劫永康，则非彼之所得知也。夫昔日之窃盗，岂可为今日之强盗抵命？此满根就擒之来历，其荒唐盖已如斯矣。且满根既为此案初获之招首，则此后缉获其发踪指示，皆从满根而起，使满根之盗而真也，其所扳之人，犹恐未必尽真；使满根之盗而诬也，则所扳之人，又似不待问而知矣。若朱金才者，则招内以为满根所扳之人也，又以为朱永康之家人者也。查招内满根所扳者，初云守才，非金才也。追审满根向日之所谓守才者何居，则云一时刑鞫妄扳之鬼名，而实无其人，今日所获之金才，非守才也，乃永康之族人，非永康之家人也。即举以讯之永康之家人韩旺，亦曰金才在本村开店，素无盗行，则金才之不为盗，即韩旺且能言之矣。若夫王长才、杨潘娃、程祚，则又得之朱金才刑鞫之下者也。据韩旺供称，俱系本村卖么做酒之人，而素日皆能见信于里巷者也。由此观之，此又讹以得讹而诬以致诬者也。又审满根所扳之古西槐，须鬓班然，甚无盗貌，查系昔年总督军门孟曾委署解州吏目，满根向佣于其家，以此知其姓名，而吐于刑鞫之下者也。又据朱金才等泣供被获之初，合村邻佑，向官公保，质之地方李珍等，亦供果有是说。由是观之，天下岂有无赃无证而里邻愿保其无过，失主不知其为盗而犹曰姑从强盗已行而未得财之律无妨也，此法之所必不敢出者也。以上诸犯，速应释放，以苏无辜。冯养资、张德毫无凭据，执人为盗，殊为可恶，但满根曾以刺膊招疑，与妄指良善者有间，应免究。其永康失事真盗，勒州另缉可也。

## 一件公举真贼事

覆看得丁齐凤等之盗案，不但府、厅承问之时始知其诬，即该县之初招，早已画出一似是而非之疑团矣。仰遵宪驳会勘而详言之，内如宪驳谓『失主何以认赃于县审之初，而独不认于府、厅历审之后？』审据韩养初、刘户诉称，初行到县之时，原供并无失物，而无如毛一鹍在官硬证，强指罩篱，破被为失主之赃，旁证既坚，县鞫益严，不得已而认之，果属畏刑，实非附和。及细检县审底案内，果有韩养初不敢冒认赃物呈词一纸，现粘在卷，此可为失主不肯认赃之铁据矣。又查该县初看有云『快役刘永付止以殴伤贫人报县，并无劫掠财物』等语，此可为原日无赃之铁据矣。又查县看有云『敝絮罩篱，家常微物，不能信无误认』，此又当日认赃游移不确之铁据矣。即此看语观之，则该县原有疑信并存之意，而无如一鹍坚首于前，约保附和于后。审盗之法，不得不用刑鞫，刑鞫之下，不得不致妄招。迨至本犯既已妄招，失主又复妄认，听狱之官，为爱人计，又不得不为地方计，杀之唯恐枉良，纵之唯恐长盗，遂不得不成此疑信并存之案耳。至于一鹍假冒营势，为一方豪悍，一方之人，素所畏惮。况此一事也，以首贼为名，众人止知其首贼，不知其挟仇，一吠百应，同声附和，故一鹍之得以行其奸也。理固足以使诸人之俯首而听令也，又不但势力之使之然也。即在县官，亦止知首贼者为义举，而岂知挟仇者为私情，应打而打之，应夹而夹之，方以从义举者急公之请，岂料为挟仇者快私之具耶？语曰：『君子可欺以其方也』，此之谓也，非与民为仇也。至于生员田汉代写首状之故，前在厅审，盖据一鹍之所扳扯，事关盗情，遮涉排陷，故执法者不敢不为请究。及今会勘，事久情真，而一鹍良心自露，复供与汉无涉，故覆审者不得不为请释。应究应释，皆有所据，非敢曰狐掘而狐埋也。以上宪驳情节，逐一条晰详明，实无疑窦。其丁齐凤等，被诬情真，应行释放。毛一鹍陷良是实，原招不枉。

## 一件乞究劫杀事

看得刘时春与已逃之刘时鹏，则同胞兄弟，与已死之刘时忠，则同堂兄弟也。忠稍度而无子，纳春之子为嗣，而素不与鹏协。上年五月，时忠夫妇打入鹏家，鹏妻适病在床，惊怖而死，鹏曾以妻命控忠于巡东道，批职提审。讵忠强横无状，且有时春父子为之羽翼，鹏惧其锋不可当，妻死无倚，一告之后，径远遁而莫知所之，故此案至今尚悬未结。迨至忠家失盗，遂径指时鹏翁婿为贼，仇诬之情，固不待智者而后知也。据供盗来之夜，把火烧烙，觌面相亲。夫忠与鹏，非素不相见之人，乃至亲熟识也，忠既认鹏，鹏必认忠，无论仇人相见，眼睁手毒，即无仇无怨之人，使人认已为盗，利器在手，尚肯留其一息以待彼告捕者，断断无是理也。且忠既认鹏于火光之下，次日即当报官，即受伤不能动履，亦当与地方、邻佑指其人以实之，何寂无一言，待至一七之后，该县行查，然后举其素所仇怨者以对，以欺孺子，谁其信之？再查时忠于洪洞县曾供贼自西邻房楼下院，迨鞫西邻某某，乃云是夜绝无影响。由是观之，则是夜之贼为强为窃，总不可知。故军厅前看『断无三人而为强盗之理』，诚洞悉情理之论也。今时鹏虽未到官，而现获之姬洪鼎，审于时忠失盗之夜，正在史村庙唱戏，本村之社长、乡约，俱愿以百口保其无过，此又公论之在万耳万目，不待为洪鼎再赘一词者也。李三娃椎鲁乡愚，从无过犯，在人口角，止因争水小嫌而并赚入网内。以上情节，时忠未死之前，职曾准府牒，研鞫甚晰，因时鹏候缉，尚未成招，而旋奉本司别批。今时忠虽死，而其亲供皆凿凿现存也，但服冥诛，无容再议。姬洪鼎等受忠诬陷而忿恨难消，见忠已死而春子为嗣，因而迁怒于春，细鞫主唆之事，亦无实据。但时春构祸同气，而时春始终不闻以一言相阻，则不义可知矣，律杖不枉。姬洪鼎、李三娃，审系无辜，速行释放。刘时鹏归日另结，并饬洪洞县，另缉时忠失事之真盗可也。

# 一件申报拿获盗情事驳语

审得姜集凤、姜起凤、姜云凤打劫僧人郭同会，杀死毛应龙一案。据平陆县初招则云：『据郭僧被劫之后到县密报，火下识认真贼面貌、声音，旋差缉拿，当在姜氏兄弟家内起获血渍僧被、鞋褥、茶壶等物，又有腰刀、枪杖等械。械到官前，赃经主认。』果如是，则强盗之真无有真于此者，而姜氏兄弟三人之首立悬藁街亦已晚矣，又于何处更置一喙耶？及本厅亲审，讵三犯哓哓称冤，任加刑鞫，而始终无一输服之词，盗口之坚，从未见有如此之甚者也。问其故，得无以赃非僧物乎？据曰亦有是僧物者，亦有非僧物者。是僧物者，则血被与鞋是也；非僧物者，则红褐被、蓝布褥与白铁茶壶是也。再诘之曰，一物涉真，盗即非枉，既有血被、僧鞋矣，又何冤之有耶？讵三犯旋曰，无论非僧物之赃坐己名下冤固不待言矣，即今日所谓是僧物之赃，其冤更有不堪诉者。旋据集凤诉称，己家初起血被一床，乃系集妻经血所渍，而非今日在官之血被也。今日在官之血被，乃抵换之物，而非原日起获之物也。果若是，则赃真而情假矣。又据姜起凤泣诉，起家所获红褐被一床、白铁茶壶一口，实系己所自制，非僧物也。诘其何以为辩，起曰：『红褐被面三幅，其一幅色微深，其二幅色微浅，盖以原系零星买凑之物，而非一褐之所裂也。』验之，果三幅，其色浅深亦果微异。再诘其白铁茶壶，起曰：『起壶不满二斤。』僧曰：『僧壶恰足二斤。』秤之，果不满二斤矣。则是起凤名下之赃，非僧物无疑也。又据姜云凤泣诉，蓝布小褥实系己物，而非僧赃也。诘其何以为辩，云曰：『褥上有小儿尿渍，僧家无小儿也。』旋以诘僧，僧曰：『有徒名大存者，甫五岁，系乡人杨得春之子。褥系得春送子出家之褥，尿系大存睡时所渍之尿。』旋拘杨得春及大存到厅，审据得春供称，其子于顺治十八年腊月二十五日在寺寄名，未尝在寺为僧，以年小难离襁褓，累来到寺五次，本日即归，并未在寺宿歇，春亦并未置褥在寺。则尿褥诚为云家之物已有确据，而僧言之不足信已如斯矣。窃照盗凭赃死，赃真盗自无辩。兹起凤名下之褐被、茶壶与云凤名下之尿褥，其诚伪固已彰彰。独是集凤名下之血被与云凤名下之布鞋，将以为当日起获之真赃。何二犯之创地呼天一至此极，将以为后来抵换之物，而抵换者为谁，又无指证。但换赃之弊，或难全疑，然起赃到官之后，必无抵换之理，诚恐未经到官之前，苟有高下，实难揣摩。本厅穷流溯源，查平陆县原日起赃之时，该县印捕并未经手，唯委汛防兵头薛可胜前往搜缉，则是此假来历早已启人疑窦矣。旋提可胜到厅，但见其人面目狡悍，语言闪烁，似非可信之人。及再讯当日面同起赃之地方李润，又云早已物故。追将现在拘到之乡长李光辉与同行缉贼之民壮刘茂盛等逐一严鞫，俱委其事于可胜、李润二人，而举无一目击起赃者，则此假情景不又启将来之辩端乎？至于失主郭同会，件件坚认己物，语语始终咬定，若非真有确见，难言不是排陷。今即以尿褥一物观之，如此有头有绪之事，尚欲虚言冒认，又何况火光认识等语茫无凭据，安保其有天理良心之在口也？又查腰刀、枪头，锈涩铅钝，似非上盗利器。且审集凤未久应县民壮，所以家藏有刀，似亦无凭执定以为杀人之凶器也。事关斩罪重辟，且系一门三命，难容草率，未敢偏见。仰岳阳县会同赵城县虚公细鞫，务得真情，必须信心信手，始称无枉无纵，妥招解夺。

## 一件申报缉获强贼事

看得杨通、杨百管、郝奇、郝守山、张太平、刘尔鼐、何二，与先获后故之王建基等，及已扳未获之张国太等，皆大伙强盗也。建基、国太虽系临汾县土著之民，浪迹燕、秦，结交匪类，非一日矣。瞷知邑衿巨无息家藏殷富，遂纠聚本郡剧贼张太平及隔属惯盗刘尔鼐等，于康熙元年四月二十七夜，明火持械，劫财伤主，饱扬而散。幸而汛捕、营兵瞷缉神速，即于五月十八日，拿获王建基、杨通、杨百管、郝奇、薛五儿等五人，供吐打劫情形，扳出同伙姓氏，起获失单赃物，当堂数审，已与失主巨无息质对明白，事事皆真，物物有据。且天厌诸恶，渐次不漏，又于六月十二日，缉获郝守山，到官所供情形，复与建基无异，而起出赃物，仍经失主认明。又旋于六月二十三日，而张太平、刘尔鼐、何二三贼复被获于隔属汾州，当经汾阳县将太平、尔鼐二贼审实口供，追出赃物，自吐与建基同伙打劫巨衿无异。唯是何二狡辩支饰，希图漏网，旋蒙守南道移发到职，随行汾阳县调取三贼原赃，转发临汾县令与现在各贼质识是真，失主验赃不爽，然后鞫出何二与太平、尔鼐原日同伙上盗之真贼。再查何二，原籍临晋，本名焦仲裴，随行临晋严查去后，旋据临晋县回称仲裴素行不端，浪迹已久，仍将仲裴期叔焦国璧解厅，与二面质，二始俯首伏辜。以上盗案之确，从无有确于此者。除王建基、薛五儿早服冥诛无容再议外，其现在之杨通、杨百管、郝奇、郝守山、张太平、刘尔鼐、何二七贼，按律骈斩，更复何辞？再有续获段承雄者，审系脱逃贼首张国太之姑舅弟兄，即于雄家起获桌围一张，又与故贼王建基名下赃内桌围一张无异，俱经失主认明，承雄狡辩，以为尼僧寄顿之物，屡发县勘，该县以承雄强辩迫切，而乡约、地方畏避盗锋瞻顾不证，遂将承雄以知情寄藏仅拟一杖。职覆勘据国太之妻梁氏供称，国太素在雄家，往来甚密，于四月十三日，独往雄家之后，径未归来，自此不知去向矣。以时日计之，太于四月十三日，潜往雄家，至四月二十七日，而巨衿失事，今梁氏活口现在，虽挽天河之水，亦不能为承雄洗此心迹矣。又况有桌围真赃，在家起获如此，重犯岂容漏网，段承雄合引强盗窝主之律，俟勒获张国太之后，质明处决。又有姜牛儿、杨囔锁等，或系获贼同姓，或系获贼比邻，当被营兵缉贼之时混拿到官，累审无涉，速宜苏释，以免拖累。再查抚院批驳情节，内如所谓『失主巨无息原供张国太引刘满州、张五打劫在无息，有何确见』等语，今审张国太虽未捉获，而刘满州、张五现已成招，则是无息之言，已有确据矣。又如所谓『本村之张国太何以先不起赃』等语，审因国太原未捉获，遂无凭起赃耳。又如所谓『夏县之张五亦未查缉』等语，审今获之张太平，即张五也，无事再查矣。又如所谓『劫赃如许之多，似非十余人所能携遁』等语，审获过之贼，已经九人，又有盗首张国太一人未获，又有报出汾州不知姓名八人未获，则此一案也，虽未必有三十四人之多，而招内可指者，实已不止十余人矣。又如所谓『获赃无几，捕役必多隐匿，况获赃与失单多有不对，疑有抵换情弊』等语，审盗党半系远方乌合，一劫之后，饱扬四散，今盗未全获，故赃亦未全获耳，非有隐匿也。又查今日失主已认之赃，俱系原日失单所有，至于已获而失单未载之赃，亦无几件，失主亦未冒认，亦非有抵换也。又如所谓『报出汾州八人，岂无名姓可究』等语，今将各犯严鞫，坚供不知姓名，于中或有狡诈，亦未可知，但各贼屡经刑鞫，仅留一息，刑无可加，似应待其稍苏，再加鞫吐可也。以上抚院批驳情节，逐一条晰明白，统候宪夺。

## 一件申报事

看得报盗者必凭乡约失主之词，缉盗者必有风声影响之自，鞫盗者必求行劫分赃之据，解盗者必严程途防护之规，此一定不易之法也，从未见有始终孟浪如王东鲁一事者也。查失主崔凌云之失事也，盗方至而犬先惊觉，尨甫吠而主已登房，合村大哄，四处赶贼，贼遂措手不及。有备而未入室，故未失却财物；格斗而往外奔，故遂伤及追者。此盖谓之盗警，而不谓之失事也。营官张皇而报于前，印捕张皇而详于后，又何怪闻之者之疑其伤人失财，而惊讶为异常之强盗也？嗟乎，此报盗之孟浪，可谓如儿戏也。再查王东鲁之被获也，由于他村乡民郭成超者，白昼绕墙而耕，忽见一人过于墙下，沿墙而内窥，成超恶之，及与通言，而东鲁又复傲慢狂悖，成超愈恶之，遂执以为贼而往送于县。途遇捕官，即转以相馈，贸贸然曰：『此贼也，请讯之。』捕官正在缉贼不获之时，忽见人以贼来馈，喜自天矣，即以转馈于县，亦贸贸然曰：『此贼也，请讯之。』县官亦正在缉贼不获之时，忽见捕官以贼来馈，喜自天矣，遂并不暇讯其真伪，即以转报于上台，亦贸贸然曰：『今获贼矣，请讯之而再报焉。』嗟乎，此缉盗之孟浪，可谓如儿戏也。再查该县之初鞫王东鲁也，所录口供不过自述其乡贯、住址与素所熟识往来之人，并无一字言及打劫崔凌云之事。即末后有云：『他们俱是不学好的人，黑道日子便去做贼了。』此语亦大似醉梦呓言。迨至县官强诘，而东鲁亦强应曰：『他众人着我来。』此语又大似刑下支持，俱无着落，岂成盗案？迨至该县遍缉所供之人，不曰某某则毫无姓氏，即曰某某有士民保结，而东鲁名下始终究竟，不唯无一真事，亦且无一真语。忆此情景，其所谓王东鲁者，大抵行路则獐头鼠目，语言则狐缠鬼谜，所以招人疑恶，若非痴蠢，必定病狂，而断断不可谓之盗者也。鞫贼至此，即刻释之亦已晚矣，何所据而再报也，何所据而再解也。嗟乎，此鞫盗之孟浪如儿戏也。再查薛用亮等之解王东鲁也，辰时在县起解，巳时即在裴镇借宿，在路上先开肘铐，在店中又不上锁。领批之解役虽伴宿于房中，只知呼呼鼾睡；护解之兵丁则远卧于他所，茫茫不加觉察。有如此可逃之机会，尚不乘时而高举远引者，非贼也，亦非人也。详究其所以未晚借宿之故，则曰天气炎蒸，今日早宿，明晨早行，欲避热而就凉也。究其先开肘铐之故，则曰东鲁有受刑之状，不得已而雇一驴与之乘，不开肘铐，则上驴而辄仆也。究其不用锁之故，则曰东鲁作受刑呻吟不能举动之状，故不防其能逸，遂不加锁也。究其送酒与鲁饮者为谁，兵丁则曰未也，解役亦不能指其人焉。究其有无贿纵之故，则曰东鲁自被获到县，囊无半文，衣有百结，在囚累时，孑然一身，前无室家居址，后无顾送往来，狱中则乞食于禁卒，登途则仰给于解夫，虽欲求贿，不可得也。细窥解役、兵丁之意，总缘东鲁自获到官，来历未真，赃物无据，语言皆若病狂，臀胫新受刑责，方以似贼非贼而怜之，又以能行不能走而忽之，遂不觉其防之疏而逸之速也。嗟乎，此解盗之孟浪如儿戏也。总之，此一案也，崔凌云原未失财，王东鲁原不为盗，而无如报者、申者、执送者、起解者自作张皇孟浪之举动，而纷纷多事之乃尔也。然则东鲁可无事再缉乎？或曰：东鲁逃而盗益真矣，不缉不可也。曰：不然也。一入盗案，牵缠无已，即使将来辩明，眼前亦无好处。今有可逃之机而不逃，必曰俟审释而后为来明去白之人也，此必德行浑全者之所为，而非东鲁之所能也。故曰东鲁之逃也，乃常情也，断不可以逃后而遂疑其为真盗也。何也？其初获之来历，毫无盗意也，可以不再缉也。然则疏防者无罪乎？曰：不然也。龟玉，美物也，毁于椟中，与虎兕出柙等也。东鲁虽非盗，亦不宜使之逃也，解役、兵丁，各有典守，同是疏防，罪宜均也。但曰鲁非成招之真贼，各无贿纵之情弊，杖蔽辜耳。其执送东鲁之郭成超，始事荒唐，毫无凭据，作俑多事，殊为可恶。但所可恕者，指东鲁为贼，而未指东鲁为打劫崔凌云之贼也，并杖不枉。崔凌云之家，虽未失财，亦是被盗。但盗方来而即能堵御，尚知保甲之犹存；一闻盗而即行报宪，益见下情之无隐。文武各官，俱有可原，饬令与疏防之解役、兵丁，合力缉贼补过，应否免开职名，恩出自上，统候宪裁。

## 一件真贼伤命等事

看得高奇盛、梁明宇、赵馨、曹世、赵养春五犯，实系打劫徐希荣之真盗。而现在拟斩之梁世全与已经审释之倪守用、王九新等，则皆系徐进学排陷之冤囚也。希荣衣食粗足，居于枕头村寂寞山窑之内，启匪人之窥伺者，非一日矣。剧盗赵养春熟游其地，遂纠惯贼高奇盛等，于本年三月初一深夜，举火熏窑，劫财杀主，饱扬四散，杳无踪迹。希荣之族侄徐进学，贪猾无良，素性险健，遂借失主之名，以为居奇之地，趁县缉贼不获，沿村指告，遍地搜拿，于三月初十日，将倪守用、梁世全捉擒到县。又于三月二十日，将耿邦尧捉擒到协。又于三月廿九日，将王九新、张继尧、张六斤等指名为盗为窝，遍控府、县以及提督衙门。内唯倪守用当经审释，王九新、张继尧、张六斤累勘俱系仇陷。唯有耿邦尧、梁世全初招拟斩，邦尧旋即毙于狱中，世全至今尚随招内。查自获邦尧、世全之后，两月有余，真盗杳然无闻，大案空悬未结。迨至五月间，协府探知蒲县地面多有踪迹诡秘之人，随差兵丁闫光荣等，协同蒲县典史朱之增、黑龙关防守白登豹等躧至苇园村，果见乔国奇家白昼聚匪，集于窑内，官兵环窑内攻，贼皆倒戈外向，官兵势不能入，遂亦举火熏窑，毙其七命，生获高奇盛、梁明宇、赵馨等男妇七口，连赃带械，并送到官。协府缉贼之初心，但知苇园村藏有匪人，尚不知其为打劫徐希荣之盗也。高奇盛、梁明宇、赵馨到官之时，自将熏死希荣、刨银分赃之事当下吐出，旋又供出为首造谋之赵养春潜在隰州、同伙分赃之曹世潜在汾西等情。协镇太二县初审梁明宇口供，曾亦有云『王九新等小的俱不认得，俱是失主教小的扳他的。』此语早已在案，又不待今小的扳的』。以理揆之，邦尧、九新今已死矣，岂明宇、奇盛尚欲为之遮饰乎？强盗亦有良心，此之谓也。又查岳、名字。今讯梁明宇、高奇盛，俱供『耿邦尧、梁世全、倪守用、王九新等原未同盗，并不识面，皆系失主徐进学教赃物，止有悬坐上盗木棍一根，亦曰丢弃无存。又查招内岳、太会审梁明宇、高奇盛口供，俱供有耿邦尧、梁世全合而用银雇人做贼之理。即此语观之，而世全畏刑婉转之状，已见于词下矣。又查照出内梁世全名下并无丝毫起获子，要我随他，因他人众，不得脱身，只得跟他同去，分了一两五钱银子，再无别物』等语。嗟乎，从不闻盗党纠之名，则世全之未与邦尧为伙，此更可为铁案也。又查岳、太二县初审梁世全口供，乃曰『耿邦尧与了小的一两银岂得谓邦尧扳出世全也？进学之虚诬，不待辩而明矣。又查招内岳、太二县会审耿邦尧初供，并无一字言及梁世全全与己同日被拿是实。又查招内协府与临汾县于三月二十日在关帝庙会审邦尧，则是世全被拿在先，邦尧到官在后，招内，果有黑龙关防守报文一段，内称三月初十日，徐进学带领多人妄拿倪守用等情在案。今讯倪守用，供称梁世耿邦尧之所扳也。迨问邦尧、世全被获之日时，则曰梁世全、倪守用拿于三月初十，耿邦尧则拿于三月二十。迨查而始知世全受诬之情由，果大可骇异也。问其被获之来历，则曰失主徐进学之所拿也；问进学所以拿全之故，则曰喙。其审释之倪守用、王九新等，累勘甚明，具悉前招，不必再赘。独是梁世全者，创地呼天，极口称枉，职细鞫盛、梁明宇、赵馨、曹世是也。坐地窝盗而分赃者，则乔马儿之父乔国奇是也。此皆自行供吐，赃杖现存，无容置当否与失主之诚伪，了然在纸上矣，请为宪台一一剖之。如鸠党首事者，则赵养春是也。同行上盗得财者，则高奇六名。驳批到职，职谨将此案被盗之情形、缉盗之来历与同拟之次第，遵照宪批，详细述明，然后盗之真假、罪之梁世全七犯，俱拟大辟。倪守用、王九新等，俱议释放。未几而耿邦尧于五月十三日病故狱中，止余高奇盛等斩犯随即移会汾西，果获曹世，移会隰州，果获赵养春。前后合勘，遂将高奇盛、梁明宇、赵馨、曹世、赵养春、耿邦尧、日为然也，此又徐进学教贼扳人之铁案也。由此观之，则不但审释之倪守用、王九新与现在之梁世全为案内之冤狱，而监毙之耿邦尧亦当是囚中之怨鬼也。听狱至此，不由人不按剑矣。迨至详讯而更有可骇者，据世全泣称全于上年将牛一头卖与进学，价内有低银一两，屡换不与，相殴成仇，今以盗案排陷，只此故也。又诉徐希荣于三月初一夜失事，是日全在本村高进德家佣工，是日薄暮又与邻人阴凉在山逐虎，拾得残羊归家，旋与比邻铁匠范忠烹食此羊，当晚两人同宿，次早甫明，仍赴高进德家挑麦，言之历历有据。职随将高进德、阴凉、范忠三人密拿到厅，隔别详审，果与世全所诉时日、情事丝毫无异，则梁世全之不为盗，即此三人，可为铁证，而徐进学之排陷，虽有百喙，亦无辞矣。前后招情，逐一勘明，高奇盛、梁明宇、赵罄、曹世、赵养春骈斩，毫无疑窦。耿邦尧是否真贼，原未明确，然既毙狱，无凭追论。倪守用、王九新、张继尧前招俱已辩雪，不必再赘。乔马儿虽系窝主之子，然幼稚无知，合与审明之李多峰、郭守福、李先有、段登成、段僧喜、王氏等，照依前招，一同豁放。梁世全委系无辜，速宜苏释，以销冤滞。独是徐进学者，乃系徐希荣之族侄，希荣虽死，尚有子在，何物狡学，插认失主，排陷多人，梁世全几成重辟，耿邦尧早毙狱中，王九新亦为累鬼，数命之冤，上干天和，合依新例，反坐拟戍，夫复何辞？着令真正失主徐进德，随招认赃可也。

# 第四册

## 卷三　户婚

### 祥刑遗范

平阳府推官戊戌科二甲进士豫章新昌毛逵撰稿

#### 一件揆势诈杀事

看得文源、明远、泰勤，皆无行淫僧也。旧居赵城县之兴唐寺，因人命犯人范加胜之妻李氏见夫犯罪脱逃，彼亦踉跄[1]奔避，路由寺前经过，适与孽秃等相遇于途，邀取入寺。在逃妇如惊蛇而见曲洞，方喜藏身之固；在孽秃

① 原文为『狼伧』，今更作『踉跄』。

若饥鹰而得腐鼠，适快饱餐之心。红莲女无待柳氏差来，粉骷髅不怕佛灯照破。虽云物自来而取者名之曰攘，何异群相聚而嬉焉命之为麀，宣淫犯戒，人天共愤。及至冰上之狐踪已露，而陇头之兔窟益多，因官捕急，遂商使火头张二驴窃配而逃，彼非割李氏之爱而撮合于二驴也，揆彼之计，盖谓巫山有路，三人之锡杖，何妨日日飞来；昆仑可托，万丈之红丝，自此时时不断。孰知佛道祸淫，李氏被擒，二僧旋获，恶姻缘已满，永宜继绝；淫孽债难消，应当磨障，明远随招累毙，泰勤离寺远逃，止余文源一秃，合依律杖的决枷号一月，追取度牒，勒逐还俗。泰勤严行躧缉，获日照依文源拟罪，兴唐寺另招戒僧住持。张二驴虽非拐带之类，误听孽秃指使，并杖不枉，审系无力，照例的决，李氏另案发落。

## 一件横财杀夫事

看得李大亨，乃淫横而狡讼者也。因汾西顽民王金玉躲避征徭，挈妻李氏逃居赵城，与大亨比邻而处，所遗原籍丁粮，历年积欠，致累同户赔比不堪，里长贾生光带领县差登门索逋，金玉乃借大亨银二十两付光输纳，有该县流水收册存证。未几而金玉病故，大亨以向日之恩人债主，遂得为李氏入幕之宾；李氏以一旦之杨花水性，顿愿作大亨荐枕之妇。唯虑原籍之逋欠未除，夫族之追寻将至，雀鼠一兴，鸳鸯必散，欲永今生不了之缘，遂定先发制人之计，故以『吓财杀夫』诬控宪台。然妇人何知，主之者实亨也，合应重杖，以惩刁淫。李氏断令族长领回，抚养其子日后承充金玉门户。

## 一件谋杀夫命事

看得刘氏乃女中之母夜叉，张心一乃僧中之海阇黎，而高拱臣、高承诏、辛金娃、李塌鼻者，则又色戒中饿鬼畜生之类是也。先是刘氏之夫杨天才以弄蛇行丐为业，而刘氏亦以撮把戏、卖假药营生，形如傅粉之骷髅，性若兴妖之狐祟，逢人迷淫，随地倾倒。于顺治十三年五月内，夫妇同至西辛里之峪口，日则行丐村庄，夜则借栖酒店，有店主高拱臣者，先行入手，蔓延而至于酒保、菜佣、火头、炭夫，如辛金娃、高承诏、李塌鼻者，人人染指，个个沾唇。盖道旁之草，陌上之蒿，不待采折，供人踏践者也。宣淫聚麀，诚不知其几昼夜矣。忽又有孽僧张心一者，素日亦以拳棒游方为活，偶来峪口，同在店中，得与刘氏聚饮一处。噫，何其恶物淫种，机缘凑合之若斯也。正所谓腐鼠而诱饥鹰，败肉而来青蝇，亦臭味之所致耳。各出长技，两相羡慕，刘氏之遇心一，真不啻猛士之得千里马矣，尽弃旧交，并背夫主，连夜潜逃，誓与偕老。杨天才失妇而归，遂疑为高拱臣所匿，曾控于县，县审坐诬，责逐免究。于是四年之中音问杳然，未几而天才得病，淹忽以死，孰意刘氏狼子野心，岂有从一之理？果与张心一孽债已满，终成厌恶，遂于本年二月内，尽卷心一衣服而逃。及归旧垒，见夫天才已死，且闻其曾与高拱臣等相讼也，遂抛夙爱，顿起新贪，捕风捉影，思图打诈，捏虚牵连，耸控宪台。蒙批职审，逐一细鞫奸拐情由，踪迹明白，高拱臣、高承诏、辛金娃、李塌鼻虽被刘氏狐缠，难辞诸淫鹿聚，与刘氏各依和奸之律，决杖不枉。张心一刁奸加等，站配永宜。至于刘氏所卷心一衣被，虽曰刘氏无良，盖亦心一自取，应置不问。

## 一件怙势宠娼捏端谋命事

看得李某之侄女李氏，嫁与申某为妻，李氏不廉，与家仆小经通奸，被夫撞破，逐还母家而不容，遂含羞自缢。未几而小经送县毙狱。夫失节之妇与盗主之仆，若丈夫为刚肠之人，虽手刃之，亦不为过，况令优游得归母家，亦可谓柔懦忍耻者矣。使氏死果有未明，则其父李某何不出告，乃于一年之后，待同堂之叔祖为之代鸣也哉？及严询氏父，则无一语及于其婿，但见其垂首堕泪，若羞涩而不忍出诸口者，则李氏之失节自缢不待辩而明矣。究氏叔发难之故，盖因其母殡奠而侄婿一价不至，不过以干糇之愆，遂构成雀角耳。嗟乎，申某虽为李氏之婿，其妻既以失节而死，则应恩断义绝矣，又何面目再入李氏之门耶？则其不吊，未为失礼。氏叔稍有廉隅，尚当隐恶匿丑之不暇，乃忍以不根之词，欲快其私怨小忿也哉？如某者真可谓无耻之甚者也。本应反坐褫革，姑念书生无知，讼亦未终，仍照新例拟杖。申某身列黉序，闺门不谨，致毙二命，虽非其罪，然亦齐家无法，并杖。

## 一件蠹恶杀命事

看得丁云、丁心，乃同族兄弟也。心赤贫无赖，日以菜佣糊口于外，遗妻刘氏在家，云遂探伺勾引，以贱妇之水性，得荡子为金夫，输情纳意，不待言矣。适心有住房间半，求售于云，交易之后，仍将原房与心夫妇居住，盖云正欲以小惠示恩，而得藉地主之义，常往来于其家耳。踪迹渐露，为心所窥破，大相构哄，心素愚懦，遭云老拳，故有『恶蠹杀命』之控也。严拘证犯，遂一刑鞫，赃款无凭，奸情有据，丁云合依和奸之律，同宗无服之妻者，满杖不枉。刘氏无良，本应离异，姑念有子，夫愿收回，决杖免断。其所卖间半房屋，断归还心，以绝云之往来可也。

## 一件劫杀二命事

看得郭弘都之淫而且凶，实从古罕见者也。与冯胤祥比邻而居，素复交好，因窥祥妻刘氏艳姿，遂蓄狡谋，于顺治十六年九月初四夜，觇祥宿外，刘处孤帏，都乃操械逾墙，开门入室，意将窃玉，迹似穿窬。明珠暗投，既无因而至前；倒戈相向，遂祸生于仓卒。求欢不遂，满腔欲火，顷刻变作凶锋；相拒愈坚，半世红颜，一时几成碧血。方弘都之逾墙而来也，志在行奸耳，乃即挟枪以自随，揆此意也，盖逆料刘氏之识己，倘或不谐，势将败露，必杀之然后可以灭其口，此其淫情凶计，筹之熟矣。故一见刘氏喊叫，遂连刺四枪，不待旋踵而反顾也。幸邻人为披发婴冠之救，而贞妇免碎玉沉珠之惨。然而刘氏之不死，实非弘都枪头不利而下手之不辣也，弘都本有必死刘氏之心，其如天道好贞恶淫，故存其息，以为弘都今日之冤头耳。刘氏之真伤可据，邻佑之口供皆同，枪头凶器，起获到官，安得以行奸未成而强为开一面耶？依律拟绞，允无疑窦。行奸之事，原属暧昧，其父郭峥嵘自无知情之理，应免究。

## 一件强娶杀命事

看得郭维元、蔡氏等，皆积年逋户、一班穷鬼也。蔡氏之夫郭耀然与郭维元同族兄弟，先是耀然家事尽饶管粮颇多，及至耀死，数年之后，蔡氏不能承立，日就零落，兼以地多荒芜，粮尽拖欠，同户户头郭维元、同里里老杨药英受其波累，被县责比不堪，遂共诉蔡氏于县，县差孟金奇、刘正官拘蔡到官，蔡鬻一女，完其积逋，用是饮恨切骨，所以有『强娶杀命』之控也。详观蔡氏，数茎黄发，貌若猢狲，似非作妾之姿，而药英一口白须，年既潦倒，难动谋娶之兴。一诉涉虚，余情可概。逐款细鞫，除维元吓柴登选银五钱是实，杨药英骗王进场银四钱不诬，马金奇、刘正官承票勾摄，微赃有据，分别各杖。余款尽属子虚，本应坐诬，但念愚妇无知，姑免究。

## 一件杀妻逐子事

看得贾丙丁乃养子中吠主之逆犬，贾甲乙乃恩父中聚麀之淫鹿也。先是有甲妻刘氏无子，复娶妻张氏亦不字。于是螟蛉两儿，长丙丁刘抚之，次戊己张抚之，两儿共父其父，各母其母。未几俱长俱娶，戊己妇艾艳，甲溺之，有禽兽行，与戊卒遇，刃几出背。于是凤仪亭之丑态，久著闻于乡里，而朱氏家之豚犬，又再见于今日矣。中媾之言，扬于公庭，曾拟甲罪如律，唯父不父，厥子不子，自是而丙丁不无同嫌之虑，遂不觉心离而情间矣。为丙丁计者，当思受人豢饲、婚娶之恩，父虽无良，宜事之以孝而闲之以礼，义子之职未可灭也。夫何一旦薪水不从因受小杖，遂欲挟其母以战其父，人伦天理，不沦胥以尽乎？丙丁之罪，诚不容诛。但其母刘氏称丙素日事己至孝，则或亦禽兽中之母怀而不父怀者也。父实不仁，刘氏不无阴授意指，丙乃耕凿愚夫，逸居无教，与禽兽无异，遂致听其母之乱命而不知也。甲乙之罪，旧案已明，贾丙丁重责四十板，枷号示众。若此父禽子兽，均当逐出井里，移之郊遂，直当禽兽视之可耳。

## 一件苏救民命事

看得侯显、侯隆、侯金，皆人类中之禽兽也。隆妻赵氏，有婢蛮儿，荡淫无忌，叔侄三兽，聚麀一庭，赵氏妒夫私婢，遂将蛮儿逐出，显复老而无耻，即将逐婢收藏，喜因侄妇之妒，窃享专宠之利。讵知其侄金先与蛮儿较稔，仍向窥伺，勾通往来，由是而显、隆皆侧目于金，匪朝伊夕矣。适二月二十一日隆往县纳粮，赵氏与姑就寝，夜闻窗外剥啄，开户视之，不见其处，赵氏惊喊，暗中微伤，当哄四邻大搜，杳然迄无踪迹，漫藏诲盗，冶容诲淫，其为穿窬之小人，抑亦钻穴之浪子，俱未可知也。迨至三月初一日，隆忽以金为盗，指名呈县，显又以金不孝掇母衬词。夫盗无影响而疑之于十日之后，兄无显恶而坐之以忤逆之名，本为一婢之故，而诬兄陷侄，一至于此。噫，丧尽良心，灭绝天理，良可叹矣。聚麀无耻，弃亲无义，是禽兽也，显、隆均罪，决杖余辜。侯金忘分宣淫，并杖不枉。

## 一件夺婚大变事

看得周士能，乃无耻之老泼也。顺治初年，有残宗朱四二者，避兵逃难，偶寓其家，此时四二如丧家之狗，命寄人手，苟主人之所欲，亦何求而弗得也。士能乃指其子，欲与四二之女为婚，四二敢不唯唯应之，当日亦事同戏谑耳，非实有执羔奠雁之盟也。事平交疏，两情俱澹，士能亦自知前约不坚，但欲藉此以为求索之计，伪称已经过聘，今因其子远出，多年不归，狡央党棍刘仲霖、周尧天等托名退婚，要其财帛，四二乃丧国遗魂，听彼鱼肉，仅出家橐，求其脱祸，而士能始为立写退婚文约，葛藤已断，然后将女许聘张三鉴为妻，于今已数载矣。讵周士能口甜腹蜜，方见三鉴殷饶，又复垂涎支节，要求需索，至再至三，饿海难填，故又有是控也。无论士能当日叫婚之事，乃在急遽苟且之时，六礼不备，挟誓要盟，原不可为典要。即使当日成礼，而后既退婚，则已唾之沫，宁堪再舐？士能居奇打诈，殊为狡泼，杖惩余辜。刘仲霖、周尧天撮掇兴讼，健黠之尤，并杖以警。

## 一件异常大变事

看得刘福与赵氏之夫刘明，乃从堂兄弟也。刘明久商无子，身殒于外，遗妾赵氏拥家无主，倚福子衿，又系同堂，藉其声援，托理家事，福侄刘疤等以为己亦亲支，独不得沾余润，见福一手握定，未免旁观眼热，遂搜祖手旧账，掇母孔氏具控宪台，更因瓜李之嫌，指为中篝之丑。细审拨分赀本，系在万历年间，福父在日之事，代久人亡，毫无考究。但念孔氏老寡无依，系福期婶，理宜存恤。今据族长处分，福将地二十二亩，作价一百六十两，与孔氏为赡老之资，以结昔年故纸之数，情亦协矣，其旧簿废之，以断日后葛藤可也。至于赵氏帷薄之情，事属暧昧，既无捉获，亦难悬坐。但君子以礼持躬，义不履寡妇之门，刘福身列子衿，不能洁身自爱，致招物议，法当杖惩，以戒将来。赵氏为人妾妇，既已无子可守，又复有嫌当避，速断改嫁，以安舆论。

## 一件横国大变事

看得黄武、王克，俱滥衿也。有绛州衙蠹邓文首者，先年买娼武美桃为妾，未几而被访流徙，美桃遂仍归柳巷矣。黄武与其棍兄黄文假称文首表侄，遂持身券，向美桃索取原钱。讵意王克者亦花间浪蝶也，倚恃体面，插入局中，蔽护美桃，文、武辱王克于娼门，王克攻文、武于州幕，而旋又耸控宪台。以理揆之，文首以衙蠹买娼，原非如交易借贷而期偿于异日；美桃以老娼复业，安能谋琼瑶琚玖而奉报于他人？况冤家债主之文首，已经脱离乎眼前；则葛藟瓜瓞之黄文，又岂得代索于身后？若夫眠花卧柳之王克，更不知何故而插入局中也。三人若狂，均属多事，分别各杖，诚不为枉。

## 一件殃杀良民情词事

看得段书，刁棍也。其表兄张星拱者，昔年曾娶苏尚全之女，后客于秦，十载无音，莫知存殁。星拱之母衰贫不度，遂与其夫弟张汝林将苏氏改嫁与秦可章为妻，至今五载，育子已二岁矣。书乘星母物故，自称瓜葛表兄，乃以强割为词，一控于县，一控于府，挟索不遂，声言复告，故秦可章不得已而鸣之于宪台也。夫段书虽系星拱之亲，而苏氏乃属张门之妇，主婚者则有亲姑，立契者则有期叔，即使星拱今日复归亦不得过而问矣，况漠不相干之表兄乎？且嫁在星拱十载未归之日，而告于可章成婚五载之后，舛悖刁贪，明系挟诈，反坐如律，诚不为枉。

## 一件横饕叠吓事

看得刘国，龟之类也；楮才，蠹之渐也。刘国新娶娼妇姬七儿为妻，而才先与七儿有旧，忽归于国，未免醋心。且七儿之龟父在日曾负才债，今龟死而从良，才遂以为债应良偿矣，因执原券，向国求售，国亦未之应也。近因刘国淫兴大发，婪奸族孙之妇，妇诉于姑，姑诉于翁，翁诉于州幕。才幕役也，承票行拘，冤家路窄，才以为今而后得操其短长矣。不唯索取前债，亦且大肆饕餮，勒国打发差银九钱五分尚不撒手，约偿前债，始行退兵。讵意龟心似箭，蜜口如刀，及至事平，不唯莫偿夙负，亦且退有后言，两造之孽，俱可谓鲜耻无良矣。若楮才者，索债之愆犹可辨也，衾晴之愆不可辨也，因未满数，追赃杖革。若刘国者，负前龟之债犹可言也，奸族孙之妇不胜诛也，淫幸未成，依律徒惩。

## 一件公举强奸幼女事

看得李文秀，既为塘兵，应守纪律。夫何逞包天之色胆，张食弱之锯牙，强奸室女，饕餮乡村，一阅县详，令人读不忍竟，而发竖眦裂，按律繯首，犹嫌其晚，诚如部院所批『法不容诛』者也。职仰遵细鞫，而乃知其中情节，罪固尚有未至于死者焉。审据董如娃年逾二八，身材长成，虽曰闺女，亦出痴幼，似非顽然无知之物也。其婶赵氏以子立之嫠妻，守愆期之处子，何不择邻自卫，而居于无人寂寞之乡，又少安身之良策。李文秀以佻达之悍丁，鲜衣怒马，日游其地，男因见猎而心动，女亦对景而神伤，此必然之理，奸萌之所自来也。审董如娃所居之破窑，抵文秀所宿之神庙，相去半里有余，若如娃果怀凛烈之性，即使文秀缚之负至中途，岂不吾舌尚存乎？何地方寂无闻声也？待至其婶惊哄四邻，蜂聚庙中，一人众人之耳，且经婶母之目，既已瓜破蚌开，尚不玉碎珠沉，而忍辱如故耶？其情亦可揣矣。详鞫赵氏口词，再质邻佑干证，缚女出窑是真，则强非虚矣；在庙良久皆确，则奸已成矣；彼方逆来，此亦顺受，以强人手，以和成交，而文秀之罪案定矣。合照刁奸之律，非枉非纵。若董如娃者，虽曰顺受非宜，然而被胁实真，且系闺女，非同荡妇，应从免议。但所许夫家，未合之簪，久已愆期，已坏之璧，终留无用，合令赵氏，另为择嫁。至于李文秀私派口粮之事，据乡约供称，每日连人带马，轮坐各家，饕餮供给，可为流毒实甚，但念口腹之费，似难坐赃，惟祈宪令申饬，以戒将来。更可异者，职临审之时，接得陕西提塘郑俊关文一角，内称李文秀与董如娃曾有丝萝之约，职阅之不胜诧异，旋拘关内所称媒妁丁养真、杨毛头等再行严鞫，只字无因。即以询之李文秀，亦自供提塘关文词节彼不知情。夫塘弁为兵丁头领，既不能钤束标下，已是律有明条；又复欲曲为蔽护，更不知实出何心。如此举动乖张，正恐此弁标下如李文秀者，又不止一问店村而已也。合将问虚原关，统叙招内，伏候宪夺。

## 前件

覆看得李文秀淫奸董如娃一案，若指强奸，又按军律，则一死更何辞矣，然职累次严鞫，委因强入和成，故定刁奸之律，伏蒙秦督部院逐一严驳，仰见戢兵安民之至意矣。职谨遵随发闻、猗二县会审、细勘，具详到职，窃照从来奸之与盗，情相等也，必其窥伺甚熟，有隙可乘，然后乘之，断未有无故而猝来之盗，亦未有无故而猝来之奸。今文秀之在问店村也，匪朝伊夕矣，以荡兵、怨女，比邻而居，接踵而见，谓彼此漠然，文秀乃敢突尔而作此想，有是理乎？玉碎珠沉之责，虽似苛论；对景神伤之语，实非悬揣。董如娃当闻喜县初审之时，被辱方新，饰羞无计，势不得不指强奸之说以为安身之地。及今细鞫，果谓初则喊叫而无人答救，继则畏势而不敢呼援，即此『不敢呼援』四字，情见乎词已，足为强始和成之确据矣。至于其婶母赵氏与乡长丁奉平等恨秀切骨，诚不得以一偏之言，遂定人罪案也。督台为纪纲从出之地，法令凛如秋霜；道、厅为朝廷奉法之官，谳鞫惟期平允。揆情度理，按律定罪，不惟不知瞻顾，实亦毫难重轻。至若文秀，乃孑然穷兵，淫悍至此，众所共恶，况执法之官乎？但罪限于律耳，安所得情弊也？仍照原招，原非徇纵。提塘郑俊，已蒙督台批明，无容再赘。董如娃或守或嫁，听其自便可也。

## 一件异冤杀命逆伦大变事

看得潘思敬夙充荣河县马夫，狡猾无良，是其长技。崇祯十三年间，河东凶人相食，思敬转徙他方，抛妻樊氏，弃子九岁，在家莫顾，或充饿殍之肠，或葬河鱼之腹，总不可考。秋熟之后复归，已不向青磷白骨之中招一鬼之魂矣。其妻舅樊国泰责以大义，令求着落，而思敬若不之闻也。旋复续弦崔氏，至今已二十二年矣。忽有老黠郭俊敖者，与敬比邻而居，习闻此事，俊敖者卖油郎也，惯以绰白打诨为生，一日卖油于蒲州减庄张家村，闻已死张三汲者，有一嫠妾，出身娼家，别字小范，小范者其字也，实姓席氏，为娼倚门之时，与吕守才曾效野宿鸳鸯，因才撮合之故，从张三汲，遂执厨边箕帚，事张亦二十余年，生女一十二岁，三汲死，小范今亦鸡皮老妪矣。俊敖市井无赖，觇知三汲之子张学诗饶懦可嚼，遂思捉影生波，于是指鹿为马，谓范曰樊，以为字音恍惚；以席由娼，欺其原无根蒂，归拨思敬，冒认已妻，同谋打诈，敬始谋之樊国泰，泰义不可，遂并泰亦网入词内矣。嗟乎，何物思敬，独不思昔年弃妻逃命，疾视妻死而不顾，早已索之枯鱼之肆矣，尚欲以死姻缘作活夫妻耶？假使樊氏今日而生，赎于娼门，嫁于张氏，名正言顺，既非拐带窝隐者比，思敬亦不得过而问焉也。又况乎范字不系樊姓，张妾原非潘妇，乃欲拨草寻蛇，何异当天见鬼。诬前舅而陷亲妹，啧人子而污父妾，灭绝天理，丧尽良心，诚不容见于尧舜之世者也。潘思敬、郭俊敖俱应坐诬，姑念打诈未遂，决杖余辜。

## 一件奸妻吞财事

看得李之芳，赤贫无赖，作媒营生，有邻人常君赐之父常三乐，年将就木，意尚求凰，屡托芳为执柯。适有李氏者，李登坛之再醮妇也，见夫久客于外，十有余年，杳无音耗，每欲自衒，故其姓氏早已入于之芳之姻缘簿上矣。一日承三乐之命，即举李氏以应，为之撮合者，则有登坛发妻之婿李时蔚与李氏之兄李宗仁；为之主婚者，则有登坛之户长李友捷。当议财礼银一十八两，以其半作李氏新妆之费，以其半饱诸人瓜分之腹。于是五旬之鸡皮老妪，一旦涂朱傅粉，抱琵琶而歌别调；八十之鹤发衰翁，忽然握雨携云，学风流而再坦东床。幻态丑状，可笑极矣。李氏诸人之心，以为与登坛为将相晤于鬼门路矣。讵知恶姻缘后来者仍不到头，活冤家前生者又复现世。使登坛苟有丈夫气也，覆水自难回盆，落叶岂能归树。奚知坛之无耻何也，不唯求合破镜，更思重完坏璧，既不识羞，终难割爱，物见原主，归之可也。常三乐既做三年老郎，应认几分晦气，但六礼既备，原非谋娶苟合者比，合置免究。李登坛既续鸾胶，当还鹤镪。其李氏所费常姓聘金九两与范之芳等瓜分一半之数，俱追入官，仍各杖之芳等，以警妄谋撮合之罪。

## 一件淫占兵妻等事

看得荡妇丁氏，因夫李秀糊口于外，不能养赡，遂央媒王氏老杨婆，自衒于营兵李连玉。玉闻不费一钱而可以得妇，遂不问其有夫与否，贸贸然跨马登门，负之入室。丁氏之父丁应魁，初讼之于本营，再讼之于本道，营官责玉而逐归其妇，道词批府而尚未结案，李秀夫妇，饮恨切骨，故又旋控本军门矣。详讯苟娶者，李连玉也；妄媒者，王氏老杨婆也；自衒者，丁氏也。各有正条，他人无与焉。文某既已责治其兵，似非坐视者比，应置免议。丁氏断归原夫，听其去留可也。

## 一件奸妻杀夫事

看得杨美之女杨氏，幼即悍淫，嫁与高争奇为妻，获罪于奇之母，遂而奔归父家，几半载矣。与比邻恶少韩占私通，致有风声，奇往觇焉，果与占遇，自是而奇不愿以为妻矣。乞还聘金，速请离异。美留其女而掯其金，故奇有是控也。合与追还，准其别妻。杨美父女，俱杖如律。韩占预逃，另缉再究。

## 一件急救民命等事

看得贫婆古氏，老奁淫猾，素以作媒营生，受营兵汪应元冰下之托，终日奔波，到处撮合。觇王登诏之女新寡在室，稍有姿容，为之撮合未谐，古乃阴于王之妆次，掏其一簪以出，私授于应元，且诡元曰『此王氏所致』，盖车中之掷果也。鳏兵旷卒，闻之若狂，执簪登门，声言求匹，几至无所顾忌，登诏恶之，而又惧营兵之势，不得已而攻古氏也。详讯簪虽窃于妆次，然古氏当日之意，不过欲执此以作两地牵头耳，非若盗财者比，亦不得指之为盗也。然婚必义合，既无亲族主张，又非本妇应承，何物老淫，妄行勾引，汪应元事虽未成，而恃兵挟娶，均杖余辜。寡妇王氏，听其父家择配，夫家受财可也。

## 一件生离夫妇事

看得郑尔彦，下体不全，生缺人道。聘妻李氏且八年矣，名为箕帚之妇，从无枕席之欢，犹纸上鸳鸯，有形而无气者也。李颇耐八年中，恬无怨言者，以有姑在堂耳。姑亦怜焉，虽诺终养之后，许其出嫁，仍命子彦预立休书，付与氏父李光先为照。今年而姑死，父怀爱子之心，不忍李终寡也，急持原约，求别于县。县谓阴阳失配，诚非人伦之宜，安可以有用之物，而终置之于无用之地，况既有母命，子当遵从。哀李事姑有年而光阴已迈，断令伊父止备原聘之半与彦退婚，而准李择配。何彦乃必欲取盈，而旋有是控也。嗟乎，八年真姑媳，诚可悯矣！数载假夫妻，实何罪耶？为彦计者，即不念李劳，亦当思母命，奈之何无畜妻之具而怀陷妇之心，且以为居奇之术也。语曰：『阴类之物，毒而不仁』，信不诬矣。姑念天劓残废，令光全给原聘，以断葛藤，准李改嫁可也。

## 一件掳奸劫夺事

看得柳文法、柴徐娃与杜氏者，皆一班奇淫怪丑之恶物也。杜氏陋且荡，其夫丘国胜痼疾不起，而又畜少佣柴徐娃于家，是犹使馋狸而伴鸡雏也，鲜不及矣。杜氏果倾心于徐娃，一旦尽收其簪珥、衣裾与徐娃襁负而逃，藏于柳文法、孙世能之家。盖以二孽者，乃徐娃昔日所谓心腹之交者也。讵知今不然矣，黩货聚麀，展转搬移，未几而荡妇之身与财，又径属于柳与孙矣，是犹狸攫鸡而狗夺之食也。事渐败露，国胜告赴本州，文法等隔属抗提，久不赴审，州详于府，方审未结，而文法又耸控宪台矣。其词内首犯丘国龙者，乃国胜之胞弟也；耸书办者，乃经承是事之州书；陈花吾者，乃拘提是事之州皂也。嗟乎！何物狡悍，窝奸宣淫，匿人藏货，而反恶亲夫之诘告，又怨官司之勾摄，将欲使法纪荡然乎？柴徐娃拐奸良妇，柳文法窝拐通奸，各有正条。杜氏随奸背主，律拟断离。孙世能、曹邻庵严缉另结。所拐衣物，照依审实单款，于文法名下追给国胜可也。

# 卷四 田土

## 祥刑遗范

平阳府推官戊戌科二甲进士豫章新昌毛逵撰稿

### 一件势陷群命事

看得吴光，乃富不仁也。光父泽与自俊之父从顺为同堂兄弟，因从顺富而无子，抚自俊为螟蛉，而以泽之长子茂为继嗣。未几而茂死，又复立同堂弟从化之子敬承代之，敬承继立之后，未几而从顺亦死。顺妻刘氏遂裂其家私为三份，以一份与泽，盖以泽之长子曾经过嗣而后死，有怜之之意，且以悦泽之心，欲其日后善遇敬承与俊也。又以三份内一份之半与俊，盖以其螟蛉之故，所得独少耳。分拨已定，三人立写文约，并无异说，如是则刘氏待泽之恩，亦不可谓不厚也。讵意刘死泽不惟不能报德，而日以剥俊为事，忘恩背义，泽实甚矣。然此时光尚幼也，及泽既死，光且壮，不思斡蛊而仍蹈父辙，垂涎自俊余产，鸱张蚕食，意欲剥尽而止。因俊以柿园四亩五分卖与他人，价尚未足，光乘机将银九两借俊，令其取赎，即以所赎之地与己为质约，定限满不还，即行退业，阳曰借银，实阴欲吞产耳，俊不几而堕彼狡谋。迨至今年，俊果不能偿，光遂率仆侯三强耕其地，俊不甘，亦率其子吴建拼死以抵，击碎光之门楼窗壁，事虽过激，然亦受其鱼肉难堪，情不得已也。光呈县，俊控宪，蒙批到职，据单逐一严审，奈款内所开皆系光父吴泽所为，且属万历、崇祯年间已经结案之事，人亡代异，不能起九原之鬼而问之也。唯考试吓银一款系光之事，而款证又皆坚口不认，想小人之情，素日利光之缓急，当其赴考之时，鸡酒饯送，情固有之，此亦不可以坐赃也。诸款虽虚，而光之恃强凌弱、累债霸地，情真罪确，杖实不枉。其所质柿园，断令归俊，所借九两之数，俊虽未还，然向来泽受俊母之恩不为不厚，今些须之负，虽不求售，未为过也，合应毁券免取。悍仆侯三，强耕助虐，并杖以惩。俊不以累债霸地实情出告，妄开隔世虚款，本当并究，但念潦倒痴愚，情出无奈，姑免拟。

## 一件二命大冤事

看得张翔、张武同堂兄弟，武支强盛，翔支孤弱，屡以房屋互争，经县断明，骨肉参商，非一日矣。八月十五，两家之小儿因同戏而斗，彼此之儿母因护子而哄，此痴儿、蠢妇之态耳，何与丈夫事耶？讵八月十九日适翔妻董氏临盆生子，九月十七日子死，九月十九日董亡，翔遂欲藉此以舒其积愤也。殊不知临盆在角口五日之外，子生已经满月，母死又在子后，谓之堕胎，有是理乎？今收生之翟氏、乳子之李氏口供错错，翔复何词？武亦恃强凌弱，致起衅端，各杖不枉。

## 一件吁天垂怜批查超活事

看得残宗朱荣寰，更名杨名德，原买民地九十四亩，因顺治十二年太原同知傅奉委查核宗产，不分见在逃故，一概入册开报者，实比比而然矣。荣寰今属率土编氓，见皇仁浩荡，屡有安插残宗之典，故复哓哓而望恩也。行州详查，据称改革之时，流离逃窜，文契遗失，情亦有之。但荣之在当年，既非叛宗之列，而此地之在明朝，又非钦赐之产，虽无印契足凭，而卖主姓名、约保甘结凿凿可据，似应准与开豁，以广朝廷哀恤茕独之仁政者也。然事关部批，可否出自宪裁，又非职之所敢擅议矣。

## 一件[1]

看得朱溪田，乃鳏寡残宗。在万历年间，自行置买冯彬、陈管儿地土二分，因顺治二年清查宗产，乡保怯法，不敢遗漏，遂不问现在故绝与钦赐自置之别，一概混报入册。溪田前地估价七十余两，自是历年租税追比火紧，虽云完纳无欠，然亦已血尽髓枯矣。兹见朝廷屡有抚恤残宗之盛典，故亦援例望恩。行县详审，确查地内文契，兵燹之后，尽皆散失。然卖主姓名、纳粮赤历班班可考，既非前朝钦赐之产，又非叛宗故绝之业，似当应在准豁之恩例，以广国家怜恤鳏寡之皇仁。然开恩出自上台，非职所敢得而轻议也。

## 一件抄家杀命事

看得杨标、杨桢，乃同堂兄弟。先年标兄杨棓浪荡废家，不能承立，有地四亩一分，平值价银五十七两四线，因棓卖田手滑，急欲求酬，遂尔减价，杨桢利其贱值，将银四十两承买为业，于兹已二十五年矣。杨标飘流赤贫，游食在外，一旦逃归，遂肆贪横，虚声恐吓，夺回原地，转卖与邻人郭洪，得价五十七两四钱，致桢不甘，所以有『威吓鲸吞』之控也。其地既系杨桢远年承买之物，合应断回与桢，仍于杨标名下追出重卖价银四十两，于杨桢名下追出先年所亏短价银一十七两四钱，凑给与洪，令其退业，以息争端。杨标恃强骗业，杨桢图贱收买，分别均杖示惩。

[1] 原文标题即为『一件』，缺少『某某事』的内容。

## 一件诡粮殃命事

看得杜英兰，家事初饱，有地六十亩，粮在羊城里，与杜承赐同户共甲，纳粮当差，历年无异。近因承赐赤贫无赖，素惯逋粮褪差，拖累同户，以致英兰不甘共事，遂与里书杜尚富等同谋诡寄，于顺治十二年，遂将前粮暗移于土门里之一甲。细查英兰在于土门里下，每年正供无欠，虽未骗粮，实亦躲差，谓之非诡寄不可也。杜尚富身为里书，粮册在手，乃将己地一十五亩任意隐漏，莫可踪迹，奸宄之尤，更为可恨。除将英兰前地六十亩断令照旧收归本户纳粮当差，杜尚富所隐平地一十五亩，严行该县详查里甲册籍，并累年有无完欠，务期着落收归，以厘积弊。二犯依律，分别杖惩。杜承赐刁顽善逋，以致同户离心，并杖以警。杜玉石卖业明白，原无诡粮情弊，土门里亦无包揽缘由，俱免究。

## 一件贩业冤杀事

看得关春芳，乃李氏之遗佃也。有明季李阁部，于顺治六年，奉旨抄没，族党惊窜，李天麒虽系疏宗，亦皆远遁，唯春芳自谓异姓之人祸不及己，仍佃其田，仍居其居。不意城门之火，亦殃池鱼，当日估变叛产，春芳独以佃户受累。及今事平之后，李氏无辜者尽行复业，天麒亦遂归家，仍向本县承买叛业，当官纳价，于是抄没之产复归李氏。春芳用是眼热，不禁心妒，推其志也，恨不使李氏之族没世不归，己仍得以微赀而坐赚厚业耳。殊不知以李氏之人认买李氏之产，既已当官纳价，原非隐漏霸占者比，区区佃户，夫安得过而问之耶？春芳止知婪业，不知安分，杖惩奚辞？李天麒、刘洪泽，审无贩吞缘由，俱免究。

## 一件剿家杀母事

看得黄金榜、丁文烺，均非醇民也。金榜本籍万泉，流寓河津，侨居于丁文烺庄上，打铁营生，铢累寸积，遂有鼠余之粮。于顺治八年，将银十一两买文烺苜蓿硗地五亩五分，管业收租。未满数年，而文烺欺其隔属鸾居之人，遂行霸佃，不与籽粒，金榜无可奈何，状告守东道，批万泉审理。行文河津，关提文烺到县，尽将契内地价追给还榜，以地归烺，如是两情俱协，可以已矣。惟是文烺前往万泉赴审之时，榜未免据其负嵎之势曾快心于烺，故烺衔仇不解。于今年二月十六日，复以『霸约杀命』情词，具控本院，蒙批河津县审，该县之处金榜，亦犹前日万泉之处文烺也，各护其民，未免大过，遂将金榜一子、一侄，双拟赎杖。榜慌无措，故于三月二十日，复向宪台，又有『剿家杀母』之控也。小民无知，冤连祸结，何时已耶？夫听讼者贵适其平，地已归烺，价已还榜，前断甚妥，无可再议。独是丁文烺不当于案后兴师，黄金榜不当在本县报怨，二犯之罪，各不能辞，似应均杖，以服其心。县拟未协，合行注销。

## 一件骗财杀叔事

看得姚中道，乃姚荐之堂侄也。中道兄弟四房，唯二房绝嗣，遗嫂李氏孀居，道遂以子姚谞过房承继。不意二房侄子姚敬云分与谞均，乃视绝户之产固人人可得而垂涎者，出与谞争，彼此构讼。道曾借叔姚荐银一百三十两以支讼费，约以日后所得之产便可抵偿。孰料敬云讼未终而弃世，奚遑践约；讵知中道鱼已得而忘筌，竟不还银。姚荐当经控县，断令于绝产之内抵还斯银。中道同嫂李氏搜出房二处、地五亩付抵此欠，以结其局，契券炳然。奈何李氏妇人之见，反复无常，兼之旁有中道之主持，更加李景之撮掇，将房锁闭，地不容耕，故今日姚荐又有是控也。今查中道之子已经承继李氏为儿，则李氏之产即姚谞之产也，荐既不愿得业，合应于中道父子名下追银还荐，取领原约。中道违断欺尊，李景唆姊霸业，分别各杖。

## 一件指兵抢夺事

看得卓仪之族人卓天元，昔年以事累狱中，遂将煤窑一所卖与徐名道。夫狱中之交易，其情可疑，故名道虽成交多年而从来未行管业，则受授之清浊，可不问而知也。忽于今年十一月内，乃将煤窑转卖与阴宦之子阴霁，盖欲脱祸耳。霁差家人李自强往窑收煤，卓仪不知来历，妄行唐突，螳臂[1]当车，殊可悯焉。李自强归诉其主，未免肤受，阴霁据其一偏之言，乃为是控。因卓仪原系卫籍屯丁，故遂有『指兵抢夺』之词，亦已过情。总由徐名道以暧昧之物，褪卖嫁祸，杖惩余辜。史登仕与阴姓立约分煤，原无可议。贾名扬等俱系受雇挖煤之窑夫，牵连词内，未免有龙战鱼殃之叹，俱置不问。

## 一件横吓殃民事

看得柴献孔之母舅尉有玺，家稍饶而无子，抱养尉奖为儿。于去年九月内，有玺弃世，所遗家业，归奖承管，以螟蛉之养子，受继嗣之饶赀，族人未免涎流，亲戚因而眼热。献孔遂捏伊父柴周岳曾以赀银五百两将孔托孤于有玺之家，具告本县，向奖索取，尉奖情急，奔控宪台。查柴周岳已故多年，献孔今已二十余岁，不可谓不老辣矣。既有重托在其舅家，何有玺在日并不闻一言及此，迨玺甫死而即执奖而问之耶？且以五百两之重托，虽在至戚，须有符验，三代以后，谁是久要不忘之人？两家相对，遂不作尔疑我诈之思乎？及询周岳遗笔与夫有玺照券，并无只字可凭，三尺童子，谁其信之？尉奖虽系螟蛉，既为有玺承嗣，当差受业，不为无名，即有亲族，安得过而问焉？柴献孔不念亲情，甘为祸首，见利忘义，捏词先告，杖惩余辜。尉有新挑唆构讼，附亲欺族，冀图渔人之利，并杖

[1] 原文为『背』，今更为『臂』。

不枉。

## 一件急救民命事

看得贾登龙，粗能浊饱，便尔豪悍。龙买族兄贾登魁麦地一片，地界三面俱邻登选之业，越选地而外，始邻席尧臣之业，则作契当以选地为至明矣。龙欺登魁老迈，目不识丁，术使代笔作契之人朦胧混写，故越选地而书席尧臣为界，实已萌并包之心矣。选控于县，委捕踏明，为之履亩分疆，薄责示惩，此理法之应然也。讵龙涎谋不遂，乃抛本题，另寻别故，意谓衙蠹人命，遂可以压倒元白矣。殊不知词愈虚，罪愈重，反坐合应城旦，县拟毫不为枉。

## 一件霸吞祖业事

看得仇道之族人仇俊，将房院一所质与某宦，其交易之明白与否，不可问也。后俊力不能赎，而宦又时不能待，遂将其业转卖与崔氏，于今已十余年矣。夫仇氏质业于宦，而非质业于崔，崔氏得业于宦，而非得业于仇，使仇氏当日果有契价未明，自当问之某宦可也，于崔何罪焉？仇道倚恃绅势，插认业主，将某宦多年出卖之业，一旦执崔人而求赎，是避强而攻弱也，不武甚矣。杖警仇道，以为侮懦之戒。仍断崔氏向宦领回原价，退业还宦。庶令原日质卖之人，应赎应找，自求明白，庶不致有葛藤也。

## 一件积蠹吞杀事

看得崔有珵之父原买周姓房院一所，偶因贫乏，质与伊亲苗氏，后不能赎，苗复质之于荀，久假不归，浸失来历，荀鸣凤忘其为受质之业，竟作绝契转卖与卢姓者，授受不清，遂从此始。卢又转卖与张书诚，得价五十一两，书诚复不能守，旋欲别售，而崔、荀二家，俱认出业，原主彼此竞赎。以理揆之，崔之授业于苗，质契也，质之义未绝也；荀之授业于卢，卖契也，卖则于义绝矣，则业之应归于崔者一也。若谓出业之主均得取赎，然此业已六易其主矣，溯而上之，当从所始，则业之应归崔者二也。且查荀氏之卖业者鸣凤也，其人已亡，德凤其族弟也，不可谓之出业之人矣。若在崔氏，昔之质业者有理，今之求赎者亦有理，是所谓本物本主矣，则业之应归崔氏者三也。德凤插身行霸，殊为多事，合令崔有理照契出价，张书诚领价退业，荀德凤义不得过而问焉。再据书诚禀称买屋之后，颇费修葺，应断有理酬之可耳。

## 一件强横致命事

看得逆应伸、逆国民，傍山同居，倚坎为窑，坎之下乃国民之窑，窑之上即应伸之地，小人好事，各怀私见，增窑者未免侵地，扩地者未免损窑，彼此不安，遂生衅隙。逆国民先擅髦父，以惊杀乳孙为词，告伸于县；逆应伸依样葫芦，以气死伯母作对，控民于宪。各骋无情，真如鬼吃，均应坐诬，姑念乡愚无知，中途悔讼，薄杖以警。其地准如息议，照旧各管其业，县案行令注销可也。

## 一件抄家杀父事

看得杜海量之父杜𫗦，携妻挈子，流寓陕西，因瞽双眸，多年不归。𫗦母张氏与幼子杜㶇见其杳无音信，以为𫗦必死矣，兼之家计日促，遂将夫手遗业仅卖度生。有族人杜炜等利其贱售，瓜分承买，未几而张氏、杜㶇母子继亡，此顺治初年事也。至顺治十五年，𫗦忽携子海量自秦归晋，寻其旧垒，但见母死弟亡，寸土俱属他人，遂以吞灭情词，具控前院，蒙批本县审理，杜炜等执其母弟亲笔印契当官质对，原无吞灭情弊。该县因怜杜𫗦瞽废，且母弟卖业𫗦未经目，炜等交易虽明，未免得之孤儿寡妇之手，断令退还杜爚名下应分一半，令其父子复业，详允在案，此亦可谓天理人情之至当矣。讵爚乃离乡背井之人，穷骨天生，不愿归里，仍将所断之产央族杜烛等并行卖与杜炜，复得价银七十两，写立断绝议约，与子仍奔陕西，是所谓自旷安宅，于人更何尤也？上年爚竟客死，海量无依，携其寡母，仍归故巢，思得尺寸之地，以为安身之处，再续旧事，控县安插。县见飞鸟依人，不忍惊逐，谕令杜炜等应念族情，谅给屋基三分、平地三亩，置其母子，以慰飘零，此则法外之情也。杜炜等怀其旧讼之仇，未免遂有难色，以致海量复有今日之控也。合应照依县案，着令族长杜烛押同杜炜，将屋基三分踏明界至，平地三亩开载号塅，交与杜海量母子复业，以断葛藤。至于海量不干父蛊而健讼无休，杜炜不念宗亲而忍视流落，均应薄杖，以警寡恩。

## 一件势豪抄杀事

看得生员李一昉与乡绅朱永康，非一日之隙也。两造之父，皆前朝例监，纳粟中书，俱以坷堵衣冠，同时贩盐生理，缓急相通，情理之常。厥后永康登第，而一昉则碌碌庸衿，商贾之行，富则相衡，贵则相轧，势之所必至也，自此而两家之交易往来，多致有不可问者矣。迨二父俱亡，一昉渐瘦，每搜父手故纸，屡向永康索逋，永康以人亡代隔为词，遂而坚置不耳，一昉亦屈于时势，莫可谁何也。适值顺治十五年永康被盗，妄告乡民胡三德等六人为贼，诬证成招，俱拟斩罪。旋而真贼就擒，六冤始雪，胡三德等不甘屈陷之惨，遂搜永康事迹，胪列单款，遍控院、道，并将永康素日仇家尽入款内为证，而一昉亦在其中，此时一昉亦遂为数年积忿可以快心于斯日矣。昉方乘人之危，挟索备至，康亦心虚胆怯，猥顺不暇，初次赴审，昉持父手旧券向康母索银一百四十五两，二次赴审，昉又央中向永康索还旧骗店房一座，三次赴审，一昉之子李金汉又向永康挟诈路费六十五两。内审初次所索，据中证朱衷赤供系永康应还一昉之本银也，二次所索，据中证姚维坤供系永康应还一昉之骗业也。以上二项，虽曰乘危，终是取偿，应置不问。至于三次，其子所索之六十五两，谓非金汉之挟诈得乎？照数追坐，夫复何辞？查事在赦前，完赃免罪。若夫脱囚胡三德，前受极刑，肢体残废，以故抱恨终天，兹见永康赴选，声言欲往出揭，情或有之。今据永康硬指三德追至京师，诈财归里，且执在京姓冯姓史者曾为说事私书一纸作证，意欲坐三德为光棍打诈，以新例治罪。职详鞫冯、史二人，莫考来历，所执私书，又无图记，二人未行到官，既已无凭，质审书乃出之仇手，又复难辨①真伪，新例重辟，岂容悬坐？但胡三德前虽受屈，而事已昭雪，案结命全，亦可已矣，何得飞布流言，缠绵不了，实自招尤，刁悍甚矣。合应决杖示儆，庶戒将来，仍着族长保领，以杜后祸，以断葛藤可也。

## 一件鲸吞伤母等事

看得杜弘毅，贪得无餍。其叔杜攀枝家稍度而无子，抚其妻侄李春魁为螟蛉，然亦椎鲁无用者也。因毅得叨青衿，攀枝每藉其力，以为支撑门户之计，曾许身后略以余资相赠，当拨窑房五间与毅居住，意即以是了此局矣。盖一以酬其生前协助门户之劳，一以属其身后夹辅义子之意也。及攀枝死，枝妻见魁懦弱不堪，复立期侄弘业为应继，与魁均分其产，朋充其役，亦名正而言顺矣。自后一手握定，弘毅无处插脚，遂生异志，大作风波，既得其窑，又求其地，毅控于县，业控于府，本府恶毅贪戾，并其原窑断归二子。弘毅一天妄想，既不得地，又失其窑，所以喇喇不休也。平心而论，得陇望蜀，固属无餍，求新失故，亦为不情，应将原窑五间仍给弘毅，以践死者之言，以服生者之心，此外则不得复生枝节耳。弘毅求索不已，弘业父命不遵，分别各杖，以戒将来。

① 原文为『辩』，今更为『辨』。

## 一件急救杀祖杀叔等事

看得朱凤宇，乃朱二长、二三之堂叔也。凤宇先年曾代二长兄弟顶债二十五两，长等无力支偿，遂将己屋三间，立契与叔，抵还此账。讵变革之后，彼此逃难，竟付兵燹。在二长则以为已既写业，即是还债，其屋之在与不在不问也。在凤宇则以为屋归乌有，债犹未还，不得不重寻借债之人，彼此诘控所自来也。夫以情理揆之，凤虽受业，实未得财，长虽出屋，实未还债。一则衰朽可哀，一则贫惫如洗，无已仍断二长兄弟勉凑一十二两五钱再给伊叔，余则付之于无可如何之数与命而已，各认一半晦气，庶可了此冤孽。两造穷鬼，逐出免供。

## 一件急救万命事

看得襄、太二县交界之处，地名豁都谷，一渠自万山而出，春冬则涸，夏秋则涨，盖夏秋则雷雨作而山水皆汇行于其中，故谓之曰雷鸣水，乃仰息于天者也，非泉也。襄之京安诸镇，太之侯常各村，近渠之土，皆藉以为溉。然渠之正流顺流而下，竟注于京安者，其水居十之七八，故京安受溉之地，俱为水地，而地内所派之粮，亦俱为上则。若太之侯常等村，地形稍高，水势不能多及，但于暴涨之后，沾其余溢。故在于豁都峪口，旧有一汧支分渠水之一二，亦不过顺流承注，从不得筑遏淤阻于其间。夫非故欲少予之也，盖地势自不相及耳。惟太之民受水利无几，故其土亦称平地，而当日之派粮，亦不与水地同，则此两邑之鱼鳞赤历班班可考也。在明之中年，两邑士民亦几经争构，遍控院、司、道、府，断令各照旧制，不得壅淤阻塞致生事端，仍令刻图立石于府治之门，永示遵守，于兹已数百年无异矣。讵今七月间，旱多雨少，渠流不敷，侯常诸村之民，苟欲邀注自润，即浚流疏塞，使之盈科而进，未为不可。夫何私于峪口，突尔砌石筑堰，绵长数十余丈，横亘遮绝于渠流之中。于是京安之五里七村坐受其困，几无秋获。两造大哄，旋经中亲，各为讲处。而太衿戴某等虽有寻盟撤堰之约，而终存延挨观望之心，以致襄员张某等理急忿生，众情难制，遂于七月二十四日，竟将新堰拆毁其半。两邑村农，一哄而散，旋告巡东道批府未结，覆又各控宪台。职仰遵院批，于九月初十日，轻骑独往，亲至豁都峪口，并调二县印官，带齐两造士民，同行踏勘。但见一堰横亘渠中，灰线石痕，俨然新造，虽已拆毁其半，而屹然存者，犹不下十有余丈。问其作之者谁？则曰：『侯常各村之民，而首事者乃戴某也。』问其毁之者谁？则曰：『京安合镇之民，而首事者乃张某也。』问其果否应毁而应作？则咸曰：『创之自今，旧不闻有是堰，而府治之碑图具在也。』问其毁堰之时，果否交斗、有无伤人？则咸曰：『始而拆，继而哄，哄而未斗，拆而未终，盖因哄而即散也。』职旋归牒会本府，公同面鞫。初为之按图而考其迹，则京安原受渠水正流，而侯常止分承其支流，且洴口甚小，并未载有堰也。再为之按册而考其粮，则京安受水利多，而粮皆上则，侯常原无水地，而土皆坡平。即此二宗铁案，而应堰与否，已不待辩而明矣。再审太平分水之古洴旧额，阔不及丈，即在今所筑堰之处。夫以不满丈之旧洴，而今乃作出长虹飞蝀，绵亘横绝于河流之中，何异扼人之吭而断其喉也，又奚怪襄民之伤心而裂首乎？且以数百年之水利，卒欲坏之于一朝，所求不遂，而虚张诬控，丧心藐法，莫此为甚。本应按律反坐，姑念乡民无知，杖其首事，以警众愚。襄衿张某虽所争得理，然未行控官而先自毁堰，亦属孟浪，并杖不枉。至于渠洴分水之法，照依府治古碑，无容再议。所余新堰，合行襄、太捕官，督令两造中亲，按图拆毁，以断葛藤可也。

## 一件豪衿杀命事

看得刘东盛涎故兄之遗业，初而攻击寡嫂，继而波连中亲，丧良甚矣。前招备悉，无容再赘，独是许棉庆等居间招尤，致蒙宪驳。职仰遵再勘东盛、张氏，乃系微贱隶卒之家，不过单丁独户，既无族长，终鲜姻戚，傲弟方厉吻以向其嫂，嫠妇且扶衬而哭所天，呼吁无门，坐受斩绝。棉庆既系居停主人，邹仇又为比邻左右，目击其惨而袖手疾视，或亦仁人君子之所不忍恝也。夫乡邻之斗，贤者虽曰闭户，然孤寡之冤，义士亦当不平，始而排难解纷，为之区画得宜，终而来明去白，又复毫无染指，按其行事，若与武断滥事者，实有间焉。《诗》曰：『凡民有丧，匍匐救之。』所当略其迹以原其心，是亦宪台哀此茕独之道也。仍照原招，伏候上夺。

## 一件盗树剖坟殁存受害等事

看得李芝芬之与李桂等，皆共祖同宗之人也。坟墓原在乡宁，芝芬等则系民户，故历来仍住祖籍，李桂则系军户，故随屯迁居临晋。虽桂身以上七代之骨未归首丘，然而乡宁一冢实为李氏木本水源，非若郭韬之认汾阳墓也。但经年寒食不飞蝴蝶之灰，故两地儿孙莫痛鸱鸮之棘。李芝芬等日就衰薄，因众户丁粮难完，官司追呼紧急，议将坟地柏树十一株卖与生员贺瓒，取其值以为赔补之计，李桂闻之，所以有是控也。夫墓门不许樵采，固曰贤者之孝思；然国课无可支持，亦是贫民之苦恼。已卖者不得过而问焉，未伐者则犹可及止也，永应蓄禁，以安存殁。贺瓒擅买墓林，朴赎以警。李芝芬等，贫穷无奈，念为输官所迫，姑免拟。

## 一件横饕叠噬虚词事

看得李惟勤，产于燕，流于晋，自鬻其身于晋民高六行之家为养子，承义父之荒产，而又惯逋粮，里长姚鸿胤追呼成怨，非一日矣。忽因口角微嫌，遂捏瞒天虚谎，耸控宪台。按其词款，诘以私派之被害，则无指证一人，问以私派之年月，则曰去今五载，如醉如梦，不知所云。更可恶者，临审之时，自请求息，可谓以三尺为儿戏矣。诬告反坐，城旦不枉。

## 一件势横吓杀事

看得横衿张俊猷，一味贪财，全不论理。妻亡而续娶王氏。王氏者，王国泰之妾女也。国泰无子，身后妾亦继亡，独遗老妻，依侄王三魁卒岁。其女先嫁韩姓者十余年，韩夫死，复嫁俊猷，亦十余年矣。俊猷之于岳父母，均未接面，犹路人耳。忽涎岳家遗赀，遂挈其妻依居王门，欲藉半子之名，以为中分之计，屡与三魁角无宁日。曾凭中亲处给俊猷房院一所、肥地二十亩，此亦犹嗟来之食，君子所不屑也。夫何俊猷且曰非餍足之道耶？独不闻妻在韩不闻争，岳虽死，尚有妪，三魁以本姓亲侄奉伯母而承族业，分所应然。以三十年后再醮二姓之妾女，而欲向母家重索香奁，以三十年后未睹翁面之继婿，而欲向妻舅共分遗产，实未之前闻也。若俊猷者，盖亦无羞恶之心矣，应从朴赎，以振廉隅。其中亲先处之房田，念系三魁成议，姑准免追，逐离王门可也。

## 一件谋杀人命事

看得宋文义，本名张胎，系浮山县人，工雇于翼城宋廷宝之家。廷宝无儿，请为养子，自愿承祀当差，聘媳张氏，盖已有年。讵宝死义心变矣，私卖父业，谋为归计。宝侄宋文礼者亦黠棍也，见义不仁，得乘隙而制之，赚贩义屋三间，转卖与上官位，受价一十八两，止将半价与义，义不甘，彼此成仇。适义妻死莫殡，向礼追讨屋价，礼不从，故义以妻命诬礼。讵礼久蓄倾义之心，素善事宝妻聂氏，故聂氏德礼而恶义。嗟乎，礼亦非能爱聂氏也，利其所有耳。虽然，较义之显为不孝，则差愈焉。且礼于廷宝，分则侄也，亲疏亦殊。合令族长宋玉真押令文礼收埋宝骨，然后承其业以奉聂氏余年可也。若宋文义者，为人养子，不唯父死不葬，又复盗聂之棺，是枭獍也。追棺还聂，押掩妻尸，然后决杖，逐还原籍。

## 一件异常饕杀事

看得老妪李氏，有夫手受分祖地一片，与族人王谨之地相连。谨地产煤，收利颇饶，氏地独不产，因而眼热，遂混赖谨占其地，且出夫手受分拨单为词。及指单内所载地名而问之，则一一俱在，现属李氏管业，而王谨未尝侵占也。又曰夫手曾将祖业卖与王谨，后复赎回，而王谨退业未明。及询其佃户尚如柏，则曰赎回之地现系如柏租种，李氏历年收租无异，而非王谨煤窑之地也。夫如是，又何争乎？为李氏计，怨己之地独不产煤则可耳，怨王谨之地不应产煤，嗟乎，愚矣！非愚也，以财妒者也。老戒在得，妇亦宜然，可发一粲，逐出不究。

## 一件势横吞杀事

看得程登高，穷酸无聊，潦倒不堪，昔因子讼，株连在狱，将地三亩二分卖与杨镳之父杨士英，此崇祯十六年事也。士英因此地与师守山相连，而守山他处又有地与士英接壤，两从其便，彼此换兑，是杨镳乃受地于士英，非与登高有交易也。即使士英当日价有不足，登高何不向士英索补，乃于业更三主之后，事历二十余年，而犹言找价。嗟乎，是何异秦皇汉武之子孙，空羡关山皓月，而殊不知业非其主也。老悖至此，殊为可笑，姑念赤贫措大，逐出免拟。

## 一件吞产遗粮等事

看得党玺之族叔党忠国，生前以硗地一百二十亩抵还赵邦钿夙债，在邦钿有不得不从之势。忠国故后，户遗荒粮甚多，追比紧急，玺以武断健讼之才包揽出告，固欲乘机将买叔之业者扳认荒粮，然意亦不专为此起见也。蒙宪批审，随行该县踏丈，据县酌令邦钿再为承粮一石，以稍苏党氏之困，仍于地旁再拨忠国荒地与钿，以安钿承粮之心。土虽荒，有力者犹可垦也；地可垦，承粮者亦不累矣。不唯下苏民困，更可上足正供。该县可谓虚公苦心，而两造亦输服无词，诚至当不易之道也。独是党玺包揽告粮，意实打网，其心固可诛耳，应如宪驳，合依诬告挟骗之例，姑念所诈未遂，杖足蔽辜。

**一件侵占官堡事**

看得刘锡，狡黠健讼，串满害良，无所不至。因族兄孝廉刘锐之死，锡串锐岳王世英粧点人命，诬陷刘铭，锡即插身作证，蒙宪审明，拟英反坐。狡计未遂，又复兴波，旋称『侵占官堡』禀铭于学，无非以铭为弱肉，可朝暮恣其长喙耳。以致铭不安生，鸣冤学台。盖铭子衿也，急则呼其所天，理也。批府尚未审结，而锡又架词控宪矣。夫以人命证铭者，锡也，以侵堡禀学者，亦锡也，叠害不休，不得已起而应之，是谁之过欤？而反谓铭欲致己于死，是何异操刀杀人，又从而为之词曰『虑彼将杀我也。』戕宗健讼，一杖余辜。其该学禀词，行令注销，以安善弱。

**一件党谋诬杀事**

看得赵世英之父，将地一亩七分，于万历八年，卖与张养枢，凡三更其主，而后为曹一方之业。有王于赵者，信阴阳家说，多出地以易之，世英眼热，遂有毁冢之控。询其所谓冢者，乃圵邙之类，又不啻郭韬之汾阳墓也。溯万历六年，至于今已八十余载矣，乃欲向三更之业主问其母骨，不几令痴人笑倒乎？愚民贪而无知，可恶亦可悯也，念其赤贫，逐出免究。

**一件急救民命事**

看得李启祉，乃安尚义之居停主人也。天雨屋塌，则屋下之物，尽在所塌之中，尚义急欲捂取，然捂之急，势必损所塌之砖瓦与木植矣。启祉阻之，遂与角焉。一知惜物而不惜人之屋，一知爱屋而不爱人之物，各怀私心，均小人也。如此琐屑，敢渎宪听，本应究惩，姑念屋坏家破，皆在难中，逐释可耳。

## 一件诬盗殃民等事

看得曹志学，乃曹志成、曹志献之胞弟也。成、献无子而家计稍度，学有二儿而一贫如洗，故觊覦二兄之身后，将琴朕而弡朕矣。忽献私地一块，卖与武进士李弘宝为业。学以为是犹损己颔内之物也，见宝筑墙，搪突无状，宝控于县，县尚未审，而学乃耸台。夫献乃无子，固有兄终弟及之义。然一息尚存，学不敢过而问也。今将欲拯兄之臂夺其地而不得，反迁怒于受地之人，贪而且骜，一杖不枉。李弘宝交易明白，照契管业可也。

## 一件绅衿结党倚势重诈等事

看得王裕仁、翟维艮，俱因父子交易借贷之事偿算不明，互相控告本府。前审以其日久事湮，真伪难辨，遂从中亲之请，令裕仁出水地十二亩与维艮赎约，此为一时解纷之说则似矣，然实非至当不易之法也。院驳之疑，诚不诬矣。准牒过厅，本厅细勘，然后知王裕仁乃实一丧心昧良之徒也。审昔年仁父王永乃艮父翟宦之买卖人耳，翟宦坐享奇盈，昔甚德之，嗣是而永亦渐富，宦念永萍踪无栖，遂以己手所买王枢房屋一所与永为业，得价九百两，乃崇祯八年之契，上有翟宦亲笔所批字样，此即今日所存于裕仁处之老契是也。嗣后永复有缓急之需，又向翟宦借银五百两，复将前屋为质，盖以老契所载乃系九百两之价，不便缴出，故又立五百两之当券，上载崇祯某年，而王永亲笔花押其前，又有永之胞兄王春光亲笔花押其后，此即翟维艮今日所执之当券是也。未几而翟宦死，又未几而永亦死，父兄虽逝，两家之情谊未疏。且维艮以膏粱①子弟，手内优余，未暇搜纸上闲钱。讵裕仁乃市井根苗，口中甜头，遂挨过眼前时日。迨至艮知鸡肋难舍，又不敢遽破颜情，以致仁谓鹊巢可居，故愈加拿定主意，日复一日，

① 原文为『梁』，今更为『粱』。

年复一年，至今恩断义绝，不得已而始决一争也。殊不知曲直无两存，是非不中立，使维艮所执之约而伪也，则当治艮以造伪之罪，虽欲拔裕仁之一发，亦不可得，而十二亩之水地，安敢过而问焉？使维艮所执之约而真也，裕仁五百两之父债，分厘应偿，又孰得而贷之？今将维艮所持王永之当契，与裕仁所出伊父之手泽，不唯花押无二，亦且笔画依然。而更可为铁证者，查契尾书有『王春光花押』字样，审所谓春光者，乃永之胞兄，而裕仁之期伯也。其人尚存，商于扬州，而襄陵县已经关有扬州江都县印信回文，内载『王春光供认当契花押是伊亲笔，不敢欺隐』等语。既有伊父之手泽比对相符，又有期伯之活口承认，无异杞宋有人，文献足征，裕仁乃犹指此券为兰亭伪本，则是必欲起王永于九泉，而后裕仁始代父还债也，有是事乎？丧心悖理，莫此为甚。屋当随老契而归王，债应照当券而偿翟，此一定不易之法也。但曰子偿父债，免其利息，则亦法外之仁耳。仍应杖仁，以为负心刁讼者戒。

## 一件灭祖大变事

看得戴君召之子戴皇仁与戴君显之侄戴圣训，皆同堂兄弟也。旧有坟地一所，葬三代祖戴山于其上，而两家后裔，皆傍祖安茔，子姓繁衍，春则祭扫，冬则修筑，同心协力，历年无异。因皇仁、圣训素有阋墙之隙，构怨无由，适今年五月间，雷雨夜作，山溪陡涨，漂泛祖茔浮土，本宗共议修筑，而二人各挟私心，阻挠公事，延至冬月，众言切责愈急，而二人仇怨益坚矣。皇仁掇其衰迈之父，圣训掇其耄年之伯，一捏灭祖虚词，一粧灌坟诳语，各相控讦。及至庭询，而本宗父兄叔侄共陈直情，同声哀诉，而二犯乃俯首无词。合从众请，断照原议修茔，以全一家天性，皇仁、圣训挟私心而害大义，各杖不枉。君召、君显年皆七旬以外，龙钟潦倒，一息空存，为其子侄所惑，非本心也，姑免拟。

# 一件急救万命事

看得张国光、王如舜等，因筑堡城，借秦举人之地就便取土，工竣之后虽曰填平，然仍被水冲，以致废耕赔粮，是犹与未填等也。秦某呈县，而如舜等遂纷纷上控。本府、本道两经审明，断令再行填地，以息争端，亦可谓情法两平矣。夫何刁民悍众，结党健讼，更喇喇何为耶？苟使初断果有不服，亦当就事论事，从筑堡而起，从筑堡而终，未为不可，何至开单揭款，故犯新令之所禁耶？且使秦某恶迹果真，即指一二事，亦未始不可以暴其罪状，又何至联篇累牍至三十八款之多？几至阅者目眩心摇，如一部廿一史，无从何处说起。此等健讼恶习，一望而思过半矣。职两奉宪批，条条严鞫款内之事，头绪繁多，辞难殚述，除将两造口供载叙招内，一目了然，大约记其所开三十八款之中，交易之事居十之七八，人命、债算居十之二三。其所谓交易，则秦某件件执有税契、印约。使税契、印约而尚不可凭也，则天下之交易皆可危矣。其所谓人命，不曰苦主无人，则曰凶手不在。使无苦主、凶手而即可指人以人命也，则路旁僵尸皆可畏矣。其所谓债算，问有溢额之收帖否也，曰无之；问有凭算之中亲否也，曰无之。使无收帖、中亲之可据而遂指人为债算也，则天下之债皆可不必还矣。且更可骇者，究其事款年月，远自故明天启末岁，近亦在本朝顺治初年，而总无一目前之事。究其被害证佐，不系王如舜之同宗，即为张国光之亲党，而余者亦皆所筑堡内同事之人。天下之诞妄，从未有见如此之甚者也。如舜、国光本应反坐，但审秦某父子一举三衿，皆在名教之列，和邻睦里，君子所宜，乃以数亩薄地，偶一废耕，未为大害。且既已收其租值矣，谕令再填，未为晚也，何遽至呈人于县以激众怒？恃势凌人，见一班矣。秦某、秦某合与如舜、国光，分别均杖，一以为刁讼无情者惩，一以为待邻寡恩者戒。案经叠审，已无遁情，人犯众多，免解拖累。

# 第五册

## 卷五　杂事

祥刑遗范

平阳府推官戊戌科二甲进士豫章新昌毛逵撰稿

### 一件截路抢夺公文马匹事

看得李逢春，乃洪洞县普润驿马夫也。逢春身为马夫，则递送公文乃专责也，自当谨慎恪役，夫何雇倩无赖乞丐李荣代为奔走？荣乃饿殍余生，每日所得雇工微钱，即资酣饮之具，尚安知有公务之綦重哉？于九月初四夜，烂醉之后，递送文书一十六角，至洪、赵交界地方，沿途散落，及至酒醒，而不知囊中公文归何处矣。仓皇失措，遂捏被劫失马虚词，归告逢春。揆彼之意，亦非欲嫁祸他人，不过脱卸己罪耳。及逢春沿路追寻，拾还一十五角，内中遗去一角，查系宪台转报隰州逃人王成龙起解缘由。夫洪、赵二邑人稠地密，境内贴然久矣，无论素无盗贼，即使贼从天降，彼将打劫此空文何为哉？况余皆沿途寻获，未几而马亦归厩，止此一角无可追求，其为李荣狂药发祟之后，散落于水火之中，不待辩而明矣。李荣合引沉匿公文之例，一角者杖六十。逢春雇倩匪人，致误公事，并杖不枉。

## 一件历陈原情乞天追约法外行仁事

看得任联捷、任甲第，安懋忠，俱子衿中之穷酸而卤莽者也。先是二人同学，甲第借懋忠银数钱，屡取不偿，致成仇怨。偶遇于途，彼此诟詈，共相抵触，旋捏虚词控州。嗟乎，夫干糇雀鼠，庶民之所羞言，不谓黉序中人，以些小蝇头，所利几何，何至破颜失色，张皇哄斗于市门之外耶？措大酸丁，悭陋褊浅之状，不几令市儿笑倒乎？联捷、甲第所借之银，不过数钱，尚不能还，而辄行无耻，甘受骗债之恶声，已露穷鬼之本色。懋忠所放之债，不满一两，囊中已竭，而遂尔伤心，俨然为索逋之伧父，好招财主之虚名。至于赌博之事，委系捏词，实无凭据。但三人见小利而忘大义，无礼周行，有玷学规，各宜杖警，以端士习。

## 一件衙蠹殃民事

看得张善与张耀乾，乃同堂兄弟，一家蛇蝎也，骨肉相戕，非一日矣。先是顺治十四年，张善为夏县仓吏，吓诈耀乾未餍，遂报其代役，耀乾之诈骗春元，亦如善之诈骗乾也，遂为春元所告发，将乾问拟流徙。而耀乾素与善不相能，遂疑春元之告己善实主之，故不恨春元而恨善，开单出告，意欲使善与己同归于尽而甘心焉。夫耀乾之恶，不恶于善，且用怨报怨，既出仇口，以恶人而告恶人，求其款款皆实，此亦必不然之理也。照单刑鞫，坚执不吐，无从悬坐。然以一幺麽仓吏，即据见在之赃，已满七十余两，善之恶亦可谓贯盈矣，流杖奚辞？

## 一件恶衿执斧打落堂兄牙齿事

看得荆州昌与荆隆业等，原为同族疏宗。因先州昌之父，恩养与隆业之祖，而叔侄兄弟之名分，自是更觉亲切矣。州昌幼与隆业同学，狼子野心，从来龃龉。及游庠之后，如虎而翼，欺凌族党，武断乡曲，大则包讼诡粮，小则累债霸业，以致乡曲之中，恶之不啻若过市之鼠、鸣泮之鸮矣。偶与荆一体清算旧账，两相角哄。隆业、胤昌适来劝阻，然二人之心饮恨于州昌素矣，想其来意，阳为解纷，阴实助虐，未可知也。孰知胜气方炽，而州昌之辣手尚暇择人而施耶？裂衣落齿之祸，遂并及其兄与叔矣。身为子衿，而婪赃犯分，无所不至，按律拟徒，殊为不枉。其子端、文二人，助父为虐，尚未出藥，便欲食牛，诚恶种也，新例重杖，以警将来。

## 一件势杀人命事

看得李映居赵村庄，王光居原村庄，两村壤界相接，趾错交然，村中有众祀三教古庙，多历年所，庙中古柏二株，旧为栖神之木，亦夏松、周栗之遗意也，树之经霜雪者，又不知其几百秋矣，此非一人之所得而卖，亦非一人之所得而买，不待辩也。李映利其高值，擅自求售，神恫人怨，所自来矣。据映之所执以为词者，则曰崇祯十三年，其父得买于村人樊进宝，毋论进宝今死，无从面质，即使今日而生，彼独何人，而得卖两村数百年之公物耶？幸今价未入手，树亦未伐，永宜存植，以妥神人。李映仍应薄杖，以警妄为。王光告不以实，并杖。

# 一件苦杀数命事

看得赵圣徵真人中之蜮也，专能含沙射人，而复欲自匿其影，生平不曾读书，未知何由而窜乎黉序，遂流枭音于泮林。终日只是告状，不待终朝而褫其鞶带，旋作黥徒于驿递。讵意怙恶不悛，日欲挟其私怨，计图飞而食人。于顺治十六年七月内，捏具『苦杀数命』，胪列虚款，组织多人，将生员党克俭兄弟耸控按台，蒙批学道，转行职审，及提被犯款证，不下百十余人，赴审数次，而圣徵一足不至，职以原告或逃，被证犹在，随发临汾县逐一严鞫，据称款款皆诬，随详宪台，屡蒙查驳。讵自奉批到厅之后，至今七阅月矣，招审之告示，不啻笔秃纸穿，比较之捕差，可怜臀开肉绽，而圣徵之风踪鬼迹，竟属杳然。追提亲族、邻佑尽底追寻，皆云自有圣徵以来，无一岁而不告状，无一告而不脱逃，盖其告状之意，在打诈，不在审结，诈而得亦逃，诈而不得亦逃，此故智也。孰知人恶已盈，天网不漏，旋主其子赵福子具『杀父辱母』虚词，仍将克俭兄弟再控宪台，亦蒙批职，于今二月十四日，赵福子于安邑县赴厅投词，审词之下，乃知其为圣徵之子也。当据福子口供，谓其父为党氏所害，久无踪影，彼将为父鸣冤。追加刑鞫，然后得圣徵潜匿处所，旋行密获，随提两词被犯款证，转发万泉等四州县公同会审，回称各款语语子虚、字字乌有，较临汾前审初招，毫发不异。向犹谓未使圣徵亲质，似难偏听，兹则肉面相向，俯首无词矣。且无论以前诬告虚款，即据福子一词所云杀父之谓何，而圣徵居然无恙也。假使圣徵一日不出，党氏一日不抵，则不知杀父之虚词又将何时而了局耶？苦杀数命之大案未结，杀父辱母之奇狱旋兴。由是观之，非人命不开口，非死罪不出笔，若圣徵者，射影杀人，真人中之蜮也。前后两词，均应反坐，新例煌煌，欲不拟戍，不可得矣。赵福子稚幼无知，为父指使，姑不坐罪。

## 一件请广直言事

看得临汾县乃平阳府繁难之首邑也，路居冲要，为车马辐辏、往来络绎之会。自满洲家口以及皇华星轺停骖至止，殆无虚日，每一歇马，即需槽道，应之稍缓，怒喝鞭箠，衙役、百姓，俱不堪命，非一日矣。查旧例满洲经过需用槽道繁多，必须借之民间，故头站一到，县官先行预备，事毕仍令百姓收回。至若一切往来官府，人随牌到，故答应工房一时措办不及，遂借斗行盛米木斗权宜应用，在工房亦原无磨累行户之心，在行户又非有应分答应之责，皆一时权宜之计耳。其奈取用之人，全无体惜，临行之时，往往损废，遂致用者不胜其繁，备者不胜其苦也。今应酌令该县于各行台、公馆处所，凡有空阔地面，多砌石槽；间有衙门狭隘之地，再置木槽。严饬经管工房，于过客起身之时，勤为收贮，以备长用，则小民不致有供给之苦，而官役亦不复有追呼之劳矣，诚可久无弊之道也。

## 一件恶衿执斧打落堂兄牙齿事

看得荆州昌，身为子衿，凌分丧检，殴兄虐叔，该县审实，追赃拟戍。若此败类之人，孽由自作，诚不足为之惜也。因奉恩诏颁行，故为援例引赦，已蒙部院俯允，而按台复行详议，一则去恶务严，一则皇仁宜广，俱仰见上台慎重之至意矣。职覆虚心细勘，查闻喜县初招拟罪照出内云：『州昌除诈欺殴兄轻罪不坐外，合依侄殴叔伤，加殴兄伤罪一等，引例充军。』则是州昌之罪，实以殴叔拟军，非以里书侵粮而拟军也。当初既以斯事之罪而罪之，则今日亦应以斯事之赦而赦之，律例一定，安可游移？今若谓州昌系里书侵粮，不得援赦，则初招即当以里书侵粮拟徒，而不当以殴叔拟戍也。盖州昌包揽里书之事，查在谕前，而侵粮银数，又不至拟戍，则州昌之得援赦，实非意为轻纵矣，诚如院批所云『皇恩浩荡，真小人之幸也。』

## 一件铡刀砍死人命事

看得石种玉押解凶犯路之盛、路之德，自蒲州往临晋赴审，乃敢私放肘锁，雇马与骑，以致绞囚乘机兔脱，按解役纵犯之律，即坐本罪，拟绞似乎是矣。但查律法必系受财故纵者始坐，今蒙部驳石种玉有无受贿，职仰遵提勘，详阅前招，临晋县初审，据贼犯刘才口供『三个人撮了一两银子，交与种玉』，然此乃止据刘才所报，而前招屡审刑鞫，种玉实未招承，且同伙解役已徒之孙世荣，及现在之裴林、吴羊子等，均受逃犯株连，皆因种玉而起，怨之极矣。使种玉果有受贿情弊，诸役宁代包荒而不出一言相证耶？又查石种玉初供内云：『出蒲州坮门，因贼走不动，使银二钱，雇马与贼骑，行至栲栳镇，使银一钱八分，雇马与贼骑。』夫身为解役，见囚受重刑行走不动，而批限严紧，恐致迟误，其惧上畏法之心，恨不能插翅而前，为之敛银雇马，亦似乎情不得已，遽指为受贿赃私，得无冤乎？且久在公门者，宁不知重犯脱逃，身即抵坐，乃受一两之贿而纵二死囚，甘以身代，种玉虽愚，当亦计不出此也。且当日路之盛杀人一事，方在初审，亦未成招，狱尚游移。查律法故纵死囚者，解役代坐，仍减本囚罪一等。果使之盛应斩，则种玉尚应减坐，减坐则流矣，然此必须受贿乃坐也。今之盛之罪，尚无成案，而受贿之事，又无的据，遽坐一绞，岂可为信狱乎？平心而论，纵虎毁玉之罪，彼实难辞，而羊替牛死之悲，未必非枉。若种玉者，事固可恨，而情实可矜者也。且同役孙世荣均系纵贼，独得拟流，种玉既无受贿情弊，又遇此皇赦普颁之日，应与末减，实亦非纵。

## 一件衙蠹横杀事

看得张云鹏，以豪民而为蠹役，以土虎而充京棍，兼诸恶而萃于一身者也。昔年钻顶院书，恃其舞文弄法之才，以为渔猎小民之具，既如虎而翼矣。后又营干吏部知印，役满来家，妄称候选经历，门悬金额，上书『铨部佐衡』四字，不但俨若昼锦规模，实已居然吏部体统，挟制州官，武断乡曲，无所不至。兹因伊侄张鼎新家业殷饶，腴懦可餐，悬空捏称鼎新祖父在日，用过鹏家赀银二千四百余两，挟侄赔偿，鼎新畏其虐焰，莫敢仰争，中亲怜新文弱，故为和解，遂不问其欠银之来历与借券之的据，混劝鼎新偿银八百两，盖谓目前脱祸之计耳。讵鹏虎视未餍而狼吞不已，因鼎新受业于刘孝廉之门，曾与劝处之局，遂疑孝廉为之主持而使己不得尽倾鼎新之橐也，反捏刘孝廉克落鼎新还债银二百两，乘其己亥公车，云鹏先窜入都，声言揭款告部，计欲挠其会试，适奉科场条议，严缉光棍扰乱场屋，鹏计始寝。兹又辛丑，计偕在即，鹏又复行故智，所以刘孝廉不得已而有是控也。夫鼎新系云鹏之侄，父死子孤，云鹏不念骨肉之情，而恣行鱼肉，残忍孰甚，所求不遂，而复迁怒其师傅，诚所谓磨牙砺吻不暇择人而食矣。且取债必执契券，还借须据中证，此自古不易之道也。查云鹏毫无可凭，而悬空索人二千四百两之负，有是理乎？且鼎新之父张云凤系鹏堂弟，果有如许重负，当凤在日，鹏何寂无一言，及凤尸未冷，而即向茕茕之孤侄横征暴索，纵其啖茹，谓非吞噬，谁其信之？且以张氏之人骗张氏之物，行止不由他人，而谓鼎新以二百金还债为刘孝廉所措，果有此情，鼎新何反无言而待云鹏执以为词，此又其说之悖谬而无稽者也。至于云鹏名下款证，不待拘唤，临审之时，俱来哭诉，哀声动地，种种恶迹，似非子虚。现奉院批，俱不准行，无容再议。但所勒张鼎新八百两，既系吞噬之物，合应坐赃，照追入官。至于云鹏罪状，以索债骗财而论，是豪民也；以院书、部役而论，是积蠹也；以冒官悬额、僭越名器而论，是土虎也；以赴部揭告拿讹打诈而论，是京棍也，俱犯国法之所首禁，不可胜诛，当从重论，应照衙役坐赃，城旦余辜。悍仆成赖、薛永康，助虐殴士，并杖允宜。其金字扁额、知印札付，俱应追夺，以肃法纪者也。

## 一件谋吓剿家事

看得郑祚昌乃行伍中之棍弁，而王好学、秦国彦皆帮闲助孽之狗党也。祚昌现充平阳营管队百总，因同邑高登泰家计可度，适有继妻少子高思谦浪荡不肖，恣情花酒，每偷父钱，撒漫于嫖饮场中，祚昌等居为奇货，设圈粧囮，百般诱弄，乘其迷恋，大家咀嚼，高思谦稚童败子，兴到笔流，无求不予，所谓终日攫物，飞往别家，实魃而女者也。祚昌等见其现钱费尽，又复坌算虚债四十七两，蜜哄立券，思谦旋将伊父房契一纸，复行窃出，以偿孽债。讵祚昌不思此乃嫖经酒账之钱，原非义取，而反视为子母生息之物，必要飞还，遂执原券，竟欲将房别卖，子虽窃契，父实未知，故登泰抵死不从。祚昌先以骗财控府，而登泰遂以剿家控院也，两造面质，哄诈情真，且临审之时，又于秦国彦身上搜出思谦质借文券数纸，皆系在前哄骗之物。郑祚昌等身为营弁，勾引民家子弟，贪狡极矣，但契虽措而屋未卖，券虽立而银未偿，均无得赃，杖惩允宜。其所哄契券，应还原主。高思谦败家荡子，枷责示众。

## 一件紊规违断等事

看得王加珍等，皆狡侩也。查临汾县杂征钱粮，有额设牙税六十四两有奇，系各牙行每年纳银换帖方准开行，此所谓牙税也。又有额定商税一百有奇，系远近客商搬运到市，随其货之多寡，自赴税课司报税，客货一到，不便自行报税，无论货物大小，先令搬入己家，抽扣用钱，并包官说，始而以代纳为名，一行落手，胆粗手猾，并忘其为官税矣，侵吞隐漏，无所不至，流弊既久，商税缺额，遂欲扳扯市肆无干之穷民帮贴完税。至若蒸食一行，乃小民中之穷苦而谋生无策者，操蝇头之算，削针尖之铁，计本不上数钱，买面不满十斤，逐日作胡饼、馍馍①，倚炉而待，计个而出，日得数文，以为妇子饔飧之给，亦朝不谋夕之计耳。以言资本，既不在商贾之列；以言交易，又不在牙侩之俦。计其日之所入，几难半饱，而又欲扳令纳税，是何异于夺行乞者之食而复扼其吭也。且蒸食出于面，

① 原文为『麽麽』，今更为『馍馍』。

面出于麦，贩麦子者应出商税，为之发卖者应出牙税，岂有麦已成面，面已成食，而复欲税之？则一物而数税矣，是又何异于征田上之籽粒而并欲榷釜中之饭也，有是理乎？狡牙猾狯，剥肤吸髓，欲令小民绝食，殊可痛恨。查先年蒸食行曾经告道，批有免帮执照，王加珍等不遵禁约，先行告府，故张希孟不得已而控道，两案未结，庆复渎诉，准送过厅，拘同细鞫。详查该县历年征税文册，商、牙两簿并无蒸食行名色，违例私帮，新令所禁。王加珍鼓党嚼民，越禁妄告，已经道拟，吉庆随其鼻牵，同声附和，俱应同律法究。姑念赤贫穷牙，量其行分大小轻重，各责以警刁风。仍应严饬该县，自后牙税照旧换帖输纳，商税谕令大小各商，仍遵古法，自赴税课①司报纳，无入狡侩之手，以杜侵渔，以足正供可也。

## 一件假兵诈命事

看得杨一秀与黄金榜，皆趋炎附势之小人也。先年一秀、金榜共院而居，最为交契，因里中有申登任者，其弟登秀在京，见为办事太监，乃阖邑所艳慕为显宦者也，一秀、金榜依草附木，倚藉为荣，金榜以子称儿，一秀以妻献媚，无所不至，两人往来厚薄之间，彼此相形，日久妒生，金榜遂逐一秀，不与同居，一秀径奔申宅，甘心仆妾，急谋报怨。乃于九月内，乘登任往京看弟，商同市虎王荐、段世英、左明彩及族棍申天佑、恶仆申茂等突至榜家，口称主命索债，将榜捆缚，并夺其驴车一辆载入申家，勒写欠券一十八两，始行纵脱。榜奔控宪，一秀理屈情慌，蜜赚太监髦年之母刘氏，讨发图书名帖，闯渎宪阶，希撞太岁。蒙发到职，逐一极刑严鞫，据各证口供，当日止见一秀骑马一匹，余恶步行，实无登任在场，并无弓刀等物，亦无口称标兵名色之语，蜂拥而来，飘忽而去，此小人

① 原文为『科』，根据上文疑为『课』。

不知王法，倚势横行之情状，了然在目矣。细阅太监图书，实发于伊母刘氏之手，刑鞫申茂，无从起获。查刘氏因子不在家，无人张主，一时为奸仆赚用，今见宪法森严，早已投之水火，情亦有之。但七旬老妪，罪无可加，应从宽典。杨一秀贻祸挑衅，倚恃内家，挺锁平民，依律拟戍，照例减等。其帮恶之王荐等与魏法投书之申茂，分别均杖。申登任虽未知情，然主家不正，以致恶仆横行，并杖不枉。追出勒写借券，涂抹附卷。

## 一件绝匠之遗害等事

看得各州县额征匠价，盖诚前朝之弊政，相缘至今而尚未厘清者也。以言其害，处处皆然，又不独临汾一邑而已耳。职已曾条议详切，具呈司、道，转祈宪题，冀使无告之小民，庶得邀恩于万一，旋奉布政司驳回不准转详，抄案到县，照旧催征。故匠户徐凤翔等见其苦无苏日，所以为是屡转之哀鸣也。蒙批到职，详查临汾县编书所载各色匠户，共计七百二十一名，每名折匠价银四钱五分，一县共计该银三百二十两四钱。自洪武以至于今，三百余年，死亡逃绝，不知凡几，即所存十中之一二，然今日之所谓匠户者，亦久非弓冶箕裘之人矣。夫七百二十一名之匠户，既已消之过半，而三百二十两四钱之匠价，又分毫不敢缺额，将责之于今日经征之官吏，点金无术，谁能为之赔补？将移之于各项技艺之小民，则又无名在官，孰敢为之私派？势不能不使现在孑遗之匠户，包赔死亡逃绝之额银。故昔年之所载四钱五分者，加至九钱，然后始能补足三百二十两四钱之数，无怪乎徐凤翔等以为如水益深，如火益热，真令人流涕太息者矣。然以情理揆之，在今日晨星之匠户，即征四钱五分，尚为不支，而赔至加倍，是立毙之道也。在今日经征之官吏，既不敢派之他人，又不令匠户包赔，则缺额之正供何处着落，是束手之策也。语曰：『琴瑟之坏，犹更张之』，以此一项之匠价，致令小民为之剥肤，官吏为之束手，当盛朝百度维新之时，如此弊政，又安容相缘而不改也？再查平阳一府，共计一千七百四十九两六钱，官民两困，诚不独临汾为然矣。谨将条议粘连原词，恳乞宪台，早赐酌题，以厘弊政，以苏民艰，则皇仁与化日俱永，而宪恩亦世世无疆矣。

## 一件吞灭乱伦事

看得李长森之父李调与侯氏之夫李讷，乃同胞兄弟也。讷妻侯氏，生子日森，日森之妻袁氏，生子益泰、际泰，讷与日森，父子继亡，侯氏、袁氏，姑媳双寡，未几而益泰、际泰接踵夭殇，李讷一枝，遂斩然矣。以伦叙而论，则继日森之嗣者，应在长森之子。即除长森而外，尚有李谌、李说等与讷俱为五服兄弟，由亲及疏，若有应继之分。至若李发祥、李呈祥者，虽系同宗，分疏服绝，安得过而问焉？奈当日议继之时，长森止有一子，理难出继，而服内诸家，丁寡人单，又无应继之儿，是以李调父子与亲戚、族长公同酌议，适以长森之妇怀孕在身，相约日后生子，当与袁氏立继。又虑腹中之物不能逆料，而目前承祭安可乏人，不得已而遂抱李发祥之子李琯入继际泰，另抱族孙李琦入继益泰，此世俗所谓爱继者是也。是虽目前权宜之策，然处骨肉之间，其情谊亦可谓周挚矣。厥后长森之妇果又生子，是名有泰，夫有泰既生，合照原约承继袁氏，不唯名正而言顺，亦且心安而理得也。夫何侯氏姑媳，执妇人之蠢见，听旁言之唆拨，口血未干，大背前盟，拒长森之子而不纳，复欲续继呈祥之子李琮，再寻桑上之虫，重入蜾蠃之穴，凋连枝之玉树，求他人而似我，悖谬愚暗，一至此乎？查呈祥系发祥胞弟，发祥之子李琯先继际泰已为无名，而复将呈祥之子求继益泰，以渺不相涉之人连茹汇征，利孀妇之厚产，为兄弟之垄断，独处于富贵之中，目中已无宗子矣，又何怪乎李长森有吞灭之词也？李呈祥以子钻继，挑唆侯氏，间人骨肉，一杖不枉。但审李琯原系长森之父李调所立，义不容绝，合应照依原约，琦继益泰，琯继际泰，俱为袁氏之孙。李琮逐归本父，而以长森之次子李有泰应继日森，永为袁氏之子，则名正言顺，亲戚、族党皆不得妄生觊觎矣。李长森虽所争得理，然身列上庠，当知礼义，不以本情出告，诬及中篝，言之丑矣，并杖以警。

## 一件昧金抢杀事

看得卢垓乃王体泰膜外之甥也，体泰之姊王氏适事邑庠卢炟，王氏不育，而炟复多病，故抚期侄卢垓为嗣，炟亡，垓尚幼，室中之藏，掌握于王氏之手，及垓长，远商于外，数年不归，适里中寇警，王氏携其所有，相依于体泰之家，妇人愚见，未免以垓非己出，亲其弟而薄其子，倾所携以厚于泰，情亦有之。未几而氏亡，体泰棺殓①如礼，然亦不过以卢垓之物葬卢垓之母耳，非损其己橐也。垓闻丧而归，持其父书向体泰索取寄货，泰止以木锡粗贱之物缴出塞责，而细软衣帛悉归乌有。且执葬姊为词，向垓求偿棺价，此盖进一步之法也。一索寄货而不得，先控于府，求棺价而不偿，再控于院，弃亲背义，纷纷讦告。夫卢垓经年远游，不能送死，而唯利是嗜，子道缺矣。王体泰吞人重赀，即厚葬其姊，不为过分，反以骗债诬甥，托孤之谓何？在此不思渭阳之赠，在彼唯修殽师之怨，晋固不甥，秦实不舅，世道人心之薄恶，一至此乎？彼此均杖，以挽颓风。至于卢垓之寄物，虽有父书，然已浮沉于王氏之手，久无实据。体泰之棺价，以弟葬姊，原非伤惠之事，有何德色？俱置不问，以断葛藤可也。

## 一件大盗殃杀事

看得郑新印、王三保、李长受，俱洪洞县共里之小民也。新印赤贫无赖，游食东昌，受雇为辛集镇店家酒佣，上年二月内，王三保、李长受合贩沃烟二担，往卖山左，以肩挑背负之微赀，奔数千里而趋利，小民艰苦之情，良可恻矣。讵至集镇，适遇新印，乃以故旧，邀为居停，所谓失时而逢多情者也。印遂蜜语，领烟代卖，共赊二人烟价一十二两。孰意赤贫主人旋作乌有先生，竟累二贩，空坐数月。迨至无可奈何，然后吐银二两七钱，又将敝衣垢

---

① 原文为『敛』，今更为『殓』。

糯准折充算，尚欠本银七两二钱，相约归里，陆续偿还。迨至上年腊尽，印始抵家，二贩索逋，禀之捕衙，印且捏词，控于本府，当经军厅审明在案，印图脱债卸罪，是以复耸宪台，忘却自家拐钱，反诬他人攫金，满纸虚词，无异鬼见。本应坐诬，姑念赤贫无赖，决杖惩刁。所少烟价，仍依前约，陆续办完，府案注销可也。

## 一件欺孤灭寡鲸吞血本事

看得段质之父段遴吾与段继祖之祖段少轩、段文锦之祖段承轩，皆服内至亲，殷实和好。曾于天启元年，少轩、遴吾结连亲友张天辅、王嗣京、冯天宠等数十余家，醵赀巨万，南北生理，众以遴吾为人忠厚老成，共推管总，议于每年八月间，算账分息，本厚利丰，众情俱协，自是二十余年矣。迨至崇祯十五年，南北赀本，尽付兵燹，唯余怀庆一铺无恙，遴吾间关险阻，搬运归家，并拾各处灰烬余钱，于顺治二年，聚集原伙，清算积账，除累年分息之外，各家尚得收还赀本十分之六，此遴吾之诚恪始终如一也。自是年老而倦游矣，乃谢众人，众人始另换字号，各行生理。遴吾有子二，长名贡，青衿有父风，次即质，浪荡不检，家道日促，以昔年伊父情谊，素邀小惠，丐恩于组锦、获熊之家，未免烦数，取人厌恶，一日不应，即生怨望，遂搜父手故纸，而为是无稽之控也。详审两造干证张天辅、王嗣京、冯天宠之子冯照武等，即昔年与遴吾合本共事之人，俱质之父执也，首尾清楚，言之历历，即质所执旧簿一本，乃昔年众人醵金合本之簿，非结算之簿也，止有各姓出银数目，并无『后来收欠』字样，又何所见而指为组锦鲸吞之据耶？且昔年赀本，既悉掌于伊父之手，后来清还各家，尚皆系伊父携归之物，则他人且待命于伊父矣，而乃谓伊父之本为他人所吞，又何其不经之甚也？且据各证供称顺治二年算账，顺治十年遴吾始死，是算账之后，遴吾尚优游八载于家，倘有不明，何无一语，而待其子今日始鸣耶？且贡亦遴吾之子也，岂独甘心以父财而委之他人乎？一静一嚣，情伪自见。如段质者，真可谓不善继父志者矣，依律决杖，以警刁贪。

## 一件诬盗殃民事

看得刘登云、刘登第，乃同族兄弟。登云赤贫无赖，卖柴为活，曾领登第买柴银一钱五分，后为佣工两日，已消去一钱四分矣，尚欠一钱一分未偿，登第索取过急，两顽相向，螳张虎视，登云遂持买臣之斧，转而为曹刿之匕，倘非刘生娃等解救之速，而灯光烛影之危不几又成疑案乎？登第怀此宿恨，欲报无由，适云夜渡其门，遂执为贼，惊众搜赃，毫无影响。云恨诬己，具控于县，该县止究骗债之罪，而未论诬贼之条，云心不服，所以又有宪台之控也。夫骗债已为非礼，何况抮兄之臂而加之以刃；阋墙已为可笑，何况修此小怨而诬弟为贼。弟固不仁，兄亦不义，人类中之禽也，均杖以惩。其所欠些须工银，念此赤贫，姑行免追。

## 一件乞擒土虎等事

看得李瑞，横衿也。乘肥赴考，路遇张润香触其马头，盛怒不已，鞭棰随之。讵意倔强小民，宁甘逆来顺受，语言不逊，或亦有之。然口角，小忿也，何遂成雀鼠之狱哉？拘质之下，两造皆悔，自愿告息，尚犹愈于终讼者耳。虽然，横在瑞，弱在香矣，杖瑞释香，亦警强植懦之一助云。

## 一件叫冤事

看得亢时兴乃浮淫之恶棍，而周克明亦无耻之荡衿也。因顽童田粪娃阳质阴性，素惯舍身事人，鸳合狐淫，又复兴妖惑众。旧与周克明暧昧比溺，交稔有年。讵亢时兴者乃以粗恶伧伧，欲粧风流子弟，见粪则争，不异逐臭蜣螂，寻花而闹，又似侵香蛮毒。一日粪过其门，妖魂忽到，饿眼不禁，方且口涎十丈，又复丑态千般。假持赠以为词，脱指环而献媚。知欲而不知羞，几若禽边之彘；自忘形秽，见色而不见人，将学市中之狗，不顾人憎。在斯时也，虽使倚门之妇，尚欲人前撇清；何况良家之儿，宁甘当场出丑？赛娃方兔脱而避于前，时兴乃鹑奔而随其后，势如逐牝之叫驴，凶似追麋之饿虎，尾而逼之，果及克明之家，赛娃鼠钻不出，克明雄视顶缸，持时狠打，扫兴而归。前欲未遂，后恨难销，遂捏虚词，诳于本县，县审非枉，犹然狡逞，尚不服辜，大胆喊冤，辄渎宪听，淫迷黠悍，一至于此，此盖欲火焚胸、狂惑瞀乱之所致也，若不痛惩，曷戒刁愚？周克明比溺顽童，以子衿而与市棍争锋，言之丑矣，各杖奚词？罗想亦厕中粪虫也，并杖。

## 一件喊冤事

看得吴三有驴而无牧，盗食苜蓿于许弘荐之场，荐子大仁策而逐之，王三遇焉，乃以局外之老身，管漠不相干之闲事，遂为他人护驴而骂弘荐之子，荐子不受而归诉于父，父又护子而出谇王三，三恃老朽之年，拼命撒泼，荐思莫制，复诉捕衙，盖荐县役也，三料非敌，惧不到官，奔喊宪台。夫以吴驴而窃许草，于王三何与也？乃插嘴招尤，已属多事。且皤皤将死之人，与三尺童子角技逞尖，更为可笑。姑念衰朽，叱逐不问。许弘荐倚恃县役，动辄禀人于官，殊为可恶，但讼尚未成，薄杖以警。

## 一件背恩杀孤事

看得马锁儿，乃负义忘恩之恶种也。其父马子云与冯允秀俱系秦人，结为异姓兄弟，于顺治初年，随云来晋，同行杀人，俱拟重辟，后得末减，均发摆站，役满同归。未几而马子云死，遗子锁儿，孤幼无依，允秀不忘伊父结义之好，抚养为儿，视若己子，揭债婚配，数年以来，且复生有子媳，锁儿亦曾自立契约，誓与允秀养老奉终。讵其狼子野心，终无依人之意，爪牙初长，即生异志，盗物营私，无所不为，允秀未免督责，渠乃窃妇而逃，为秀所追获者数次矣。每思脱身无计，忽听讼棍丘玺所拨，反词噬父，庭质之下，锁儿自供，误听唆使，叩头泣请伏辜，虽曰良心未死，然观其凶顽之状，终非反哺之人。且据冯允秀泣称已有亲子，亦无需此恶种为也。合应断令锁儿偿完允秀婚配之债，然后还其妻子，任其所之可耳。仍应痛杖，以为负义忘恩者戒。丘玺刀笔唆讼，离间人情，可恨之极，屡提未获，另缉究惩。

## 一件窝逃牵害事

看得崔进孝之妇张氏，乃昔年已故王大宾之妻也，于顺治初年，为大兵抢入营内，旋复释回，顺治十一年，遂嫁进孝为妻，育有子女，今已八年矣。本年三月内，有在陕驻防满洲经过蒲地，路遇张氏，识其为原抢之妇，执为逃人，意在求索，进孝等乡村愚民一闻逃人名色，自然惊慌失措，不得已而告至陕西抚院，会同驻防大人，当堂审明张氏系当年被抢释放之妇，原非入旗东人，断令进孝领回，业已相安于无言矣。因前赴审之时，乡保、邻佑张国太等牵连词内，自蒲至陕，盘钱使用，各有所费，及兹事平之后，国太见进孝夫妻完聚，以为合应偿还前账，此亦理所当然，其奈进孝一贫如洗，不唯任呼不应，更且恶言相抵，故国太有是控也。虽曰进孝负义，实是穷民无志骨立之人，无从追断，谅加责惩，逐出免供。

## 一件积蠹结党横行邪教窝盗等事

看得员贞乃累债之悍衿，而文成德亦无耻之棍员也。先年成德领解如京仓钱粮，在途被劫，县勒追赔，曾挈员贞债银一百两补库，事平之后，已还其本，尚余息银未偿，人贫鲜耻，遂思拖骗，贞亦无可奈何。旋央伊亲李成林为之斡旋，成林系德至亲，信不近义，满口应承，主令还银五十五两，令德以屋与贞为质，而林复代立借券，当议还银之后，仍归德屋，若将屋偿贞，则即还德券。嗣后成林日为代催，陆续偿还，尚未全足，一则措质不还，一则余欠不结，而居间顶债之中人，旋且为两家共恶之仇隙矣。文成德先告员贞于府，犹未质审，员贞以成德无赖，舍而不斗，乃将顶债之中人李成林飞控本院，所谓攻其所必救也。细审员贞词内款项，所云『邪教、窝盗、卖访』种种皆骇闻惊听之事，而逐件质勘，毫无影响。更可异者，如吓诈王四重一款，查四重乃系前院访过劣生，访之者则属本院，承问者则在府厅，并未经由平陆县衙门，则李成林之吓诈何自入手乎？满纸病狂，皆如此类。至①于成、李二犯继控道词，细阅员贞隐匿田粮，职按单内所开地邻遍拘，详质种地纳粮累年赤历有据。窃照平陆乃弹丸黑子之地，崔令在任，十有余年，催科迄无余算，岂有隐地至一千余亩而县官曾不觉察，直待员贞告林之后而林始为之摘发乎？此其诞妄，是又不待词之毕也。其文成德词内所云『科敛帮银』，尽属子虚，盖近来开单列款，健讼长技，彼以诬来，此以诬应，晋风恶习，殊可痛恨。员贞不以欠债出告，成、李二犯不以累算为词，各逞瞒天之谎，大兴无情之讼，分别均杖，以惩刁风。至于文成德所借员贞之银，本利已还，止欠些须微息，合应追毁其券，以断葛藤可也。

## 一件税契事

看得税契一事，诚为从古弊薮而未易究诘者也。其中狡民之所隐漏者，固亦有之，而奸胥、蠹役之所侵触者，实更居其多耳。如曲沃县以河东大邑，而一年止报税契银五十二两，致蒙宪台严驳到职，仰遵随提该管经承、里书，逐一刑鞫，坚含不吐，及追出该县本年印册底簿，细行磨算，而所收之数，则又与前报五十二两铢黍相符，不意粧

① 原文为『致』，今更为『至』。

点周密，将令穷治者几无所施其巧矣。窃思房屋买卖，无从稽考，而田地交易，则必有现年过户收除粮数尚可清查，随调该县赤历，逐里详阅，将其现年过户花名尽数摘发，行令该县严查于中有无漏税情弊。兹据详称内有过继、养老、典当、随差不得不更名分拨者，又有子承父业、婿受翁产与夫弟膺兄田种种不一，虽有更名换户、推收过户之名，而实不在买卖交易印契纳税之例，以上俱合应免议外，内唯查出有实系小民买业，应行纳税，而为里书包揽，指骗绰收入己，未行交官者，则如柴盛年、靳永、吉典等其人是也。又有奸民买地，通同里书，隐漏不报者，则如张时通其人是也。大约弊窦虽有，而亦为数无多，盖缘曲邑固称沃壤大县，然而地窄人稠，富者多而贫者少，即富者虽家赀累万，而不肯轻易典卖，至于贫者，则虽求立锥之地而不可得，即累世耕种，而皆租佃于他人，除此之外，即间有买卖交易，然亦不过升斗勺合之微，竟无盈千累百之产，此其所以税契之额毕世而不能推广者也。既据该县招详前来，职覆核无异，谨将所有查出地亩，胪列招内，其所谓小民已纳而被奸书绰收者，罪坐奸书，合应依律追拟。其所谓奸民通同里书隐漏不报者，罪坐奸民，合应契价入官。仍乞宪语申饬该县印官，以后税契务宜细心查考，有税必报，毋令奸民、蠹役任意侵觞，致亏国课可也。

## 一件申报冒名武生事

看得翟鹏汉，原系霍州文学生员，旧有痰疾，因本年三月内宪临岁试，适逢鹏汉疾作，未得与考，遂蒙黜革，本犯贫苦半生，忽见误考除名，忧愤愈甚，竟成狂疾。于今某月某日，该州官、教官同诣演武场操练，霜降例将合学武生点名校射，各官未集之时，兵房书手预将点名册籍置于公座之上。讵意鹏汉病狂无知，闯入场中，自称本学生员，惯习弓马，强将己名，添注册尾，欲求试验，兵书周锡祜见其原系旧日子衿，不敢力为拦阻，竟听注册。迨及州官、学师到场之时，查出添出字样，始知考册无名，当欲责惩，而本犯狂悖不逊，以致该州有是详也。蒙宪批审，职随提本犯及学书、兵房到官，并调该学原奉岁试案验，逐一详查，并无本犯姓字，严询其故，学书、兵房备供始末，及鞫本犯，则吃吃无声，唯见其面目枯瘦，神思恍惚，言词错乱，彼亦自谓不知此事从何而起，犹在职前，自称文武奇才，狂言悖语，喇喇不休，乃知其忧愤成疾、狂惑瞀乱之所致也，情实可矜，相应释逐。学书贺泽厚、兵书周锡祜护册不谨，任人添注，虽无情弊，亦是疏虞，均当决杖。本应遵照宪批解审，姑念病犯，不堪拖累，应与转详，伏候宪夺。

## 一件乞天剪恶以裕国课等事

看得无耻刁衿裴之焜、健讼老黠王星亮，比邻接武，共居荣、猗之界，名为两县子民，实则一里眷属耳。先年之焜曾借星亮钱债，累岁拖负，力不能还，遂将房屋折算与亮，亮乃拆屋以归。夫以屋还债，则业属他人，拆与不拆，之焜不得复问之矣。若果契价未明，则之焜此时，只因经闻原中，明白求找，岂不名正而言顺乎？夫何因官逋不办，垂涎他人之物，觇亮贮麦邻房，要挟求借，不待亮至，而即毁门裂锁、擅自搬运？虽曰当经亮亲张志宿等为之持筹登计，然星亮始终未常目击口许，借不经主，犹之抢夺无以异也。及亮索麦过急，而之焜始以找价为词，要挟骗赖之意已见乎言外矣。怨结祸生，各骋伎俩，两造无情，纷纷叠控，逐一详鞫，字字子虚。内如星亮指焜隐地七十余顷，夫焜乃猗衿也，据该县谓其现作户头，猗氏之官不言其隐地，而待荣河之民言之，亦何所据而云然耶？诬不待言矣。至若之焜所告星亮窝匿逋户裴之炳累已包赔，夫之焜乃一贫彻骨之人，欠债如猬，无所不至，即自己之逋尚欲仰求于星亮之麦，而谓其代炳赔粮，其谁信之？且查之炳现在猗氏当差完粮，曾于粮案挂名干审，职甫行提，县解即至，则是之炳之素未逃逋可知也。即使之炳逃逋是实，星亮匿逋是真，裴之焜亦应告之于未曾借麦之先以正其罪，夫何在前不闻有匿逃之辞，迨至星亮告焜之后而焜始仗义执言也？假使星亮不以抢麦告焜，之焜亦必不以匿逋诬亮，此借题生发、捏词报复之诡谋，又不待智者而后知也。至于窝逃不已而又私盐随之，朝更暮改，愈出愈幻，魑魅魍魉之形，不待照而早自迫现于前矣。该县问官未免护其子民而膜兜隔属，舍骗麦之情而不问，反以窝逃匿逋罗织成案，又何怪上台见之而不发指？又何怪星亮闻之而死不甘心，一告九诉，喇喇而不休也？且使逃逋有据，则该县亦当先清之炳之欠，正其逃逋之罪，然后渐次而及于匿逃之人，何之炳之欠数罪名毫不置喙，而遽悬坐一窝逃之城旦耶？笔底周旋，破绽自见，是岂法之平乎？诚哉盐院之批，谓『宜拔树从根』，本道之批，有谓『引律矛盾』，此真上台之洞悉疑情也。总之，衅起于算债，祸构于夺麦，两造曲直，头绪原清。裴之焜虽非抢夺，而挟骗则真。王星亮虽非累算，而放利招尤。均应各杖，自有定律。至于隐地、窝逃、私盐，俱系案后诡词，应置不问。

## 一件急救人命事

看得陈三乃富不仁也，李茂盛贫而不度，将子永娃佣工于三家，为三求牧与刍。讵意乞丐穷种，天生懒骨，未免旷事，三乃操切骨髓之徒，岂容一刻闲空，督责太严，娃遂背三远遁，三以娃父茂盛曾透支过工钱三两，旋使其衿子陈彦明向盛逼取，且指永娃拐卷衣物潜匿父家，声言出告，盖欲挟盛以必偿之意也。盛穷如洗，势不能还，情窘祸生，遂捏杀子虚词，预行抵管。临审之时，泣请立限寻子，则永娃之在逃可知矣。穷民无聊，急之则窘，听之可也。陈三父子，虐下寡恩，分别各杖。李茂盛虽无匿子情弊，然负人之雇而反捏人命，刁悍极矣，姑念赤贫，工价免追，决杖以警。

## 一件究查人命事

看得李应和家贫不度，与谭可则比屋而居，曾借可则银十二两，无计酬偿，遂将其子李二娃往佣于可则之家，已经匝岁。于今四月初一日，托言归省，遂尔远逃，盖谓终岁债佣，何如别寻生活，此小人无赖之常情耳，未必非应和主之也。但查二娃年逾两旬，已食中农之食，必任中农之事，计工授价，适足一年，亦尽可以了此十二两之债矣。虽曰去留不明，其诡诈固可恨，而赤贫亦可悯，相应免其追给，谅责示警可也。

## 一件发审事

看得李崇敖老黠也，临汾县十七年佥换新役，有九甲里长李大贞公报敖侄李七斤充应皂隶，着役半载，畏苦而逃，县勒崇敖名下缉拿七斤，敖无以应，遂偷借十八年里长张尚科姓名诡报李保安顶役，希图卸己责耳，以致保安攻击尚科，盖亦不知递状者实崇敖也。姑念七斤已逃，崇敖老惫皂隶，固系苦役，偷报亦出无奈，既无索诈情弊，相应责逐免拟。行令该县仍缉七斤复役，役满再换，不得干连保安可也。张尚科原未知情，应免究。

## 一件积恶匿东杀孤乱伦事

看得王尧臣，乃王怀用之四侄也。尧臣之父王怀节系怀用同胞之兄，怀节于顺治九年间以事犯流徙关东，家产籍没入官，仅遗一子尧臣，年方二岁，付托胞弟代为抚养。怀用不负手足之情，爱摩鞠育，视如己子，今已十二岁矣。且为之教读婚聘，恩未有艾也。尧臣亦依依怀用之侧，视叔如父，问以词内之事，茫不知所谓之何自而来也。及将各情遍询邻佑、干证，人人愕视，又不啻青天鬼见矣。更可恨者，长好儿乃怀用之女，王都即怀用之子，俱系一母所生，好儿久已作他人之妇，王都亦顽戾丑卤之物，词内诋渎，害理忍心。追鞫各情，字字乌有，明系光棍觊觎怀用可食，故假中媾之恶言，借杀孤之大律，窃取孺子之名，欲为渔猎之计，但惧宪台法度皦日清霜，所以不敢张胆出头，聊为含沙影射，姑试其术之可行与否耳。合请注销，庶杜奸宄。并乞宪台饬行平遥县，密访惯告匿名光棍及与王怀用素日情事可疑之人，据实揭报，尽法惩处，以除民害可也。

## 一件仇劫杀命事

看得吕金魁与吕登魁，乃同族兄弟也。金魁贫悍鲜耻，鸡鸣而起，潜入吕登魁之禾场，拾取遗谷，登魁觉而获之，遂执为贼，始而挞之于场，继而呈之于官。讵金魁者甘为狗鼠之行，而又恶居盗贼之号，欲脱恶声，先图报复，遂借死女为题，诳耸宪台，盖亦挽河洗羞之狡计耳。审伊女嫁夫刘文胜，因反目投井，久经县审结案，于登魁风马牛不相及也。夫窃粟已属非理，诬告更当反坐，姑念同族家人，更兼赤贫无赖，场禾虽有主之物，而露积非仓箱之内，薄拟杖警，以戒贪愚。吕登魁身列子衿，应敦礼义，若夫遗柄滞穗，尚以为寡妇之利，登魁即不能以古道自居，然见同族贫人窃取微物，亦非伤财害理之事，挞而逐之，斯已可矣，复控于县，毋乃已甚乎？相应并杖，以维世风。

## 一件急救傥剿等事

看得焦光宙乃淫酗之荡子，而王统天则滥事之武衿也。光宙幼年失怙，无所拘束，其母秦氏，孀居守节，子长傲成，母柔莫制，宙乃窃其所有，恣情于花酒场中，荡费几尽，嫠妇孤苦，依此个儿，方将望以卒岁，而孰知不肖至此，逐之不可，教之不悛，对人掩泣，非一日矣。于今八月既望，佳节届期，天上秋光，原为高士遣兴之具；街头夜色，翻作小人助孽之缘。宙乃拥钞携钱，背家离母，挟双妓于市上，呼五白于垆头。正在眼红，且不知堂上有寡妇之泣；方将耳热，宁暇顾门外来好友之呼。夫何王统天者，亦复轻狂，不达时务。既非庾公清榭，何劳步入；不是苏子孤舟，强欲同游。未蒙美人开颜，果致狂且触怒。漫说三杯软饱，先吃一顿老拳。一天之高兴，俱已扫尽；满怀之幽恨，委实难销。欲报私仇，必藉公忿，遂偷群武姓字，假书阖学呈词，题目则必要整顿学纲，文字则只曰殴辱斯武。讵知宙乃倔强无赖，迨至酒醒梦回，已经兴阑狂尽，唯一味抱头鼠窜而已。统天见宙不出，乃舍其子而攻其母，禀县发差，登门勒缉，故秦氏不得已而有是控也。详审秦氏口供，王统天虽有假公挟势之呈，而实无诱赌吞赀之事，卫国俊虽有承票缉拿之事，而实无吓赃锁拷之情。唯是焦光宙浪荡不孝，贻忧于母，决杖尚有余辜。王统天廉隅不修，比匪招尤，朴赎诚为不枉。再查呈内有名诸武，唯李馥兰一人知情共事，合应并杖。余俱住址辽阔，系统天窃写纸上，均属无干，应置不问。

## 一件欺君殃民等事

看得齐巽，乃狡健光棍也。旧以掏摸拐骗为生，致不能安身于乡党，绰入京师，漂泊无赖。逢邑人张文焕适选浙江景宁典史，乞携随任，一则藉工佣以活生，一则去乡井而避祸也。焕以同里之情，轻诺不拒。及至任所，典史官况不问可知，束薪斗米之俸自给不赡，尚曰以与尔邻里乡党乎？相随一载，毫无所得，巽乃怨望，空拳而归，遂操假券，转向焕弟张天宿欲索随任工价，控府控县，业经数案，府、县累审涉虚，责逐不究。今又冒籍控宪，职详审巽随焕往之日，天宿并未与闻其事，安得以一纸无中无证之伪券，凭空问田舍翁取官吏债耶？且更可恨者，查府词止有工价伪券一纸，今则又造出二十两借券矣，字迹、花押，俱属两样，山鬼伎俩，愈出愈幻。本应照放京债新例治罪，姑念所诈未遂，薄拟一徒，以警诈欺，其伪券涂抹附卷可也。

## 一件拨云见天等事

看得楮得玉、樊桐、贾魁山与靳于升，皆在东关开张麻铺，原系公同支官，则所得牙钱亦宜均分，以共苦乐。讵得玉等欺升朽懦，素行掯克，以致于升不甘共事，遂而分伙开行，方挂招牌，而玉等即串兵丁取麻挟索，盖欲坏其体面，使之不能自立门户耳。升拼老命撞得玉之头，玉将秽物灌于升之口，既已垄断而专利，又复欺独而凌鳏，若得玉等棼肆甚矣。虽私派铺行之赃，供抵支应之苦，然而霸行侮弱之罪，实难解也。合照秽污人口之律，各杖不枉。其麻行仍令各自开店，各自支官可也。

## 一件拐带事

看得徐世昌游民也，高登魁逃兵也，何呈祯顽童也。二人无赖，共比一个龙阳，祯亦鲜耻，两下无分厚薄，交稔难舍，商挟而逃，行至介休地方，撞遇祯兄呈瑞，捉获到厅，随发县审，据详前情是实。嗟乎，淫奔之事，间尝闻之妇人；从夫之谊，不意见之男子。况乎以男作女，既已刚柔反悖，以一事二，又且阴阳驳杂。言之丑矣，法难恕焉。高登魁除轻罪不坐外，牒送协府，治以逃兵之律。徐世昌合依拐带良家之律，何呈祯究其背父逃走之故，各责枷号，以警淫荡，仍行该县存案。

## 一件行查事

看得任重，身充库书，经管牙税，开报既含糊莫辩，底簿又一笔写成，迹似可疑，法实难宥，致烦宪台驳查，诚厘奸剔弊之至意也。职仰遵严行该县彻底根究，务尽弊端。今据回称该县原非商货聚集之地，止有牛马、花布、菜佣、酒保些小交易，故每年额定税银七十三两，逢闰照加，俱按藩司所给印帖，牙侩名下写列名数，均摊征解，并非收之于商贾之手，所以底簿一笔写成，质此故耳。至于货到有无，买卖多寡，悉由贩侩自操，该县除此七十三两额税之外，丝毫不得过而问焉。其说近理，似亦可信。虽然，当日开报文内，亦须即以此情申说明白，乃何漫不经心，一任草率了事，虽无捏造欺朦之情，难辞疏略苟且之罪，杖惩经承，诚不为枉。

## 一件图财害命事

看得武加烈，恶种也。其父武渊[1]于顺治五年，打死族人武登选，拟绞改戍，羁候府狱，尚未结案。时值有平贼之乱，渊得乘机越狱而逃，此伤弓之鸟，迄今不知其所之也。加烈绰有父风，素在乡曲颇号黠悍，于顺治十五年上元之日，里人张致宏等迎神赛会，途遇加烈，肆酒撒泼，打毁神供，约长呈之于县，县将加烈责惩，而致宏即当日攻烈之首事者也，以此中恨，有由来矣。嗣后致宏商外，无从报复，迄今归里，遂兴平地之波，假以索父挑衅，而仍将押会约长张戊等一网罩入。夫渊为越狱之累囚，抛乡别井，势不反顾，案卷炳然，万目所知，于今且十有余年，岂加烈从来不问其亲而一旦向他人索父耶？及询加烈八千两之本银，则曰张致宏之所有也，果使致宏身拥重赀，则必不与越狱之累囚为伙。若使武渊赤身从宏，则宏复谋之何为？怪诞荒唐，莫此为甚。挟仇妄告，一杖余辜。武三杰拨讼党恶，并杖。

## 一件殃吓良民事

看得吴应定，昔因家贫不度，投入贡士郑王玺之家为奴，王玺死，叛不服役，玺子郑晓仁仗义执言，讵定不逊，仁叔郑惇为抱公忿，禀于县幕，幕差苏起凤拘问，定诎远脱，先耸宪台，并将幕役罩入网内。殊不知旧主虽死，投充之文契尚在，名分所存，未可诬也。姑念昔系投充，未受身价，免断服役。但相逢故主亲枝，仍当避影称奴，以毕应定之世。郑晓仁亦当知投充之人原非鬻身者比，此外毋得苛求，再生事端。仍杖应定，以正不逊之罪。

---

① 原文为『源』，根据下文疑为『渊』。

## 一件请旨事

看得马逢知入官变价马一十八匹，仰遵部文，随行该州估变去后，今据回称俱系羸瘦骒马，不堪战阵，似难走递。又值新令禁马之时，变价无策，不得已而售之市肆，此诚该州无可奈何之极思也。但窃谓羸瘦骒马，虽曰不可以供战阵，然委之善养之人刍牧以时，老马之智，未常不可用也。合无请将前马散之于平阳府所属驿站，以供走递，仍即照该州所估价值，于来年应给站银内扣还解部，是盖以官马而还充官用，以官钱而还售官价，统系官家之物，更可以不较价值之盈缩，实最善之道也。若欲按马求售，则卖马而适当，禁马之时，又何怪该州之束手无策，不得已而议登之于刀俎也？事关钦件，难以游移稽迟，或应准该州之议，或应如职所请，伏乞转详咨请，批示画一，以便遵行，庶钦件得以早结也。

## 一件沥陈诖误冤情等事

查得张凤鸣昔任兖府刑官之时，曾将问过河厅衙役刘找子牒还河厅通判曹复兴收管，后因找子脱逃，复兴坐罪革职，迄今日久事寒，复兴具呈，援赦委过于凤，求还已职，蒙山东抚台移咨到晋，提取凤鸣往与复兴对质。兹据凤鸣哭称事属子虚，结案八载，无容再质，况今年老病缠，气息奄奄，万难起解，哀控本院，蒙宪转批到职，仰遵查得曹复兴之所以委过于张凤鸣者，盖谓当日牒回找子之时，凤鸣注有『朱书取保』字样，其事之虚实，凤鸣辩之甚详，不暇具论。但窃思今日之所以提凤鸣往质者，将谓质此字样乎？则查卷内复兴曾称此字已被穿窬盗去久矣，是字样无可质也。将谓质此情由乎？则查以前曾经庭质三次，而凤鸣亦无只词输服，岂迄今八载以后尚能使凤鸣翻然改前供乎？字样既无可质，前供又难使改，虽使凤鸣到东省，于复兴终无益也。虽使凤鸣不老不病，亦似不必解矣，况老病乎？若曰复职为重，老病为轻，则应解与否，又非下吏之所敢得而擅议矣。谨将凤鸣亲供，载明详内，统候宪夺。

## 一件悍兵横杀事

看得翟二小之父翟天成，于明之末年，随营食粮，适丁闯逆之乱，河东郡县，尽成齑粉，膏草莽者，又岂独一翟天成而已耶？时因成与杨鸣雷有交，好事者疑其死于鸣雷之手，成之长子翟喜贵曾控于官，审无的据，遂置不问，迄今已二十余年。而成之次子翟二小不知何所凭据，而又忽欲复理前说也。夫闯氛煽虐，杀人如麻，被害之家，所在都有，使其子若孙，今日而皆欲修戴天之义，执行路之人，任意而指之曰『此杀吾父、杀吾兄者也。』有是理乎？人人效尤，是长乱矣。即使二小确知父仇有据，亦当声之公庭可耳。乃敢以远年风影之说，白日而操刀于市，目无三尺，凶横甚矣。姑念伤人未毒，依律满杖不枉。

## 一件谋吓殃民事

看得郝如相家有猘狗，咬死郝永坐之儿，是杀人者狗也，非人也。永坐伤心儿亡，情固可哀，然而牵告狗主，亦属多事。儿令郝如相为之瘗埋，狗付樊将军任其处置，两俱无罪，逐出免供。

## 一件欺天藐法事

看得平阳府西门外汾河一渡，额设水手一十五名，每年工食银九十两，又木植价银三十两，俱在临汾县正供项下按时支给，夏秋则修造船只，春冬则安架桥梁，自顺治十四年奉文将前银裁扣一半，遂至工资缺额，水手苦累。今段如娟等请援襄陵之例，求为设处，职查知襄陵亦无所谓设处之法也，不过尚义之居民与修行之僧道，岁时助募，以襄善事而已，是原不可以为典要者也。今查临汾额银未裁之先，每冬架桥两座，每夏修船数只，今银既裁去其半，则桥、船亦应裁去其半，水手亦应裁去其半，两桥而并为一桥，两船而并为一船，两船、两桥之水手而并为一船、一桥之水手，则费省而工坚，食省而力足矣。至于如绢词内所指『工书侵克』等语，审裁扣者，则有解批可查，给发者，则有领状可据，绢语无根，合应坐诬，但念裁费之后，水手苦累，姑免拟。

## 一件确咨利弊等事

看得报灾原有限期，奉行合应唯谨。今蒲令以新旧接管而申报太迟，责有攸归，过将谁委？两蒙抚台严批，引咎无词。窃思报灾违限，既已不便请恤，难民可悯，又复望济无期，则今日之急着，正不在徒自引咎，而唯在多方抚恤耳。抚恤之法，诚如院批所云『尚有赈谷当问』，职仰体宪台恤灾苦衷，行县详查，据称蒲县弹丸瘠土，庭无讼民，仓无贮谷，历来久矣。嗟乎，若然，是束手坐毙之道也。即如县议缓征宽比，虽是少延须臾之性命，至于劝种晚田，又属待挹西江之迟局，若目前青黄不接、东作方殷之时，安得不再讲良策以保此孑遗残喘耶？除县议二者应准令着实举行外，仍与本府再三筹酌，急饬该县作速查明被灾去处、难民多寡、轻重厚薄之间，户口几何，需赈几何，勒令速报、即请，上自府、厅，下及该县，前后印官，尽倾一年俸薪之外，倘有不足，仍须竭力合谋，设法捐助，以尽救焚拯溺之心，以赎从前怠玩之咎，未必非收之桑榆之一法也。于中又有职等力量不及之处，然后呼吁宪台请为合尖，务求必济，迨赈过之后，仍造被赈花名册籍呈报宪查，务使灾民必沾实惠，断不敢徒托空言以美观听，致烦上台切求民瘼之心而自取罪戾也。

## 一件谋吓剿家事

覆看得郑祚昌等，伙诱高思谦嫖饮圈费，前审已悉。复蒙宪驳，职遵再究思谦，乃稚愚败子，一入花柳丛中，尽兴撒漫，酒色昏迷之下，亦不暇刻木而计费也。据供数月之内，大约洒去数十余金，尽付逝波，无从稽考，郑祚昌等，皆帮闲撮趣之人，得此奇货，始而百般哄弄，唯恐不饵，只是饕餮酒食，不敢克落余钱。迨至赚其入港，然后生吞活剥，逼写契券，无所不至，此光棍套哄之故智，情理之必然者也。高登泰告发尚早，契内之银，未至入手，而思谦以前撒漫花费之物，实难悬坐祚昌之赃，别无情弊，俱照前拟。

## 一件元凶大恶等事

看得魏汶、郑运隆两衿，皆不幸而为恶人之子者也。隆叔郑胤俊昔以访蠹毙狱，隆父郑胤佳亦为告官投崖，于魏汶无与也。汶之招尤也，盖因蠹俊在日，汶曾借俊私银，以业为质，后见俊死，汶父魏登拨子负约，至今质契犹存隆手，屡取不偿，致隆有是控也。词内所摭单款，除招质子虚者不坐外，内唯四款审实，乃系汶父之事，盖缘魏登性非良善，夙弄刀笔，旧在县前卖酒营生，实向公门打网作活，恃子青衿，更添羽翼，指告盐引而科派里下，因争水磨而吓诈乡民，捏文契而骗钱，主婚书而吞礼，种种不法，罪所当诛。但父作之孽，难及其子，合坐魏登名下追赃，决杖不枉。内查吞魏高卖妾礼银一款，魏高现今停柩未葬，应断给主，以安死者。至于汶所借胤俊之债，既未还银，理宜退业，质内地亩，断给与隆可也。汶身列名教，几谏未读，干蛊无闻，但奉乱命，负约欠债，父既犁牛，子非骍角，亦应并杖，以肃士风。

## 一件吞赀杀主等事

看得元幺，不富而骄，未贫而滥，父手曾有余钱，于故明末年，附亲王并，商盐淮扬①。自本朝鼎革之后，两

---

① 原文为『杨』，疑为『扬』。

家消长，未免有桑田沧海之叹。至顺治十三年，幺兄弟将本利收回之外，尚余一千六百两仍在并店行利，嗣是众心不一，并知难与共事，遂于康熙元年九月十二日，会同两造中亲、本邑绅衿，彻底清算，分厘完晰。幺同兄炎、侄泽即将原日合同老约涂抹付并，仍复公立杜绝文书，日后淮扬生意悉归王氏，与元毫无干涉。只因幺私自借并债券二纸，共银五百五十两，已逾四年，分厘未偿，希骗无由，遂援昔年旧账，藉口混赖。殊不知两家清算，曾几何时，涂抹之原约未干，杜绝之文书犹湿，元家兄弟手泽甫鲜，两造中亲口血未冷，四面质对，逐纸查验，不但中亲不能为幺措一词，即幺之兄若侄亦不能为幺措一词矣，即幺且不能自为幺措一词矣。师出无名，从未有见有如此之甚者也。按律杖惩，以警无情。其所借并五百五十两，念其父手与并共事多年，子虽不才，谊未绝也，俟幺宽裕之日，饶息取本，陆续偿还，并亦毋得追逼，以全亲情可也。

## 前件

覆看得元幺，负王并新债不偿，嗔并取索，反扯父手已结之账，藉口发难，妄行渎控，职前会同府审，若并之还幺账也，既有元氏兄弟所立杜绝之文书，又有抽回中亲涂抹之老约，虽欲为幺再措一词而曰未完，不可得也。若幺之负并债也，则有现在亲笔之借券，又有代求宽限之中亲，虽欲为幺再饰一词而曰已完，亦不可得也。所以断令幺措还者，交易之理也；谕令并缓取者，念昔先人之情也；杖幺之所告不得实者，是非无中立之法也，诚不敢存一毫意见于其间也。今奉宪驳，理合再详。

## 一件剪势苏民等事

看得芮城、灵宝，虽曰隔省，实乃比邻，芮衿杨尔行盐灵界，灵民王三锡等负尔盐账未偿，尔于上年呈赴运司，隔省勾摄，未免戒心，三锡等不敢赴审，俯尔求和，尔亦乐得乘其恐怖而垒算过甚，立约转券，多至逾额。讵知狎水者覆舟，击石者迸火，三锡等不甘终弱，结党控院，院批州审，州以私和之券与吓诈等尽追而焚之。噫，为三锡等计，则善矣。然未清欠而先焚其券，是亦非法之平也。院以券既焚而欠莫考，但市义美名，谕尔勉从，尔亦遵奉无词。然除文券之外，尚有应取余钱，尔仍执盐店原簿赴司再禀，欲往重收。讵三锡等狡而无餍，挟讼胜之余威，怀得陇之故智，欲使尔终其身钳口结舌而莫之敢前，故又复理前说而再耸宪台。殊不知前券既焚，旧案已结，商本为国课所关，买卖无断绝之理，欘者既欘，偿者须偿，安得并其应有之物而一概付之东流也？除院词详允者，尔再不得过而问焉。其余一切应取账目，断令凭中照簿免利收本，以足国课。王三锡将已结之案妄行再控，决杖惩刁。

## 一件夤夜剿家打死人命事

看得梁敬伦，畜马一匹，其来久矣。近因奉禁马之令，而伦且犹豫不能舍也。地方、族人恐其累己，举以报官，遂成仇怨，讼府讼道，马已起获，到庭二词，尚未结案。伦又安得乘儿媳之病死而藉为抵笮之计也？马遵新例入官，人依旧律拟杖。

## 一件持刀杀命事

看得吴定慧，本是莽伧恶少，故作清客斯文，笔墨既非当行，刀斧实其长枝。遇本村有筑渠之役，例应沿户拨工，定慧自谓书生，不谙农事，嗔渠长之签派，恃衿父以凭凌。嗟乎，农隙然后读书，版筑亦能隐相，何堰工之不可为耶？定慧之不屑也，则亦已矣。既将恶语先施，又出白刃相向，何横暴之至于此极耶？虽未致命，亦已伤人，按律城旦，诚不为枉。若其父吴克谦者，所谓父兄之教不先而子弟之率不谨者也。但该县既云采其月旦，则亦似乎难逃清议。

## 一件中途劫财等事

看得介尔，一生唯酒，百事如狂。旧与周龙构讼不休，其岳相云惧龙之累，请为杯酒修好，龙之酒未沾唇，尔且先来骂座，有冯奇者，不识进退，妄谈公道。殊不知交浅言深，定是取人厌恶，况尔之酒病方酣而骂兴正高，早已舍龙而攻奇矣。讵奇亦长喙，适堪劲敌，一衿一役，自酒肆相结，斗至郭门之外，市人耻之，袖手而无一解纷者。故尔于酒醒梦阑之后，羞以子衿为衙役所窘，急思雪耻，不患择词。更可骇者，庭质之时，尔之余醺，触人于十步之外，口且喃喃，似不能语，问其词中响马劫财等事，自称无情，止求准状，狂悖如此，可恨亦可悯也。本应反坐，姑念醉生梦死之人，杖惩余辜。冯奇不避醉汉，在局外而插舌招尤，以衙役而与衿相斗，横而多事，并杖以警。

## 一件乞均偏苦等事

议得辛金白等所控霍州四苦，应否仍革，各得半焉。内如取用纸张一款，查霍乃荒疲小治，各上台从无取用纸张之例，彼所谓取用者，乃本州日用柬扎之类是也。虽云给价，或有中饱。夫支用行户，功令首禁，合与严饬，以后应照民价，现银易买，匪但毋累税局，亦安得累及铺户？此应革之陋习一也。又如牙税、商税二款，查州额日行交易，则有牙税，牲口交易，则有畜税，昔年牙收牙解，今则牙收而民解矣，诚非法之平也。夫享其利者任其劳，经收则当经解，一定之理。此宜革今日之弊，而仍旧日之规者二也。至于税契一款，据称『势豪抗违，以致亏额。』追讯势豪何人，则又无所指据。如果有此事，自是法所不容，印官严明，自能振刷，此无俟多议者又一也。以上四款，系陈地方利弊，合与条晰，统候宪裁。

## 一件詈吞杀叔事

看得郭中都兄弟三人，长大都，次中都，俱茂才，季三都，孝廉，早亡。中都有傲风，兄在日，即弗克弟，屡阋于墙、质于庭矣。大都死，子际等俱成立，中都大不利于孺子，萧墙之内，殆无宁晷。兹又以父手遗赀见告矣。问父若兄有手泽存乎？曰：『无也。』问公亲、族长有老成目击可以代文献者乎？曰：『无也。』问若父于何时分产？曰：『天启七年。』去今已三十七载矣。问若父于何时捐世？曰：『顺治十一年。』去今亦十载矣。问若兄于何时捐世？曰：『顺治十六年。』去今亦五载矣。天下有分家三十七载之后，父死十载，兄死五载，尚欲向寡嫂、弱侄问父手遗赀者，或未之前闻也。且中都皤皤老翁矣，计分家之时，年已过壮，岂昔愚而今智乎？且孝廉在，不闻争，岂彼愚而此智乎？更可异者，庭质之下，际出祖手分关一纸，上书三子所分之物，悉载册内，此外无丝毫存遗，有妄言者，即系逆子，使中都高声自诵于庭，中都亦汗流浃①背，赧赧然见于面矣。孝悌也者，于此衿不能问焉。杖之不屑，诛之也。亦杖际者，存名分也。

## 一件衙虎滥冒等事

看得贾道元乃吴艺之鹰犬，吴艺乃道元之猎人，皆相依作奸而惯以告状打诈为事者也。兹如道元告任忠全一案，太原府审，逐款究其根据，逐犯叙明口供，亦可谓详且尽矣。伏蒙宪批，以为事关衙蠹，严驳再讯，诚仰见慎重院件之至意矣。谨按词内原列三款，一曰加收秤头火耗，一曰多派练饷地亩，一曰滥用牛车、私折驴价。初阅之赃私盈千累万，无一字而不骇人闻见。细按之其事则系发通邑之弊政，而于原告无一切己之情。其词则若敷扬衙蠹之罪状，而实则系开列县官之款。窃谓以孑然之穷民，无故而发此大难之端，使果从公起见而慨然为一邑呈利弊也，是

① 原文为『夹』，今更为『浃』。

必其人之此中无一毫之私意而后可，是必其人之本身从不欠丝毫钱粮、无丝毫怨恶于公庭而后可，是必所告之单款，如指某项私派，则必有私派之凭据，如指某人被害，则必有被害之实迹而后可。讵道元之所为，不唯一一反此，且再究之，则更有愈出愈奇，皆在人寻常意想之外者。问其词内之款证，不曰被告昔日之仇家，则曰县中监责之欠户，诚有如府审所云者也。问其私派之凭据，则纳户之数目，既与额征之由单相符，而县官之收簿，又与里下之纳数无异，诚又有如府审之所云者也。问原告本身之钱粮曾否全完，公庭有无嫌怨，则曰道元现充里老，而每季欠钱，累次监比，至今尚有未完，与官吏为仇雠，又诚有如府审之所云者也。由是数端观之，则道元之只字无情，已可不问而知矣。及问之而更有可骇者，职甫行按鞫，忽准太原府牒词一件，视之乃贾道元自首吴艺主唆之故及同谋打诈之由也。始阅其词，犹疑梦幻，及拘再鞫而所首首犯张四知备述凿凿矣。再以讯之道元，而道元又自攻凿凿矣。问首其事者为谁？则吴艺也。问同其事者为谁？则王果、贾玉、李烨、郝国祚也。数人皆该县积黠，惯藉地方公事，以操官役短长，吴艺于本年二月内以车牛为名，指告衙蠹来省，张四知劝回，备席于家，与众讲释。讵其欲未遂，未几而艺又控之本府矣，未几而艺又控之臬司矣，两案未结，而今又且控之部院矣。且未控数日之前，仍央张四知为之招和而不得，然后进词，此四知庭质凿凿而艺且俯首无词矣。乃更又有可骇者，据道元泣诉部院放告之时，彼实不知，太刑厅审状之时，彼仍不知，代为投文者艺也，代为审状者亦艺也，艺盖知道元与忠全有隙，故先书其名以出告，及太原府拘审，然后使之顶词，此道元庭质凿凿而艺又俯首无词矣。嗟乎，何物吴艺，本以穷荒山鬼，胆学市井神奸，不唯视法度若弁髦，亦且以官府为儿戏，若不痛惩，长此安穷？况诬告既实，杖岂蔽辜？吴艺主谋线索，首应反坐。贾道元虽自首于败露之后，然两次庭质，党诈显然，与艺均配。郝国祚、王果、贾玉、李烨共事知情，贾道元之扳，张四知之证，历历皆真，合应并杖。内查玉、烨本案无名，若再行拘，恐稽宪件，另究可也。任忠全、冯启昌、李荣国等，单款既虚，杖难滥及，盖法不因衙役而独苛也。但忠全以役充衿，于例有禁，革之不枉。

## 一件假满横吓诈职嚼民等事

看得帅禀与郭应忠，实不共戴天之仇也。禀父可宗于顺治初年被应忠等以告密致死，并没其家，禀亦在所告之中，幸而免焉，遂去其乡，在于旗下，累年教习，子抱父怨，固不能一刻去诸怀也。今甫归里，席尚未暖，而即呈应忠于县，县以禀父之死，死于法也，不能问之应忠。独是宗死禀逃之后，忠等乘危而诈其解赃使费，禀母现在，凿凿可考，是宜追偿，稍消禀恨，以为将来讲好之地，固是舍重而论轻，盖亦借酒而释甲耳，非无深意于其间也。讵小人不解远怨之道，匹妇好为自轻之行，可悯亦可恨矣。但忠母以舐犊之爱而轻生，子固未常知情，则服毒亦非图赖；帅禀执戴天之义而报怨，原未及于其母，则致死亦非威逼。既经讲息，自难深求。唯是藉尸捆打之族人，与多口招尤之悍仆，各杖不枉。县审得真，相应照转。

## 一件揞财谋杀事

看得赵琮之父赵建业，曾领郭必昌赀本，行盐淮上，子母循环，节年无异。迨至顺治十七年，必昌以生意寂寞，意欲收归，亲往维扬算账，建业遂尔支吾，不与清楚，以致必昌控于两淮盐院，将历来账簿彻底清查，断令建业名下应找必昌银三千三百两，建业随将店房、船只、银货两折共得二千七百五十两与昌，尚欠四百五十两，亲友领承，暂宽时日，劝昌旋里。讵意至今未结，忽于上年九月内，业在维扬病故，讣言抵家，必昌闻业已死，唯恐事久盟寒，急欲问琮追偿父债，赵琮痛父新死，又见必昌登门逼索，情更不堪，两造无情，纷纷讦告，所自来也。夫原情按法，琮父半生为郭氏经营，不为无功，今客死于外，虽在分伙之后，情义犹未绝也，必昌既无怜惜之心，而且急追死友之逋，噫，亦刻矣。至于赵琮，父欠子还，自是定法，希图骗财，而且以父命为词，何无良至斯乎？彼此均杖，实不为枉。其琮父所欠昌银四百五十两，合中分之，使琮还其半，向必昌赎取父约，以断葛藤，使昌让其半，助赵琮扶衬父柩，两全交道可也。

## 一件积书殃民事

看得杨谨赐与梁国鼎，共里各甲，于上年十月内，因差徭苦乐不均，两造讼于本府，府断均甲，行县之案墨尚未干也。以此构仇，心图报复，遂捏无影虚词，并控司、道两台，职等行提之间，查系一事，公同会审。内如所称『正粮四万八千，每两吓银一分五厘，积赃一千四百有奇。』不唯讯之款证撤贾裴，而贾裴不知来历；即讯之七柜头三十余人，而无一闻者。即反以诘之谨赐，而谨赐亦茫不能举其为何年之粮、何事之派也。又如所云『打吓禁卒银八百两，指官私派里下溢额补库一千二百两。』初讯此事，是一是二，而谨赐吃吃莫措一词以应；再讯被吓之禁卒系何姓氏，补库之私派系何名色，而谨赐又吃吃莫措一词以应。又查状内张尔昌一款，司词则开一千四百两，道词则开百十余两，相去悬绝，及讯何者为真，而谨赐又复吃吃莫措一词以应也。又查词内指称『桥梁吓害』等语，则道词有而司词无，其『正粮四万八千，每两吓银一分五厘』等语，则司词有而道词又无，两造情词互异，满纸毫无着落。所告之证佐，即先啧其面而骂为见鬼；满庭之干审，无不裂其眦而诧为发呓。只因一日之小仇，竟造漫天之大谎，从未见有如此之可笑而可恨者也。本应反坐，因泣供目不识丁，为代书所误，又似可悯，薄杖余辜。

## 一件假印之根苗已得等事

看得张珮环雕使假印之说，实莫须有之事也。盖缘环充州役，老猾有年，且五子一衿，浊饱而悍，不理人口，已非一日。州官莅任之初，物色匪人，而珮环父子之姓名，遂早入于夹袋之中矣。嗣是州民控者叠至，州官恶之愈甚，乃以『恶人』二字榜署其门。旋又廉得其欠粮恶款，揭之院、道，发审未结，而又适奉本院有密查假印之行，州官先已怀窃铁之疑，舆论未免有烁金之口，于是天下之恶皆归焉，此假印根苗之一申，所以续揭帖而继起也。大刑严审，毫无着落，到职详究，益见渺茫。内如申文所据总铺号簿之登记者，二月初一日隰州投递公文马夫张诔科也。今该州所执审之马夫，乃荐科，非诔科也。诔科者，诡名也。追鞫荐科，虽充马夫，而是时并不值月，此日亦未到省，其初供所谓受珮环之意指者，盖刑鞫之词也。又审伪揭所开土豪、衙蠹窦馨器等，并无珮环深仇剧怨之人，则造此实出无由。凡该州之所指为假印的据者，实无一事足以钳珮环之口而结其舌者也。窃照假印之罪，应服上刑，然律法所载，必须获出原日所刻印信，仍令本犯当官雕验相符者，始准如律。今之所谓假印者，实无一据，委难悬坐。至于珮环、懋修欠粮恶款，及诬告州官之罪，父杖子戍，已于钦案问结矣。假印无因，不必再拟，严饬该州，另缉真正雕使假印之人可也。

## 一件侵公殃民事

看得李际之兄李兰与李泰，俱应康熙元年巡拦，分管本年夏、秋二季牙税四百八十两，因上年七、八两月霪霖不止，商贩阻绝，以致税银缺额一百五十两无处着落，二犯赔补，磨灭几毙，此亦从来未有之事也。兰名下应赔一半之内，欠银六两，又复累及于泰，事竣之后，泰向索取，触及于际，故成雀角。夫同为巡拦，苦乐宜均，己欠钱而人赔货，兄躲债而弟出头，不义甚矣。且也，巡拦者，总侩之别名也，非役也，曰衙蠹，近于诬矣。穷衿多事，决杖不枉。

## 一件剿家灭门等事

看得杨萃之女，嫁与刘文之侄刘官为妇。官夭，杨氏遗腹有妊，子产母亡，官稍有薄产，众议抚孤。文倚伯父之尊，萃恃外祖之亲，各持其是，反致猜嫌。夫抚孤，美名也，然争则危矣。争而狱，则愈危矣。据中亲之议曰：『争者拒之，不争者许之。』乃以托孤之事属之文弟武焉，诚至公不易之论也。当官立约，应与准从。文、萃忘亲嗜利，虎视眈眈，心可诛也，各杖不枉。

## 一件指贼吓杀事

看得隰民王秀安，曾赊汾民朱运隆布价二两三钱，穷而莫偿。运隆者，双足俱废之残人也，不能动履，央亲史月来隰代索，触安之怒，受辱而归。异日者，月亦约其党武昌等要安于路，大肆凌虐，盖犹报败殽之役耳。两造隔属，各行诬控。夫欠债而辱人，秀安无理于先，结党而遮路，月、昌已甚于后。布价照约追还，三犯一同决杖。运隆残废，姑免拟。

## 一件势杀事

看得张加前、张义举与杨氏之夫已死之张加彦，实乃穷奇梼杌，聚族而生，皆以投充宦仆为荣，各倚主人之势，以为健讼之具。加前、加彦乃大功兄弟，彦于二月间，以卖地找价讼前于州，州断前找价矣。越两月而彦死，彦妻杨氏又以夫命控前于州，州又断前烧埋矣。此两词者，前皆疑为义举主唆，盖缘义举与前素仇，离间之说亦未必为无因也。是以前父张克眠者，见其子两讼皆诎，不胜闷闷，于四月初一日，与张义举大哄于途，老病之人，莫禁忿怒，归而旋死。前遂以父命告义举于州，该州相验无故，仍将加前惩责，断其掩埋。前凡数战而俱败，仇愈结，忿愈深，词愈诳，连章累款，纷纷而不之择矣。审所揭张义举单迹，多属顺治初年聂宦之事，盖缘义举昔曾投聂宦为奴也，今宦已死，义举且择木而栖矣。荒唐往事，总不可考，应置不论。张加前以病死朽父违断衬词，张义举以宦势唆讼同人骨肉，均杖不枉。杨氏夫命一词，州断已明，重控多事，并杖收赎。

## 一件劫杀获赃事

看得吴周仕之弟吴周本与李国泰之子李皇法，俱在通州合贩松板，曾以松板七十料赊与同乡小贩赵国显，事经周本之手，是以赊约未载皇法之名。后因周本急归，遂将原约交与皇法，并求垫出约内之半与己以作归费，此盖通财之美意也。讵意周本归至半途，径被暴客所杀，隔年而皇法始归，仍持原券向赵国显索讨前欠，国显奸狡，包藏祸心，骗回原约，串通周本之兄吴周仕，指称劫杀，共谋打诈。殊不思暴客杀人，劫此空券何为？且皇法既已杀人而劫券矣，又复持所劫之券登门求偿，以自首行劫之供状，有是理乎？悖谬荒唐，浅陋易见。总由国显挑唆，以致周仕诞妄，均应反坐，具招不枉。

## 一件败坏良妇等事

看得赵增成之妻，乃生员相朴衮之侄女也。成与席国昌比邻同井，村鄙穷汉，往来出入，毫无内外，帷薄暧昧之间，原自不可考也。一日雀角，遂露风声，乡约攻于县幕之前，流言入于朴衮之耳，衮乃迂謇措大，以为儒家瓜葛，岂可败坏门风，特求幕官，力为惩处。小人无耻，护妻匿丑，遂肆诬控。详鞫犯证增成、国昌，虽无墙茨之实据，未免瓜李之微嫌，既不知羞，又复无情，姑念赤贫，均从决杖。相朴衮固为迂阔无当，亦是仗义执言，应置不究。

## 一件公举元凶等事

看得朱良吾者，乃所谓身居下流而天下之恶皆归焉者也。良系明朝庶宗，想其全盛之时，作孽招尤，势所不免。

迨今家破人亡，不意前任州官点充催粮里老，签报宗产收头，虽曰揽役包差近于好事，然亦众签公报情非得已。更可危者，前官强将难完宗价抵解农桑正项，径发空批，坐签艮名。迨夫宗价不可追寻，前批杳无着落，艮乃扯告曾买宗产之人，推其初意，止图归结前件，或至后来，未免借题生发，遂撄众怒，群起而攻，此揭款之所自来也。署州懵懂，不问根源，而具详府审，从众遂据揭单而坐赃。细鞫前招，茫无实据。虽然，即使款款皆真，如此骨立穷囚，正供尚不能完，正不知何以为追赃之地也。捧读宪批，早已揭日月而行空矣，与其存虚名于纸上，何如宣宪德于民间，虚款合准注销，正欠勒令早纳。至于所谓正欠者，查前招照出内除领解农桑银一百二十一两六钱实系正项，其侵使山禄价银七十八两，并九甲赎谷十石。详查该州正项册内，从来无此名色，所谓侵使之说，出之仇口，亦无凭据，应置不究。若夫艮吾之罪，合照监守自盗之律。但查州官悬给空批，非如发银领解者比，引徒未协。俟其赔完前项之日，决杖蔽辜。

## 一件群恶灭门等事

看得李作楫之父李三德，浊饱而懦，一向善事府书马承安，藉为樾荫，于顺治三年内，三德曾假承安之名，买其族人李枝馥房屋间半，于今已十余年矣。近因承安身不在衙，作楫事之大不如初。讵安小人，彼既初终易视，此亦反复异常，因思从前交易原契悉借己名，遂唆卖主馥弟李枝香以骗业为词，将德父子告赴本县，而承安即揽为证，该县以契写马姓，而业在李氏，迹属可疑，遂将三德责惩，断其找价，而当初借名顶买之一段情由，径被承安瞒过矣，此作楫之控所自来也。详审承安唆讼是实，恶款悉虚，姑念久已出衙，与听安鼻牵之李枝香，一例徒惩。李作楫状款虽虚，词情则实，免其诬坐。仍将契内承买姓名改为李氏，以断日后葛藤可也。

## 一件抗法违断事

看得临汾之民张山汉，曾有祖业庄田寄居蒲县，蒲瘠土也，因为差粮所累，山汉之祖舍业不敢问价，而浼人承粮，初委之于蒲民曹国行，国行死，大用之父承耕其地，差粮之累，日甚一日，用故无可奈何，遂思穷流溯源，而仍欲归其地于出业之张山汉也。今审山汉弃业，已在明之末年，用父承业，又在清朝初年，况山汉家居于汾，实难管业于蒲，且用父承业于曹，而非承业于张，年久事更，不便推回。夫以本土之人，承本土之业，差粮虽苦，然有地可耕，犹足强为善也。劝之承业，不必再讼，免供。

## 一件蠹恶灭法指引剥民事

看得曹守功，刁民也。上年蒲州编审，各里人丁，稍有增减，盖亦因户口之消长为捐益耳。守功等疑为户书吕天宠之栽派，妄生怨尤，遂假折引为词，串同本里各户增丁之家，环向而攻之。细审守功，并未贩盐，天宠亦不管引，庭质之下，原告、干证自供实为增丁起衅。殊不知审编自有常法，增减势所必然，苟使增丁之家而皆可归怨于官与吏也，则朝廷编审之法阻挠而不可行矣。丁册久已报部，何容置辞？折引既为诬告，反坐不枉。

## 一件强奸杀命事

看得齐士居之子齐胜根者，拾遗柄于葛荣之场，云数数矣，荣捕之。一日而遇焉，老少不敌，荣被胜殴，次日荣以盗谷控胜于县，县拘未结，而胜父士居不甘子有盗名，遂指奸以相报。嗟乎，荣髦矣，无奸才者也。士居舐犊而污人，杖之。根胜拾穗小过，原不可以盗论，县案注销，以断葛藤。

# 卷六　盐法

## 祥刑遗范

平阳府推官戊戌科二甲进士豫章新昌毛逵撰稿

### 一件盐引难销等事

看得疏通盐引，原有画一之规，商民循例纳销，引无壅滞。今荣河县书张愦奇经营十五六年引目，那完抵欠，以致欠数愈多，而蕞尔小邑土瘠民稀，商贩虑引难销，屡招不至，县官仰屋莫支，遂合士绅酌议，计丁销引，就于里中各报推盐车户一名，每引定限七钱，盐到即时缴引，虽名曰计丁销引，实即用民为商，总因引不足额，急于销缴，此亦权宜无可奈何之术也。但经申府，尚未允行，即使所议未为尽善，吴俊杰等亦当控之本县，另议妥确。乃敢借题鼓众，两集庙观，捏端起衅，词虽指经承，实欲掣县官之肘，且欲于每里科敛锱铢，以为告状使费，现收过北郑里老人李鼎新五钱入手，毋怪乎该县有结党倡叛之申也。今蒙宪台批驳，仰体通商惠民之意，职覆加细审，张愦奇虽无索骗里民之情，而擅改成规，招尤起衅，但屡审无赃，杖革蔽辜。吴俊杰等借公聚众，虽科敛有据，而银数无多，并杖惩刁不枉。商人薛行位等，审无干涉，俱免拟。仍饬该县照遵宪法，另行招商销引，以为永久无弊可也。

## 一件提羊离虎事

看得闻邑差徭之法，分为民、盐两籍，民籍供役较之盐籍稍重，小人之情，避重就轻，往往乐去民籍而附盐籍，只此故也。今有盐籍程永包揽民户卫管子地粮一石一斗，程君强包揽民户王正地粮二石八升八合，虽云卫管子系永至戚，而王正亦随母嫁归程氏，固是依亲纳粮，而累年正供亦无分厘逋欠，似非包揽诡寄者比。然以民户而混随盐籍当差，终无以解于避重就轻之说也。程永、君强以盐籍而包揽民役，致累同里，均杖不枉。其卫管子及王正名下地粮，合应除归民户，与李太佐皆另里当差，庶徭役均平而争端永息矣。余据该县查明，实无诡粮情弊，俱免究。

## 一件凶蠹殃民事

看得阴起龙与翟邦栋，俱充襄陵盐牙。因襄邑新增额引一千余张，经县算明，该龙帮栋纳十五年份①引银五十余两，票差冯有强押追，龙狡脱逃，累强受比，无奈将龙兄弟、妻子尽擒到县，追完帮引银三十两，龙乃以此钉骨矣。故以殃诈耸宪，细讯起龙所告吓诈之银，即龙妻交官帮引三十两之数也，现有受帮之翟邦栋亲口可据。夫以帮引之银而指为吓诈之赃，真可谓无良心矣。内查有强承票之时，因受血比，曾向龙妻收谷一石，以为医药之资，虽非索诈，亦系染指，计赃科罪，杖革不枉。阴起龙身充牙行，先既逋引，后又诬讼，并当赎杖，以惩刁顽。

## 一件私贩事

看得车夫乃食力之人，载盐即监守者等，合宜谨慎，明白交卸。夫何李法，乃敢擅盗官货，公然载之私橐，几

---

① 原文为『分』，今更为『份』。

乎鼠偷不觉，实如家贼难防，商本为之有亏，盐法为之渐坏，拟杖不枉。

### 一件私贩事

看得抱布可以贸丝，以帛亦能易粟，有无相换，固是常情，公私两防，则非正理。蔡陈禄路旁交易，非同市司，将布换盐，不问引票，既犯私盐之律，合依新例之条。

### 一件私贩事

看得佣工本为趁食，贩私必致招尤。负盐者，因泥泞而难行，实思脱货。图利者，乃见贱而收买，遂以罹灾。脱货者，诚厚幸矣；罹灾者，何薄福焉。但念邑小民贫，姑从县招徒惩。

### 一件私贩事

看得盐禁之法网甚严，河东之民心犹谨，自宪台下车以来，各处凛遵，遍地躧缉，间有一二犯者，亦不过针尖蝇头之类耳。今据襄陵县捉获李国胜等三人一起担卖私盐，诚有如宪行所云『结党伙贩』者也。人赃并得，引拟无差。不意问一而得三，实是惩十以警百。该县可谓尽心盐功，自称第一。

### 一件私贩事

看得出盐有方，行盐有界，宁甘死淡，不敢私食。夫何赵明贵，以灵石之民而用介休之卤，彼盖曰池盐腾而煎盐贱，尚未知煎者苦而池者甜，何不舍苦寻甜，乃来违禁越例，本图小利，反失便宜，县拟无差，一杖不枉。

**一件私贩事**

看得白砂非换饮之青蚨，绛县有无知之赤子，敢易无引私盐，乱俵沿村酒保，三杯未曾到口，一杖早已加身。

**一件吞盐陷课事**

看得贾守千等，皆荒村之穷鬼也。各以肩挑背负，小贩营生，于顺治十六年，俱赊盐商王天祥之官盐，沿村转卖，冀赚蝇头之利，遂至负债难还，不得已而各将窑屋、土田写立卖契，交与天祥抵还原账，在各犯则以为既经立产，即是还债，在天祥则以为业难转卖，债犹未还，所以有是控也。对质之时，但见贾守千等，鹑衣鹄面，形同饿殍，即欲割肉填疮，终是无骨敲髓，唯与天祥叩首乞怜，潸然泪下而已。合无着令乡约李守志押同诸犯，将原写契内田屋召主变卖，仍使王天祥亲自收价，庶可以了此葛藤也。贾守千等，拖债累商，事虽可恶，然一贫彻骨，情亦可怜，且曾经以业抵算，实非负骗者比，姑从免拟，以广宪台哀此茕独之意。

**一件私贩事**

看得垄断之利，射及锱铢，巡缉之法，必先权量，定盘星不昧公道，溢额货即系私盐。奈何小贩袁泰，不畏宪条，酷好小利，秤上已见明白，口中何所支吾。蚁穴尚致漏堤，岂可置之不问？鼠腹亦能耗廪，将来长此安穷？捉获既真，拟杖不枉。

**一件私贩事**

看得大商发盐凭引，小贩分引凭票，引不离店，票必随身，虽在肩挑背负，亦宜蹈矩循规。杨冯任贩盐二十五斤，询之则曰有引，索之实乃无票。私贩之律何辞，追拟之法不枉。

**一件私贩事**

看得凭引贩盐，上下交付须楚，；买盐执票，彼此授受宜清。只因惯作糊涂，遂尔不问来历。赵付成路遇无引之物，复效私贩之尤。岂是无心打鱼而误入桃源，实乃明知有虎而故作樵子。可恨脱货者去矣，过海为仙；，堪叹得牛者之灾，弄巧成拙。

**一件私贩事**

看得关斗成以乡宁之民，而买食盐于河津，越境图贱，夹带私货，又安得藉口非贩而幸逃宪法也？；改徒拟杖，诚不为枉。

**一件私贩事**

看得隰州乡民乔俊英，探亲于河津境上，遂携私盐而归。虽曰食盐非贩卖者比，然而藏私犯夹带之条。盐且入官，无容告苦，；罪仍拟杖，不必称冤。

**一件私贩事**

看得牛亨彩，路遇私盐，遂买四升，其人往矣，彼独被获，安容卸担，即宜顶缸，州拟未协，改从不应。

**一件私贩事**

看得张成明，携负私盐，越境而归，及至官捕捉获，乃以顺带为辞，岂顺带而非私乎？县拟如律，合应照转。

**一件私贩事**

看得黄忠连，无计度活，公然贩私。虽曰愚民何知，实于律条有犯。忠连直供无讳，该县问拟不差。

**一件私贩事**

看得凭引卖盐，盐尽销引，此一定之理也。安有先缴引而后卖盐者乎？郭毛认有盐无引，明系贩私，县拟如律，合与照详。

**一件抢杀大变等事**

看得平郡销引之苦，合属皆然，而无有甚于临汾一县者；而临汾销引之苦，合县皆然，又无有甚于东关一处者。盖缘临汾销引之法，责之盐牙，而盐牙之在城者则有东关，在乡者则有四镇，四镇之盐牙则每年轮换，而东关之盐牙则系张杰凤等十余人累年承充，以致磨累不堪。不唯家产费尽，亦且儿女俱鬻，迨及血尽髓枯，仍然缴引不前，官受参罚，仰屋莫施，不得已而从张杰凤等之哀诉，求照四镇每年更换之法，为之具文请详、顶牙销引，故杰凤等随举王遇等十人，又续报田管等二人到县。讵意盐牙乃系苦役，入其中者，多至荡产费家，即张杰凤等之覆辙现在目前，故诸犯一闻开报，即以为使已赴汤蹈火，又何怪其与杰凤等如不共戴天之仇耶？卒彼族类，群起而攻之，论其强暴之状，固似乎藐法抗官，罪若难逭。然原情揆理，则将膺剥肤之痛，其心固亦大可悯也。职详审王遇等一十二人，于中贫穷殷实，各有不齐，然皆系旧在东关卖盐之人，昔年曾受此中之利，今日亦当共分其苦，谊固无容辞也。内唯续报之田管，蒙盐院发中分司审明，不准续报，恐生滋蔓，已行开豁，无容再议。则张自立亦系续报之人也，法当一体，夫复何疑？此外止余初报之王遇等十人而已，而十人之中，崔学敏则又死矣，仅余九人，而九人之内，又更有可矜原者，如郭得凤系郭守居之子而守教之侄也，岂有一家而苦其三人之理？则得凤之应除，不待言矣。又如王遇因被报之后，其子惧累投井而死，此虽愚民无知，然而迫切畏累之情亦似乎不忍闻也，是又当与已死之崔学敏一例而矜释者矣。所余七犯，自该县申详之后，渐次向县投认，陆续销过引数，具载由内。但销引之法，苦乐宜均，必须计无偏累，然后可行永久。其以前之张杰凤等，似不得一旦委之他人即可脱然释肩，而现报之郭守居等，亦不能使一肩挑尽而终身沉沦苦海，即凡系东关所有曾经卖盐之商贩，亦不得以未在开报之列而独潇洒局外。合无饬令该县，细查以上诸人，虚公佥定名数，一年一轮，另着长策，庶苦乐得均而人心愿从，佥报不繁而额引有赖矣。至于王遇之锁打杰凤，律固当严，然子由此死，引又复完，与张歪头应在矜怜，姑拟薄杖，一以戒前此抗拒之刁，一以鼓将来趋事之志。至若抢去盐价之说，严鞫毫无的据，实张杰凤等肤受之词耳。县招既云『审无打抢情由』，而又云『断令追赔』，是何自相悖谬之若是也？应置不究。

## 一件私贩事

看得蚁穴亦能圮堑，鼠腹尚可耗仓。小王既背私盐四升，岂曰本少利轻而罪难从重；秉正当纪盐功一次，可称防微杜渐而网乃不疏。法不因犯小而移罪，唯求律协而止。

## 一件私贩事

看得国课重大，盐禁森严，凡属小民，恪当遵守。夫何营而不适，乃投网之可为，贫亦不宜贩私，犯则合应治罪。

杨奉实自谓食力，张志庆今已报官，去徒改杖，始合新条，连包带盐，尽变时价。

**一件私贩事**

看得卖盐无来历，隔手不识姓名；贩私无引张，转眼却成罪案。贾王温遇人于路，似乎非商非客；负盐在身，安得载饥载寒？迹既可疑，嫌当远避，乃云怜彼穷途之哭，遂而承此得牛之灾。脱货者，贸贸然去也；犯禁者，蚩蚩焉受之。杖由自招，罪应速赎。

**一件私贩事**

看得脚夫偷盐，类以拾残取堕为名，讵知巡壮缉私，每于肩挑背负着眼。何物加增，乡愚藉口，贫穷胡赖，果尔是营生于运城，岂未闻从来之盐禁？乃敢连盐带土撮入囊中，实是越例违条自投网内。彼盖曰货固恶其弃于地也，殊不思罪已累及于其身乎？

**一件私贩事**

看得杨家传，既云素日专卖食盐，安见今番独是私货？想漏网之事，不知其凡几矣。而到官之赃庶惟此，案获之货应入公，法宜从杖。

**一件私贩事**

看得任进忠，插身雇脚，立意偷盐，推车曾未几时，窃私已逾一斗。倘使经年积月，必致累橐盈囊。若非冯孝之守法不阿，几令民壮之缉私无术。三人行已亡其二，一人获应杖以百。逃者仍行密缉于四处，犯者无令再入于盐场。

## 一件私贩事

看得郝周孙，以秦人而为晋害，用私囊而盛公物。方将负盐出井，幸而公无渡河。赃已获而囊应入官，罪既定而驴难给主。

## 一件申报伤死大盗等事

看得孙四等盗盐一案，解州、临晋会审情真，按律拟徒，似无枉纵。伏蒙院批，谓『四等聚众十人以上，当依豪强盐徒之例。』则是诸犯应得之条，固似无可逭矣。职仰遵覆勘，然实有可为诸犯原者，不敢不于宪台之前悉陈之也。伏读条例所云：『豪强聚众，驾船张帜，擅用兵仗响器拒敌官兵，杀伤人命者，分别首从，斩戍无词。』细忆斯语，似盖谓白昼合伙、公行无忌者而言，以其事类强盗，于是以强盗之罪罪之耳，故例后即曰：『贫难军民，易米度日者，不坐。』今孙四等皆以破落穷汉，素环盐池而居，一旦计穷虑迫，见利起心，遂忘其为公家之物，而作目前救死之计，其罪固不胜诛，其情则亦甚可悯也。问其盗盐之党，则十人以上矣。然其中或有盗二三次者，或有盗一次者，且并有盗一次而尚未获盐者。问其盗盐之时，则曰在深夜以后，似非白昼公行无忌者比也。问其盗盐之具，则曰止有蹇驴数头、口袋数根，亦非若船载车推者比也。问其盗盐之杖，则曰止有枪一根，而别无各项军仗等器也。问其盗盐之故，则曰愿各分升斗，将以易粟赡死，非欲为兴贩射利也。由是观之，是若与律中所谓『贫难军民』无异也。即不然，亦窃盗等耳。独是拒捕一着，似无容为诸犯置喙。然详询当时拒捕之状，谓是夜盗盐出墙，众皆驱驴负袋而趋，唯裴三槐一人执枪殿后，逻兵甫一追及，众皆鸟窜兽奔，弃盐而不敢顾，唯追及三槐一人，转与兵角，因而被擒。

以此情景观之，倘使众犯皆存拒捕之心而来，则所带器杖必不止一枪，而甫追方及之时，亦必不望风而逃。且逻兵不过四人，盗盐已十余人矣，使果同心拒捕，则胜负正未可知，即使逻兵胜，则所获必不止一人一枪而已也。由是观之，则十余人者，正所谓挑担驮载之人也，非拒捕之人也，拒捕者，不过三槐一人而已。即三槐挟枪而来之意，亦不过小人愚卤，谓持此以壮众人之胆鼓之使往耳，亦未必有敢于拒捕之心也。其后之拒捕者，亦如穷奔之兽，度不能脱，遂反而触人耳。诸犯逃而槐独斗，槐死诚足正拒捕之罪，诸犯逃原未拒捕，则又似不得以首从之条而概及之也。唯槐执枪，故唯槐拒捕，唯槐拒捕，故唯槐被缚，情景事迹，凿凿有据，又非曰因槐之既死，而遂卸罪于一人也。法曰：『获盐不获人者，不追；获人不获盐者，不坐。』今审诸犯皆系攀指缉获之人，但既已招明同伙盗盐，分别杖徒，诚足蔽辜。

## 一件群党骗卖官盐事

看得杜养闰与李孕秀，俱在河干业船为活，因揽装载，遂生雀角，闰乃胆揑『盗卖官盐』悬空掣院，蒙宪转批，行提几次，稽迟数月，从无一犯赴审。幸蒙本院将孕秀递发到职，且蒙院批『孕秀即系怀安之子』。旋查养闰原词，怀安乃系首犯，而孕秀则是干证，今云父子尚所未解，盖控其父而指其子作证，叶公之问，讵再见于今日乎？不意孕秀甫到之后，养闰果持一纸和词与秀当堂告息，而闰且曰自愿招虚，孕秀则坚供与怀安父子无异。嗟乎，不唯天下无是理者，而即有是事也，载鬼一车，不足喻矣。虽然，即此一端，而其辞之幻已不待问而决矣，又何对质之有焉？反坐一徒，志怪可也。

## 一件铺户窝销盐引等事

看得杜祚家因缓急，将商名三锭央中袁惺真典与刘某，某又转典与郭氏，晒盐一载之后，典期既满，郭仍归之刘，刘仍归之杜，始终与袁悜真无与也。先是杜祚又央悜真借姚宧银不偿，累悜代赔，悜鸣前院，院批分司，司审诎悜，毁约拟罪，悜未悦服，屡有后言，故杜于宪台下车之时，遂为先发制人之计也。但前院已结之案不必具论，姑就杜祚今日所控之商锭而论之，典于杜者有刘，典于刘者有郭，始终与袁何与也？矧曰今日之商锭，郭已归之刘，刘已归之杜乎？骗债诬告，杖不为枉。

## 一件密查假引等事

看得引以印信为凭，收必验明方缴。何物玩役漫不警心，嗟此愚民亦未着眼，坐视赝鼎乱真，径致碔砆混玉，如某、某两县者也。谨将宪发假引，提取经承严鞫。据供侗愚乡民、新签衙役不知此弊，且云如此犯法重情，不唯耳目未经，实亦意想莫及。只知食盐销引，引到即收，收到即缴，但供登记之责，讵存疑贰之心？由此观之，疏忽不待问矣，别情似未有也。犹恐狡饰，未敢遽信，反复详查。某县假引四张，上书『张三』小字，盖即某县销引之乡民也。某县假引十三张，内有二张上书『刑家庄二甲邹』字，内有一张上书『九甲广』字。邹则有姓而无其名，广则有名而无其姓，余则并名姓而无之。及究所谓邹，则曰『邹三』；广，则曰『张广』，盖即某县销引之乡民也。逐一提到，严加刑鞫，皆云市中买引到手，原自暗记姓名以交于官。即此观之，未有自知假引而复自记姓名于其上者也。总由市上小贩往来飘忽，盐则卖于里下，引则得于市中，小民销盐，唯望其速来，不问何地之商，经承收引，唯望其速满，不问何商之引。愚民无知而妄买，蠢役不察而滥收，质此故耳，实他无情弊也。然疏忽之罪，百喙何辞？均应重杖，以警将来。其伪造假引之人，奸宄狡诈，恐难骤致，严饬该县，加意密缉，务期必获，以彰宪法。其假引数目，先于经承名下勒令补填，无使缺额可也。

# 卷七　学政

## 祥刑遗范

平阳府推官戊戌科二甲进士豫章新昌毛逵撰稿

### 一件科举事

看得常某，乃子衿中之才庸气胜、心劳计拙而妄图侥幸者也。当其由冠军入泮，观场数科，亦自谓铮铮能鸣者矣。迨其后笃志分于他营，壮心隳于末路，学殖既落，疏谬莫堪。蒙前宗师岁考，本生以遗落题中字句，遂置劣等发社，正宜义命自安，静俟岁试定夺，何得于今科考之日，不由该学起送，抵死苦缠，添注册尾，持卷告考，以犯煌煌功令，青社不准科举之新例乎？原其衷，不过自恃燕石之幸售，辄效荆山之再泣，孰知弘才非等于决科，而躁心反例于犯法，亦可笑而可悯矣。允宜一杖，以为无才而专好求考者戒。学书、门斗不能觉察拦阻，决杖均警。

### 一件岁考事

看得完粮纳赋，国家之首务也。即在小民，尚知奉法，岂身列胶庠而反自蹈顽逋者哉？劣生杨某，欠十七年份粮银十两有零，纵使家如悬罄，实难百事从心。讵知国有常供，宁容一贫藉口？兹据该县、该学详称革后全完，虽曰桑隅之收或可美终而晚盖，然而始基之失早已白涅而坚磷，鞶带之褫，复有奚辞？但查本生旧册，虽系增广，宪考亦居平列，素行未有劣迹，偶逋或迫贫穷，今已拮据全完，天心乐人悔祸，父师为之哀请，宪法宜容自新，应留一线，以观将来。

## 一件岁考事

看得杨某，乃狡健之劣衿也。行僻而坚，既具为恶之才；言伪而辩，更饶覆家之口。以子衿为护身符，足迹遍于公庭；以刀笔为养命丹，生涯只在城市。院、司、道、府衙门，几为寝食场头；吏书、快皂等辈，尽是酒肉朋友。士类不齿，斯文之玷。兹幸宪台岁试，举行黜陟①大典，该县、该学印官开报本犯劣行，蒙宪发审，职仰遵覆查本生素行，其包揽词讼有案之可据者，则无如曲、翼②两县互争驿马一事，翼城士民习知本生狡健善辩，攒金雇募，顶身对词，此案之不结数年，而本生之衣食于此者，亦且数年，现今各衙门卷宗具在可考也。再查本生又曾私与马夫吉光荣互相诘构，蒙前任宗师批行到职，各拟杖警在案。此二事者，班班在人耳目者也。至于闻见不及之地，又不知其凡几矣。然姑不必具论所讼之事有理无理，即此青青子衿，乃甘为受顾顶词之讼首，其人其行，已不可一日容于圣人之门矣。自奉批审之后，自揣行亏，无词质理，高飞远引，负固不出，职屡行严提，该县坚称无影，若俟获结，恐稽宪件，合无行学除名存案，照提勒缉可也。

① 原文为『涉』，疑为『陟』。
② 原文为『邑』，根据下文疑为『翼』。

## 一件岁考事

看得子衿逋粮，新例之所首重也。荣河劣生杨某，包揽里长，既已新种荒地，又复逋欠熟粮，何顽冥无耻之甚耶？虽曰某祖居疲里，甲下田荒丁逃，遗累一人，势固难支。然所种有地，所收有租，在他人名下者，既行包吞，在自己名下者，又复拖挨，尚谓之非顽梗可乎？该县今将某所种地亩，踏勘明白，累年欠数，逐一开载，事事有据，商逃躲役，杖褫不枉。

## 一件岁考事

看得张某，老浮也。年已逾于知非，心不存乎寡过。好淫非好色，不暇择人而施；见已不见人，辄欲未同而语。偶乘曲孽之兴，闯入皮匠之家，托修履以为词，执老妪而求合。不思己亦有妇，遂忘彼岂无夫？恶姻缘未到床前，亲丈夫已在门外。当时随被捉获，今日犹有赃存。入圃偷瓜，岂止嫌同纳履；无风落帽，谁云衅起摘缨？鞋帽被执，虽曰醉不知羞，实是老而无耻。夺其故物，无致污我士林；杖其老臀，庶几祛此孽障。

## 一件岁考事

看得张某，立心无恒，择术不慎，滥叨孔孟之门，乱读萧曹之律。诗云子曰，经年不上毫端；笞杖徒流，终日只在纸上。止知赚钱过活，岂怕操刀杀人？且是善捏虚词，惯作瞒天谎状；又复专造输局，不顾害人身家。解常曾被反坐，张某尚挂招牌。非关笔下不通，其奈胸中无窍。手虽未辣，心实不庄。无令玷宫墙，亟宜鸣鼓而攻焉；不必污夏楚，但当置挺以挞之。

### 一件岁考事

看得任某，败检逾闲，无所不至。出身隶卒之家，滥厕宫墙之末。州官之堂高三尺，自谓顶戴护身，便可排闼而上。邻家之墙数仞，但是酒色迷性，不待钻穴以窥。白昼而赤身露体，人而类于禽矣；黑夜而逾垣过屋，奸且近于盗乎。廉耻丧尽，名教不容。

### 一件岁考事

看得马某，本身欠粮，已属不法，虽曰为数无多，总在顽负之列；保逋脱逃，更为非礼，虽曰迂疏所致，难免揽事之名。查新例，生员欠粮，杖革追比，部议甚严。今某于举劣之后始行报完，该县初拟罚谷，于律不协，驳拟决杖，可以蔽辜。

### 一件岁考事

看得张某，既无自励之才，又鲜急公之义。文理不通，考居六等，迟误宗价，被人告发。对青灯以多惭，见长吏而有愧。革后加杖，夫复何辞？

### 一件发审事

看得告赈一事，其鳏寡孤独情不得已者，应在王政哀矜之列，未有青青子衿，俨然圣门弟子而甘心为乞丐之行。一日之涓滴有限，一生之饕餮无穷，败坏士风，实由此辈。更可骇者，内有老惫高某者，年近六旬，捏辞完娶，以帏薄之私情，为行乞之衣钵，不唯亵渎宪听，亦且丧尽天良。至若杜某者，自书养济院贫生，天下有生员而在养济院者乎？亦岂有在养济院而尤称生员者乎？死心败检，莫此为甚。以上老朽衋行，皆有罪圣门而贻羞士类，所当严饬贴示，以警将来，以振士风者也。

## 一件岁考事

看得梁某，乃寄籍之宦裔也。幼年失怙，荡志丧家。虽然名厕宫墙，实则行同市井。醉酒犯夜，难辞佻达之讥；欠债负心，不齿衣冠之列。将欲褫其鞶带，学中已无姓名；但宜责以蒲鞭，阶下莫留体面。

## 一件岁考事

看得王某，倚宦门之苗裔，视宗党为鱼肉，久作泮林鸱鹗，实是黉门豺虎。据县开报，蒙宪发审，按款拘鞫。内如赚乡民肥地而不与收粮，吞庙祝布金而未曾退屋，人既含冤，神亦共愤。至若谋娶同姓，累算族金，将侄为奴，俱属影响。盖所谓身居下流，而天下之恶皆归也。然即其审实之事，已不可一日容于衣冠之列矣。城旦褫革，诚不为枉。

## 一件岁考事

看得张某，乃宪台按临之日，某印官与该学所开报之劣行也。蒙宪发审，职仰遵转行县严鞫去后，讵该县为之累详请宽，职以岁试大典，事关黜陟，近奉功令凛烈，孰敢为人庇护？是以累详累驳，不意累驳累坚。迨严行该学，查取开报缘由，乃该学之回称甚明，而该县之模棱如故，初则为之请去廪而留增，继则为之请去增而留顶，既非律例，几无谳法，揆厥所由，无非因廪之一字，以为垂成之功名，不忍遽废，遂而支吾游移于其间耳。殊不知玉之损也，与瓦砾同贱，锦之破也，与敝絮同垢，士之贤不肖也，唯在于劣与不劣，而不在于廪与不廪也。今据该学所揭，张某放言谬行诸款，似若言其大概。而至于占地争田、居丧构讼之事，是则其有确据者矣。署县又何得为之展转饰辩，以冀侥幸于一顶乎？知弟子者莫若师，即使其不理于师傅之口，是亦不可以为人弟子矣。照例杖革，夫复何辞？

**一件欺侮师长乘机抗礼以挽刁风事**

看得束脩固弟子之礼，缺之则为不恭；怀利非师长之宜，争之亦觉失礼。但寒毡既属苦局，而岩邑又鲜多才。科岁两场，收门生不过五人而已；头角一换，见师傅亦当三有礼焉。半生老景，止靠此一度春风；千载奇逢，不过是几名新进。况教官之嗜欲无赊，非如万取千、千取百，尚曰吾犹不足。讵秀才之心肠大毒，即使与之庾、与之釜，皆云我昏不能。若非鸣鼓之攻，终无载贽之日。幸存羊而爱礼，姑略法以原情。归斯受之，可免穷途之哭；与其进也，已知师道之尊。

**一件欺君蔑师辱官凌儒等事**

看得教官所敬奉者，祭丁是也；祭丁所首重者，颁胙是也。胙止及官不及役，今及役，渎矣。且及倡优，更渎矣。及役与倡优，而复夷然不屑受也，渎滋甚矣。师生鸣鼓而攻之宜也。问使之、及之者谁也？曰：『非颁也。』祭肉出三日矣，颁于官，官不之食；委于役，役亦不之食；故又委之于倡优也，渎不胜诛矣。尽杖其役者，爱礼也。役亦仅止于杖者，以渎礼不自役始也。不杖倡优者，礼不为下贱言也。词内之事，俱不究者，衍文也。

# 第六册

## 卷八　参拿

### 祥刑遗范

平阳府推官戊戌科二甲进士豫章新昌毛逵撰稿

#### 一件纠参事

看得黄道运以宗价缺额为词，挟借里银，自谓抵补正数，累审缺额，款项委实，毫无着落，明系入己，夫复何辞？职等仰遵部驳，即将所借尚士英等银八百八十两，与前私派里下银五百二十两一体同坐，共赃一千四百两，照追入官，诚无辩窦。伏蒙部院批驳，谓『王建极所供四月二十八日拆封，道运将柜银二千四百两拿进宅内，是与今坐一千四百之数若未相符。』职等细勘其二千四百两拿进宅内之银，是据王建极所见四月二十八日拆封之数而为言也。

今招内所坐一千四百两之银，是据屡次审明款内挟借里民之数，其有借券可计者而为言也。盖该县额估宗价，总该二万五千八百三十六两零，道运承追，陆续拆封，每次多寡不同，至四月二十八日，尚拆银二千四百两，自此以后，而二万五千八百有奇之额，已经全完无欠矣。建极之此一语也，盖以证道运缺额之说之虚也，非曰道运是日所拆二千四百之数即入己之物也。且该县宗价原额若干，则有报部之底册，在征过若干，则有拆封之红簿，在解过若干，则有部司之批回在。苟征少而解少，即为缺额，或解少而征多，即系侵吞。今征解之数，无缺无浮，而道运复于此外，借民财以抵宗价，此其所以为当坐入己之赃耳。然则所当坐者，止此二次挟借里民一千四百之数，而非是此拆封二千四百两之数也。其四月二十八日拆封二千四百两之数，即在应征、应解之内，即当日拿进入衙，而实已仍行起解，原非道运入己之物，此了然易见者也。至于典史范天秩私收帮贴解费，除已经坐赃六十五两有零之外，尚余一百二十两，部驳谓宜入官，而累审谓应免坐，诚非无说以处此矣。查范天秩领解宗银一万三千五百有奇，自汾抵京，长途迢递，原未给领勘合，在本官既无飞渡之术，又无缩地之谋，而谓此十四鞘之官银能自行到部耶？抑需人抬送，而抬送之人，可以不饮、不食并不须雇募而自至者耶？夫俱既不能矣，则共银十四鞘，每鞘需夫若干，每夫需费若干，此一定之费，是又不待领状甘结，于一屈指间可以烛照而数计者也。今将此确然可计之数，既不出之于官帑，又不出之于民间，而谓当责之于此卑微之解吏，使之自备，无论力必不能，然正不知天下之解吏，曾有合应自备脚费之资格否也。若使无此资格，则又将何以折范天秩之心而令其钤口坐赃乎？且查招内天秩之先，亦有解宗价之人，如张明成等共解银一万二千二百余两，而每两亦自备解费三分，共计用过解费银三百六十两有奇矣。若谓解银不须用费，则是张明成等亦可以不须自备矣。若谓用过之解费即当坐赃入官，则是张明成等之三百六十余两亦可坐赃否乎？若谓张明成等系承买宗产之人，所用解费原系取之官中，或与范天秩取帮于他人者不同，然而天秩所解之银，原系雷开早等所纳之价也。假使照张明成买主自解之例，则雷开早等欲不帮费，即应解银。假使银应官解而于买主无涉，则不识先解之张明成等又何以甘心自备盘费而领银起解，当日曾不闻推委于县丞、典史也？总缘宗价原非额编钱粮，实无一定解法，该县不过权宜设处，只得出备于买主名下。假使买主自解，则买主自己备费；假使官解，则买主情愿帮贴解官，较之自费，更复省事，此一定之势。所以累审之下，而雷开早等抵死自称愿帮，而必不肯证为范天秩之需索也，盖亦天理良心之难昧耳。然则解费原为必不可少之急需，官中既无设处之条例，解官又无自备之资格，而又谓不宜帮贴于买主，则是到部之银必将不翼而飞、不脚而行，然后可不需解费耳。是以范天秩名下既坐之赃，已足蔽辜，此外费过之银，职等再三思维，将欲仰遵部驳，复行概坐，不唯无以钤天秩之口而服其心，恐非所以奉朝廷之法而为谳决之平也。合照原招，委非徇纵。至于天秩名下前招已坐赃数，查至六十五两有奇，罪与赃随，自有定律。但查原疏奉旨之内，天秩名下『未蒙革职』字样，不敢轻拟。

## 一件发审事

看得大同镇押解防兵家口一案，内如江跃龙之擅准告留而未行开报，与永尔贤之押解疏虞而致令逃亡，及尔贤沿途冒破车辆、靡费口粮之罪，累鞫已无剩议，似无庸再赘一词矣。独是永尔贤在京口妄报江跃龙留下家口五十二名，而各案累鞫，实止留下三十五名，则是与原报五十二名之数，尚欠十七名口，遂觉不符，致蒙部院驳查，然此中疑窦，似可一言而破者，但将前后解过已取收管之数，以及尔贤所报现存京口与沿途留住、逃亡之数，并今日审明现在大同病故年老之数，通盘打算，期与原额应解八百三十四名之数，一一吻合，而后知永尔贤前说之妄，今说之确，其情弊了然在目中矣。职详查原册应解家口，共该八百三十四名，江跃龙初在大同交与永尔贤起解七百八十五名，又庞居正在阳和交与尔贤起解一十四名，此盖据永尔贤自供系领明起解在途之实数也，二项共计七百九十九名，以合之八百三十四名之原额，是止少三十五名耳，此即为跃龙所留之人数无疑也，又安得有五十二名之多乎？假使跃龙当日留下五十二名矣，而又有七百九十九名起解，则以合之原册八百三十四名之数，不反多出一十七名口乎？由此绎算跃龙止留三十五名之说，与原册总数①相合，而尔贤所报留下五十二名之数，反与总数不符，此其所以不辩而知其为妄矣。知所谓五十二名之妄，而直宜以留下三十五名之实数销算，则部院今日所疑数内尚欠一十七名之说，可涣然冰释矣。再查此三十五名之内，除已经续解去姚云等一十一名外，尚欠二十四名，严审委系死亡老病，据本弁开有花名揭帖，不便繁赘招内，理合抄录附详。至于永尔贤所报逃亡、烧死确数，逐一严鞫，详查尔贤原册领解家口实数，除扣去跃龙所留三十五名之外，实在起程上道者，止共七百一十三名口，又有解到京口而本镇不准收数者，共三十二名口，尔贤曾经交送各兵家内收养讫，此项应如前请，咨行京口查讯。又有陈王勋小舅常保位在昌平留下一十四名口，今亦带往京口，此项亦应如前请，咨行京口查讯。除以上二项之外，所云『逃亡、烧死』者，实共四十名口。职仰遵宪批，逐一严鞫，据本弁开具逃、死花名细数，及地名、结领缘由，不便繁赘招内，理合另抄附详，则是尔贤所解七百九十九名之数，俱有着落，江跃龙所留三十五名之数，亦复清楚，所谓通盘打算，而统以合之原册额报八百三十四名之数，俱各只字无差矣。至于招内追拟赃罪，前详允协，合应照转。

## 一件登闻事

看得革职知县董某，懵懂昏聩，无异木偶，视公帑如私家之物，任其出入挪移，遂使蠹吏、奸书得而乘机混赖。某自莅任以来，催科无术，一逢紧急，东扯西填，仓口不明，非一日矣。殆至十八年五月内，闻报丁忧，始与库吏朱宸私行清算，奚奈以前挪移太多，簿籍不楚，款项无着，一旦摸索，如理乱丝，毫无头绪，遂而官推吏委，混争

① 原文为『散』，疑为『数』。

一堂。吏视官如傀儡，任意糊涂；官恨吏如蛇蝎，一味拷打。旋而朱宸诉某于本司，某讼朱宸于本府，然此时官役所争者，止有借解宗产一千三百两及借用米、豆银六百两二项不明而已，此外并未常他及也。府审内除董知县名下应补借解之外，朱宸认银三百三十两，拟徒详司，司驳再勘未结，宸又具控前院，蒙院批府覆审，然后知该县缺额之数，尚不止于宗产、米豆二项借支而已也，此外疑件，又且累累矣。官役情亏，遂生任赔之议，自开细数手本，哀鸣于府，府准详院，院以未协，驳批再勘，在行未结，而其子朱维屏又复登闻矣。蒙行到司，蒙司批职，谨按部审朱维屏鼓状，逐款细鞫。查维屏状内一件『董知县预先送回家眷，匿丧不报』等语。审据董某之父董可仲死于顺治十八年三月十九日，某在任于五月十三日，闻报于五月十四日，具文报上于五月二十八日，奉批于六月二十一日，交代离任，卷案凿凿。查某本籍平凉，家距任所三千余里，三月父死，五月闻报，以程途时日计之，似未逾限，至于报上之后，应候交代，似非匿丧。再审快手苏明章、高贤，据供某于未闻父丧之先，任内一妾剧病几亡，送回原籍调养，其余家眷仍在任内，且二役送妾至陕西三原县界，路逢某家来任报计之人，则似无匿丧之情矣。又查维屏状内一件『五月初十日，与我父亲算账，将官簿哄进不发，逼写口供，夹六夹棍，打二十大板』等语。审得朱宸手内经管大粮，逐日拆封、起解流水红簿三本，职庭质之下，在于太原府卷内查出附审，则似非收贮不发矣。其逼写口供，审据董某坚供并无此事，只因算账不明，因而忿怒难忍，夹责是实。今查大计册内本官劣款，府、厅已将此事揭报在案，则酷之一字本官又何辞耶？又查朱维屏状内一件『赵蔺全所收十六年宗产银一千三百两，系某侵使，将宸所管十七年大粮挪解，指经承李丰年证』等语。审据李丰年供称，因宗产价银征收不前，奉上催解紧急，遂将十七年大粮一千三百两挪解是实，后已补还，并无侵使情弊。夫既借十七年大粮以解宗产，则仍应追宗产以补十七年大粮，谓之挪移则是矣，谓之侵用则否也。又查朱维屏状内一件『上司发下买草价银四百两，系董某要去，又将我父亲所管十八年份大粮借去买草，指郭鸾知道』等语。审据郭鸾供称，因十七年大粮征比不前，上催紧急，遂将草价银四百两挪解是实，旋而催草紧急，又将十八年大粮四百两买草亦是实。今已追出十七年应征银四百两抵还十八年大粮矣，则此项银两，亦谓之挪借，而不得谓之侵没也。又查朱维屏状内一件『董某使门子张梧向柜头朱兴取进十八年大粮银三百五两五钱五分一厘，指马鹏证』等语。审据此项银两，盖系朱宸手内经收、拆封之数，于顺治十八年二月十六日，共拆封银四千三百五两五钱五分一厘，于本月十七日起解四千两整，剩银三百五两五钱五分一厘，官吏封贮在库，以待后征陆续凑解，时因朱宸拆封之后，缘事羁省，遂卸库务，交与马鹏接管，于三月内，董某在于库内取出此项银两，仍将凑解十八年份大粮，朱宸只因己手拆封之银而在于接管库吏马鹏手内起解，恐不作己手拆封、起解之数，遂指为董某支用也。今审该县马鹏经管征解，并无虚悬此项银两，则此项仍归起解正项，官吏俱无侵没可知矣。又查朱维屏词内一件『还满洲利银一百六十两，指段文明知道』。供系朱宸所借，与董知县无涉，随审出朱宸原日亲笔借约一纸，上书宸因官钱紧急，借到满洲银一百两，每月加利十两，系十七年十一月二十七日借，十八年四月二十八日还，连逾限作六个月算，该银一百六十两，宸将库内大粮银还讫，果与董知县无涉也。旋据朱宸泣诉，因解十七年份王粮银五千两赴省投比，大锭银色不齐，碍不准收，只得倾过，遂致耗兑，此盖因公赔累，实非自借私债，以是扯本官分认耳。其情虽似可矜，然而倾销兑耗，未经县官之目，安得妄扯大粮抵销以与县官算账？则此项仍应坐朱宸名下追补矣。又查朱维屏状内一件『其余银二百两，亦系知县侵用，指赵蔺全、郭鸾可证』等语。审据官吏面质及蔺全、郭鸾供证，内银三十两，修葺本县察院衙门，此系知县冒破，应于知县名下追补；内银六十八两七钱八分，系库书赵蔺全借解十六年份蓟州等四道柴薪银两，应于蔺全名下追补；尚余一百一两二钱二分，原系董知县同朱宸借解十六年官俸役食，后因官俸役食奉裁，遂致前银无处着落。今幸奉文将兴、岚二县民欠正项拨补该县解过官俸役食矣，则前项银两应于此内扣还补库，而状内二百两之数，亦俱有着落矣。又查状内部审朱维屏口词，内有『夹父冤招米、豆价银六百两』等语。审据董知县、朱宸等供称，布政司发下买米价银二百两、买豆价银四百两，亦因提取官俸役食紧急，官吏遂将米、豆价银挪移起解，及挪解之后，旋奉江南三大困一案，将十六年份官俸役食裁去充饷，遂致米、豆银两无处抵还，继而司催紧急，县官只得设处银二百两买米交完，只余豆价银四百两至今尚悬未结，以此官吏推委，控告是实。今幸奉文将兴、岚二县应追民欠银两拨补该县解过官俸役食，则此项豆价，亦应于拨补内扣还，既有着落，则亦系挪移而非侵没矣。以上各款，据犯证之亲供，查卷案之遗墨，逐一讯对，登答明白，统计朱维屏鼓状所称缺额库银总数二千三百九十六两，实算鼓状内款项细数，除米、豆价银六百两之外，其实止有缺额银二千三百六十五两五钱五分一厘，与九十六两有零之数不符者，盖总数讹而细数真也。审自官役互控之后，旋经接管知县陆续清查，照款追补挪移项下银二千五两五钱五分一厘，业已起解，职面传接管官问明，据称取有批收在县，止有状内所称借还满洲银一百六十两，其余在库银二百两二①项至今尚悬未补，则是二千三百六十五两五钱五分一厘之数，俱相投矣。又此外米、豆价银六百两，除董知县买还米价二百两外，犹余豆价银四百两至今尚悬未补，则是六百两之数又明矣。统计该县现今缺额库银前后止有七百六十两正，审明俱有着落，照出明白，合行坐追，各犯虽非侵没，然而挪移出入之罪，自有正条，无庸为官吏逭也。内查朱宸以满债抵算大粮一款，似应坐入己之赃，照新例拟罪，但严鞫各证，实系借补倾锭兑耗，委属因公苦累，与填还私债者不同，应照官钱还充官用之律，实为允协。再查部审朱维屏口词，内有『太原府知府说董知县不是革职』等语。与前后坐赃拟罪互异缘由，职随牒太原府查讯，今准该府牒覆前情，逐一登答叙明招内，统候宪照。又查部审朱维屏口词，内有『知县相公陆建庆教唆县官害我父亲性命』等语。查陆建庆于未告登闻之先，早已脱逃，未据解到，无凭质审。但审朱维屏所云『唆害』之说，亦无指证，况朱宸现今性命无恙，则陆建庆之应否缉鞫，仍候宪裁，

① 原文为『三』，疑为『二』。

亦非职之所得专也。

## 一件计察事

看得革职知县董某，才本昏庸，性更酷烈，遇事则贸贸无知，出言则吃吃莫吐，一味淫刑以逞，视民命无异草芥，终日威福频施，用重法则等寻常。如培基之告巩万清也，不过以地求售，不售亦无大罪，何为一日而责至七十板，乃使立毙杖下？如刘守志之诬高旺也，虽曰苦死人命，断明乃可加刑，何为未审而先打四十鞭，几至屈死阶前？蒙宪发审，庭讯之时，巩凤鸣哭诉父冤，语语酸鼻，高旺泣陈往事，句句伤心。至若朱宸，乃系该县库书，于十八年五月内，董某丁忧，将行解任，与宸清算钱粮，官役互推不明，董某将宸极刑苦拷，现今宸子朱维屏已告登闻，某、宸俱拟站徒，事详别案，此又其酷烈彰明较著而无容置喙者也。以上三款，无一不真。惟巩万清冤死一事，阅之令人发指，依律配给，法诚难宥。但查董某以朱宸一款，既经别案问明拟徒，而此事则在赦前，应否准援，恩自上出。

## 一件计察事

看得革职知县段某，景逼桑榆，性犹霹雳，罔为人父母之谊，止有视民草芥之心，五刑无虚，三木常用。如胡九兴不过包娼，中于郭希禹谗言而妄指奸良，遂至体鲜完肤，审九兴虽未到官，而快手孟养栋尚能详言其苦。如郭文俊因系捕役，不获冀之肃案盗而遽疑纵贼，乃使臀无好肉，审文俊虽非服毒，而其男郭大亦能备述其由。至如追比钢银，胡俊元几毙杖下，今虽一息尚存，而两足仍跛，竟成锢疾。又如点送车牛，奉宇等夹封门外，今日两人俱在，而四胫可验，果有疤痕。何物老朽，如是酷烈，刑罚不中，使民莫措手足，惨毒异常，令人不忍见闻，诸款皆真，律杖不枉。

## 前件

覆看得段某，淫刑酷状，具悉前招，按律定拟，似无枉纵。复蒙宪驳，谓『滥用淫刑，有干律例，杖不蔽辜。』职遵细勘，伏读律内如故勘平人折伤者，依斗伤论；至死者，斩。若因公殴打折伤者，减斗伤二等；至死者，杖、徒。今审原参酷款，如郭文俊之死也，去比较之后，尚有一月，实系病亡，原非刑毙。如胡俊元之跛也，似在折伤之内，然因追钢银而依法拷打，则又似不得遽坐以折伤之罪矣。至若鞫问胡九兴之奸情，催点奉宇之车牛，皆因公事，而尚未及于折伤至死，谓之酷刑则可矣，按之以故勘不法之律则未也。若查条例，反轻于律，前招拟杖，似足蔽辜。至若款内郭希禹之捏告奸良，审九兴之兄胡建相，供称九兴受刑之后，事旋昭雪，两造逐释，亦未坐罪，则是希禹之诬告，固有应得之条，但事已结案，且在赦前，无容再究。至于冀之肃，乃系被盗失主，催缉真盗，分所应然，原未诬证捕役通贼，且本官之比较汛捕，又非因失主之催逼而然也，相应免议。至于夹打奉宇一款，审据奉宇供称，原因点查牛车，茹福郎虽在官侧，而亦未见指拨实据，亦难悬坐。以上各款，条晰明白，仍照原招，解候宪裁。

## 一件计察事

看得革职典史王某，官虽微末，性实贪婪。清甲本以卫民，反开赚钱之路。缉邪本以防奸，又辟射利之门。诈赃无多，指证皆实。兹据赵自苗供称，乡中些小馈遗，即如众人布施之钱，千块本无一整。复据王某亲口承认，小官暮夜苞苴，岂有向人凑换之理，一两止得八钱。从实坐赃，依律拟罪。但查参疏原款，时日皆在赦前；今审被害口供，事犯果系谕先。应否准援，又非职之敢擅专也。

## 一件特纠贪吏等事

看得革职知县袁某，原款赃私，吐未及半，致蒙部院严驳。职仰遵刑鞫，被害口供，坚执不改。窃照更换案衣，此乃借题生发之事，偶一为之，已属创闻。然案衣无逐时更换之理，折银非按季可行之事。且一件案衣，即使制买，不过数钱，今且索之四里矣，一里且六钱矣，出题既小，取数已盈，倘欲再溢，其谁从之？此亦理之可信者也。至于所逐娼妇，止有三人，人各数钱，面证凿凿。且严询该县地方，除此三家之外，并无别娼，即此三娼之家，又无别妇，此被害亲供，更为明确者也。

## 一件特纠贪吏等事

看得革职知县张某，原参酷款，前招俱已审实。唯是裴大祚、唐永定身死之由尚未明确，致烦宪驳。职遵严勘，据里老供称，裴大祚受刑在于上年三月十二，而毕命在于上年十一月二十二。窃照大计拜疏之时，正在仲冬月尽，唯此时大祚尚尔无恙，故原款亦载未死，则是大祚死于拜疏之后，不待辩而明也。唐永定被刑月日及命终时辰，伊兄坚供相去八十五日，凿凿有据。同胞之谊，虚语何为？至于马胜龙、李光辉以狡书而立酷吏之旁，犹如夜叉而侍罗刹之侧，满堂杀气，人人疑之，一应一诺，皆似逢迎，一举一动，皆似拨置。至于如何逢迎、如何拨置之说，则又非事后之所得而闻耳。但以非甚重大犯法之事，打人而至于四十五十，此即所谓滥刑之明验也。

## 一件特纠贪吏等事

看得董某以买地细故而杖死巩万清，事出无名，迹若有心，诚有如部院之驳也。但审吴培基以积逋无措而告人买业，情非得已；董知县从催科起见而勒清受地，意似急公。但知为培基完逋之计，而不知在万清无应买之条，谓其断理无术而滥用酷刑，固所难辞；若谓其有心勒致而期于必毙，盖亦非本意也。伏查法曰：『挟私而杖毙平人者，乃坐殴例。』今某之与万清非有所挟也，事从催科而起，则仍在因公之例耳。

## 一件特纠贪吏等事

看得张知县劣迹四款，皆系纵蠹害民之事，累审俱实，罪案已定。覆蒙宪驳，逐件再勘。如任禄指官诓诈，据解成英坚称五两之外，委无丝毫隐讳。如佥报书、皂一款，据供山僻小县，书役止需十人，皂隶止需十六人，执事名色，凿凿可据，恰与该县二十六里之数相符。每里报一役，报皂者不报书，报书者不报皂；每役帮二两，帮书者即不帮皂，帮皂者亦不帮书，委无每里一书一皂、兼报兼帮之说。若夫巡盐民壮，因其有每季解赴盐院比较之苦，故视书、皂帮贴多加一两，委系三两，而并无四两之事。以上三款，名为帮贴银钱，实如雇募工食，委难追拟。内如索杖头钱之刘加玺，则已追已拟矣，无容再议。至于部院所驳『染指瓜分』之说，但观解成英父子俱受酷刑，则可以决张某之未有染指也；观顶替书、皂之各有姓名，则可知王管议之不得瓜分也。

## 一件贪官噬民等事

看得张懋修与其父张佩环，豪横武断，素不理于乡曲之口。隰州知州初行莅任，而讦修父子者叠至，州官由是知其名而恶之。于十八年八月内，有乡民卜元祥者，与佩环比邻而居，环占祥屋，祥控于州。州官责环而断与祥价，讵环不遵而横肆益甚。祥不得价而日哭诉于州，州官愈恶之，遂置『恶人』扁以悬其门，盖已与众弃之矣。又于本年三月内，廉得懋修劣款，申报学道，道将懋修褫革，批厅拘审。该州旋又查出张佩环隐粮恶迹，揭报抚院，院批该州审报。州委吏目缉环候审，而懋修早已兔脱，潜入京师，捏款登闻。此盖因州官之揭报，而故为反噬之术也。

鼓状单款汾、太二刑厅会审全虚，明如指掌，而宪台疑有隐徇，严驳再勘。职仰遵逐件细鞫，每举一事，不惟盈庭之款证诧为见鬼见神而毫无影响，即转以讯之懋修，修亦如醉如梦而支吾错乱，殊可骇异，请得而备述之。如状内所称：『因衙蠹卜元祥告臣父张佩环，州官未审而先责三十板，要银百两也。』审佩环所占元祥之屋，乃是间半小房，而州官断给元祥之银，止是六两屋价，其事甚细，其罪甚微，乃谓藉六两之小罪而挟人百金之重贿，不唯师出无名，亦婴儿、孺子之所必不从也。迨讯所谓『蠹快』二字，乃知卜元祥不唯于州官任内原未供役，且自清朝以来并未入衙。及诘懋修，而修亦曰系明朝蠹快也。是何异呓语乎？迨刑鞫款证黄运祥，事无影响，而修旋又移其说于张文。乃更可骇者，及文乃攻其为诞，而修又旋出一纸名帖，指为州官受贿之后通刺谢己。嗟乎，天下固有勒贿而复投谢刺者乎？醉耶？梦耶？其词愈穷而愈幻，愈幻而愈穷矣。此懋修一篇登闻之本意，无一字可据，其大概已如斯矣。复按其所列十款，句栉而字沐之，真如梦幻泡影，又无不条条相类也。如第一款，额外加派而杖死纳户也。问所加之额系何款项，杖死之人系何姓名，加派之据有无票簿，则不唯款证宋琮面叱其妄，而懋修早已无一言以对矣。第二款，要豆九百石、要草一万二千束而分文未给也。审该州僻处山陬，原无冲途驿递，从不养马，突然而买豆九百、买草万余，不唯骇人闻见，亦将藉何名色？且举州无一买草、买豆之人，而独指本家一庄农为证已属不经，又从而受意焉。幸赵进忠良心不昧而庭发其隐，则懋修之罪正不待他人攻之矣。第三款，要狐皮一百一十六张而分文不给也。夫耕则问农，织则问妇，若买狐皮，不求之猎户而求之里老何为？审苏来有乃系现年里老，曾攻懋修诡粮致隙，而问以狐皮一事，则错愕不知其说之所自来也。第四款，丁粮加派也。查懋修款内所载共银总数，合之该州丁粮总数，大相径庭，自露破绽。且该州于本年二月初八始行开比，而懋修于三月终旬即已潜逃京师，计此时，该州额内之征尚未完及十分之二，而乃言额外耶？此王魁斗、孙守俊之言甚爽然也。第五款，隐匿马逢知地土而勒刘其才也。查马逢知一案，曾奉部文清查，系前任知州查明，具有无隐印结，申府、报院、达部，与今州渺不相涉，是又可不必置起解钱粮而倾锭短少也。此款证审倾锭乃银匠之事，如有短少，何无被害银匠可指？吏目乃系押解之人，护送银鞘，并不管秤兑交纳之事，此款证里老李弘奇言之甚明晰也。其所以网及吏目者，盖正以报拘拿伊父之怨耳，小人技俩，狡而易见，有如斯矣。第八款，擅用里马驼送赃物归籍也。审款证薛凝鼎，不唯不知有驼送之事，并且不知有里马之名。及随讦张懋修出马之里老系何名姓，所载之赃物系何箱簧，驼送之时候系何月日，擅遇之去处系何地方，而懋修又不能措一辞以应也。第九款，两里结讼，争粮二斗七升，而罚谷三百石也。审款证所谓招房窦嗣显，嗣显乃系铺司兵，而非招房也。及诘懋修所谓两里之里系何里分，纳谷之人必有姓名，结讼之时必有年月，而懋修又不能出一词以对也。然即据所云『争粮不过二斗七升，而罚谷乃至三百石』，其说不伦，又不待问而知也。第十款，亏蚀行户也。审原款所载行户，止有乔益金一人，而益金乃系州前卖烟穷汉，彼固未曾开行，而州官又不吃烟，其说诬漫，莫此为甚。以上十款，节节详勘，无一事而不诞幻，无一字而不荒唐，诚不知懋修何心而故作此醉梦之言也。登闻原以鸣冤，止许诉其本事，额外列款，已属违例。况乎所列之款，又无一字真实，违例之中，又犯诬告，反坐拟戍，诚不能为懋修逭也。张佩环为州官揭报之后，既蒙抚院批审，自宜听候问结，乃不能止其子之妄行而使擅渎宸聪，并杖不枉。

## 一件特纠贪吏等事

看得张知县滥用酷刑，以致康永定染病，越八十五日而身死，数款之中，唯此件应从重坐。所以引决人不如法者，谓永定之病因刑致，非全死于病也；所以不断给者，谓永定之刑后病亡，非全死于刑也。故杖乃允协也。查本官犯事年月，正在新例决杖之时，而承问日时，适又奉新例赎杖之后，故赎又允协也。至于衙役有罪无赃，责革亦允协也。

## 一件提问事

看得陈某以么麽微弁，乃敢假收柴、收草之事勒索乡民，发觉提问，业经勘实，似无疑窦。只因原款乃系折柴、折草之事，而今审乃系多秤柴、草之赃，似与不符，致烦严驳。仰遵细勘，盖顺治初年，曾因兵民交易不便，奉文严饬，一切柴、草俱令县官转买收发，自是而不扰者，已十余年于兹矣。讵某到汛，悍横无礼，弁髦旧章，一至交柴、交草之时，虽有工房、仓书验收之名，实则本弁亲来公所，操衡扶秤，轻重由己，工房、仓书不敢过而问焉，又何怪乎原款所以有各村向本弁交柴、交草之说也?嗟乎，翼城县十余年之良法，一旦而坏于此弁之身，倘非发觉之早，将来又不知作何抵止也。尚幸所历日月未久，所以柴、草无多，据票差之目击及里老之见证，前招扣算多秤数目，毫无遗漏，照坐追拟，非枉非纵。

## 一件特参贪酷劣弁等事

看得某弁事迹三款，内如马守兵丁一款，虽无入己之赃，而亦有扣克之名。由单小票一款，虽本弁未曾经手，而国玺之事出有因至。若向马军而受站银，何异同驽骀而争栈豆，据赃定罪，已似无疑义。唯是招内所谓『扣饷造旗，曾奉明文，买马置药，俱有案卷』，未经查明，致烦宪驳。职遵再勘，即将所指案卷调取详查。其买马二匹，则系奉宁武道之票，而有买马之勘合可据也。其修葺女墙与城门铁叶，则有请明本镇之底案可据也。其置造硝磺，则有委官刘应国领交神机库、委官杨梧收发之案卷可据也。其造旗三十六杆，则有中路参将转行申饬之抄案可据也。逐一磨对，载明供内。至若某所索站银一款，审据郭伏贞等供称印色陋规，近腊方送，某于十七年十一月二十二日到任，元年十一月二十九日被参，在任三年，初则受事方新，廉隅尚谨，后则未及腊月而遂已被参，故未染指，而前招之所谓八两者，乃顺治十八年一年之事而四季之数也。若夫小票易单一款，实系经管丁徭王国玺之事，查国玺虽原款无名，而钦件所关，不敢悬断，随拘国玺面讯，实与本弁无涉。但小票易单，纸张工价，势所必需，而又无额设，则纤毫小费，既曰众所乐输，自是不同科敛，应难究坐。以上各款，逐一条晰明白，前招实协，相应照转。

## 一件特参贪酷等事

看得某弁，纵欲败度，荡检逾闲，致蒙题参。查原疏三款，前审已得其概，只因紧要人犯未齐，碍难成招。职遵拘勘，内如索送草束一款，查本弁该管地方六十村，每村索草二十束，每束值价二厘文，共草一千二百束，共价二两四钱，止发价银四钱，而短少二两，此即系亏折之赃矣。审亏成皿，虽非原差，而亦未收草。然而甲头西贝，反吐最真。又如失误朝贺一款，查本弁年止二十七岁，而身长五尺有余，性好曲蘖而饮歠若牛，情恋烟花而迷淫似鹿，因荒酒色，遂忘冬至，又何辞失误之愆乎？审五花儿，虽系老婊，而与弁无交。然而小娼勾命，招承不诬。以上二款，俯首伏辜。唯是隐漏尖丁一款，再三严鞫，据称本卫在顺治十四年审丁，本弁在十六年接管，则后人开征之丁数，乃前人已定之现册，虽欲隐漏不可得也。至康熙元年本弁奉文编审之新册现在，呈解都司，磨对至今，尚未行用，谓之隐漏，亦似不可得也。犹恐狡口难信，再按原款所载隐漏之丁坐落地方，查属太原而不属半曾，随牒太原府、厅，详查去后，随准本府牒到西厅回文，并该管尖丁涂士过到职，审据逐户挨查，并无半曾卫所隐尖丁姓名、踪迹，具有不致扶同甘结前来，则此款似难悬坐矣。本弁应按审实二款，照赃追拟，但查事俱赦前，而本弁又未奉旨革职，未敢擅拟，伏候宪夺。

## 一件特参贪酷劣弁等事

看得某弁婪迹二款，审有确据，无容躲闪。唯是赃数尚未取盈，而初招谓非入己，致烦部院，疑有欺饰。职遵再勘其扣粮一款，大约边要穷军，粮数无几，即偶一纤毫扣克，已是伤心之事，岂有任意咀嚼而能不撄众怒者乎？今刑鞫王正都等，前供之外，毫无移易，言词惨切，似非肯为本弁遮饰者也。其拨兵打草一事，审据本弁自备之马不过数匹，用三兵而打十日之草，尽足勾用此供，则采青无名矣。斯言近情，似为可信。其占粮四十份，据保河保地方，邻近口外，汛防辽阔，中军守备统领一营之事，外而拨巡防地，内而登记册籍，即以四十名食粮之人仅供使令而刻不暇给，委无坐作虚冒之弊。若夫修理名色，即同科敛，前招已坐入己，在本弁仍然欺饰，而职等实不敢代为包荒矣。

## 一件特参贪酷等事

看得庞某，性既贪婪，心尤暴戾，养身惟酒，终日在醉生梦死之乡；牵鼻由人，无时非左顾右盼之状。秽声既著，清议难逃。蒙参发审，逐款严讯。内如杖死张义，固系征比钱粮而惩处顽欠，然父母之名义谓何，而酷烈乃尔？虽曰出自醉后而因人拨置，然临民之体统谓何，而败坏若斯？尚不谓之民命如草而官常扫地者乎？又如取用行户，屡奉严禁，而潞绸包头，恣意诛索。既已措价，又复狠打，以酷济贪，信不诬矣。又如蠹役冯元捷诈赃累累，在本官不能觉察，已难辞咎，又从而护之，是谁之过欤？又如生员张复元被盗打劫耳目彰彰，在本官不能防护，已难谢责，又从而匿之，不知更何心也。至如有司关防，官箴首重，岂有家人出入市中，而主人若罔闻者？盖李管家亦好米汁，大有厥主之风，虽买货短价之事实无确据，然而烂醉街头，推倒肉架，指证有人，是谁纵之耶？以上各款，字字皆实，庞某除措价轻罪不坐外，而杖死张义，自有因公致命之条，旨内『未奉革职』字样，不敢擅拟。冯元捷诈赃有据，流徙何辞？查系赦前，应否准援，恩自宪出。魏太徵虽非索贿而拨置有因，李管家虽无短价而纵饮皆实，均杖不枉。

### 一件出巡事

看得张大勋，人中蟊贼，士林鸱枭。踞学有年，以秀才为护身符；作孽多端，致浑身无干净地。昔草昧之日，盗贼蜂起，彼即勾引匪类，曾作绿林谋主。当太平之日，魑魅潜形，复窜籍诸生，公然名教罪人。杀人放火，是亦可为，舞文弄法，无所不至，人恶已盈，天网不漏。兹蒙发审，逐款细推，一贪伯父资产而暗毙其子，在大勋则曰『杀人无证，莫可坐罪。』殊不知五百金之房院至今踞为虎穴，遂致八十岁之寡母累年莫敢睥睨，霸产既真，谋杀亦安知其为诬也？一赶杀范周鼎而背中一枪，数月殒命，其弟范继鼎面质含冤，若按人命律例，合应拟抵，所可恨者，因当多事之时，未行经官，以致日久事沉，无从究诘。然而众口哗然，至今实难掩也。一因兵马经过而串同劣党，科敛打点，借名诓骗，三人瓜分，众口凿凿。若夫指良民为盗贼而居奇打诈，夺孝廉之行李而乘危索金，皆有明证。至于骗人之地而揞其价，掠人之马而呈于官，与夫侵官地、拐娼优，此又恶迹之琐屑而不足道者也。

### 一件出巡事

看得程师孔，身充吏房，才实足以舞文，遂总六曹之柄；名噪衙署，术偏工于打诈，能司各役之权。如拨马原属兵书，销引原属户书，人命原属刑书，而师孔皆一手握定，何异三头六臂？如书吏自为一班，快手自为一班，皂隶自为一班，而师孔乃尽行剥削，可怜百孔千疮。无论衙役、庶民，畏形者，视如张翼之虎；总之街衢巷陌，闻声者，惊若暴震之雷。婪赃累累，逐款皆实，论后较多，流徙何辞？

### 一件出巡事

看得张国泰，衙蠹之猛虎，积歇之贪狼，居近市城，已据为恶之地，赋性淫险，谁云作孽自天。查国泰初充县役，张牙露爪，便有食牛之技，因当日罪状昭著，自虑勺水不足蔽身，旋营狡窟，思欲脱网，于顺治十年间，窜入本院承差，随蒙前院访实，拿革拟徒摆站，使知小惩大诫，斯为小人之福。讵意浅涉轻尝，驯致怙恶之凶，站满归家，愈辣愈厉。视衙门若家庭，任伊出入；以告状为陷阱，到处安排。遂使乡曲愚民，一经物色，小者荡产，大者倾家，不出圈套之内。甚至邻家丽妇，一入赏鉴，贞者丧命，淫者输身，即在指顾之间。兹如梁某等，则皆被告状吓诈，或金或产，人卷具在。如安某等，则皆被俵债打网，沿家逐户，怨声不绝。如包揽贡绢，则吞骡行脚价，辄致百金以外。如行使假银，则在关王会上，每日十有余两。至若守志孀妇，强逼为妻，虽奁财无从究诘，而杨氏现在伊室，则吓娶是实。更有贫人艳妻，因奸致死，虽前案已经漏网，而本夫至今衔冤，则应抵何辞？蒙访之后，无不举手加额，而诸款犯证，面质之时，只见抱愤激切，人人当前，既审之后，唯恐投畀不速，偲偲过虑，皆具状求照，祈免后忧。即此疾之如仇，畏之如虎，则国泰之恶声，真可谓足以止儿啼矣。新令旧法，俱无能为泰宽也。

## 一件出巡事

看得薛国用，先充道快，已作孽于公门；现为积歇，复流毒于乡党。骋强于赌博场中，则任强宇之百金房产，尽倾指下；恣情于烟花寨里，则二件等之裙钗簪钏，罄卷囊中。假款证而挟索名标，生者被害；指包娼而打诈件娃，死者含冤。至若散扇收麦，渔猎小民，此又其恶迹之著闻于近日者也。所访皆实，拟配无词。内审田炳然系店中酒保，实无分肥，相应免究。薛伯奇乃帮闲油花，曾沾微润，决杖允宜。

## 一件出巡事

看得田茂福，吻能吞象，胆可包身。指官吏之腹心，舐百姓之肌髓，悬设机关，巧称线索，以强盗人命为陷阱，以良民富户为麋鹿，吓李文宇三十二金，诈王胤凤六十四两。至于更换新役，在朝廷原以为厘奸之法，在蠹恶反视为射利之场，串通市虎，夤缘卖放，剥食分肥。徒茂福以去衙蠹，合遵新例；杖天衢而除市虎，宜肃宪章。赃因证坐，罪与律符。

## 一件出巡事

看得乔拱晋，因工书写，复习收除，该县里书每年攒造赤历由单，雇募拱晋，代为清总。始而操技应募，待工钱为举火之资，故拱晋之视里书一如衣食之父母；继而提挈在手，则笔墨皆摇钱之树，故里书之奉拱晋不啻供养之儿孙。入局则索常例，请印则称磨算。赤历黄册，件件皆可赚钱；白镪青蚨，人人皆为进宝。更可恶者，包揽德化坊十五年柜首，则又逐户挨门打网俵饵。胡椒扇子，无非钩鲤之虾饵；里长甲头，尽是输租之佃户。寝食此中，已经数年，囊橐之内，遂而盈贯。但审本犯，虽有管总包造之名，未受庶人在官之禄，工系雇募，罪从民拟，赃浮百两以上，徒坐四年之中。

## 一件出巡事

看得史成林，入衙两年，奸恶万状。朱批到手，无异追魂之夜叉；白昼攫金，遂同截人之暴客。虽粉头乐户之下贱，尚被吮血而煎膏；即逃人乡保之株连，犹欲磨牙而砺吻。其贪婪之恶迹，难仆数于两年快手之中；而猖獗之凶锋，犹败露于答应满洲之后。如萧九奏以侵使官钱而累及侯林，恶乃居奇；如李时芳以逃人私归而干连乡保，遂行索贿，此则其为县快之事也。及本年七月内，满洲大人清查钱粮，驻扎平郡，该县拨林伺候，蠹遂居然一满洲大人之役矣，拘娼献媚，唤戏取容，勾引逢迎，无所不至。为之寻香采艳，则足迹之所经几遍乎花街柳巷；因而取事赚钱，则腰间之所缠难数其白镪青蚨。虽王元希之拷逼无因，金保子之病故在前，二龟之死，与林无干。而乐户侯金成之所证，赃私累累，则成林之罪状，固已不胜诛矣。照例流徙，夫复何辞？

## 一件出巡事

看得赵廷试，狠如狼，贪如羊，胆足包身，素惯武断乡曲；才能济恶，专一蠹骗小民。囊底金钱，半从市中攫去；仓内粮食，多是空裹飞来。夺人女妻，犹如蛇淫龟穴；霸人房屋，无异雀据燕巢。毒比莽鸩，生来足以杀人；辣同姜桂，老而觉其益甚。以平陆弹丸山邑，而产此稔恶之巨憝，诚所谓勺水而养饥蛟、荒谷而藏饿虎，欲求虾鱼有活、麋鹿安生，不可得矣。赃款既真，城旦不枉。

## 前件

覆看得赵廷试真淫贪之老孽也，恶随年长，罪与岁增。前招画其皮毛，尚未伐及骨髓。讵此负粪之蜣螂，反作寻花之蛱蝶，因饱暖而生淫欲，怀燕婉而忘戚施。或买孀妇为妾，而并吞房地；或假放帐为囮，而算人子女。求婚媾，如枯杨生华；弃旧好，若覆盆倒水。易喜易厌，任去任留，何物老狐，作此秽祟？真腐刑不足偿恶，而蚕室尚未蔽辜者也。覆审之下，环庭面质，或求追偿其产，或求断归其人，无不切齿，仅尽抚心，赃既相符，罪应按坐。因在赦前，遂得幸免。虽曰风烛残年，死可计日以待；尚恨蛇蝎恶种，见当掩鼻而从。苟免桁杨，终投豺虎。

## 一件出巡事

看得李花逢，老蠹也。问其年，则六旬以上；问其役，则数十余年。在衙既久，作孽独多。乡里小民，闻其声而震焉；州县吏胥，望其锋且避之。遇事而赚钱，因恶而致富。如包揽歇家、钻应里老，指车辆而敛打点，假收解而科使费，此则挟衙役声势而为恶于本乡、本里之事也。如指称公费而私派班银，此则以快头名色而为恶于本衙门之事也。至若清查钱粮而指称调停打点，向河津、闻喜两县哄吓多金，此则又假满洲为名而肆奸于各州县之事也。细按各款，不唯以衙役而剥喙小民，并且以衙役而吞吐衙役矣。罪应拟徙，幸适邀赦。

## 一件出巡事

看得贾高，自顺治十年入衙，至今九载于兹矣。以鹰鹯之性，居搏逐之地，饮毛茹血，固所习也。不唯虎视乡民，亦且蚕食同类。夺屋措价，以交易为囮圈；收粮派夫，以公事为渔猎。更可恨者，身在衙役之列，独善避瘦趋肥。一遇苦差，则借名帮贴，科敛通班；一遇腴差，遂出头承票，传食数县。京编兵饷，皆其供给之题目；守差坐提，尽是衣食之门路。每下州县，动经数月不归；一开囊橐，但见万贯俱满。罪应流徙，而幸在赦前；赃照数追，而辜余法外。

## 一件抚臣之任甚重等事

看得张光斗，舞文弄法，罔上行私。民词甫奉官批，入手即勾魂之簿；犯人未到堂下，开口要买命之钱。甚而拿讹撮空，兼能捕风捉影。如经承人命而诈人之财，则蔡、刘哭诉其冤；指销盐引而骗铺户之金，则李、梁同受其害。藉原际鼎之报怨，而反为本犯张罗，坐收渔人之利。因吴进贵造册，而反为蠹役攫金，俨然刷卷之权。各款无差，流徙何辞？事俱赦前，邀恩幸免。

## 一件发审事

看得侯威，本以汾阳衙虎窜名于法纪之地，方以为隐身得计，讵知日月之所先到，魅形愈觉难遁。本院廉发问拟，似无遗情。兹蒙覆驳，遵将十三款款证，逐一刑讯，而各犯坚供不改。此皆身受荼毒之人，饮恨方深，逼以重刑，断未有肯为本犯留余地者也。前坐委无遗漏，至于前招未坐赃者，止有二款。内如生日送幛庆贺之事，即有赠遗，亦是酬酢，亲戚往来，古礼不废，实难坐赃。唯强占娼妇瑞香儿一款，则诚有不能为本犯掩者。盖被害崔三虎则已死矣，事之有无，一任狡辩于瑞香儿之口。殊不知瑞香既委身于威矣，则威者所仰望而终身者也，欲冀其作攘羊之证，此必不可得之事也。夫以积年鸨妇，龟死户绝之后，一旦而求依于炎炎之衙蠹，历来所有，岂遂委而弃之乎？谓其不席卷而前也，谁其信之？且以威之豪横狠戾，苟非利香重赀，而谓其独眷眷于夕阳衰柳之间，岂情也哉？

## 一件抚臣之任等事

看得穆三，乃赌博场中之泼皮也。一生惯走花街，兼复善告谎状。骗钱入手，不留一分过夜；隔宿无炊，明日逢人又骗。市中目为过街之鼠，乡党恨如眼内之钉。兹蒙宪访，遵将单款详鞫。内如赚配刘刚之母而吞财，诱赌郭祥之兄而诓债，此则在嫖赌场中之恶迹也。以产后人命吓诈董应瑞，此则其善告谎状之的据也。内唯刘正一款，查其曾有是事，但人亡事湮，无凭质对。合照审实之款，依律坐罪。

## 一件特参欺玩县官等事

看得徐泰、张文举，皆棍也。泰本姓蒋，系镇江府之金坛县人，依亲人赘于常州府徐氏之家，遂姓徐矣。素惯浪游，忽于元年七月二十六日，自秦过晋，路经绛县，揣知绛令亦系江南籍贯，顿起扳援之意，投刺进谒，绛令亦以泰系江南，遂生优柔之心，置酒赠金，适值病后阴雨，因而逗留时日。又有张文举者，假讨京债，先居绛地，且数阅月矣。适得泰来，以棍遇棍，臭味声气不觉其相投之速也，与泰同寓于西岳庙中，酗酒包娼，无所不至，迨至所求不合，转而反戈相向，遂指泰为盐院兄弟，向巡东道出首。蒙院题参，奉旨发勘，递行到职，职会同知府吴谨照部文，逐件细鞫。内如部文所谓『光棍徐泰指御史徐之弟在绛县招摇』等语，勘得徐泰初到绛县，止扳汪知县乡里，并未言及盐院一字，不惟汪令原结可查，即今令与徐泰面质而口供如故。以理揆之，假使徐泰果称盐院之弟，则当盐院行查之际，汪令正宜执以为功，更复讳之何为？即汪令为泰讳，而祁天禄乃盐院行查之承差也，肯复为泰讳乎？则指称盐院等语，盖出于张文举一人之口，而究竟无一指证者也。再勘招摇之说，据张文举供称泰在绛县曾经说情三宗，一系张福学被人讦告之事，一系史相帝兄弟欠粮之事，一系胡银匠与门军相嚷之事，言之似若历历有据。随拘被害证佐，逐一严鞫。如张福学则据供从无与人讦告之事，随询文举其讦告张福学者为谁，而文举亦无以应，则此件似为无因之词矣。其史相帝供与相周兄弟虽以欠粮禀官，未曾央分求情，且欠粮不过五钱，何缘费此重贿？此又情理之显而易见者也。其胡银匠与门军相嚷，禀之马典史而并未经闻汪令，则又更似诞妄不稽之甚矣。若就张文举所指三事而论，则是『招摇』二字且竟毫无着落。但查院疏原参，泰系流棍，今审虽未说事诈钱，亦未指称盐院兄弟，然而无根无叶，流连异乡，是流棍矣。若按棍罪，新例当斩，是否允协，覆候宪裁。又如部文所谓『张文举违例放债与典史马志高』等语，勘得张文举当初巡东道发下府审之时，供系淮王下之人，今审供系正红旗卜什库牛录下人，但旗下之人，在旗则有档子可查，出外当有假票照身，今文举并无照票，且自二月初二日到绛，至今已八阅月，离旗不为不久，未闻本主行查，则其踪迹概可见矣。然是否旗下，必须上台咨部详查本旗本主，始知真伪，原非外吏之所能意为揣摩者也。至若违例放债之罪，自有新例可按。但窃照文举以不满不汉之身，若似旗非旗之人，既无本旗照票，又无借欠原券，但假取债为名，经年累月，住居绛城，亦曾饮县官之酒，受县官之馈，与徐泰等耳。且无事而屡登公堂，强横求断，一不遂意，纷纷诬首，牵连多人，又无归着，此等行径，乃与拿讹打诈何异？即在旗下，亦当是旗下之光棍耳，似不止于违例放债而已也。但既称旗下，不便擅鞫，当于咨明之日，另议归结可耳。马典史借债，亦是违例，且文举到绛又不能速为驱遣，任其留连地方，不谨之罪，百喙何辞？但系职官，应候宪夺。内查赵三乞邻示恩，授受不明，以致文举纷纷多事，决杖不枉。又如部文所谓『快手祁天禄既见徐泰不行拿获』等语，勘得快手祁天禄供称当奉院差，止令其查姓徐而指称本院兄弟者耳，未常令其查徐泰也，故本役到绛见泰虽姓徐，而未常指称盐院兄弟，遂而不拿，似无别情，应否宽典，仍候宪夺。又查曲沃县申文内所报『并获泰仆张福喜者』，勘得福喜本籍系汾州府介休县人，路遇徐泰，雇觅跟马，原非家人，且受雇未久，诸事不知，审无干涉，相应免议。事关钦件，不便久稽，若候张文举咨明之日，恐致往返违限，谨将徐泰，先拟成招，解赴亲审。

## 前件

覆看得徐泰，浪迹于秦，归而过晋，方在穷乏之中，见绛令为江南乡里，顿生扳援之心，以病瘁为词，进城假寓，投谒淹留。又有张文举者，因取京债，先在绛地。泰至之后，洽与同寓，臭味相投，周旋甚久。忽以争娼，遂而反目，兼因绛令不遂文举之求，早已怀恨在心，猎知盐院适有行查诈伪之事机，将徐泰向道出首，并中汪令，蒙院题参，奉议发勘，业经四县会审，本府覆详，已将院疏所谓『汪令容留、庇纵有无情弊』，逐一勘明，似无狡饰。伏蒙宪驳，职等仰遵，仍提再审，汪令籍系池州，徐泰籍系常州，虽一江南，而相去千有余里，一旦以穷途病瘁之身摇尾乞怜，诚非如亲识素交，在汪令有必不可割之爱也。夫何以妇人之仁，作怜悯之状，既不能峻绝于先，又不能驱逐于后，虽审无关说别情，而容留久住之咎，诚如部议所云『不能为汪令解也。』至于『庇纵』二字，则有说焉。假使徐泰指称盐院兄弟而汪令为之讳其说也，则庇护矣。假使盐院指查徐泰而汪令不以泰应也，则庇护矣。假使院差祁天禄至绛而汪令匿泰，不使与泰相见也，则庇护矣。今审泰在绛，并未指称盐院兄弟也，盐院所查，但曰有姓徐而指称者否也，亦未常曰泰也，祁天禄来绛，汪令即刻令至泰所与泰面言，泰亦未常讳言汪令乡里，而委无诈冒盐院半字，是汪令始终以实对矣，谓之庇护可乎？若夫泰之至绛也，始以觊觎而来，终以落寞而去，未有事犯，不便羁留。且张文举首告在后，而徐泰去绛在先，则不得谓之放纵矣。但汪令身为职官，应知大体，一切漫游，自当进逐，安得以怜悯穷途之心为优柔不决之事？坐听徐泰，一则曰病缠，再则曰阴雨，任其淹延。虽无庇纵情弊，而容留久住是实，则该令遇事无断之状，概可见矣。但系职官，未可擅议处分，则例应候宪夺。

## 一件访拿事覆招

看得徐某，以昔年之快手，作今日之土豪，其为怙终不悛之老奸，诚应如宪照不爽也。但恶人之名色，事已过而遗臭如新，而蒙访之单款，昔漏网而至今始发，所以多在赦前耳。谨将前招所载，逐件再加刑鞫，不唯被害之口供丝毫不改，而各件之案卷日月犹存。援赦虽若幸矣，按法实非纵之。

# 卷九　粮里

## 祥刑遗范

平阳府推官戊戌科二甲进士豫章新昌毛逵撰稿

### 一件违旨多派钱粮滥免粮石事

看得介重乃解州之子衿，与其父介元勋俱学霸也。父子健讼，惯走公庭，上年其父介元勋指『私帮里甲』为词，挟告生员毕应星于本院衙门，蒙批守东道转行府、厅会勘，只字无真，尚未结案，旋令其子介重又以『违旨私派』一词，具控按院，是岂该州公论应专操于介氏父子耶？职以事关钱粮、衙蠹，不敢臆见揣摩，随发该州署事通判逐款磨算。今据登答前来，其呈内加派一款，据详十六年份，每粮一石，加派五分五厘，盖缘马草、站银、地亩加增在内。夫马草、站银、地亩加增，独非朝廷应有之正供乎？又何以名之曰多派也？十七年份，每粮一石，止加派一分八厘，内除去马草、站银三分七厘七毫，此盖合应照粮均科者也。今介重乃谓应照地亩起科，欲不分地之高下肥瘠，而每亩概派九厘，若依介重之说，在膏腴平地，固自甘心，而砂坡瘠土，必致偏累，此又必不可行之说也。其买铜一款，盖系十五年旧事，铜已发回未用，合应清还民间，因经承薛自高以别案犯事脱逃，而该州正在缉结，此案又不因介重告后而始行觉发，且查与介重所告工房杜奇无涉者也。今州回称俟缉到自高另行结报，理固宜然。其优免一款，自顺治十四年奉旨概停之后，无论绅民，孰敢不遵，又何况盐商乎？有商人南廷益等，每遇门面夫役杂差，自行出应，不肯帮贴里下，此固小民自便之计也，又安得指为优免粮石乎？以上三事，该州条晰甚明，职亦覆审无异，介重以捕风捉影之事，为假公济私之谋，其意不过在挟诈衙役耳！诬告坐杖，州拟不枉。

## 一件自昼横杀异常大变等事

看得张鞶带乃卤莽之刁衿，而李元吉亦横暴之宦裔也。元吉倚势恣睢，欺侮乡党，忽于顺治十五年，假以均里为名，商令里书将渊敦里张姓额粮百余石，拨入李姓孝顺坊下兴差，时张鞶带等未之知也。后张姓不甘与李共事，遂禀州官，旋将原粮收回本户，元吉恶不附己，乃将张姓衿民呈州究治。夫税粮差徭，朝廷正供，在渊敦里与在孝顺坊，无以异也。以张姓之人，完张姓之粮，兴张姓之差，于元吉无与焉。元吉何心，而必欲他人舍其本里、本甲，而远附于己，窥其意，盖不过欲藉张姓帮助之力，为李家闪役躲差之地步耳。即使均里有名，亦须彼此心愿，方为称情。今张不乐从，旋行收归，亦可已矣，吉复呈之于州，何多事乃尔也，谓非势制得乎？鞶带不甘非分之挟，忿忿莫已，元吉更恃凭陵之气，喇喇不休，视公庭若斗场，藐署官若傀儡，彼此互角，大闹公堂。更可骇者，凶器见于法地，乡众哄于城中，衣顶纷披，齿血淋漓，匪啻逾闲越度，实已扫纲荡纪，不申宪法，讵肃王章？但查州申所获铁尺，两造胡赖，俱不招承。遍鞫证佐，毫无指对。细审哄殴之时，正值薄暮，两造人数，众寡相敌。元吉以宦裔而居城中，起衅构讼，实自伊始。且赴州听审，仆从如云，势焰颇足薰炙，断无坐受屈辱之理。张鞶带率乡人而来州治，虎既离穴，威亦稍杀。且康国同事，折齿受伤，假使藏器待用，何致不能卫身？彼此混殴，铁尺不知出之何人之手。该州以鞶带卤莽出头争辩，遂尔独坐，再三详究，原非确论。总之，学校乃礼义之门，公堂非斗殴之地，元吉恃势凌人，鞶带率党作对，坏法乱纪，莫此为甚。若二生者，俱不可一日容于宫墙之内者也。合当依例，杖革何辞？悍仆刁民，同行帮讼，各杖不枉。其张姓收归原粮，既经该州查明，仍听于本里兴差，以断葛藤可也。

## 一件蠹国殃民事

看得贾良臣，乃汾西县四里头三甲户首也。本甲逃亡绝粮，共计一百七十余石，独良臣一人现在应比，力不能支，无怪其有此控也。蒙宪批审，职按其所开逃亡名姓，屡提不获，复行多方招示，然后陆续投到。人皆鹄面鸠形，声如猿啼鹤泪，见之蹙额，闻亦酸心。逐一详问，内如赵年无父母、妻子，而佣工隰州；贾一会唯拄拐托盂，而乞食蒲郡；吉云祥因娶已故贾修真之妻，而以前夫绝粮，责于后夫代纳。种种苦态，绘图难尽，再三劝谕，令其归里，众皆哀号，愿求复业。除一面行汾西县示谕，多方抚恤安插，务令使之得所，庶能垦荒办课，以足正供。其词内未到人犯，另行多方招徕，恐稽宪件，先将原词具详，伏候宪夺。

## 一件违旨殃民事

看得程继川与本族程永全，同里同甲，轮充甲头，而继川素善逋欠，每为永全所窘，今乘旧令去任之日，遂捏虚词，计图雪忿。细审稷山原无驿站，止有里马在县走差，每匹额定工食马价银二十五两，该县每年开征之时，即令甲头催收，先付马夫，使之买马备料，庶免临时误役，而所收之银，即于大粮正供之内开销完数，程永全曾领斯役，故继川摭以为词。夫不知所谓私派者，盖于正供之外妄加科敛，今据里老程道口供，永全所立之约，原未违二十五两额编之数，而所收之银，又即在大粮开销之内，则是继川之无情甚矣。

## 一件发审事

看得张梧凤乃张云程同父异母之弟，梧凤欠其兄丁粮银六分，一日云程见弟有银在手，赚掯不还，勒完前欠，而遂忘其为郭廷孝之寄物也。梧凤报之廷孝，廷孝情急，具禀县衙，当经责惩，主令云程以掯物还郭、梧凤以欠银偿兄，情理允协矣。云程因受县衙之责，耻为以弟辱兄，妄行渎宪。夫弟欠正供，兄掯寄物，不友不恭，愚悍可恶，所欠甚微，各应还偿，所争甚小，罪止责逐。

## 一件侵储劫杀事

看得荥河县蠹吏张然，胆将领解本县蒲营兵饷私吞入囊，并逋本里应纳顺治十二、四、五、六年正项钱粮，累年不完，事败发觉，遂挈重橐，逃匿于表弟薛登霄之家，该县躧缉，移关捉拿，登霄利然所有，倚恃隔属，密蔽抗拒。迨荥河县拿获霄父薛洪印，监责追究，法固宜然。登霄不悔窝逋之非，反捏劫杀虚词，两控院宪，一批本府，一批军厅，审明成招，府断于登霄名下代然完纳前欠，盖谓然一日不出则霄一日不能卸责，正所以为致然之地也。霄始技穷，送然到官，正犯既获，则本犯包侵之银，自应于本犯名下追比，不得复累他人矣。但据然供其所侵蒲营兵饷三百两，已经补还二百矣；其十二等年所少正项钱粮，俱因土荒丁逃，户丁逋欠居多，实非一人包侵之物。原情揆理，或亦有之。但然身为解吏，而即侵盗官银，身为户长，而又相率逃逋，岂可以土荒丁逃为词，遂宽其责而置朝廷正供为必不可了之局也？其未完侵过兵饷，合行该县于然名下严比勒完；其本里所欠节年逋赋，合令然向本县开报实欠花名，细数备造清册，分别侵逋，并押然领缉严追，勒令照数全完。再据然称有伊侄张黑者，亦系本户逃丁，所欠甚多，其人乃登霄之婿，现匿薛家。以此观之，则登霄者固一大逋逃之薮也，又安得以张然一出而即脱然于事外乎？仍令荥河行关万泉，勒令登霄作速送出张黑复业完粮，庶几包侵逋欠，皆有着落。至于张然管解侵欺，登霄窝逋诬告，各有定律，照拟不枉。

## 一件劣生侵吞供丁银两等事

看得杨齐，倚衿包揽，历有年矣。兹因平阳卫守备物故，上台委本卫千总下屯查比，唯齐包收本里供丁，累催不吐，追拘户长赴比，齐又挺身出抗，以负嵎之悍衿，视孤注之微弁，张牙弄爪，法无所施，觇千总申文报上，本生乃并发制人，准牒会审，字字子虚。夫独欠已属违法，何况包侵户下之物；顽逋已是当诛，何况又兴诬告之讼。且更可骇者，如词内指朝廷之职官为余孽，指部选之千总为钻干，指上台之委署为贿买，放言犯纪，语语病狂，若杨齐者，诚子衿中之乱民也。除所吞编银已经追出补封正项之外，新例甚严，无可逭矣。

## 一件虎蠹凶横抗断吓杀等事

看得明宗朱溪田，有入官宗地一分，坐落岳阳，报部追价之时，溪田无力，遂累岳阳里老王应增等顶业纳价。奈其地荒薄无比，代买原非本愿，当此正供紧急之时，增等遂寻溪田至亲朱宁宇及瓜葛张三友等，欲令收回原地，情愿不问价值。嗟乎，此情亦大可悯矣。虽然，宁宇故明废宗，离离如丧家之狗，三友又无根贫汉，自鬻其身于人家为奴，且俱住隔属，安能承种窎产？倘再推委逃亡，势不至荒土误赋不已也。王应增等乃岳阳土著之民，有地足耕，虽曰劳苦，尚可经营，且据供其地现系应增与同里里老每年佃种收租完粮，断令照旧承管，以足正供。两造俱因钱粮苦累起衅，逐出免供。

## 一件衙虎等事

看得吕鹰扬，弟兄四人，举家顽梗，平陆号称积欠，前官崔令坐此被参者，已十余年于兹矣。追呼之下，未免迫切，迄今一行去任，悍衿、刁民群起而攻其衙役，揣其意中，一以见子衿之声势可惧，一以见衙役之后车当鉴，然后可以横行邑中，任其逋欠，有司不敢过而问矣。兹将鹰扬词内逐件细鞫，曹成系十三年催粮里老，李新系十三年督解快役，杜吉则顺治九年承催吕辉名下欠粮皂隶，俱以公事，遂中私仇，罗到款件，毫无质证。且据鹰扬口供，当日崔令待彼礼貌甚优。夫以县令优礼之子衿，相得益彰，而衙役尚敢肆其凭凌者，未之闻也。苟有是事，当时何难以一言入于崔令之耳，可以立置之法，直待岁久事沉，官甫去任而始刺刺不休耶？更异者，以一衿兄出为祸首，而同胞三人，森罗款证，以欺孺子，谁其信之？满纸虚词，合应反坐，分别各杖，以戒刁风。

## 一件积蠹殃民事

看得蒲州、临晋，地形犬牙相错，民家接壤而居，在隔属互相种地，在本籍各自兴差，此从来一定之法也。讵刁民吴自明、介邦英等，胆借编审公事，以快两造私仇，吴自明先将州民而报丁于县，介邦英旋将县民而注丁于州，意在累人，不知皆适足以自累也。迨至户口方定，将一身而两地兴差，始悔祸无了日，然后纷纷诘告。噫，愚矣！州守、县令各有亲民之责，洞悉情弊，知将来重役之累，不独在民而且在官也。虚公会勘，请为厘正，议定州民之丁仍归州，县民之丁仍归县，两不减丁，各自得民，一转移之间而息争定制，允为持法之平矣，合应允从。

## 一件违旨飞殃等事

看得张桂芳、李稳、宁保儿等，皆蒲州减庄之里民也。先是减庄一里十甲之中，缺其一焉，粮差多寡，苦乐不均。

顺治十四年，前任马知州奉文均甲，遂将九甲并而为五，时因桂芳甲内粮多，故独作一甲而不并，此外则皆以两而并为一也。即自本年以一甲兴差，挨次轮流，至于五甲周而复始，迄今已一周矣。因内有三甲张国祥者，在未曾均甲之先，少充一年柜头，于均甲之后，众人议令多应一年，以均前役，桂芳遂欲藉此为词，以为两甲而并作一甲之人，当以一甲而仍应两年之差。嗟乎，是苦乐仍不均也，又何用并甲为哉？合照周而复始之议，则轮至康熙二年，仍应桂芳一甲应役，此一定不易之理也，又何说之有焉？各甲众论佥同，芳独挠乱成法，可谓好事，决杖以警。

# 卷十 条议

## 祥刑遗范

平阳府推官戊戌科二甲进士豫章新昌毛逵撰稿

### 宗产

议得平阳宗叛二产，数估数加，愈查愈驳，迄今而竟无成局，上台之意，本欲为彻底澄清，而小民无知，错认为苛求，搜括奉行之吏，苟欲为代诉民艰，而上台之法，又必谓扶同庇护，势不至民力不支而变价莫前，钦件难完而官民罹罪不已也。若平属之产，既经屡查之后，宪法凛凛，新令煌煌，且官已数更，吏已屡易，若夫遗漏隐匿之弊，非一手一足之能障，实万耳万目之莫掩，不但情所不敢，亦势所不能也。独是价值不齐，不能不启上台之疑，而烦大部之驳者，实有由焉。夫地有僻有冲，土有肥有瘠，民有富有贫，房屋有大小，器物有精粗，今欲一概而等其值，此必不得之数也。若以平郡与汾州比肩而论，则相去悬绝矣。俗谓平阳三十四属，居晋省三分之一，其说似矣。嗟乎，是徒知平郡昔日之大，而不知平郡今日之贫也。试以平郡之地形、时势言之，东自灵、霍，西至蒲、解，霍、条、姑射诸山，绵亘千里，汾河冲溃其中，故地沙坡居九，而水田不及一分，州县疆里城郭，半在荒山穷谷之中，此不及汾州一也。兼以守东十数属，邻近盐地，土多咸卤不毛，较之汾阳之错绣沃野，十不得一焉，此不及汾州二也。至于间有腹地平衍之处，又当秦、蜀咽喉之冲，自闯贼、姜逆犯顺以来，干戈交驰，盗寇蜂起，村落无完堡，城市半荒烟，虽迄今大定之后，而兵马往来，出川入陕，络绎不绝，饷役供送，百姓疲罢，千家半徙，十室九空，故昔年碧瓦朱门，所谓歌舞之场者，今日皆颓垣破壁，举目凄凉之地矣，视汾阳之僻处一方，民殷事简，又百不得一焉，此不及汾阳三也。平心而论，虽合平郡之十数属，犹不足抵汾阳一县，又何怪乎产业之价之绝不相侔也？职奉委清查所属宗叛二产，自以为目所未经，不敢用揣摩悬坐之术，模棱结局，自取罪戾。于是查州县稍稍素称生聚之处，亲诣踏勘，每入一境，止见百十穷民，遮道痛哭，悲惨动地，及询其故，亦有云：业薄价浮，屡估屡加，屡加屡驳，一日不得结局，则一日不敢营业，地将日芜，房将日废，有买业之累，而无得业之实，此不了之局也。倘再议加，情愿抛从前已纳之价，而求退今日现在之产。此一说也。亦有云：今日所谓变价之宗产，或系本人以前所买宗室之业，契约俱存，当时开报之时，未行清查，混作宗产入册，故从前所估之价，尚属重赔，今再议加，则呼冤叫屈而不已。此又一说也。亦有自称残宗，昔年避难，弃家逃生，兹见太平，复来归籍，在前既非叛逆，今日实为编氓，愿承本业，照估纳价，但援恩例，哀鸣免加，纷纷哭诉，其情亦似有当在矜悯之列者。此又一说也。亦有承买之后，因价值增加未定，不敢管业，遂致屋倒墙坏而废基空存，田荒地芜而荆棘丛生者，虽前估之价尚费追赔，而再欲增加，则尽皆逃亡。此又一说也。亦有大宗房院，庭楹轩敞，规模尊崇，而庶民不便居住，遂迄今无人承买，而日就颓废，原估之价，尚无着落，今欲增加，后将何出？此又一说也。以上种种苦情，绘图难尽。职于所历之处，唤齐乡保、地方，押同承业买主，随地踏勘，一议增值，惟闻哀号愁惨之声，谓今日抗拒不加，是悖朝廷之法，日后加而难完，终罹官司之刑，言及至此，真令人相对掩泣而已。职以事关钦件，屡奉部驳，非徒诉凄凉可以了局，固不敢损下以益上，为国家作聚敛之臣；亦不敢惜民而病国，从百姓博宽厚之声。委曲开导，展转劝化，于无可奈何之中，勉以急公奉上之意；于万不得已之内，设为裒多益寡之法。谨遵部议，则列上、中、下之三等，加分重、轻、免之数，则屋大而地肥者为上，则加从重；屋稍卑隘而地肥瘠①相半者为中，则加从轻；屋卑隘而又颓圮、地硗薄而尽不堪者为下，则加从免，分别续估，共得价值银四千七百八十两九钱九分九厘一毫八丝，百姓于愁惨之中，晓然大公无私之意，虽已力尽髓枯，而亦心倾意倒矣。然职更有请者，今见纷纷上控，唯是孤苦残宗，谓止因向日一时逃避，房产尽行入官，后复归业，仍各居其居，各佃其土，自诉原非叛逆之比，虽产已入册，势难再豁，而历年租税，乞从宽典，或亦上台矜惜孤寡之至意，而圣朝哀此茕独之仁政也。此固非下吏之所敢得而妄议，然曾奉圣旨安插，屡蒙宪批发审，故敢并陈。伏候裁夺。

## 车牛

一、满洲家口经过，需用车牛，夫以朝廷之民力，供送朝廷之劳人，分所宜然，何敢惮艰。独是平阳一府，西自蒲州，东至灵石，千里之内，条山霍岭，绵亘其中，而高山之下，又有汾河盘旋冲溃，故所历道路平旷居其二，而山径居其八。至于险峻之处，尽皆断崖深堑，真如鸟道羊肠，一遇倾仄，往往摧轮折轴，人畜俱毙，苦不可言。兼以县官雇募车牛，势不得不求之民间，而穷乡僻谷，先来应募，赶牛曳车，奔至驿亭，近者数十里，远者百余里，满洲未及登车，而人畜先已困毙。且头牌一到，县官唯恐违误，必先期雇募，雇募方齐，即行催点，而百姓预为伺候；及车牛已备，而满洲不到，人畜守等，露宿野处，多至逾月，动辄经旬，其所得县官雇募脚价，即以供守候之刍粮，尚尔不足。迨至满洲一到，登车之时，则索登车常例，脱卸之时，又索换车常例，一不如意，刀背鞭杖，箠楚交加，强驱过站，乡民、脚夫，往往殒命。至若毙牛毁车，此又事之不足道者也。切思平属道险，实与他处坦旷不同，查

① 原文为『脊』，今更为『瘠』。

计部文所行一车之上原载四人，今请一车合无易以四驴，一人一驴，尽可以载行李而代脚力，于满洲往来既不违误，而逾山越涧又觉轻捷，出之民力，实为易办，而以视车牛，更觉快便，上不误公，下以利民，实两善之道也。至若满洲勒索陋弊，更祈奏闻、申饬，以苏民困。伏候宪裁。

## 钦赃

一、钦赃罪赎银两，查各省皆系县官追收，解赴布政司交纳，汇齐报部，以待取用。今平阳不然，皆系县官差役径解刑部。切以平属距京二千余里，道路往返，必须月余，京师守候，亦延时日。且凡正项钱粮，亦须千百两以外，方行差官解部，又复沿途拨兵护送，始能达京。今或以数十两之钦赃，亦差一批，或以数两之钦赃，亦差一批，甚至以数钱纸赎、数贯铜钱，亦差一批。夫计一役到京，往返盘费、脚力不下十有余两，兼以到京之后，投歇安宿，饮食日用，势不能省，往返数千里之中，动经三两月之期，以一役之身，备数十两之费，解数两之钦赃，可谓本轻末重，抑何其不经之甚也。且更可忧者，使赃银稍多，则以一贱役而解多金，涉此长途，保无疏虞，得乎？一有疏虞，而本役之身家性命随之。往往见有起解钦赃，途中疏虞，本役既不敢往京，又不敢归里，只得逃亡，而勒取批回者，日望一日，莫知其故。迨至逾限，而本役之家属，徒毙血比，承追之有司，先受参罚，及参罚之后，或家属追补，或有司代赔，其弊有不可胜言者，此解多之害也。至若数两之赃、数贯之钱，费数十金之盘缠赍至京师，胥隶、贱役于何出办？此解少之弊又较然矣。所以解批一出，而承解之役举家相向而哭，不敢就道，即强为驱遣，而路中竟尔逃亡，往往有之。合无请照各省之例，承问官追齐之后，行令该州、县解赴本司，或分季搭解，或岁终汇报，以听取用，实官、役两便，而钦件亦不致久稽矣。伏候宪裁。

## 匠户

一、匠户银两，创自明朝，将各项匠役，编户当行，到京供役，其各省道路遥远者，即纳匠户银两解赴工部，以致子孙相承，骨烂髓枯，磨灭殆尽，至今三百年后，十家九死，无一存者。间有一二子遗，亦皆徙业，而每年匠户名色，该征银两，关系京编，刻不容缓，有司势不得不设法征比，有本家尽绝而本族遭累者，有本户尽绝而本里遭累者。有一二匠丁犹存，今既改业，一闻征比，力不能支，高飞远遁，而株连及于亲戚、朋友者。甚至有本族、本里不甘代赔，而扯告合邑技艺工雇之人顶役输纳，一经追呼，纷纷诘告，种种磨累，苦不堪言。自我清朝仁政覃敷，此项银两，曾经山东巡抚方题准豁免，至顺治十五年，复准部议，仍行开征。窃思我朝国运鼎新，凡系前明弊政，概行厘革。即如明朝老军，除运粮之外，尚与削籍。乃三百年后之匠户，人亡技改，而复征收役银，是踵弊之害，犹存十一于千百也。查平阳一府，共该匠价银一千七百四十九两陆钱，为数无多，而累民实甚，在于朝廷，豁此些须，诚一牛之毛而穷檐戴恩，实已沦洽肌髓。况现今皇上躬行节俭，一切无益之工，尽皆停止，则此项银两，似暂应议裁，以俟天下丰豫、百姓殷繁之日，另议匠作。如议者谓工部钱粮万难缺少，合无请将各该州、县原额匠价银两，派于本州、县丁徭之内，计一丁所增，不过毫忽，众力易举，以视将逃绝之匠户，独累一家，其苦乐较均耳。此虽剜肉医疮之计，实亦补偏救弊之术也。伏候宪裁。

## 换役

一、更换衙役之弊，宜速止也。凡大小衙门，书吏不过以供写算，快手不过以供勾摄，皂隶不过以供刑杖，而使之写算、使之勾摄、使之刑杖者，则官也，而非役也。官而廉明，衙役畏法不暇，而遑敢作奸。官而昏聩，虽日易衙役，欲禁其不作奸，不可得也。新例衙役一年一换，而换之之法，则议令于里下佥报殷实，议者谓里下之人，毕竟①朴实，殷实之户，必惜身家，不唯不敢作奸，亦且不能作奸也，议诚善矣。嗟乎，殊不知其害固有不可胜言者也。近见州、县每年于岁终，预令里老佥报新役姓名，以备来年更换之用，即有狡猾里老藉佥报之权，以为居奇之具，揣知殷实者必不愿为衙役，而卖富佥贫之弊起矣。一有不从，则颠倒播弄，将目不识丁者，则反报为书手，力不缚鸡者，则即报为皂隶，使本人知势不可为，而仍不得不操纵于里老之手，一入其手，则殷实者依旧卖放，而所报者依旧穷民也。此新役未行到官，而佥报之滋害已无穷矣。其弊一也。迨至姓名佥报到官，本人尚在不知，及至出票差人拘唤，乡村愚民，不知深浅，票一到门，儿啼妇哭，惊惶无措，兼使差役狼戾，公私交逼，小民无可奈何，缓则弃家远徙，急则轻生自尽，其惨又有不可胜言者。此新役方到官，而差拿之滋害，又无穷矣。其弊二也。及至已拘到官，而乡村愚民，望见衙门，如擒山獐、野鹿而置之于雕笼画槛之中，一刻不能安，必极力而求脱，于是而夤缘之路启矣。或乡绅游客说情，或心腹爪牙乞恩，甚而不肖之人，包苴暮夜，无所不至，所谓殷实者势必卖放殆尽，而所剩以顶役者，止是此赤贫无藉不能解去者耳，于顾惜身家之义何有哉？此新役已行到官，而夤缘之滋害，又无穷矣。其弊三也。及至不能夤缘，而顶役之后，顶书手者方释锄锹，旋弄笔墨，一二三四莫分，丹黄黑白莫辨，即使间识之无，又且不谙行意。若夫以扶犁叱犊之人，一旦而操勾摄刑杖之事，是无异学戏之猢狲，强使妆束，必致错乱，一触官怒，魂飞胆落。尝见新役必不能久居于衙门，而不得不乞灵于旧役，虽卖妻鬻子、议帮议贴，亦在所不惜也。即在本官一见新役无用，而不得不仍用旧役，即明知其帮贴代替，亦且不敢过而问矣，非不敢问也，问之则替代不行而误公废事，无如新役之必不可用，何也？更可恨者，老奸钜猾，反得以乘衙门之重，而操新役之急，非索其重帮厚贴而不已，名为新役换班，实为旧役抬价。此既行顶役之后，而帮贴之滋害更无穷矣。其弊四也。由

① 原文为『径』，今更为『竟』。

是观之，更换新役，未见丝毫之利，而先有四莫大之害，亦何乐而为此耶？窃谓从来厘奸剔弊，不恃有必不犯法之人，而恃有必不可犯之法，役不在换不换也，第严其法以绳之，如新例衙役犯赃一两者流徙，一百两以上枉法者立斩，如一衙门而访至二役者并处其官，如此功令，何等凛烈，则天下又安得有衙蠹哉？但果能恪遵奉行，苟系衙蠹，虽新必拿，苟非衙蠹，虽旧不换，如此则四弊可息，而蠹害亦永清矣。伏候宪裁。

## 驿政

谨陈驿政利弊，仰祈宪裁，以除驿累，以苏民困事。窃照驿站之苦，纸不胜书，前人条陈，几无剩义，然无如官养官走之一着，法至善而令至严也，在于奉行之有司，谁不凛遵严旨而恪奉功令，敢复以实政为具文而性命为尝试者耶？奚如驿递为积弊之区，马夫亦丛奸之薮，弊害白端，无可究诘，在地方良有司，留心驿务，用意厘剔者，固不乏人。然或有出于耳目所不及见闻者，此则实马夫、驿棍之罪，而有司亦不能辞其责者也。其或有屈于时之所不能行，或有迫于势之所不容已者，此则不唯非地方有司之罪，而亦并不尽为马夫、驿棍之罪者矣。职等身任斯土，蒿目时艰，既欲爱民，又恐毙驿，有心去害，无计除奸，怀美意而一筹莫①展，抱良法而半步难行，唯有伤供亿之仳罹，对驿吏而唏嘘，见毛骨之高长，望羸马而流涕者，若谓有司明知功令之森严，而故以驿站为渔猎，跻百姓于汤火而不顾，弃自家之躯命而莫惜，虽至愚不肖之人，亦断不出此也。若夫朝廷之功令日严，有司之奉行日谨，而驿困未见日苏者，职等诚见其屈于时之所不能行，与迫于势之所不容已者，实居其十之七八，而出于有司耳目之所不及见闻者，亦得其十之二三焉，是非藉宪台搏天挽日之权，行风扫雷之威，从头厘剔，彻底澄清，而欲求驿政之

① 原文为「思」，疑为「莫」。

无弊，不可得也。然其中有属有司之所得为而奉行不善者，但经宪示严约，即可遵行。其中有非有司之所得为者，恳乞宪台题请，必邀天语申饬，始能禁止。谨将利弊，分款胪列，恭陈宪览，统候择采，或亦救焚拯溺之一助云。

一、养马之马夫，宜选择也。现今驿马，奉旨官养，则马夫自当官募，势不得不雇倩地方惯习养马之人，遂而有一班积年衙蠹、势宦恶仆，以及地方之奸豪狡黠之光棍，钻来应募，一行入驿，站银到手，任意花费。及至正供不足，或指草料腾贵，或指马匹倒毙，或指铺垫供给，种种名色，不一而足，牵扯里下，私派帮贴，恃其势焰，足以熏①人，始而鱼肉小民，终且挟制县官，县官苟非精明廉干之才，不能慎择于始，鲜有不落其圈套者矣。现如驿棍刘泽溥等已经地方官觉发者，蒙宪台访拟在案，余俱寒胆。以后合无申饬各驿，雇募马夫，止须强健走干，善能调理刍牧之人足矣。首禁衙役、宦仆、豪棍不许入驿养马，地方官有始而不慎选择，既而不行觉察，及觉察而不行申报者，即以不职，一体题参，庶驿棍之害可绝矣。

一、站银之领用，宜核实际也。查额马每匹站银七十二两，每季令驿官同马夫取具印领，当官支给，由来旧矣。夫以七十二两之站银，使果全归一马之用，固自无不敷腴，奚奈驿吏、马夫素受过往差使需索之苦，故站银一行到手，即将供亿之费私自预先扣备，以待答应，反为紧着，而草料正供，尚属二议。及至所余无几，势必不足，遂致私派、私帮无所不至，则是站银之不敷，皆由先谋取足额外之费，而后计及草料、养马之赀也，习为痼疾，牢不可救。今蒙宪台厘剔之后，一切需索之弊，早赐题请，痛行禁革，大张明示于驿中，使需索者有所畏，而拒绝者有所恃，严饬以后驿吏、马夫，毋得将养马之钱粮，预先扣备供亿之用。至于应发站银，合宜当官支给，亲交马夫之手，使吏胥不得从中抽克，且按期寅支卯银，使马夫不致预先借债赔累，此又在地方官之实心调剂耳。宪饬之后，有不实心

① 原文为『薰』，今更为『熏』。

奉行者，马夫以冒费拿究，官吏以扣克题参，庶一分之站银，有一分之实济，而私帮、私派之弊，可不禁而自绝矣。

一、衙役之需索，宜痛革也。马夫、驿卒最相关切者，无如本县兵房，每年印烙马匹，则有验报肥瘦之弊，每季支给站银，则有先后迟速之权，每季查造清册，则有打点衙门之说，苟餍其欲，事事俱妥，一拂其意，行行有病，所以兵房能操马夫之命而为之缓急，马夫亦乐藉兵房之名而恣行科敛，其素所贮以奉兵房者，皆此站银中之物也。迨至站银不敷，而不得不设处养马者，皆此百姓之膏脂也。欲不私帮，安可得乎？等而上之，除本县兵房而外，凡有与马夫相关切之衙门，其弊又可以类推矣。然而印烙马匹，在于县官精明，一目了然，衙役不得为奸；支给站银，在于官府体恤，按定限期，不违时刻，毋假吏胥之手，此二弊犹易除也。至于每季查造清册，系详报上司之事，奸书、驿棍，假此为名，更易动人，笔墨纸张打点使费，千头万绪，无可究诘。窃谓查造清册，事关钱粮，固宜详慎，然每季如是，亦觉繁碎，前用未了，后费又来，殊添奸胥科诈之名色耳。合无请乞宪示照奏销钱粮之例，每年于岁终查造汇报，则去三季之造报，即省三次之费用，并严饬各衙门职官，凡有驿务之责者，当岁终造报之时，细心觉察，吏胥、衙役有假查造名色，私派使费者，即行申报，置之重法。有本衙门官不能觉察吏胥，而后被两院访拿者，本官一体题参。其印烙马匹，如擅听衙役报验，支给站银，如违期限，并假吏胥之手者，本官即以纵役殃民罪论。

一、填司之陋规，宜痛绝也。向日过往上司，一行到驿，驿吏备下程小饭铺垫，以及带来长马草料，总而名之曰填司，此乃明季之坏习也。自我朝鼎新以来，严旨禁革，不啻三令五申，固已在在遵守矣。然而流毒既久，名色犹存，其往来之贤者，洁己自爱，一闻填司之名，先自挥叱不暇。奚奈亦有不肖之徒，懋不畏死，好恢张者，辄欲铺毡结彩，爱小利者，甚至饕餮哺啜，一不为备，辄云不恭，不唯诃责驿吏，亦且长短有司，有司而贤，自能坚守功令，不畏强御，稍涉懦弱，鲜不瞻顾。所以填司之陋规，至今犹存十一于千百也。下而至于差承吏舍，更为下贱饮食之人，其狞狰桀骜，需须骚扰，又有不可胜言者矣。合无请乞宪饬，自后地方官有能不畏强御，大破情面，遇有需索之人，指名申报两院，立赐题参，司、道、府、厅即以其所报次数，注为事实，列之考语之下，查其每季实实省过驿中滥费若干，有司首为录荐，驿丞另加奖励；其有瞻顾因循，驿弊不清者，虽追征足额，仍注下考，则人人自知劝戒，而陋规可绝矣。

一、满洲之需索，宜申饬也。驿中差使需索之弊，未易悉数，然而驿官、马夫之所最畏者，无如满洲为甚。大凡过往官役，非验明兵部勘合，驿中不应夫马。至于满洲则不然，盖满洲经过者，多奉王旗差遣，威势尊严，驿官、马夫莫敢仰视，上马则要惜马钱，下马则要换马钱，或有自家带来长马，任住几日，草料供应，皆要驿官出备，除供应不算之外，所应载口粮，仍行折去，起身之时，索夫若干，即要应夫，索马若干，即要应马，一不如意，凌虐百端，其苦楚有不堪言者。至于勘合符验，从不出以相示，驿官、马夫避命不暇，孰敢过而问焉？近奉明文，体恤民艰，令满洲经过驿站，必取驿官有无索需甘结，法至善矣。孰知法出弊生，满洲一行到驿，先向驿官勒取甘结，及甘结入手，然后肆毒愈甚。迨至地方官欲行申报，则彼且先执甘结以为词，而诘问者不得不钳口结舌矣。盖由驿官乃卑微小吏，势难抵当，所以任其鱼肉而莫敢谁何也。伏乞宪台题请恳赐天语，严行申饬，合无令凡该驿地方，附近有道、府衙门者，一遇满洲经过，令驿官将有无需索甘结，与满洲同向道、府衙门取印，其无道、府衙门者，亦须同向本境州、县印官取印，庶几驿吏无为所挟制，而甘结不为肆虐之凭藉矣。

一、部发之勘合，宜计算也。查各处大驿额设站马不过七十四，小驿额设站马不过四十四，现今满洲经过，或勘合一张，有用马至百余匹以外者，甚而有用至二三百匹者，勘合一到，立等就道，倘有迟误，身命随之。将谓取之驿中，则七十四额定之外，原无多设马数；将谓使之设处，则七十二两站银之外，更向何处搜求？然而勘合所载应付数目，一匹不敢少，一刻不敢缓，驿官、马夫一接勘合，儿啼女哭，除尽将站马应付之外，卖妻鬻子，雇募民马，以足勘合之数。遂而有等地方土豪恶棍，私养马匹，专射驿中之利者，乘驿官、马夫之急，较常倍勒，雇募脚价，甚至百里程途，雇马一匹，脚价有费至一二两者，此项费用，岂驿官、马夫家中携来之物乎？无非仰给于站银而已。甚至合一驿一季所发之站银，不足供一次勘合之用。虽云如此大差未必常有，然一年之中，即有一次大差，已足费一季之站银而有余，而闲常驿中养马之草料，与马夫之工食，不私派之里下、帮贴于民间，又将出之何所乎？合无恳乞宪台咨部题请，以后凡遇大差，用马繁多者，一差分为数行，一行给与勘合一纸，每纸勘合，拨马之数，无逾四十匹以外，令其隔宿起程，前后继往，毋得拥挤一时，庶一驿之马，足供一行之用，前者归而后者送，则驿中无雇募之苦，而差使亦无担搁之忧，马夫不致花费站银，则养马有赀，里下不必再议帮贴，则私派无名，诚国民两便之良法也。

一、满洲之坐骡，宜禁止也。朝廷设立站马，本以备差使奔走驰驱之用，原非若商贾之驼载行李者比也，故专用马而不用骡，其来旧矣。现今满洲差使，往往以马疲为名，每向马夫索取坐骡。盖缘由京而出者，则挟带京货往外，由外而入者，则挟带外货进京，携赀负重，盈囊累橐，驿马不能装载，势必需用骡脚，故以坐骡为名，其实盖欲为驼行李计也。所以近日驿中马夫，养站马一匹者，私自养骡一头，名为贴马，以备满洲不时之需，其买骡之价钱，与养骡之草料，皆欲取备于七十二两站银之中，势必不足，遂尔瞒官罔上，私派于里下矣。更可诧异者，常有无赖之徒，见坐骡中骑者，辄将带来坏马竟自换去，或所携长马倒毙，竟强赖驿中赔偿，马夫、驿卒任其鱼肉，莫敢谁何。恳乞宪台题请，严赐天语申饬，凡满洲过往家口携带行李者，自有车牛答应，至于闲常往来差使，合宜轻装快马，安用坐骡？自后满洲经过者，不许夹带重橐、索取坐骡，并饬各驿马夫，止许供养额设站马，不许假贴差名色，私自派取草料复行养骡。如差使不遵禁约，有索骡换马情弊，并马夫、驿卒私自养骡，阿徇应付者，地方官揭报两院，与者、受者一并题参，庶贴差之害去，而私帮之弊可息矣。

一、草料之买办，宜预备也。草束、豆料乃养马之首务，须令敷足，然后饱腾。其奈马夫、厮卒率多赤贫光棍，素日积债累逋，满身千疮万孔。及至站银到手，自然东补西填，逐日买草，临时籴料，一遇腾贵，愈加克减，以致马不足食，鲜不羸瘦，以羸瘦之马，而应繁苦之差，冀无倒毙，得乎？迨至倒毙之后，而买马赔补，累及里下，为害滋甚矣。始而云草料腾贵，则扯里下而帮贴草料，既而云官马倒毙，则扯里下而帮贴马价，此皆素日不行预备，以致临期困病，不可救药耳。是以站银依期足给，尚且忧其花费，况复给发愆期，而欲求其预备草料，是必不可得之事也。合无将各驿每年站银，预先如数支出，令州、县印官面同驿丞、马夫，计算一年每马一匹，需草若干束，需豆若干石，即将站银扣定，责令驿丞于草干豆熟之时，乘其价值便宜，尽数买足，县官查验封贮公所，令驿丞逐月给散，料价不落马夫之手，则无花费之忧，收买及时，又无腾贵之虑，草敷料足，而马不饱腾者，未之有也。既无赔补、倒毙之虑，而帮贴草料、马价之名色，又何自而生耶？至于给发站银之时，除扣算买料之外，所余银两，则俱属马夫工食，以及鞍屉、药饵之需，尽数交付马夫之手，他人不得过而问焉，则马夫已自优裕，而私扯、私派之弊，既无藉口之题目，在百姓见无苦累，而帮料赔马之说，不待禁革而自不能行矣。

一、发卖官马之陋习，宜痛禁也。窃照马夫领取站银，自行卖马，照民间时价，两平交易，驿马之贵者，不过十六七两，贱则不过十二三两，盖驿中原不须奔逸绝尘之骏骨，不过择其肥壮强健，堪供驿递之使用者而已，故此外无重值也。向闻有种不肖官府，上任之时，广带家丁，多买马匹，一以壮观，一以卫行。及至到任之后，无所用之，将欲养之署内，不胜草料之费，将欲卖之民间，又无高价之售，于是俵散于州县驿递之中，名为卖马，实则骗钱，州县有司，敢不迎合上意，厚售取悦，其价且数倍于寻常。甚至驽马一匹，平价不满数两，而售至数十两者。甚至有羸瘦不堪，重价售来，驱策不前，喂养不起，旋买而旋毙者。又闻常有满洲差使所经过之处，地方稍丰腴者，即以马相赠，名为赠马，实则抽丰。又或转托地方官代为发驿，索求重价，马皆驽骀下贱之物。总之，以驿中为取钱消货之薮耳。不知此项厚值之价，岂真出之马夫之私橐乎？抑亦果为有司之所持赠者乎？无非取给于站银之扣克而已。及至扣尽站银，而养马之正供，将出之何所耶？此等情弊，职等虽未目睹，然亦常得之传闻稔矣。现今功令严切，固未必复有其人，然昔之所闻为病驿之首务者，不可至今日而不讲也。恳乞宪台申饬，自后地方上下，各官如有以马发入驿递、散俵州县者，及过往满洲差使，以马作抽丰、转托发驿者，着道、府、厅官不时揭报，立赐题参，与者、受者一体同坐。若州县官有能不徇情面，自行揭报者，准注上考。驿丞、马夫有能首告者，另立赏格。隐瞒者，处以重法。不唯驿政可苏，而官方亦且攸赖矣。

一、协济之成法，宜永为遵守也。协济之说，原非无见，或因本县弱小，不能立驿，或因驿递冲繁，一邑力不能支，故令他邑为之协济，此众擎易举之义也。又或因他邑民力丰厚、地势偏僻，无过往供亿之烦，故令协济他邑，此又所谓等劳逸、均苦乐之义也。从来远在隔属者，则协银而不协马，近在境内者，则协马而不协银，此一定不易之理，其立法未常不善也。近日有种好事乡绅，或藉口条陈，以变易成宪为便民，借以爱惜梓里为邀誉，抑且健讼子衿、豪民悍棍承其意旨，或谓协马不便而欲求协银，或谓马数不均而欲求减额，一吠而百犬皆鸣，一讼而数年不了，得陇望蜀，长刁效尤，牵连驿吏，磨累马夫，挟制官府，败坏驿政，莫此为甚。夫均为践土而食毛，孰当避劳而趋逸，其意不过欲假公济私，名为告马，实则敛钱，苟一日不讼，则光棍一日不食，计其科敛一马之讼费，且数倍于一马之站银，此辈之为害，更有大于私帮、私派者矣。夫条陈驿政者，在于去蠹驿害民之弊，而不在于更变协马之成法也。苟驿弊一清，则本县之养马与他县之协马者，均受其利。苟驿弊不清，则即去协济之马，岂曰使他县享其利而本县独可受其害乎？伏乞宪台将各处首事讼员、狡棍，藉告马为箕敛者，特赐题参，立置重法，行令各邑，查以前协马者照数协马，以前协银者照数协银，往额所有，不得委卸，往额所无，不得扳扯，使知成法可守，而地方不致多事，庶苦乐得均，而偏累不起，此便民、便驿之首务，故条陈驿弊，而不得不及之者也。

以上各条，虽未敢云驿政之利弊，遂无余义。然而大利大害，关切于驿中之隐痛者，亦大概见于斯矣。但其中事势有由于下而起者，此则有司之所得为，但一经宪台禁饬之后，敢不凛遵？其或有于上而起者，此则非有司之得为，事关题请，唯望恩于宪台而已。职等恭承明问，不揣刍荛，谨陈十款，统候裁夺。

## 一件严饬州县私罚折赎等事[①]

为严饬悖旨私罚，以警官邪，以安民生事。照得平属地方，兵燹之后，人民逃窜，土地荒芜，任兹土者，正宜视民如伤，饥溺由己，犹恐抚绥不暇，元气尚难骤复，岂有为民父母，而罔上行私，全不以功令为心、民瘼为念者乎？即如向来本朝新例，杖赎银数加倍于前者，非曰以朝廷之大，而乐与小民争此区区之金赎也，不过欲令小民知赎刑之重，而不敢轻于犯法，无非畏志无讼之意耳。然慈惠之师，犹恐民力不支，每注一罪，哀矜惋惜，墨已濡而不敢轻书，笔已悬而不忍遽下也。幸蒙新恩浩荡，小民犯罪，概准的决，凡有心胸者，靡不感诵皇仁、举手加额。不意有等不肖有司，尚若罔闻。近闻一切自理词讼，因见杖赎不行，遂尔巧立名色，刻意箕敛，或借题修理公费，或指称备赈买谷，累贯累石，不知载自何条，非徒非杖，不知引者何律，较之以前赎杖，甚且数倍其多，甘听衙蠹鼻牵，瞻悖朝廷明旨，不唯良心丧尽，亦且国法安存？及至每季稽核，则止以一本空簿、两纸甘结，并无赎谷数字申缴，循环虚应塞责，本厅之痛心疾首，于此亦已久矣。思欲访实一二败检之尤者，揭报上台，以肃功令。但虽已有风闻，尚未查明实迹，除一面出示晓谕，遍令被害百姓速行出告，一得实据，飞报题参。但念地方辽阔，属吏多员，败类者固自有人，自爱者亦复不少，倘谓清浊不分，又恐玉石俱焚，合应通行，预先申饬，为此牌仰该州、县官吏，照牌事理，洗心惕虑，当此功令森严之时，尔等即不以功名为念，宁不以性命为忧乎？早宜悔祸，大家猛省，有则改

① 原标题为『一件严饬州县私罚折赎』，疑为『一件严饬州县私罚折赎等事』。

之，无则加勉。倘复仍蹈前辙，自谓上司耳目不及，下民喑哑易欺，恣意为之，亦复无害，正恐鱼行鸟飞，踪迹自在，清议一分，白简立至，本厅且将拂纸以待矣。请君入瓮，嗟尔噬脐，毋谓言之不早也。思之！慎之！

## 一件全书万不可毁等事

议得汾、浮、岳、芮之协济仁义驿也，前人议之详矣。其奈好事之民纷纷讦告，避劳趋逸，俱求协银而不愿协马。上年芮城县遍控两院，批行道府酌议。因见芮城距驿七百余里，遂议浮、岳照前协马，而芮城在驿额马三头，准其协银，就近归并。以汾西距驿至近，故将芮城所协之银，即令汾西代领喂马。此皆就道里之远近，酌往返之劳逸，从公调剂，原非有私意存于其间也。业蒙抚、按两台批允，勒石在案。今汾西士民，乃谓以芮城之马独累汾西。夫不知驿固朝廷之驿，马固朝廷之马，而非芮城之驿之马也，汾西官民实代朝廷养马，而非代芮城养马也。以四十里内之官民尚欲惜力，而七百里外之官民欲使之仆仆于道路，又将何以服其心乎？今汾西执以为词者，则曰《马政全书》。查其书，盖系往年民间抄本，非经衙门颁发，其来历无从考究，较之杞宋之文献又不若矣，而欲持以质汾、芮之成可乎？故前道看云：『不敢以前朝故帙而易昭代典章。』斯言诚是也。再查《赋役全书》：『芮城站银解府支用。』今据汾西词称：『未常注该汾西支领。』其说似矣。殊不知既有站银，自必求支领之人；既求支领之人，必自近始。舍四十里内之汾西而尚不应领，欲问七百里外之芮城而独曰应领，似又情理之所必不出也。再查前招驿道看云：『芮城距仁义七百里，汾西距仁义四十里，以道路之远近，定协马之去留，法无有善于此者。今浮、岳为地尚近，理应协应协之马，而不得协银；芮城为地特远，理应协应协之银，而不能协马，此一定不易之论也。若谓芮城之马不应归之汾西，然以数县较之，浮、岳稍远于汾西，义难归并；灵石虽在驿之境内，而既有二驿，势难两顾；汾西虽在驿之隔属，而道里与灵石相等，义合兼理。则是芮马三头，舍汾西无归处也。展转思维，再三筹画，虽欲怜汾西之苦，然较之四县，尚当有辩，故终不能为汾西辞其劳耳。』道府前看，实出至公，两院宪批，永无可易，合照定议，伏候宪裁。

## 一件冲疲难支等事

议得浮、岳、汾三县协济仁义驿车牛，职等酌议三十辆以内，灵石自应，三十辆以外，三县协济，可谓均灵邑之苦乐矣。又就三县之远近、大小酌之，更为之裒多益寡。如协济十辆，则浮、汾各认四辆，岳阳止认二辆，而三县之苦乐又均矣。此盖就三县所协十辆之数而分之也。三县之民，未明其说，乃疑灵石止应三十辆以内，而三十辆以外，或多至百辆，概令三县协济，未免踌躇。职等复将前议为之条分理晰，通盘指算。如止是三十辆以内，则灵石独应，固不待言。如过三十辆以外，每多十辆，灵石于内仍应五辆，浮、汾各应二辆，岳阳止应一辆，即递至百辆以外，俱当仿此。此固于初议无异，而其说更觉大畅耳。着为成规，永远遵守。

## 一件恳陈疾苦等事

议得霍、赵告协车牛一案，真可谓聚讼矣。夫所谓协者，以客协主也。霍为主，赵为客，主客之分既定，则多寡之数自不能相等也明矣。往议三十辆之外，赵始协霍，业有定案。而霍喇喇不休者，亦非好为是得陇望蜀之思，诚因役重差繁，磨累不堪，故不能不作将伯之呼耳。兹蒙驳查，复经府、厅再议，自后凡遇车牛经过，不论多少，霍应三分之二，赵应三分之一，较之以前三十辆之外，始行协济之说，似焕然一更矣。然而多寡之数虽有增减，而主客之分仍未改移。在霍州可稍苏独力支撑之苦，在赵城亦应有急公恤邻之义。是虽府、厅之断，然实出两邑印官之自议也。是虽两邑印官之议，然实出两邑士民之佥谋也。复奉批勘，遵调霍、赵士民面质妥确，俱称彼此输服委出中心，该州该县仍具甘结。佥议既同，似可经久。至于应付之法，其零星车辆往来不绝，若使日日关会，恐至误公。合仍令霍州陆续应付，明白登记，积至二十辆为止，然后赵城接应十辆，以共成三分之一之数。是三十辆之外，周而复始。此又应付中委曲周详之法。前议未显，今应分晰备陈，应免日后推委者也。